ATLAS

ET

NOTICES GÉOGRAPHIQUES

COMPLÉMENTAIRES

PLANISPHÈRE

Le voilà sous nos yeux ce globe terraqué, comme disait Voltaire, tel que les progrès de toutes les sciences nous l'ont fait connaître! Qu'il diffère en son ensemble, comme en ses moindres détails, de ce que nos ancêtres en savaient! Combien il serait intéressant d'être informé par le menu des idées que les premiers peuples dont l'histoire ait gardé le souvenir se faisaient de la terre qu'ils habitaient. Combien il est regrettable que l'on n'ait retrouvé ni dans les hypogées de l'Egypte, ni dans les bibliothèques assyriennes, où les livres sont écrits sur des briques, quelque traité de géographie! Les livres sacrés de l'Inde nous donnent bien un vague aperçu des bizarres conceptions que ces peuples avaient de l'univers, mais combien tout cela est incomplet et fruste! La Bible nous fournit des renseignements précieux, mais ce n'est qu'une des faces de ce problème si complexe et combien de peuples dont la civilisation fut antérieure à celle des Egyptiens n'y figurent pas ou n'y tiennent qu'une place peu en rapport avec l'importance du rôle qu'ils ont joué dans l'histoire de l'humanité. Que, si nous examinons la carte qu'on peut tracer avec la Genèse, nous verrons que Moïse et ses contemporains n'eurent connaissance que de l'Arabie, de la partie de l'Afrique qui borde la mer Rouge et de l'Asie antérieure. L'Arabie est le centre du monde et ce qu'il y a d'intéressant, c'est d'en étudier, avec les documents qui nous sont parvenus, les déplacements successifs. Pour Homère, la Grèce est le nombril du monde connu et il rapporte tous les événements à l'histoire de l'Hellade. En dehors du bassin de la Méditerranée et de la mer Noire, il ne connaît pas grand'chose et il croit que la terre est enveloppée de tous côtés par un fleuve sans fin, l'Océan. Dicéarque est plus avancé, il a entendu parler de la mer d'Hyrcanie (Caspienne) et des grands fleuves qui s'y jettent, l'idée qu'il se fait des côtes de l'Europe est fautive, mais elle ne l'est pas beaucoup plus que celle des cartographes du XIIIe et du XIVe siècle. Babylone, Suse, la Perse, les Indiens, Taprobane, le Gange, voilà des noms qui ne sont pas pour lui absolument vides de sens. Hérodote, le grand voyageur qui vivait 450 ans avant l'ère chrétienne, a su réunir quantité de données précieuses et d'informations qui, pour la plupart, ont été vérifiées par les découvertes de l'archéologie, de l'ethnographie et de la linguistique moderne. Certains mythes qu'il rapporte naïvement ont une origine dégagée qu'il ne devine pas et dont plusieurs mêmes n'ont pas encore été complètement élucidés. Eratosthène, qui lui est postérieur de deux cents ans environ, est un des pères de la cartographie. Si Dicéarque avait été le premier à tracer deux lignes perpendiculaires entre elles, qui passaient par l'île de Rhodes et à placer approximativement selon les données qu'il possédait sur leur éloignement et leur position relative, les localités qu'il connaissait, Eratosthène perfectionna ce procédé tout rudimentaire, tout empyrique qu'il était. Il multiplia le nombre de ses parallèles et fit entrer dans ces carrés un bien plus grand nombre de noms de lieux. Mais Ptolémée est le premier qui ait

essayé de donner à la géographie une base scientifique et le système de projection dont il est l'inventeur est encore aujourd'hui l'un des plus généralement employés. Ptolémée connaît l'Océan germanique et place à peu près correctement les Iles Britanniques; il sait que le rivage de l'Afrique se prolonge au loin dans l'Atlantique, et il a recueilli dans Marin de Tyr ces précieuses informations sur les sources du Nil dont l'exactitude ne devait être démontrée que de nos jours. Pour lui, la mer Erythrée, ce n'est pas seulement la mer Rouge, c'est aussi l'Océan indien; il en connaît les grandes îles et, s'il se fait une idée encore fausse des grandes péninsules de l'Inde, il a cependant entendu parler de la Chersonèse d'or, de l'Inde au-delà du Gange, des Sères, des grandes montagnes de l'Asie centrale et des fleuves de la Scythie. Mais il croit qu'une terre relie l'Afrique à l'Asie et il ne se fait pas une idée bien nette des mystères des mers polaires. C'est grâce aux merveilleuses expéditions d'Alexandre que, tout d'un coup, les bornes qu'on avait assignées à la terre se sont trouvées reculées dans l'est et qu'une masse de peuples et de métropoles fameuses sont entrées avec lui dans l'histoire. Il a fait pour l'Orient ce qu'avaient accompli pour la partie occidentale du vieux monde les navigateurs carthaginois. Hannon s'était avancé sur la côte d'Afrique jusqu'au golfe de Guinée et certains de ses compatriotes allaient chercher l'étain jusqu'aux Sorlingues (Cassitérides). Pythéas avait vraisemblablement remonté jusqu'aux Orcades et c'est lui qui, le premier, avait entendu parler de cette grande île de Thulé à l'extrémité du monde, et qui avait rapporté de la Baltique, avec l'ambre, toute une série d'informations on ne peut plus précieuses qu'Aristote avait utilisées. Ces explorations, un autre peuple allait les reprendre en détail. Si les Romains, pendant le cours si long de leur empire, n'ont pas reculé les bornes du monde connu, ils ont du moins réuni sur tous les peuples voisins de la Méditerranée un ensemble de renseignements qui nous permettent de nous faire des mœurs, du commerce, de la religion de nombre de peuples qui existent encore une idée très approchée de la vérité. Qu'un Tacite nous peigne la Germanie et ses peuples, qu'un Jules César nous fasse un tableau de la civilisation des Gaulois, on trouve là des faits observés sur le vif d'un immense intérêt. Si la géographie de Ptolémée était la synthèse de tout ce qu'on savait de son temps sur la terre et ses peuples, celle du Grec Strabon, qui vivait un cinquantaine d'années avant Jésus-Christ, avait condensé sous une forme rapide et avec une critique relative, tout ce qu'il avait pu apprendre et sur les peuples barbares et sur ceux qui commençaient à se mêler au grand mouvement de la civilisation. Mais la chute de l'empire d'Occident est fatale aux études géographiques. Les barbares qui se sont rués à l'assaut de tant de richesses ont tout détruit et, avec Rome, est disparu le véritable foyer des études. Seuls quelques moines, à l'écart, sans communication entre eux, ont gardé le culte de la science. Les monuments que nous avons conservés de leurs connaissan-

ces, tels que la mappemonde anglo-saxonne du Xe siècle, celle de Ranulphus Hyggeden, nous indiquent en quel discrédit étaient tombées les études géographiques. Mais, à ce moment, une renaissance se produit, les croisades ont lieu et l'on reprend goût aux voyages. Marco Polo parcourt une grande partie de l'Asie; le juif Benjamin de Tudèle pénètre jusque dans l'Inde et à Ceylan; Plan du Carpin explore le Turkestan; Rubruquis s'en va chez les Tartares, Ibn Batutaf ait un tour merveilleux jusqu'en Chine. En même temps, les petites républiques italiennes, entre lesquelles Venise et Gênes brillent au premier rang, fondent partout des comptoirs et leurs navigateurs, qui ont besoin de cartes pour se diriger s'appliquent à la confection de portulans qui sont aujourd'hui pour nous d'un prix inestimable. Les Majorquins et les Génois se sont mis au service des Portugais, ils ont dirigé la plupart des expéditions que ces derniers ont envoyées à la côte orientale d'Afrique. Un mouvement scientifique considérable, dû aux Arabes qui allaient être chassés d'Espagne, s'était produit dans toute la péninsule ibérique. En peu d'années, Madère est trouvée, le cap Bojador est franchi, Tristram Vaz atteint le rio de Ouro, Cadamosto, double le cap Vert; en 1446, les Açores sont découvertes, le Congo est atteint et Diogo Cam est sur le point de ravir à Barthélemy Diaz l'honneur de découvrir la pointe australe de l'Afrique. C'est en 1487 qu'eut lieu cette reconnaissance, mais ce n'est qu'en 1497, c'est-à-dire cinq ans après la découverte de l'Amérique que fut doublé par Vasco de Gama le cap de Bonne-Espérance. Mais revenons un moment sur nos pas, car nous avons voulu exposer d'un seul coup la suite des voyages à la côte d'Afrique. Les Portugais y avaient été précédés cependant par des marins français, des Dieppois et des Rouennais, commerçants hasardeux qui avaient hérité de leurs pères, les Northmen, l'amour des courses aventureuses et la passion du gain. Au milieu du XIVe siècle, n'avons-nous pas vu ce brave gentilhomme normand Jean de Béthencourt procéder à la découverte des Canaries et s'y tailler un royaume? Et si nous remontons plus haut dans l'histoire des Northmen, ces pirates incorrigibles, ne savons nous pas qu'ils ont fait le tour des côtes de l'Europe en portant partout le fer et le feu, pénétrant dans la Méditerranée, faisant trembler le pape dans Rome et créant avec Robert Guiscard le royaume des Deux-Siciles. Mais ce sont là, pour eux, expéditions qui ne font que suivre les côtes et les dangers qu'ils courent ne sont que d'un ordre secondaire. Combien plus étonnante est l'histoire de leur établissement en Islande et au Groenland dès le xe siècle, de leur découverte des côtes du Labrador et du Vinland Si le souvenir de ces colonies était perdu lorsque l'érudit Rafn, de Copenhague, le retrouva dans les Sagas islandaises, il était encore vivace à la fin du xve siècle et l'on peut croire que le marin génois qui après avoir navigué tout ce qui avait été navigué jusqu'à son s'était établi et marié à Lisbonne, Christophe Colomb, pour le nommer, en avait entendu parler. Constamment en rapport avec les

1

savants les plus distingués de l'époque, Martin Behaim et le Florentin Toscanelli, Colomb était convaincu de la sphéricité de la terre et par conséquent de la possibilité d'atteindre, par l'ouest, les terres de l'Asie et ce royaume de Cipango que Marco Polo avait été le premier à révéler à l'Europe. Ses projets n'ayant pas reçu à la cour de Portugal un accueil favorable, il parvint après de longs déboires, à faire partager sa conviction à Ferdinand et à Isabelle. C'est avec trois petites caravelles qu'il se lançait le 3 août 1492, sur les flots de l'Atlantique à la conquête d'un nouveau monde. Nous n'avons pas l'intention de, raconter ici les. belles découvertes de l'illustre amiral, les dégoûts dont il fut abreuvé et sa fin misérable, mais un événement de cette importance ne pouvait être passé sous silence. A Colomb succèdent Pinzon, Hojeda, Bastidas, Vespuce, Ponce de Léon, Solis, Balboa, Cortés et Pizarre qui, reconnaissent la côte de l'Amérique méridionale jusqu'à l'estuaire de la Plata, découvrent la Floride, conquièrent le Mexique et le Pérou. Orellana descend le fleuve des Amazones et l'on reste émerveillé de la faiblesse des moyens avec lesquels tous ces *conquistadores* firent de si grandes choses. Pendant que ces événements se passent dans le nouveau monde, l'ancien continent est le théâtre d'une lutte homérique, celle du Portugal contre l'Inde tout entière qu'il soumet à ses lois, dont il franchit même les bornes pour pénétrer dans les îles de la Sonde. Vasco de Gama, Alvarez Cabral qui découvrit le Brésil, Da Cunha qui reconnut l'île qui a reçu son nom, Jean de Nova, Sodres, Albuquerque, Alméida, Jean de Castro, Ataïde, tels sont les grands hommes dont le Portugal a le droit de s'honorer. Mait il en est un autre qu'il peut revendiquer, c'est Magellan, bien qu'il ait exécuté son voyage, le premier voyage autour du monde, sous les auspices de l'Espagne et, après avoir renoncé, par acte authentique, à ses droits et à ses devoirs de Portugais. Ce qui avait déterminé Magellan à tenter une entreprise aussi hardie, c'est qu'il n'était bruit, depuis qu'on était arrivé en Amérique, que d'un détroit qui devait permettre de passer dans cet océan Pacifique que Balboa avait découvert. Bien d'autres l'avaient cherché avant Magellan, certains par le nord de l'Europe comme Willoughby; dans l'Amérique du Nord, comme Frobisher et Davis, les autres dans l'Amérique du Sud, personne n'avait pu l'atteindre et le franchir. Magellan fut plus heureux, il traversa le détroit qui porte son nom et atteignit les Philippines où il périt dans une escarmouche avec les indigènes. Dès lors, les expéditions vont se succéder sans relâche, et l'on ne sait, en vérité, de quel côté tourner les yeux tant on est sollicité par les explorations merveilleuses qui s'accomplissent à fois dans toutes les parties du monde. L'Europe a la fièvre, une fièvre de découvertes et de colonisation. Au Vénitien Verrazzano, qui navigue pour le compte de François 1er et qui explore, après tant d'autres, les rives de l'Amérique septentrionale et plante le drapeau de la France au Canada, succèdent Jacques Cartier qui n'y accomplit pas moins de trois voyages et Champlain qui, après avoir découvert le lac qui a reçu son nom et fondé Québec, a posé les premières assises de cette colonie française si éprouvée, qui, séparée depuis plus d'un siècle de sa mère patrie, a pour elle la même affection, continue à parler sa langue et saisit avec empressement toutes les occasions de lui témoigner son amour. Dans la Floride, sous l'inspiration de Coligny, nous voyons Ribaut et Laudonnière essayer de créer une colonie protestante, ils sont surpris et massacrés en pleine paix par les Espa-

gnols, c'est alors que le catholique de Gourgues honteux de l'inertie du roi qui ne cherche pas à venger ses sujets, accomplit son sanglant voyage de représailles. Au Brésil, c'est encore un de nos compatriotes, Villegagnon, qui fonde auprès de Rio de Janeiro un établissement qui périclite peu après son départ. A la même époque, commence, avec Wilhelm Barentz, la série de ces expéditions au pôle nord qui devaient coûter tant de millions, causer la perte de tant de navires et de hardis marins. Mais le goût des voyages de découvertes a dégénéré; ce qu'on veut, c'est l'or. Le meilleur, le plus facile moyen de se le procurer c'est la course, c'est le pillage, c'est la flibuste. Drake, Cavendish, de Noort, Walter Raleigh, Dampier, sont les plus illustres représentants de cette école de voyageurs, qui a cependant apporté son tribut d'informations à la géographie. D'un autre côté, nous avons les entreprises coloniales basées sur l'évangélisation et la conversion des naturels. Nous voyons ainsi les Portugais étendre leur domination au Congo grâce aux missionnaires italiens, et pénétrer jusqu'en Abyssinie sans pouvoir y créer d'établissement durable. Quant à la France elle envoie ses apôtres dans l'Inde, l'Indo-Chine, le Japon et la Chine, où les jésuites ne tardent pas à jouer un rôle considérable. Puis vient le tour des commerçants. La compagnie d'Afrique envoie Brue au Sénégal, Flacourt jette les bases de notre puissance à Madagascar, les Hollandais s'établissent dans les îles aux épices. De simples particuliers, comme Pietro della Valle, Tavernier, Thévenot, Lucas, Bernier, Chardin, de Bruyn, Kæmpfer, guidés par des mobiles différents, commerce, curiosité, science, sillonnent l'Asie et l'Afrique de leurs courses hardies. A la fin du xviiie siècle, la géographie mathématique a fait de grands progrès. On a mesuré un degré terrestre et Cassini commence à établir une carte de France qui est encore aujourd'hui un modèle. Le xviiie siècle est l'époque des voyages autour du monde, Roggewein, Byron, Wallis et Carteret, Bougainville. Cook, Bouvet de Lozier, Surville, Marion, Kerguelen, La Pérouse, Marchand, d'Entrecasteaux donnent à cette période un caractère bien tranché. On est entré dans la géographie de détail, on étudie une côte, un havre, le cours d'une rivière, on ne se contente plus des grands traits d'un pays. Mais si les explorations maritimes ont pris un développement tout particulier, il est encore bien des voyageurs et des curieux qui ont préféré la voie de terre. Shaw profite de son long séjour en Algérie pour rédiger un ouvrage qui a encore de la valeur aujourd'hui, Hornemann s'avance dans le Fezzan, Mungo Park reconnaît le Niger et arrive à Tombouctou, Sparrmann et Levaillant parcourent la colonie du Cap : Bruce, explore l'Abyssinie et croit avoir trouvé la vraie source du Nil. En Amérique Vancouver découvre l'archipel de la Reine Charlotte, Hearne et Mackenzie parcourent les territoires glacés voisins du cercle arctique. Humboldt, après La Condamine, se livre à l'étude de l'Amérique équinoxiale. Au commencement du xixe siècle, nous voyons un nouveau peuple, les Russes prendre part au grandes explorations maritimes. Krusenstern, Kotzebue se livrent à des reconnaissances scientifiques qui leur font le plus grand honneur. On comprend parfaitement que nous ne passions pas en revue tous les voyages, toutes les explorations qui ont eu lieu dans les différentes parties du monde depuis le commencement du siècle, ce ne pourrait être qu'une liste fastidieuse. Mieux vaut à notre sens, marquer en quelques mots le caractère particulier qui distingue les voyages de notre époque. Jadis, ou ne voyageait guère que pour contenter une curiosité banale et recueillir des traits

bizarres et amusants sur les mœurs des populations qu'on visitait. Il n'en est plus de même aujourd'hui. Le touriste même, s'il veut comprendre quelque chose à ce qu'il voit, doit posséder un ensemble de connaissances qui faisaient absolument défaut aux anciens voyageurs. Il nous faut aujourd'hui, des données de géologie, de botanique, d'astronomie de topographie, d'histoire, d'archéologie, d'ethnographie et de linguistique. Si Franklin et les admirables marins qui se sont élancés à sa recherche, bravent aussi héroïquement les épouvantables dangers qui les attendent, ce n'est pas pour satisfaire une vaine et misérable curiosité. Ils ont un but plus noble, diminuer d'abord le blanc qu'on remarque encore sur les cartes dans les environs du pôle nord et se livrer à une foule d'études et d'observations scientifiques qui peuvent modifier certains points de la science et nous aider peut-être à formuler des lois nouvelles. Que Livingstone s'acharne à la recherche des sources du Nil, ce n'est pas pour la gloire d'attacher son nom à la solution de cet important problème. Peu à peu, il s'est passionné; les découvertes qu'il a accomplies au cours de ses explorations l'ont emporté au-delà de lui-même ; il veut faire plus encore, il veut percer cet impénétrable mystère et il meurt à la tâche sans avoir atteint le but qu'il se proposait. Ce qu'il importe aussi de faire ressortir, c'est le caractère universel qu'a pris la géographie. Elle touche à toutes les branches des connaissances humaines, elle s'éclaire à leur flambeau, quand, à son tour, elle ne vient pas expliquer certains phénomènes qui, sans elle, resteraient fermés à notre intelligence. La topographie d'un pays n'explique-t-elle pas bien souvent le caractère de ses habitants? Les montagnards ne sont-ils pas généralement plus robustes mais plus frustes aussi que les habitants des plaines ? Certains caractères ethniques qu'on retrouve chez des populations fort éloignées les unes des autres ne viennent-ils pas jeter un jour nouveau sur l'histoire des migrations ? L'architecture n'est-elle pas souvent modifiée dans ses parties les plus essentielles par la constitution géologique du pays, et, dans la Mésopotamie trouvons-nous autre chose que des palais et des villes bâtis avec la boue de l'Euphrate, tandis qu'en Grèce tous les édifices sont de marbre. Dernièrement encore, après avoir visité certains temples fameux de Java, M. D. Charnay n'était-il pas frappé de la ressemblance de leurs sculptures avec celles des monuments de Palenqué, de Chichen Itza ou de Lorillard City. A-t-on songé aux modifications économiques qu'a apportées, sur le marché européen, la découverte de l'or en Californie et en Australie? Je le suis de cette diversité de points de contact de la géographie avec les autres sciences, qu'elle est excessivement attrayante et que même les esprits les plus légers et les plus superficiels peuvent se plaire à cette étude. Que si maintenant, nous avions sous les yeux une carte qui nous représente, pour rester dans les temps strictement historiques, le monde connu à l'époque de la guerre de Troie, nous ne pourrions nous empêcher d'admirer, malgré le long espace de temps écoulé, combien il a fallu à l'homme de persévérance et de courage pour renverser les obstacles que l'ignorance et la barbarie opposaient à sa légitime curiosité. Ce monde que nous habitons, n'est-ce pas bien le moins que nous le connaissions dans toutes ses parties, puisque notre ambition va bien au-delà, puisque nous cherchons à franchir l'espace et à nous rendre compte des révolutions qui troublent les astres qui, non seulement appartiennent à notre système, mais tous ceux même qui n'ont pu échapper à nos recherches.

PLANISPHÈRE

AFRIQUE

A la considérer dans son ensemble, l'Afrique affecte la forme d'un énorme triangle. De tous côtés entourée par la mer : au N. par la Méditerranée, à l'O. par l'Atlantique, au S.-E. par l'Océan indien et à l'E. par la mer Rouge, elle n'est rattachée à l'Asie que par une étroite et courte langue de terre, l'isthme de Suez. La surface de cet énorme continent est plus de trois fois celle de l'Europe. Que si nous comparons l'Afrique aux autres parties de la terre, nous n'en trouverons aucune qui soit aussi peu découpée, qui présente une ligne aussi continue de rivages pour ainsi dire inaccessibles C'est que l'Afrique est partout bordée d'une chaîne côtière qui s'élève presque au bord de la mer. Ce sont, au S. du canal de Suez, le Djebel Attaka qui s'élève à 800 m.; plus bas les montagnes de l'Abyssinie, hautes de 13 à 1,400 m. sur l'océan Indien, les massifs du Kénia et du Kilimandjaro qui atteignent près de 6,000 m., et sont coiffés de neiges éternelles; auprès du Nyassa, ce sont les monts Livingstone hauts de 4,000 m. et la chaîne de Drakenberg qui se dresse comme un mur le long de la mer et se termine au S. par les fameuses montagnes du cap de Bonne Espérance et de la Table. Sur le rivage de l'Atlantique s'étagent des terrasses interminables dont les sommets les plus élevés sont les monts Kameroun et Kong, terrasses ou dunes qui vont rejoindre la chaîne de l'Atlas. Cette dernière après avoir bordé le Maroc sur l'Atlantique, court de l'O. à l'E. jusqu'à la Tunisie et atteint près de 4,000 m. au-dessus de la mer. Les brèches à cette enceinte sont rares et le plus souvent étroites, ce sont les embouchures des principaux fleuves, de sorte que tout l'intérieur de cet immense continent a longtemps échappé aux recherches des voyageurs et ce n'est qu'à partir de la seconde moitié du XIXᵉ siècle qu'on a pu se faire une idée exacte de cet énorme area. Il constitue un immense plateau et, pour être plus exact, deux plateaux inégalement élevés, l'un qui correspond à la base du triangle et le moins élevé, c'est l'Afrique septentrionale, l'autre, perpendiculaire à la base, c'est l'Afrique australe. Légèrement bosselée est la surface du sol; au N., le relief s'accuse avec le massif du Ahaggar qui se termine par la chaîne désolée du Tibesti; au S. se dressent les monts Mushinga qui séparent le bassin du Congo de celui du Zambèse et cette chaîne, à l'E. des grands lacs, qui forme l'extrémité occidentale du grand plateau de l'Afrique équatoriale. Quant aux dépressions elles sont nombreuses. Outre les vallées plus ou moins larges du Nil, de la Medjerda, du Chéliff, de l'oued Draa, du Sénégal, de la Falémé, du Niger, du Congo, du Zambèse et du Djob, elles sont constituées par les lacs Noun, Tsana, Victoria, Albert, Bangouelo, Moero, Nyassa, ces six derniers situés au-dessus de la mer, Ngami et Tchad, sans parler des chotts algériens et tunisiens non plus que des oasis d'Aujilah et de Siouah. Comme traits caractéristiques de ce continent, ajoutez l'immense désert du Sahara au N. et celui de Kalahari au S. Faisons cependant une remarque caractéristique. Pour atteindre la mer, les fleuves doivent se frayer un passage, et renverser la chaîne côtière. Aussi sont-ils tous barrés par une série de cataractes qui opposent à la navigation les plus grands obstacles. Non loin des rivages de l'Afrique, ou plus au large, se rencontrent les archipels des Açores, de Madère, des Canaries, des îles du cap Vert, les îles de Fernando Po, du Prince, Saint-Thomas et Annobon dans le golfe de Guinée, de l'Ascension et de Sainte-Hélène en plein Atlantique; dans l'océan Indien, l'île de Madagascar avec les archipels des Comores et des Mascareignes; des Seychelles, des Amirantes et Socotora, cette dernière à l'entrée de l'océan Indien, comme Périm est à la porte de la mer Rouge. — La géographie politique de l'Afrique est en voie de transformation et l'on peut dire, tant les changements sont continuels que c'est un perpétuel recommencement. Il est cependant certaines parties de l'Afrique chez lesquelles les transformations sont plus lentes, nous voulons parler des Etats barbaresques. C'est ainsi qu'on a désigné de tout temps la partie septentrionale de l'Afrique qui borde la Méditerranée et qui comprend la Tripolitaine, la Tunisie, l'Algérie et le Maroc. En ajoutant aux 200,000 kil. carr. des terres cultivables situées dans le Tell, les 600,000 kil. environ qu'il s'étendent dans le Sahara, le Maroc est moitié plus grand que la France et cependant on ne lui donne qu'un peu plus de 6 millions d'hab. A proprement parler, le pouvoir du sultan ou shérif n'est que nominal sur un grand nombre de tribus. Maroc, la capitale Fez, Rabat, Meknez, Tetuan, Ouezzan, Mogador et Tanger, le principal port, telles sont les villes les plus importantes d'un empire dont le commerce extérieur ne s'élève guère qu'à 55 millions de francs et se fait avec l'Angleterre, l'Allemagne, la France et l'Espagne. Des anciennes conquêtes faites par cette dernière puissance au Maroc pendant le moyen âge, il ne lui reste que quelques territoires sans importance appelés presidios et dont le plus connu est Ceuta, en face de Gibraltar. Au-delà de la chaîne de l'Atlas, qui court presque parallèlement à la Méditerranée, s'étend une énorme zone de terrain sablonneux, à peu près privée de pluie, qui part ce l'Atlantique pour s'arrêter à la faille du N'l, qu'elle enjambera ainsi que la mer Rouge. C'est le Sahara dont la superficie, un peu inférieure à celle de l'Europe n'a pas moins de 9 millions de kil. carr. que parcourent ou qu'habitent 3 millions de Touareg, de Maures et de Tibbous. Nombreuses ont été les erreurs des anciens géographes qui voyaient dans le Sahara le fond d'une mer desséchée, alors qu'il est presque partout au-dessus du niveau de la mer. C'est la destruction systématique des forêts qui a donné au Sahara cette absence presque absolue de végétation. Jadis, il recevait des pluies abondantes et régulières qui engendraient de nombreux et d'importants cours d'eau. Pour la plupart, ce ne sont plus que des fleuves desséchés ou souterrains, comme l'Igharghar et le Mia, mais les nomades qui en connaissent le cours ont su jalonner leurs routes de commerce de puits abondants et leurs oasis de sources jaillissantes qui fournissent aux dattiers et aux arbres fruitiers qui croissent à leur ombre une exubérante végétation. Adrar, Tafilet, le Mzab, Rhadamès, Ghat, Mourzouk, Koufra ne sont pas autre chose que des oasis d'importance variée, que des étapes sur les routes de transit. Le Sahara est plus mouvementé dans certaines parties qu'on ne le pourrait croire, et nous devons citer les monts neigeux du Ahaggar bien peu connus encore, et ceux du Tibesti où Nachtigal a failli perdre la vie. Quant aux populations énumérées plus haut, elles sont sédentaires sauf les Touareg. Leur amour du pillage est l'obstacle le plus sérieux à la restauration des anciennes voies de commerce fréquentées au temps de la traite des nègres. Au S. du Sahara s'étend parallèlement une zone énorme de pays très riches et très fertiles pour la plupart, mais dont certains ont été, à la suite de guerres répétées, pour longtemps ruinés. Ils sont connus sous le nom générique de Soudan. La géographie physique de toute cette région n'offre pas de lignes bien arrêtées qui permettent de la saisir d'un simple coup d'œil. A l'O. et sur les bords de l'Atlantique, c'est d'abord le bassin du Sénégal, de la Gambie et de la Mellacorée qui prennent leurs sources dans une série de chaînes qui partant au S. des montagnes de Kong s'élèvent par la Fouta Djalon, le royaume de Segou et le Kaarta. Puis vient un peu plus à l'E. le bassin du Niger dont on n'avait fait jusqu'au XVIIIᵉ siècle qu'un seul fleuve avec le Sénégal. Ce bassin, s'il est parfaitement délimité au S. par la chaîne de Kong, n'est séparé du Sahara, dont il a presque le même niveau, que par le revers d'un certain nombre de plateaux entre lesquels il faut citer ceux d'Adghag, d'Aïrou et d'Agbadès; enfin à l'E. une série de hauteurs qui se ramifient dans le Haoussa, le Sokoto, le Zagzeg et jusqu'au dans l'Adamoua encaissent ses affluents inférieurs de la rive gauche. Au centre, du continent nous trouvons le bassin lacustre du Tchad qu'alimente le Chari dont les affluents prennent leur source dans le massif isolé du Dar Four; et d'où sort pendant les inondations le Bahr el Ghazal. Enfin plus à l'O. s'étend le Soudan dit- Egyptien. Ce qui au N., constitue la véritable frontière entre le Sahara et le Soudan, c'est la limite des pluies tropicales qui changent complètement l'aspect du pays et donnent naissance à une végétation exubérante dont les géants sont les baobabs. Le Niger prend sa source à l'endroit où les monts du Fouta se détachent de la chaîne du Kong, coule d'abord du S.-O. au N.-E. jusqu'au delà de Sansanding, se relève vers le N. jusqu'à Tombouctou, marché fameux au Moyen Age et aujourd'hui bien déchu, court quelque temps de l'O. à l'E. puis descendant vers le golfe de Guinée, coule vers sa rive gauche, le Sokoto et le Benoué et s'épanche dans l'Océan par un immense delta marécageux. A un cours aussi long correspond un débit considérable; le Niger récoltant une bonne partie des pluies qui mouillent le Soudan. Les localités principales que baigne le Niger sont Bammakou où la France a récemment planté son drapeau, Segou, Tombouctou, Sansanding, Gogo, Yaouri, Lokodja et Abo où commence le delta et siège de factoreries européennes. Quant au lac Tchad, situé à 214 m. au-dessus de la mer, il reçoit au S. un fleuve

2

considérable, la Chari, formé de plusieurs rivières. Non loin du Tchad qui paraît avoir été plus étendu autrefois qu'aujourd'hui, qui se déplace et déborde au loin pendant la saison des pluies, existe une petite nappe d'eau, le lac Fittri. Avec cette abondance d'eau, ces inondations périodiques qui déposent d'épaisses alluvions aussi fécondes que celles du Gange ou du Mississipi, l'indigo, le coton, le maïs, le riz, la canne à sucre, le café et les graines oléagineuses poussent merveilleusement; l'arbre à huile et mille autres essences aussi précieuses prospèrent, sans compter qu'à côté de ces richesses végétales la terre renferme dans son sein des trésors non moins abondants, tels que l'or et le cuivre, et que le règne animal fournit à l'homme des objets d'échange recherchés : l'ivoire, les plumes d'autruche, les peaux de gazelle, les chevaux, etc. Quoi d'étonnant que dans ces fertiles contrées la population soit très dense! On compte 40 millions de nègres au Soudan, les uns presque sauvages, tels que les habitants du Ouadaï, les autres relativement civilisés comme ceux des environs du lac Tchad, du Bornou, du Baghirmi, ceux du Haoussa, du Sokoto, du Zagzeg qui sont mêlés aux Peuhls ou Foulahs et sont mahométans. Que si maintenant, au point de vue politique, nous cherchons à nous faire une idée des royaumes distribués sur cette zone immense, nous trouvons à l'E. le Ouadaï, royaume fermé que Nachtigal et Matteucci ont eu tant de peine à traverser en sens inverse et dont la Chari, le Bornou avec sa capitale Kouka, le Haoussa avec ses marchés fameux de Kano, Sokoto, Yaouri, Yakoba, qui n'a pas moins de 150,000 hab., l'Adamaoua, au S. du Bornou, le Zagzeg, le Gouandou et le Noupé sur le Niger inférieur, le Massina avec sa capitale Tombouctou, sans compter, au-dessous, les royaumes nègres de Tombo, de Mossi et de Gourma. Sur la côte de Guinée, s'échelonnent au milieu de populations régies par une série de roitelets indépendants les uns des autres, quantité de colonies européennes, sans parler de la république de Liberia fondée en 1822, des royaumes des Ashantis, du Dahomey et du Yoriba. Au-dessous du Soudan, sur un area qu'il est encore impossible de délimiter, car on ne connaît pas ou l'on n'a pas identifié encore la plupart de ses affluents, s'étend l'immense bassin du Congo. C'est le cœur de l'Afrique, le *noyau de l'amande*, pour employer l'expression de Stanley. De la chaîne qui borde la rive occidentale du lac Nyassa, tombe une rivière, le Chambezi, qui s'épanche dans le lac Bangouélo. A l'extrémité occidentale de cette nappe, le Louapoula, se glisse au pied des monts Lokinga, forme le lac Moero, sur les bords duquel mourut Livingstone, puis coule vers le N.-O. et recueille une rivière aussi importante, le Loualaba qui a traversé les lacs Lohemba, Kassiii et Kamolondo ; on est alors dans le Manyéma. Le fleuve, à sa sortie du Kamolondo, prend le nom de Loualaba, passe à Nyangoué, marché important, et reçoit près de l'équateur une grosse rivière qu'on croit être le Lomami. Presque aussitôt barré par une énorme cataracte qui a reçu le nom de Chutes de Stanley, le Congo ou Zaïre s'élargit, s'étale au loin, forme quantité d'îles et de bras, reçoit sur sa rive droite, l'Arrouimi, le Mobangi qu'on croit être le Ouellé de Schweinfurth, la Licona et l'Alima. Sur sa rive gauche, ses affluents sont après le Lomami, le Lubilasch, l'Ikelemba, le Kassaï, qui vient d'être reconnu par le lieutenant Wismann et qui reçoit le Kouango. Un tel fleuve aurait permis depuis longtemps de pénétrer au cœur du noir con-

tinent, s'il n'était, non loin de son embouchure, barré par les cataractes de Yellala et par une série de chutes et de rapides qui ne se terminent qu'à Stanley Pool. La plus grande partie des contrées qu'arrose le Congo est extrêmement fertile, couverte d'une population excessivement dense, adonnée presque partout à l'agriculture, à l'élève du gros bétail, là où ne sévit pas la mouche *tsétsé*. Là règnent des souverains puissants : Mirambo, Cazembé, Mouata Yamvo, là se tiennent les marchés fameux où s'échangent contre les marchandises d'Europe les produits indigènes. C'est sous le patronage du roi des Belges qu'a été fondée l'Association internationale. Une conférence réunie à Berlin l'année dernière a définitivement réglé la sphère où doit s'exercer son action, là a été reconnu l'état du Congo et l'on a fixé les limites des possessions anglaises, espagnoles, portugaises et françaises. Sur la rive méridionale du Congo s'étendent les vieilles possessions portugaises du Benguela et de Loanda. De toute l'Afrique méridionale, la partie la plus élevée est la plus voisine de la mer. Le lac Ngami en forme la dépression la plus sensible; le désert de Kalahari est encore à plus de 4,200 m. au-dessus de la mer et la pointe même de l'Afrique se termine par les hautes montagnes du Cap et de la Cafrerie. Quant au bassin de l'Orange, il embrasse presque toute la partie méridionale du continent. Ce fleuve, qui se jette dans l'Atlantique par 28° 30' de lat. méridionale, prend sa source dans la haute chaîne qui longe le rivage de l'Océan indien. Sur une grande partie de son cours, il sert de limite entre les Hottentots et la colonie anglaise du Cap et la sépare, dans son cours supérieur de l'état libre d'Orange; quant à son affluent, le Vaal, il a servi de frontière entre l'état d'Orange et le Transvaal. Ces deux états fondés par des colons hollandais et des protestants français chassés par la révocation de l'édit de Nantes, connus sous le nom générique de *boers*, ont pour villes principales Bloemfontein, Potchefstroem, Pretoria. Les boers ont grand peine à défendre leur indépendance contre leurs jalouses voisines les colonies du Cap et de Natal qui leur interdisent, avec l'accès de la mer, la libre exportation de leurs récoltes et de leurs troupeaux. Que si nous remontons la côte du canal de Mozambique, nous trouvons, en face, la grande île de Madagascar, les possessions portugaises d'Oumzila, de Sofala et de Mozambique qu'arrose le Zambèse. Prenant sa source dans le pays de Mouata Yamvo, ce fleuve reçoit à gauche le Kabompo qui descend des monts Kone au S. du Bangouelo, traverse le pays des Makololos, et, après avoir reçu à gauche le Cuando, se trouve resserré entre deux chaînes de montagnes qu'il franchit aux chutes Victoria, remonte au N., reçoit la Louangoua, coule alors de l'O. à l'E. et, à partir des chutes de Kebrabasa, descend vers l'océan Indien où il tombe par un delta près de Quilimané. Les Portugais ont cherché à étendre leur domination et leurs relations commerciales dans toute cette zone d'un million de kil. carr. dont la population atteint 350,000 hab. Avec le Nyassa, nous entrons dans la région des grands lacs. Ptolémée savait que le Nil sortait de lacs immenses, et pendant tout le Moyen Age, on avait continué de les marquer hypothétiquement sur les cartes; puis on les avait au XVIIIe siècle complètement effacés, et, seul, notre grand d'Anville avait marqué sur ses cartes d'Afrique un lac, le Nyassa des Maravis. Postérieurement, ce lac avait même disparu des cartes. La connaissance du relief du sol et du régime des pluies

est venue expliquer la formation de cette chaîne de lacs qu'on ne peut comparer qu'à ceux de de l'Amérique du Nord. Les hautes chaînes qui frangent la bande orientale de l'Afrique avec les cimes neigeuses du Kénia et du Kilimandjaro accrochent les nuages qui crèvent sur les terres intérieures et versent des torrents de pluie qui remplissent toutes les cavités et engendrent cette multitude de rivières et de ruisseaux dont la nomenclature est inépuisable. Ce sont au N. du Nyassa, le Tanganyika et le Louta Nzighé ou Albert qui semblent se continuer et constituer une seule et même faille; le lac Oukereoué ou Victoria et le lac Baringo au pied du Kénia. De l'Albert et du Victoria sortent les rivières qui constituent le Nil, quant au Tanganyika, il n'a qu'un émissaire temporaire vers le Loukouga qui le met en communication avec le Loualaba pendant la saison des pluies. Nombreuses sont les populations riveraines de ces lacs, avec lesquelles Livingstone, Speke, Grant et tant d'autres explorateurs y compris Stanley eurent maille à partir. Nous entrons ici dans le bassin du Nil. En réalité, le Nil est le père de l'Égypte, c'est lui qui l'a créée, qui continue à la féconder de son limon. Son cours peut être partagé en trois tronçons qui ont leur caractère nettement tranché. A sa sortie des lacs, grossi des pluies tropicales, le Nil entraîne un énorme volume d'eau, mais comme depuis Doufli il ne reçoit pas un seul affluent et qu'il traverse une région où l'évaporation est considérable, il finirait par se réduire à rien s'il ne recevait presque au même endroit le Bahr el Ghazal, grossi du Bahr el Arab, et le Saubat. A nouveau gonflé il repart vers le N. et reçoit dans la seconde zone à Khartoum le Bahr el Azrek ou Nil Bleu qui sort du lac Tsana au centre de l'Abyssinie et, un peu plus loin, l'Atbara, qui descend des Alpes du Tigré. A partir de Berber, le fleuve commence à couler du S.-E. au N.-O., puis il décrit un S jusqu'à Korosko et là il descend presque en ligne droite vers la Méditerranée où il tombe par un énorme delta. La dernière partie du fleuve est semée dans la Nubie d'une série de cataractes et de rapides qui, en retardant, modérant la crue du fleuve rendent l'inondation bienfaisante. Quand nous aurons cité près des lacs : Gondokoro; dans le Soudan, Khartoum; dans le Darfour, El Facher, pays que l'Égypte avait soumis à son influence et que le Mahdi vient de lui enlever, plus haut, Berber et sur la côte de la mer Rouge, Souakim où les Italiens se sont installés, dans la Nubie Dongola; dans l'Egypte proprement dite Korosko, Assouan, Esneh, Kennet, Siout et la capitale, le Caire, Alexandrie, Rosette et Damiette sur la Méditerranée, Suez à l'entrée du canal percé par M. de Lesseps, nous aurons énuméré les villes principales de la vallée du Nil. Ajoutons, pour être complet, les oasis de Farafreh, de Koufra, de Siouah et d'Aoudjilah dans le désert et, sur la Méditerranée, Tripoli, qui continue à être sous la domination de la Porte. Si, maintenant, nous revenons sur nos pas en suivant les bords de la mer Rouge nous ne tarderons pas à atteindre le haut plateau de l'Abyssinie où s'étagent le Tigré, l'Amhara et le Choa avec les villes d'Adoua, Gondar, Magdala, Ankober; la côte d'Adel, le pays des Comalis, les environs de Magadchou où notre compatriote, G. Revoil, a failli, l'année dernière, perdre la vie en essayant de pénétrer chez les Gallas. Enfin, au-dessous du Kilimandjaro citons encore la petite ville de Mombaz et l'île de Zanzibar avant d'arriver à la grande terre de Madagascar que nous venons, au moment où nous mettons sous presse, d'arracher à la tyrannie des Hovas.

AFRIQUE

ALGÉRIE ET TUNISIE

Après avoir été le théâtre d'une lutte sanglante entre Rome et Carthage, la Barbarie fut successivement envahie par les Vandales et conquise par les Arabes. Au XVIᵉ siècle, Alger tomba entre les mains d'un chef de corsaires nommé Barberousse. On n'a pas oublié les deux expéditions de Charles-Quint contre ce repaire de forbans, non plus que les bombardements d'Alger par Duquesne, l'expédition de Gigéri et les autres opérations maritimes auxquelles donnèrent lieu les déprédations continuelles des corsaires barbaresques. Enfin, en 1827, le dey ayant insulté notre consul, une expédition fut organisée par le gouvernement de Charles X, mais c'est celui de Louis-Philippe qui procéda à la conquête de l'Algérie. Les principales opérations cessèrent bien avec la prise d'Abd-el-Kader, mais on peut dire que la conquête n'a pas duré moins de 25 ans, coûtant à la France des sommes énormes et nombre de soldats. Depuis la grande révolte de 1871, le pays est tranquille et tout porte à croire que l'ère des grandes guerres est à jamais close. Quant à la Tunisie, elle était, depuis 1595, sous la souveraineté de la Turquie, et son bey payait tribut à la Porte. Les événements qui ont amené notre intervention en Tunisie et par suite, notre protectorat sur le pays, sont trop récents pour être sortis de la mémoire.

A vrai dire, la formation de toute la côte septentrionale de l'Afrique est une, et les divisions politiques sont purement arbitraires. L'Atlas se continue en Tunisie tel que nous le voyons en Algérie, de sorte que la Tunisie est le complément naturel et forcé de l'Algérie. Ce que nous allons dire de la géographie physique de l'Algérie s'applique donc entièrement à la Tunisie.

Au long de la Méditerranée, une zone extrêmement fertile, le Tell, mais étroite et bordée par une première chaîne de l'Atlas dont le plus haut sommet, dans le Djurjura, s'élève 2,305 m. chaîne, coupée de vallées, de plaines et, en Tunisie, couverte d'antiques forêts. Puis, entre cette chaîne et le petit Atlas, qui regarde le Sahara, la région des hauts plateaux, élevée en moyenne d'un millier de mètres et qui se termine dans la Tunisie par la réunion des deux chaînes de l'Atlas dont la première finit au cap Blanc et le grand Atlas au cap Bon. Un des traits caractéristiques de ce haut plateau est cette suite des lacs salés ou chotts, qu'on rencontre depuis la frontière du Maroc jusqu'à celle de Tunisie; ce sont les chotts Gharbi et Chergui, dans le département d'Oran, le chott Zabrez, dans le département d'Alger, le chott El Hodna et certains autres plus petits dans le département de Constantine. Au-dessus de ces plateaux s'élève le grand Atlas, dont les massifs principaux sont le Djebel Amour et l'Aurès, qui atteint 2,312 m. au-dessus de la mer. Quant à la dernière zone, celle qui avoisine le Sahara proprement dit, elle est constituée par une série de vallées sablonneuses, de plateaux pierreux ou hamada, et de chotts dont les plus importants, en partant du golfe de Gabès, l'El Fedjedj, El Djerid et Melrhir qui sont situés au-dessous de la mer, mais séparés par des seuils relativement étroits. C'est cette série de lacs qui pénètrent jusqu'au

cœur de la province de Constantine que le commandant Roudaire avait eu l'idée de réunir pour constituer une vaste mer intérieure. Les nombreuses études auxquelles il s'était livré avec ses collaborateurs nous ont permis de nous faire de toute cette région une idée plus exacte et nous en possédons aujourd'hui une carte on ne peut plus intéressante. Devant les démentis que l'étude du sol était venue donner à ses théories, le commandant Roudaire avait tout d'abord été amené à modifier profondément son projet originel et à le réduire considérablement, car la zone située au-dessous du niveau de la mer et inondable est infiniment moins grande qu'il ne l'avait pensé. Les résultats qu'il voulait atteindre par la création de sa mer intérieure étaient trop problématiques et discutés par trop d'hommes compétents pour que le gouvernement consentît à lui fournir les subventions dont il avait besoin. Quant au public, les avantages matériels du projet ne lui semblaient pas assez considérables pour qu'une souscription publique fut ouverte avec chance de succès. Le projet de mer intérieure, qui semblait devoir être abandonné depuis la mort de M. Roudaire, paraît aujourd'hui complètement transformé par son successeur M. Landas. L'Algérie était jadis couverte d'immenses forêts qui, en amenant des pluies fréquentes, en les arrêtant, donnaient au sol une végétation exubérante. Depuis la destruction de ces bois, la plus grande partie de l'Algérie reçoit le vent brûlant du Sahara. Dans le Tell, grâce au voisinage de la mer, il pleut en hiver, mais plus on s'éloigne de la Méditerranée, plus le climat devient sec, à ce point qu'il y a des localités, comme In-Calah, où il ne pleut guère que tous les 20 ans. La destruction des forêts a, de plus, amené des inondations terribles et, malgré les travaux gigantesques que le génie a faits en quelques endroits pour emmagasiner les eaux, malgré les barrages et les estacades, l'afflux est parfois tellement considérable qu'il emporte, avec les digues et les travaux d'art, les champs et les maisons. La zone du Tell est tellement étroite que les cours d'eau y peu importants y sont pour ainsi dire impossibles; d'ailleurs, ceux qui existent sont presque tous à sec pendant l'été. Nommons le Sig, le Chélif, le seul fleuve qui descend du grand Atlas, le Roumel et la Seybouse. Quant aux chotts, aussi bien ceux des hauts plateaux que ceux de l'Atlas, ils reçoivent un certain nombre d'affluents dont le plus long est l'oued Djeddi qui se jette dans le chott Melrhir, sans parler de l'Igharghar qui passe à Touggourt et tombe rait dans le même chott si l'on apercevait dans son lit desséché autre chose que des flaques d'eau sans courant. Telle est au point de vue physique la constitution de l'Algérie. Jadis colonie française, l'Algérie constitue aujourd'hui une prolongation outre-Méditerranée du sol de la patrie. Elle est reliée à la France, dont elle n'est éloignée que de 36 heures, et à l'Espagne, par nombre de lignes de bateaux à vapeur qui partent d'Oran, d'Alger, de Philippeville et de Bône. Un câble sous-marin informe instantanément Paris des moindres événements qui peuvent se passer sur

cet immense territoire de plus de mille kilomètres de long, plus vaste que la France. Grâce au remplacement de l'autorité militaire par des fonctionnaires civils, la colonisation a pris depuis quelques années un développement notable. La révolte de 1871, qui fut suivie de la confiscation des terres appartenant aux tribus révoltées, a permis de concéder à quantité d'immigrants d'Alsace et de Lorraine des étendues de terre considérables.

La végétation du Tell offre la ressemblance la plus frappante avec celle des rivages méditerranéens de l'Europe. L'olivier, le laurier, l'oranger — Blidah est fameuse par ses plantations — le citronnier, le chêne, le chêne-liège, le pin, les figuiers, les myrthes, l'aloès, l'eucalyptus se rencontrent partout; la plupart des terres cultivées sont plantées en blé et en vigne, culture qui a pris le plus grand développement jusqu'à que le phylloxera a presque complètement détruit le vignoble français. On fait aussi dans le Tell beaucoup de légumes et notamment des primeurs qui, depuis plusieurs années ont fait leur apparition à Paris, mais ce qui fait le plus défaut, ce qui arrête l'essor de la culture grande et petite, c'est le manque de routes et de chemins de fer. Quelques lignes sont ouvertes, à la vérité, un plus grand nombre sont en construction et certaines sont à l'étude ou classées, mais les lignes de pénétration, les seules vraiment utiles, n'existent même pas à l'état de projet. Les principales villes ne sont encore mises en communication que par des diligences parcourant des routes qui laissent terriblement à désirer. Au nombre des produits des hauts plateaux, il faut citer au premier rang l'alfa ou sparte, plante dont on se sert principalement pour la fabrication du papier. C'est dans le département d'Oran qu'on rencontre les champs les plus étendus de cette plante qui pousse naturellement, et c'est surtout des Espagnols qui sont employés à sa récolte. On a également utilisé une espèce de palmier nain qui sert à la fabrication des faux cheveux. Quant aux villes sahariennes, elles produisent quantité de dattes excellentes et servent d'entrepôt aux riches marchandises que viennent du désert, bien que la plupart des caravanes aiment mieux suivre les routes qui aboutissent dans des pays musulmans où elles sont certaines de pouvoir se défaire des esclaves qu'elles amènent de l'intérieur en même temps que de l'ivoire, de la gomme, des plumes d'autruche, etc. Au point de vue minéralogique, l'Algérie est assez bien partagée. Le marbre, l'onix, le plomb, le cuivre, le zinc, l'antimoine, le cinabre, se rencontrent un peu partout. Quant au fer, il est peu de contrées qui soient plus riches, la mine de Mokta-el-Hadid près de Bône fournit plus de 400,000 tonnes par an. Malheureusement, le combustible fait absolument défaut; aussi doit-on exporter à l'état brut tous ces métaux, aussi n'a-t-on pu établir jusqu'ici de hauts-fourneaux. Si riche qu'elle soit en fer, l'Algérie doit donc faire venir de France ses rails, ses machines et tous les instruments propres à l'industrie.

3

C'est pour elle une perte considérable. Sur les 500 millions de son commerce extérieur, on en compte 300 avec la France seule, chiffres qui tendent tous les jours à augmenter. La population de l'Algérie n'est que de 3,300,000 individus, c'est-à-dire 10 habitants par kil. carré, alors qu'en France elle monte à 71. On la partage en 2,800,000 individus, divisés en Berbères ou Kabyles, race intelligente et laborieuse, particulièrement adonnée à l'agriculture, en Arabes ou Bédouins, qui ont été progressivement repoussés hors du Tell, cantonnés sur les hauts plateaux, ou rejetés dans le Sahara; en Maures, dénomination sous laquelle on désigne les métis de toutes les races qui habitent les villes; en un certain nombre de Turcs qui descendent des anciens conquérants, en nègres, jadis importés comme esclaves; en 30,000 Israélites, qui ont récemment reçu la qualité et les droits de Français en Espagnols, fort nombreux dans la province d'Oran, en Italiens et en Maltais, habitués de la province de Constantine. En somme, on ne compte que 7 p. 100 de Français sur cet ensemble de population. Mais, forcément, il arrivera en Algérie ce qui se passe aux États-Unis, les éléments étrangers se fondront progressivement dans la population maltresse et prédominante; toutefois ce phénomène mettra incontestablement un temps assez long à se produire, quoique la solution doive être hâtée par l'afflux chaque jour plus considérable de l'émigration française. En vingt ans, on a constaté que la population européenne avait augmenté de 85 p. 100, ce sont là des chiffres qui promettent et qui nous font espérer pour l'Algérie un avenir des plus prospères. — Au point de vue politique l'Algérie est divisée en trois énormes départements, qui ont pris les noms de ses trois principales villes : Alger au centre, Oran à l'O., Constantine à l'E. Plusieurs fois déjà, il a été question de fractionner ces immenses étendues de territoire, et de créer de nouveaux départements, mais les considérations financières et autres ont empêché, jusqu'ici, de donner suite à ce projet. Alger, le siège du gouvernement, est admirablement située sur une baie de la Méditerranée vers laquelle elle descend en amphithéâtre. La ville moderne ou européenne est divisée par de larges avenues bordées de hautes maisons, — les récents tremblements de terre semblent condamner ce mode de construction — tandis que la ville arabe, déjà bien écornée par les expropriations, a conservé son caractère étrange, ses rues sombres, ses maisons en encorbellement, ses larges terrasses, ses fenêtres étroites, et ses moucharabiehs découpés. Le sommet de la colline est occupé par la Kasbah, l'ancienne forteresse du dey d'Alger. Les sous-préfectures du département d'Alger sont : Milliana, Orleans-ville, Medeah et Tizi Ouzou. — Le département de Constantine a pour préfecture la ville du même nom. L'une des plus anciennes cités de la Numidie, ayant reçu son nom de l'empereur Constantin, cette cité s'élève sur un plateau rocheux qui fait partie du Sahara *tellien*; les sous-préfectures sont : Bône, Bougie, Guelma, Setif, Batna et Philippeville. Quant au département d'Oran, il a pour sous-préfectures : Mascara, Mostaganem, Sidi bel Abbès et Tlemcen. Ajoutons qu'outre les ports d'Arzeu, Mers el Kebir, Cherchell, Dellys, Djidjelli et la Calle, on doit citer un certain nombre de localités dans l'intérieur, la plupart importantes plutôt par leur situation topographique et militaire que par leur commerce ou leur industrie. Ce sont, dans la province d'Oran, le Kreider sur le bord du chott Chergui et Mecheria, localités qui ont été récemment unies par un chemin de fer stratégique avec Saïda; El Abiod Sidi Cheikh où se trouve la Kouba ou tombeau du patron de la tribu des Ouled Sidi Cheikh, et Géryville sur les premières pentes du Grand-Atlas. Dans le département d'Alger, c'est Laghouat sur le revers méridional du Sahara; Biskra dans l'oasis des Ziban; plus bas Touggourt sur l'Igharghar; l'oasis du Mzab avec ses villes de Gourara, Gardaïa, Metlili, que nous avons occupées effectivement il y a quelque temps; plus au S. Ouargla sur l'oued Mia, dans le pays des Chaamba, et enfin El Golea dans le désert. Parmi les grands travaux exécutés par les Français, il faut citer le drainage du grand lac marécageux d'Halluda, non loin d'Alger dont l'énorme area forme aujourd'hui une magnifique plantation de coton. Nous avons assaini mainte région en y plantant des eucalyptus, et nous avons fourni aux indigènes, au moyen de puits artésiens, une eau excessivement précieuse pour leurs irrigations. Enfin, nous avons établi d'immenses barrages dans les gorges du Meurad, élevé les digues de retenue de Saint-Denis du Sig, de l'Habra et l'on travaille depuis longues années aux barrages de l'Hamiz et de presque toutes les rivières algériennes dont toutes les eaux seront ainsi utilisées par l'agriculture. Comme nous le disions plus haut, la Tunisie, au point de vue physique, est la continuation de l'Algérie; même bande littorale étroite, même chaîne de hauteur moyenne, haut plateau plus étroit et par cela même sans chotts, suite légèrement relevée vers le N.-E. de l'Atlas saharien qui se termine au cap Bon par une presqu'île importante. Les seuls fleuves importants sont : la Medjerda, l'ancien Bagradas des Romains et l'oued Rouhia qui alimente la sebkha Sidi-el-Hami. Les cimes élevées du Djebel Zaghaouan, 1,243 m., et du Djebel Tiouah, 1,887 m.; les pentes en chevêtrées des montagnes couvertes d'énormes forêts, les plaines bien abritées du vent du désert, les pluies abondantes, tout s'est réuni pour donner à la Tunisie une valeur supérieure même à sa voisine la province de Constantine. C'est sa fertilité qui avait fait sa fortune. Carthage, dont on explore les ruines voisines de Tunis, était admirablement placée, au centre de la Méditerranée, à la porte qui réunit les deux bassins de cette vaste mer; elle devait faire, elle fit un commerce énorme et devint assez puissante pour porter ombrage à la République. Les Romains, qui succédèrent dans le pays aux Carthaginois, surent développer ses sources naturelles, en faire le grenier de l'Italie, appeler une population de 20 millions d'habitants dans cette région à peine grande comme le quart de la France. Elle est aujourd'hui réduite à 2,100,000 individus. Ils y construisirent des aqueducs, des villes, des temples, des amphithéâtres, des bains dont on retrouve tous les jours des ruines imposantes. Mais, sous la domination arabe, tout cela disparut, et les Turcs qui vinrent à Tunis en 1595 n'étaient pas pour ramener l'ancienne prospérité. La situation s'était prolongée au grand dommage des populations agricoles qui se voyaient tous les ans spoliées par les ministres et les officiers du bey. L'établissement de notre protectorat, qui a tout d'abord rencontré quelque opposition, est un bienfait pour la Tunisie. Décidés à respecter scrupuleusement les mœurs et la religion du pays, mais à garantir la sécurité publique, à supprimer les tripotages financiers, et à substituer, du haut en bas de l'échelle, une administration honnête à des employés prévaricateurs, à faire participer les habitants aux méthodes perfectionnées d'agriculture, à développer les travaux publics de toute sorte, nous sommes assurés de réussir. Déjà, des routes ont été percées, les travaux du port de Tunis sont concédés, la capitale a été réunie à l'Algérie par un chemin de fer, les côtes ont été soigneusement relevées par nos marins, nos officiers ont substitué aux cartes fantaisistes qui existaient des levés rigoureux et scientifiques, certains ports vont être améliorés, et la grande entreprise de M. Roudaire, qui semblait, par la mort de son auteur, être définitivement abandonnée, est transformée, reprise sur des bases plus acceptables. Nous avons organisé une armée, une police et des tribunaux, — ce n'a pas été sans résistance de la part de certains gouvernements qui ne voulaient pas renoncer au système des capitulations; — notre domination est aujourd'hui acceptée par tout le monde et bien plus respectée que ne l'était celle du bey avant notre arrivée. Il était temps, d'ailleurs, car la dette publique montait à 125 millions, alors que le budget annuel ne dépassait guère six millions. L'immigration française n'a pas tardé à se porter en Tunisie; si le commerce extérieur, dont la moitié consiste en céréales, atteint déjà 100 millions, il ne tardera pas à se développer; car, déjà, des plantations importantes de vignes ont été faites, les forêts sont exploitées scientifiquement sous la surveillance de nos agents, des mines sont cherchées, concédées ou exploitées. La capitale est Tunis. Située sur les bords marécageux d'un lac peu profond qui reçoit toutes les ordures de la ville, Tunis n'est guère saine; son port, La Goulette, auquel elle est reliée par un chemin de fer, s'ouvre au fond d'un golfe profond. Non loin de Tunis est le Bardo, résidence du bey. Les principaux ports sont : Bizerte sur la Méditerranée, Hammamet, Sousse, Monastir, Mehadia, Sfax et Gabès, tous ces havres sont peu sûrs ou peu profonds et réclament, pour être fréquentés par le commerce, des améliorations urgentes. A l'intérieur, il faut citer Beja, Mateur, Kef, Zaghouan, l'immense domaine de l'Enfida exploité depuis longtemps par les Français; et Kairouan, la métropole religieuse de la Tunisie. Nous dirons quelques mots, en terminant, d'une querelle archéologique qui a passionné certains savants. M. Roudaire et bien d'autres avaient fait des immenses chotts tunisiens les restes de ce fameux Triton, fameux chez les anciens géographes. Cette légende était bien établie, lorsqu'un médecin qui revenait de Tunisie, M. Rouire, entreprit de la démolir. On s'est battu à coups de citations; les in-folios ont volé dans l'espace, sans qu'on puisse dire exactement s'il faut voir dans l'oued Rouhia le fleuve Triton et dans la Sebkha Sidi-el-Hami les restes du lac du même nom, querelle peu intéressante pour la prospérité du pays, mais important problème de géographie historique.

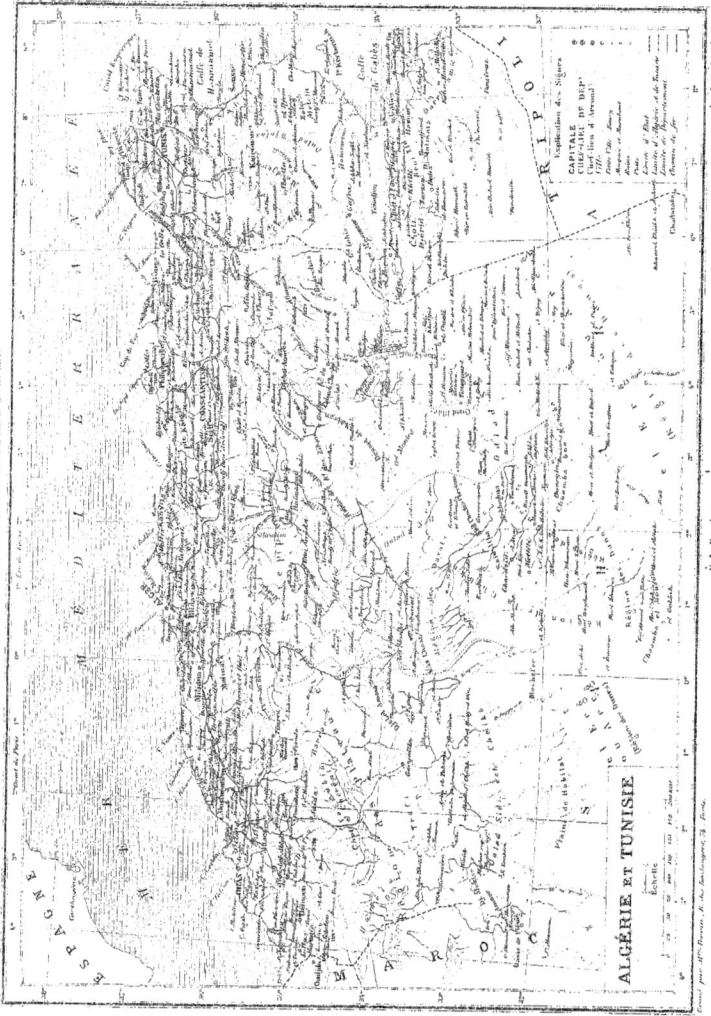

ALGÉRIE et TUNISIE

ALLEMAGNE

Que l'on jette les yeux sur la carte et l'on constatera que l'Allemagne telle qu'elle a toujours été, telle qu'elle est encore aujourd'hui délimitée, ne constitue pas plus au point de vue physique qu'au point de vue ethnographique, une entité véritable. Si la mer, qui forme, au nord, une ceinture naturelle, si les Alpes lui dessinent au sud une frontière, à l'est, pas plus qu'à l'ouest, elle n'est définie géographiquement. Cette configuration défectueuse, élastique même a influé d'une manière considérable sur son développement : elle a engendré bien des péripéties de son histoire. L'empire d'Allemagne n'est qu'une confédération d'états sous un chef unique, ce n'est pas un tout, complet en soi, comme les îles Britanniques, comme la France lors qu'elle allait jusqu'au Rhin. L'empire d'Allemagne n'est pas peuplé non plus que d'Allemands et ses annexions successives lui ont permis d'englober quantité de populations de races différentes, des Lettes, des Ruthènes, des Polonais, des Danois, des Français, etc. Et cependant, en dehors des frontières que les traités lui ont données, il reste hors de l'Allemagne, tous les Allemands de l'Autriche et ceux de la Suisse. Au midi, se dressent les Alpes et les hautes terres qui s'abaissent insensiblement vers la mer du Nord aux plages marécageuses ou sablonneuses. C'est des Alpes que descend le Rhin, le fleuve le plus important de l'empire d'Allemagne, non point à cause de sa longueur ou de son débit, mais parce que c'est presque le seul fleuve *national* pour elle, parce que voilà des siècles que l'Allemagne lutte pour sa possession et que dans cette lutte, ont été anéantis des millions d'hommes et des capitaux immenses. Si son embouchure est, encore aujourd'hui, dans un pays étranger, on sait avec quel regret ce fait est envisagé par les Allemands, combien ils désirent s'annexer la Hollande et ses colonies. Comme voie commerciale, comme voie de transport pour les bois et les blés des Vosges, pour les houilles et les fers de la Sarre, comme moyen de communication entre l'intérieur du continent et la mer, certes le Rhin a son intérêt ; mais, depuis que la France a été chassée de ses bords, que les frontières ont été reculées jusqu'aux Vosges et protégées par les énormes camps retranchés de Metz et de Strasbourg, l'Empire s'est senti rassuré ; nous ne pouvions plus faire ces pointes hardies qui nous ont tant de fois réussi et pénétrer jusqu'au cœur de l'Allemagne, comme nous l'avons fait à tant de reprises. C'est une porte aujourd'hui fermée, cadenassée même, et depuis 1871, les Allemands se sont sentis plus tranquilles chez eux. Suivons le littoral de la mer du Nord, nous rencontrons l'Ems, le Weser grossi de l'Aller et de la Fuida, dont le large estuaire a été utilisé pour la création du port militaire de Bremerhafen, l'Elbe originaire de Bohème dont le cours de plus de 1,000 kil. qui arrose tant de villes importantes et dont l'estuaire, large de quatre lieues, forme un véritable port dont Hambourg et Altona ne sont que des quais. Un projet depuis longtemps caressé consiste à couper à la base de la péninsule que termine le Jutland par un canal, qui mettrait l'Elbe en communication avec

la baie de Neustadt, réunirait la mer du Nord à la Baltique et permettrait aux navires de guerre allemands d'éviter les détroits du Sund et du Skagerak. Ce projet est à la veille d'être réalisé. Sur la Baltique, nous rencontrons l'Oder, un peu moins long que l'Elbe qui, lui aussi et comme la Vistule, descend des montagnes de la Bohème pour s'écouler par un estuaire au fond duquel se trouve Stettin et que défendent les deux îles d'Usedom et de Wollin. Quant à la Vistule et au Niémen, ils ne passent en Prusse que dans leur cours inférieur. Enfin, le Danube qui descend de la forêt Noire, et qui arrose la Bavière, traverse tant de régions différentes, désaltère tant de peuples divers qu'on peut l'appeler un fleuve international. C'est d'ailleurs le caractère que les puissances européennes lui ont reconnu dans la partie inférieure de son cours, chargeant une commission d'empêcher tout empiétement et d'éviter tout conflit. Que si maintenant, nous énumérons les montagnes de l'Allemagne, ce sont : à l'E., la Forêt-Noire et les Alpes de Bavière (1,200 m. d'altitude), les plateaux du Harz, du Hundsruck et du Taurus, entre lesquels le Rhin se fraye un passage, les monts de Thuringe qui se rattachent aux monts de la Bohème, dont les chaînes septentrionales portent les noms d'Erz et de Riesengebirge, pour se relier aux Karpathes. Il résulte de la disposition générale des plus hautes chaînes de montagnes, toutes situées dans le S. une différence aussi sensible dans la nature du pays que dans les mœurs, le caractère, la religion et la langue des habitants. Au N., la zone voisine de la mer du Nord et de la Baltique est formée par une plaine basse, tourbeuse, couverte de bruyères et d'ajoncs, en général peu fertile, mais qui permet l'élève du bétail sur une grande échelle ; tels sont le Hanovre et le Mecklembourg, la Poméranie et la Prusse. Plus au S. s'étend la zone si variée d'aspect et si pittoresque où se déroulent la Forêt-Noire, les Juras de Souabe et de Franconie, les monts Rothaar et le Thuringer Wald. Grâce à ses forêts, ses pâturages, ses grasses vallées arrosées par de nombreux cours d'eau, cette contrée est un centre d'activité merveilleuse. Ce sont la Westphalie, la Hesse, la Saxe, la Silésie, le Wurtemberg et la Bavière ; villes industrielles ou commerçantes, universités fameuses s'y côtoient au grand bénéfice du progrès scientifique. Enfin s'enfoncent au milieu des Alpes, le Tyrol, le Vorarlberg et la Styrie, provinces allemandes qui font partie de l'empire d'Autriche. Les pays du N., où se parle le bas allemand, sont protestants, ceux du S., où règne le haut allemand, sont catholiques. L'Autriche, pendant des siècles, avait su se faire une clientèle de petits états qui gravitaient autour d'elle et, réaliser sous la forme impériale cette sorte d'unité nominale que semblaient rechercher les Allemands, tout en étant excessivement jaloux de leur particularisme. Depuis Frédéric le Grand, la Prusse s'est efforcée de remplacer l'Autriche et de se créer en Allemagne une véritable prépondérance. Les guerres de l'Empire l'y ont considérablement aidée ; c'est chez elle que l'idée du patriotisme avait survécu. c'est elle qui a su inspirer aux Alle-

mands une soif inextinguible de vengeance Les événements de 1866 et la guerre de 1870 lui ont permis de reconstituer à son profit l'ancien Empire. Que cela tienne aux qualités personnelles de M. de Bismark, ou à l'auréole qui entoure le vieil empereur victorieux, il nous semble que bien des jalousies se sont apaisées et que si l'unité politique s'est faite, l'union est en voie de s'accomplir. Cette transformation de l'Allemagne est un facteur des plus importants dans les opérations diplomatiques ; le vieux jeu de bascule, consistant à abaisser et à diminuer l'un pour élever et agrandir l'autre, n'est plus praticable et l'on doit désormais compter et compter doublement avec un pays qui n'embrasse pas moins de 540,000 kil. carr. avec une population de 45 millions d'habitants. La fécondité allemande est devenue proverbiale, et n'était l'émigration considérable qui jette en Amérique le trop plein de la population, l'Allemagne serait pour l'Europe un danger aussi redoutable que la Chine l'est aujourd'hui pour les États-Unis. Fortement organisée sous la main de fer du chancelier, l'Allemagne est absolument militarisée. La plus grande partie du budget, qui n'atteint pas trois milliards, est consacrée à développer les ressources militaires, à perfectionner l'outillage, à augmenter les fortifications, à entretenir sur pied de paix une armée de 430,000 hommes, qui peut être portée en temps de guerre à 1,500,000 soldats. C'est la Prusse qui est entrée la première dans cette voie ruineuse où les autres nations n'ont pu faire autrement que de la suivre et qui a détourné au profit des arts de la guerre des capitaux immenses qui auraient été bien mieux employés au développement matériel et intellectuel des peuples. La dette de l'empire d'Allemagne, malgré l'indemnité que la France lui a payée en 1871, est déjà de cinq milliards et demi. Quant à la forme du gouvernement, elle est absolument despotique ; si l'armée est entre les mains de l'empereur qui a pour unique intermédiaire le major général, les relations extérieures sont confiées au chancelier, qui décide seul avec l'empereur de la politique à suivre. Quant aux souverains médiatisés, ce ne sont plus que des vassaux dont on a brisé la résistance et dont on ne supporterait point la moindre opposition. On leur a laissé une grande situation, un budget particulier ; mais, au point de vue politique ils sont totalement annihilés. Le parlement de l'empire ou Reichstag ne possède que des pouvoirs excessivement limités ; encore le chancelier intervient-il dans toutes les discussions, afin de sauvegarder et de renforcer encore, si possible, le pouvoir de l'État. Au reste, celui-ci s'immisce dans toutes les questions, notamment dans les questions religieuses, et les différends de l'Empire avec la papauté ont eu assez de retentissement pour ne sortir, de longtemps, de la mémoire de personne. Tous les chemins de fer (35,000 kil.) sont sous l'autorité immédiate de l'État afin qu'en cas de mobilisation on puisse tirer d'eux tous les services qu'on est en droit de attendre. On comprend de reste qu'il ne nous serait pas facile, à nous autres Français, de vivre sous un pareil régime où la liberté individuelle est à chaque instant, entravée sous prétexte d'intérêt général ; mais le caractère allemand diffère essentiellement du nôtre. Si le parti socialiste compte déjà un grand nombre d'adeptes, M. de Bismarck a entrepris de l'endiguer et de le réglementer depuis quelques années. Il applique ce qu'on est convenu d'appeler le socialisme d'État; mais, au fond, ses théories ne sont qu'un leurre destiné à rendre inoffensives les revendications de la classe ouvrière. Laborieux et patients, les Allemands s'accommodent assez facilement de leur semblant de vie, parlementaire; d'ailleurs le gouvernement a eu soin d'encourager par tous les moyens en son pouvoir l'instruction et la culture intellectuelle. De là, le grand nombre d'universités florissantes, de professeurs éminents et d'élèves studieux; de là, dans ce domaine, la prépondérance des Allemands; mais il faut le reconnaître, le plus souvent, pour ne pas dire toujours, les études sont dirigées dans des vues spéciales, la glorification de la patrie allemande, le mépris pour la science des autres peuples et particulièrement des Français. C'est la haine de la France inculquée dès l'enfance aux jeunes Allemands qui a permis à la Prusse, en 1870, de pouvoir grouper autour d'elle toutes les autres puissances et de mettre fin à l'antagonisme séculaire entre le midi et le nord de l'Allemagne. C'est grâce à l'esprit scientifique, grâce aux excellentes méthodes puisées dans les écoles, grâce à l'esprit de discipline poussé jusqu'à l'exagération, que les Allemands sont devenus d'excellents soldats et des officiers instruits capables d'appliquer à l'art de la guerre toutes les ressources de la science. Mais il ne faut pas croire cependant que tout ait été sacrifié au militarisme. M. de Bismarck sait parfaitement que les victoires donnent à une nation une influence prépondérante, à cette haute situation extérieure doit correspondre le développement du commerce et de l'industrie; de là une politique spéciale destinée à encourager, à protéger le commerce national; de là, chez les simples particuliers, le goût des contrefaçons lorsqu'ils se sentent inférieurs, de là le soin qu'ils mettent à attirer chez eux les bons ouvriers qui leur servent à dresser les leurs et à leur inculquer le goût parisien, cette élégance et ce fini qui ont longtemps fait de l'industrie française la première du monde. Si les expositions universelles ont jusqu'ici prouvé que nous avions conservé notre vieille supériorité, elles ont aussi démontré que l'écart qui nous séparait de nos rivaux s'est considérablement amoindri. Cela tient aux encouragements de toute sorte que le gouvernement a su donner à l'industrie en favorisant la création d'écoles spéciales, de musées professionnels, de sociétés, etc., en réservant à l'industrie nationale les commandes du gouvernement. Si l'usine Krupp est connue du monde entier, combien d'autres établissements, pour n'avoir pas une renommée aussi éclatante, produisent des objets contre lesquels il est impossible de lutter non seulement dans leur pays d'origine, mais sur tous les marchés du globe. A l'extrême bon marché de la main d'œuvre, viennent s'ajouter le bas prix des transports par chemins de fer, la proximité de la houille, une association douanière connue sous le nom de Zollverein, toutes conditions exceptionnelles, qui nous font absolument défaut. Si l'industrie a pris un tel développement, l'agriculture n'est pas restée en arrière. Les conditions de sol étant défavorables, les efforts n'en ont été que plus grands, nous avons dit plus haut que les vallées du Rhin et du Main, la Silésie étaient les seules contrées véritablement fertiles, le voyageur est étonné aujourd'hui de rencontrer partout des cultures intensives (35 millions d'hectolitres de froment) des produits excellents. 3,000 so-

ciétés, des cours particuliers, sans parler de ceux des universités, ont répandu dans toute l'Allemagne le goût de l'agriculture et popularisé la connaissance des méthodes scientifiques. En résumé, les progrès faits par l'Empire, depuis 1870, ont été on ne peut plus sensibles, et l'Allemagne devient non seulement pour la France, mais pour l'Angleterre aussi, une rivale excessivement sérieuse. Le développement considérable de ses chemins de fer et particulièrement la ligne du Saint-Gothard, l'importance de ses ports, notamment Brême et Hambourg, la perfection de son outillage, l'habileté de ses négociants qui ont su se faire des émigrés allemands une clientèle nationale et plier leur mode de fabrication aux nécessités et aux habitudes de leurs clients étrangers, tels sont les principaux éléments d'une prospérité qui ne peut que s'accroître. Que si nous entrons dans le détail des divisions politiques de l'empire d'Allemagne, divisions qui ont terriblement changé au cours des siècles, nous constaterons qu'il comprend à l'heure actuelle : la Prusse, ancienne possession des chevaliers de l'ordre Teutonique dont la capitale est Berlin sur la Sprée, avec les ports de Memel, Dantzig, Lübeck, Colberg, Swinemünde, Stettin et Stralsund, cette dernière ville en face de l'île de Rügen. Ses villes principales sont en allant de l'E. à l'O. Tilsit sur le Niémen, fameuse par l'entrevue entre Napoléon et l'empereur de Russie, Kœnigsberg, Elbing, Bromberg, Posen, Breslau, Oppeln, Glatz au pied des monts des Géants, Glogau et Francfort-sur-l'Oder, Potsdam, la résidence favorite de Frédéric II, Magdebourg en Saxe, Sleswig, capitale du Sleswig-Holstein, territoire arraché au Danemark ; Hanovre, capitale de l'ancien royaume de Hanovre, Munster la capitale de la Westphalie où fut signé le fameux traité de 1648, Nassau capitale de la Hesse; Coblentz capitale de la Prusse rhénane, sans parler de Worms, de Spire, de Mayence, de Francfort, de Cologne, etc. La Bavière a pour capitale Munich, cité bien curieuse avec ses musées et bibliothèques copiés sur les temples de la Grèce. Ses villes les plus importantes sont Passau, Ratisbonne, fameuse par la diète qui s'y tint; Augsbourg, Wurtzbourg, Bayreuth, Nuremberg, etc.; Ulm, sur le Danube, forteresse qui se rendit à Napoléon malgré sa nombreuse garnison commandée par Wurmser. Le royaume de Wurtemberg a pour capitale Stuttgart et pour principales villes : Rubingen, Reutlingen, Heilbronn, etc. Dans le Wurtemberg est enclavé le duché de Hohenzollern d'où est sortie la famille impériale. Le royaume de Saxe dont la capitale Dresde est un des centres intellectuels de l'Allemagne, a pour villes les plus importantes Lutzen, Bautzen, Freyberg, Leipzig, Chemnitz. Vient ensuite la série des grands duchés de Bade, de Mecklembourg-Schwerin et Strelitz, d'Oldembourg, de Hesse et de Saxe-Weimar avec leurs capitales, Carlsruhe, Schwerin, Neu-Strelitz, Oldembourg, Cassel et Weimar où Gœthe fit un si long séjour. Puis ce sont les duchés de Brunswick, de Saxe et d'Anhalt, toute une série de principautés trop peu importantes pour que nous nous en occupions, et la terre fameuse terre d'empire (Reichsland), formée des débris de l'Alsace et de la Lorraine dont les villes si françaises de cœur, Metz et Strasbourg, constituent pour l'Allemagne un solide rempart. On comprend qu'il nous soit impossible de nous arrêter plus longtemps sur les détails infinis de la géographie politique de l'Allemagne et que nous devions passer sous silence quantité de localités comme Elberfeld ou tant d'autres qui sont des centres industriels fort importants, mais ce que nous voulons rappeler, c'est que M. de Bismarck a été piqué, comme tant d'autres, de la tarentule

coloniale. Pour atteindre son but, il a eu recours à ses procédés favoris et les fonds des reptiles, comme on appelle l'argent qu'il distribue à ses journalistes, lui ont permis de créer une agitation factice et de démontrer la nécessité d'une expansion coloniale. Tour à tour, il a établi l'Allemagne sur la côte occidentale d'Afrique, au fond du golfe de Guinée, aux monts Kameroun, et sur la côte des Esclaves, à Angra Pequeña, il vient enfin de s'emparer d'un vaste territoire à la côte orientale d'Afrique, en face Zanzibar, sur la route des grands lacs intérieurs. En Australie il s'est rendu maître d'une partie de la Nouvelle-Guinée et des îles voisines qui ont reçu le nom d'archipel Bismark. On n'a pas oublié non plus le récent conflit qui s'est élevé avec l'Espagne au sujet des Carolines, conflit à la suite duquel les Allemands ont définitivement planté leur drapeau sur le groupe des Marchall. Enfin la presse retentit en ce moment des hauts faits des Allemands dans l'archipel des Samoa. Si nous jetons maintenant un rapide coup d'œil sur la formation historique de l'Allemagne, nous apercevons, au plus loin que l'histoire peut remonter, le pays aux mains de nombreuses tribus germaniques dont Tacite nous a laissé une éloquente peinture. Ces tribus barbares furent initiées au christianisme et à la civilisation par des moines anglo-saxons aux ve et vi[e] siècles. Des tribus s'étaient fédérées et liguées entre elles et les plus connues de ces confédérations sont celles des Alemanni, des Suevi, des Thuringi, etc. Il nous faut arriver à l'époque de Charlemagne et à la lutte contre les Saxons pour entrer véritablement dans le domaine de l'histoire des tribus allemandes. On n'a pas oublié qu'après l'extinction de la dynastie carlovingienne, les Allemands envahirent l'Italie, les démêlés de Frédéric Barberousse et du pape d'Alexandre III sont dans toutes les mémoires. Comme la plupart des souverains de l'Europe, les empereurs d'Allemagne prirent part aux Croisades et rapportèrent dans leurs pays des connaissances plus étendues et des goûts plus artistiques. C'est ainsi que la civilisation pénétra insensiblement dans ces cours jusqu'alors voisines de la barbarie. Le système féodal florissait à cette époque et c'est pour se soustraire au brigandage des seigneurs, en même temps que pour développer leur commerce qu'un grand nombre de villes s'associèrent et formèrent ce qu'on a appelé la Ligue hanséatique. Si à cette époque, l'empire existait, chacun des souverains ecclésiastiques ou séculiers ne cherchait qu'à secouer le joug, pourtant si lâche, qui formait de ce bizarre amalgame un tout disparate et composite. Rodolphe de Habsbourg est le premier qui essaya de mettre un peu d'ordre dans ce chaos, c'est lui qui est le fondateur de la dynastie qui règne encore sur l'empire d'Autriche et c'est à ce titre qu'on ne peut passer son nom sous silence. A l'époque de la Renaissance, l'Allemagne est déchirée par les luttes religieuses, la guerre de Trente ans à laquelle succèdent, après un instant de repos, les guerres de Louis XIV et Louis XV, puis la grande lutte de la République et de l'Empire contre l'Europe coalisée. Pendant les cinquante années qui suivent, l'Allemagne se recueille et se prépare à la revanche sous la direction de la Prusse; enfin en 1870, éclata sous un prétexte futile cette guerre impitoyable dont nous ne sommes sortis que mutilés et ruinés. Ce qu'est devenue l'Allemagne depuis cette époque nous l'avons dit plus haut, elle est un danger considérable pour nous, et si nous ne transformons pas rapidement notre outillage, nous sommes à la veille d'un Sedan industriel et commercial.

ALLEMAGNE

Explication des Signes.

CAPITALE D'ÉTAT	⊡	Limite d'État.
Grande Ville	⊙	Limite d'Alsace-Lorraine.
Ville	◦	Limite des Duchés.
Petite Ville	∘	Chemin de fer.
		Canal

Échelle

0   50   100   150 Kil.

Échelle de $\frac{1}{5.286.000}$.

Gravé par M.F. Perrin, Rue du Boulanger, 4, Paris.

Imp. Lemercier et Cie, Paris.

AMÉRIQUE

Le nouveau monde se compose de deux péninsules inégales réunies par un isthme qui se restreint peu à peu pour devenir, au point où il se soude à l'Amérique du Sud (Panama), excessivement étroit. On a dit souvent que l'Amérique du Nord affecte en bloc la forme triangulaire; mais il faut, pour lui trouver cette configuration, faire complètement abstraction des nombreuses terres polaires et notamment du Groenland dont les traits physiques sont absolument ceux des régions les plus septentrionales de l'Amérique du Nord. L'océan Glacial baigne les côtes septentrionales de l'Amérique auxquelles il a arraché quantité de grandes îles, où il a découpé les presqu'îles Boothia et Melville et creusé cette véritable mer intérieure qui a reçu le nom de baie d'Hudson. Les îles, ce sont l'île Banks et la terre Wollaston, l'île Melville et l'archipel Parry, le Devon septentrional, la terre du roi Guillaume qui a vu le désastre de l'expédition de Franklin, la terre Cockburn, la terre de Baffin avec sa presqu'île de Cumberland, avec l'île Southampton à l'entrée de la mer d'Hudson. Toutes ces terres, en général fort considérables, sont gelées pendant presque toute l'année; elles sont séparées les unes des autres par quantité de détroits à travers lesquels il est fort difficile de se frayer un passage. Au bout du détroit de Davis qui sépare le Groenland de la terre de Baffin, s'ouvre la mer de Baffin où, tous les ans, nombre de baleiniers viennent chasser les derniers représentants de ces gigantesques cétacés qui fréquentaient jadis l'Atlantique. Au fond de cette mer de Baffin qui a dévoré tant de navires, s'ouvre un long couloir qui s'élargit par instants pour former un peu plus loin un défilé, c'est le détroit de Smith qui donne accès à cette immense surface glacée que le capitaine Markham appelle la mer paléocrystique. Telles sont les régions polaires, tristes et désolées, solitudes effrayantes où errent quelques misérables tribus d'Esquimaux qui trouvent difficilement de quoi subvenir à leur pénible existence. Sur l'océan Pacifique, l'Amérique du Nord déroule une ligne de rivages qui forment une courbe harmonieuse. A partir du détroit de Behring, par où les peuples de l'Asie ont autrefois pénétré en Amérique, nous trouvons d'abord la péninsule d'Alaska que continue à travers la mer la chaîne des îles Aléoutiennes. Semblables à des pierres jetées sur un torrent; elles semblent inviter le voyageur à tenter la traversée. Un peu au dessous de cette sorte de chaussée que le Pacifique a créé dans les parages du mont Saint-Élie s'étendent les dédales des archipels du prince de Galles, de la Reine Charlotte, les îles Quadra et Vancouver avec le détroit du même nom. Une fois qu'on a franchi le cap Mendocino qui a joué, dans l'histoire de la découverte de cette côte de l'Amérique, le rôle du cap Noun à la côte occidentale de l'Afrique, on rencontre la péninsule californienne et la mer Vermeille que Cortez fut le premier à reconnaître. Tellessont, le cap Corrientes, la presqu'île d'Azuera et le golfe de Panama les principales indentations de la côte occidentale de l'Amérique du Nord et de l'Amérique centrale. Sur l'océan Atlantique, tout au long des plages désolées du Labrador, s'étend la grande île de Terre Neuve avec ses satellites Saint-Pierre et Miquelon, les îles du Cap-Breton, du Prince-Édouard et Anticosti dans le vaste estuaire du Saint-Laurent. Juste au-dessous on trouve la presqu'île de la Nouvelle-Écosse, notre vieille Acadie, avec la baie Fundy, le cap Cod, puis la baie Delaware, la baie de Chesapeake, le cap Hatteras et cette longue presqu'île de la Floride où Ponce de Léon était allé chercher la fontaine de Jouvence. A partir de la pointe de la Floride s'étend en arc de cercle l'énorme archipel des grandes et des petites Antilles, points extrêmes de toute une partie du continent submergé. Derrière ce rempart des Antilles se creuse le golfe du Mexique sur lequel fait saillie la presqu'île de Yucatan, se découpent les baies de Campêche et de Honduras. Que si nous cherchons à nous rendre compte de la disposition des montagnes, nous verrons que depuis la presqu'île d'Alaska court du N.-O. au S.E. une importante chaîne de montagnes qui dans sa partie centrale prend le nom de Montagnes Rocheuses. A l'endroit où cette chaîne est le plus compacte et le plus embrouillée, quelques-unes de ses cimes, notamment les monts Brown et Hooker dans la Colombie anglaise, le pic Fremont, le mont Lincoln (4,348 m.) sont très élevées. C'est une région déchirée par des rivières torrentueuses, coupée de cañons, de ravins, de précipices dont les pentes occidentales forment un énorme plateau, le plateau de l'Utah, où se trouve le lac Salé dernier refuge des Mormons après un long exode. Sur l'océan Pacifique depuis le Saint-Élie, ce plateau forme une seconde chaîne, dont les monts des Cascades en face de l'île Vancouver, sont les plus connus. Les montagnes Rocheuses finissent, près de la Vera Cruz, par se souder à la Cordillère qui porte en cet endroit, le nom de Sierra Madre et dont les sommets les plus connus sont le Popocatepelt (5,470 m.) et le pic d'Orizaba (5,400 m.). C'est cette chaîne qu'il s'agit de percer à Panama pour ouvrir un canal maritime. Non loin de l'Atlantique, court presque parallèlement la chaîne des Alleganys, depuis la Nouvelle-Angleterre jusque dans l'Alabama. Les sommets les plus élevés ne dépassent pas 2,100 m. Du côté oriental cette chaîne très rapprochée de la mer n'engendre que des rivières sans importance, sauf l'Hudson. Au point de vue hydrographique la constitution de l'Amérique est fort particulière. Une chaîne immense de lacs mis en communication par des rivières, part de l'océan Pacifique pour aboutir au Saint-Laurent. Le plus septentrional est le lac du Grand-Ours, puis les lacs de l'Esclave, Athabasca et des Daims, suite de nappes dont l'eau est emportée à la mer polaire par la Mackenzie et à la baie d'Hudson par la rivière Churchill. La rivière Nelson et la Severn qui se jettent toutes deux dans la mer d'Hudson y emportent les eaux du lac Ouinipeg alimenté par la Saskatcheouan, et ce lac ainsi que le Manitoba et le lac des Bois communiquent avec le lac Supérieur, le mer pénètre le Michigan et le lac Huron. Celui-ci, par le Saint-Clair, se jette dans l'Erié et l'Erié, par les chutes fameuses de Niagara, tombe dans l'Ontario, d'où sort le Saint-Laurent. De sorte qu'on peut donner ce fleuve comme l'émissaire de la série de lacs immenses qui se termine par le Ouinipeg. Toute cette région lacustre est absolument sans analogue dans le reste de l'Amérique, elle constitue un bassin séparé qui tient plus de la zone polaire et de la période glaciaire dont elle est un des derniers et des plus importants témoignages, que du reste du continent. Non loin du détroit de Béring dans l'Alaska, coule un fleuve fort important le Youkon dont la reconnaissance est toute moderne. Sur le Pacifique, le premier gros fleuve qu'on rencontre est l'Orégon grossi de la Columbia, puis, au fond du golfe de Californie nous trouvons le rio Colorado qui descend de l'Utah et que grossit près de son embouchure le rio Gila, un fleuve qu'ont presque rendu populaire les romans de Gustave Aimard. Dans le golfe du Mexique, débouche le colossal Mississipi, le Meschacébé que Chateaubriand a été l'un des premiers à nous peindre. Jolliet d'abord, Cavelier de la Salle ensuite ont été les premiers à l'explorer et à le descendre. A droite, ses affluents sont le Missouri, grossi de la Nebraska, l'Arkansas et la rivière Rouge, à gauche, c'est l'Ohio qui descend des Alleganys. Toute la plaine immense qui s'étale entre les montagnes Rocheuses et cette dernière chaîne est ainsi drainée par ces énormes cours d'eau, véritables mers d'eau douce qui, pendant les inondations s'étalent sur des kilomètres, mais qui, pendant le reste de l'année permettent à une navigation excessivement active de s'organiser et d'emporter avec une rapidité merveilleuse les récoltes de blé des États du Nord. Avec lui, le Mississipi entraîne en toute saison une énorme quantité d'arbres, de détritus végétaux, charrie des terres et des débris de toute sorte, si bien que son delta s'avance toujours plus loin dans le golfe. A l'est du Mississipi, nous trouvons le rio Grande del Norte qui prend sa source dans les montagnes Rocheuses et sert de frontière entre les États-Unis et le Mexique. Ce dernier pays ce ne sont plus que des fleuves sans importance comme le Goatzacoalco et le Tabasco, que nous ne citons que parce qu'ils nous rappellent les premières relations des Espagnols avec le Mexique. Dans l'Amérique centrale, nous devons rappeler qu'on a songé à utiliser le lac Nicaragua pour créer un canal interocéanique. Au point de vue politique, l'aire immense de l'Amérique septentrionale n'est divisée qu'en un très petit nombre d'États. A l'extrême N., c'est le Dominion of Canada, qui a eu pour origine la colonie française fondée par Champlain, colonie qui ne nous a été arrachée qu'en 1763. Sur les 8,500,000 kil. carr., en chiffres ronds, que comprend le Dominion, l'espace vague et sans maître diminue tous les jours; et, malgré la rigueur des hivers et le peu de durée des étés, on peut déjà prévoir l'époque où toute l'étendue sera occupée. C'est que la population de 4,325,000 hab., s'accroît avec rapidité et que si le tiers est français d'origine et parle cette langue, cette partie de la population est d'une vitalité, d'une fécondité incroyables. Le Canada est un pays d'immenses forêts où vivaient jadis ces innombrables animaux que chassaient les trappeurs de la compagnie de la baie d'Hudson et les métis canadiens français. Dans sa partie méridionale et sur les bords des grands lacs, la population s'est adonnée à la culture des céréales qui y viennent très bien et qui grâce à la facilité des transports, peuvent être, ainsi que les blés américains, livrés sur les marchés de l'Europe à des prix qui défient toute concurrence. Le quart des antiques forêts a été exploité et a cédé la place, jusque dans le Manitoha, à d'immenses prairies où s'élèvent des millions de bêtes à cornes, de moutons, de porcs, etc. Avec les mines, houille, or et fer, dont l'exploitation n'est encore que dans l'enfance à cause du manque de chemins de fer (le Dominion n'en possède encore que 12,000 kil.), avec la pêche de la morue qui se fait sur le banc de Terre-Neuve, le Canada est appelé à un grand avenir économique et le rôle qu'il est appelé à jouer dans le monde des affaires ne doit pas être négligé par la France. Québec, Montréal, Ottawa, Toronto, Halifax, sont les villes principales du Dominion, au point de vue de la population et du commerce. Quant aux Etats-Unis, l'histoire de leur fondation est toute récente. Raleigh s'établit dans la Virginie, les Hollandais à New-York, les Suédois à l'embouchure de la Delaware, les Français en Louisiane et les Espagnols en Floride et voilà le vaste empire colonial des Anglais fondé en Amérique. Mais les colons qui ont dû lutter contre les Indiens et contre les Français, qui n'ont pu étendre leurs domaines qu'au prix de guerres continuelles, se trouvent un beau jour indignement exploités par leur métropole et ils proclament leur indépendance. La guerre qui s'en est suivie, les services de Washington sont dans toutes les mémoires. Depuis cette époque, les annexions n'ont pas cessé de se poursuivre aux dépens des Indiens qui sont aujourd'hui cantonnés dans des réserves, aux dépens du Mexique à qui l'on enlève le Texas, le Nouveau-Mexique et l'Arizona. La prospérité est générale, lorsque tout est remis en question par la lutte fratricide du sud contre le nord, des esclavagistes contre ceux qui ne voulaient pas d'esclaves parce qu'ils n'en avaient pas besoin. Sortie de cette douloureuse épreuve, l'Union a repris sa marche ascensionnelle et rien ne vient enrayer ce mouvement. Les Etats-Unis sont dans une situation exceptionnelle, leurs terres extrêmement fertiles, n'ont pas été épuisées comme celles de la vieille Europe, par une culture séculaire, les nègres leur ont été d'un précieux secours pour tirer parti des ressources des régions du sud, et plus ils s'avançaient dans l'O. plus l'émigration devenait considérable. Si la vaste plaine qu'arrose le Mississipi doit devenir un immense champ de blé, si l'agriculture, quels que soient les produits qu'on cultive, coton, canne à sucre, café ou céréales, est au courant des méthodes les plus perfectionnées, l'industrie n'est pas restée en arrière. Partout où l'homme a pu être remplacé par une machine, on l'a fait. Pleins d'initiative, les Américains appliquent les perfectionnements de la science dès le lendemain de leur découverte, ils savent le prix du temps, aussi ont-ils multiplié leurs réseaux de chemins de fer et établi des lignes qui mettent en communication San-Francisco et New-York, le Pacifique et l'Atlantique. Que n'ont-ils pas, en fait de richesses minérales ? l'or en Californie, l'argent dans la Nevada, le fer, la houille, le plomb, le cuivre, l'étain, le pétrole, etc. ! Aussi le commerce des Etats-Unis, importation et exportation réunies, atteint-il dix milliards. Les 39 états qui forment aujourd'hui l'Union, comptent tous quelque ville importante, nous ne ferons que citer en courant les principales : Chicago, Saint-Louis, Detroit, Milwaukee, centres du commerce des blés. San-Francisco, jadis grand marché de l'or, par où s'écoulent aujourd'hui les vins et les blés

de la Californie ; la Nouvelle-Orléans, métropole du coton ; Cincinnati, centre de l'élevage des porcs ; Philadelphie, Baltimore, Boston et New-York, ses ports les plus importants, Washington, sa capitale ; Pittsburg, Santa-Fé dans le Nouveau-Mexique ; Denver dans le Colorado, Fremont, etc. Ajoutons en terminant qu'il y a quelques années, le territoire d'Alaska a été cédé aux Etats-Unis par la Russie. Le Mexique est partagé en trois zones : les terres chaudes, voisines du golfe du Mexique où la fièvre jaune est pour ainsi dire endémique, les terres tempérées et le plateau central ou terres froides. Les révolutions continuelles auxquelles ce pays a été en proie depuis qu'il a secoué le joug de l'Espagne, sa lutte avec les Etats-Unis et plus récemment avec la France ont singulièrement entravés progrès. Sur le golfe, Vera Cruz et Tampico sont les principaux ports, tandis qu'à l'intérieur Mexico, Puebla, Queretaro, Durango, Zacatecas, Chihuahua, Oaxaca et Merida sont les localités les plus importantes. Ce que nous avons dit de la situation politique du Mexique s'applique également aux petites républiques de l'Amérique centrale, Guatemala, Honduras, San Salvador et Nicaragua dont le commerce extérieur ne dépasse pas, pour elles toutes, le chiffre de 140 millions. Quant aux Antilles, elles sont réparties entre diverses nations européennes. Seule, Haïti avec ses 830,000 hab. est indépendante, encore est-elle partagée en deux républiques. L'Amérique méridionale forme un triangle rectangle dont l'hypoténuse est formée, par la côte du Pacifique, de Panama au cap Horn. Cette côte est suivie par une énorme chaîne volcanique qui tantôt se dédouble de manière à contenir entre ses deux remparts de hauts plateaux, tantôt devient unique, tantôt enfin, comme dans la Colombie envoie jusqu'à la mer des éperons très élevés qui délimitent le cours du Magdalena et viennent rejoindre, sous le nom du Sierra de Caracas, la Trinité, dernière des petites Antilles. D'innombrables volcans, parmi lesquels l'Antisana, le Cotopaxi et tant d'autres, secouent périodiquement toute cette partie de l'Amérique et causent d'immenses ravages. A l'intérieur de Venezuela, sur la frontière des Guyanes, se rencontrent d'autres chaînes dont la direction générale est d'E. en O., se suit la sierra Parima, les monts Acaray et Tumucumaque. Au Brésil, deux chaînes courent parallèlement à la mer ; l'une la serra de Espinaço, serra d'Orgaos, serra de Mar qui se termine à l'embouchure de la Plata, l'autre serra Canastra, de Tabatinga, de Piauhy se détache de là première par 20° S, et remonte vers le N. Elle envoie un éperon, la serra de Santa Martha et Cordillera geral qui se termine dans le Matto Grosso et ne forme plus ensuite qu'une ligne de faîte insensible entre les bassins de l'Amazone et de la Plata. Dans la mer des Antilles, les fleuves sont l'Atrato, le Magdalena avec son affluent le Cauca. Sur l'Atlantique, on trouve d'abord l'Orénoque, dont la source est encore inconnue. Par le Guaviare, ce fleuve communique avec le rio Negro, un des affluents des Amazones. Cet immense cours d'eau, qui porte dans sa partie supérieure le nom de Marañon a pour affluents principaux : au N., l'Ucayali, le Tunguragua, le Napo, le Putumayo, la Yapura et le rio Negro ; au S., le Purus, le Madeira, le Topayos, le Xingu et le Tocantin, rivières considérables dont plusieurs n'ont pas encore été reconnues complètement ; le Parnahiba et le rio San Francisco sont les autres rivières importantes du Brésil. Quant à la Plata ce n'est qu'un vaste estuaire dans lequel débouchent l'Uruguay et le Parana dont l'affluent le Paraguay reçoit à son tour le Pilcomayo, sur les bords duquel notre compatriote Crevaux a été massacré par les In-

diens Tobas. Le rio Colorado, le rio Negro et le Camarones méritent à peine d'être cités.
— Les anciennes colonies espagnoles, si longtemps ravagées par la guerre de l'Indépendance, déchirées par les partis, sont dans une situation économique déplorable. La population y est excessivement clairsemée et les villes principales y sont reliées, par de mauvaises routes et par quelques tronçons de chemins de fer. Que ce soient le Venezuela, la Colombie, l'Equateur, le Chili, la Bolivie, l'Uruguay, le Paraguay ou le Pérou, peu importe, elles sont toutes dans une situation aussi précaire. Seule, la Plata, dont le territoire n'est pourtant que la moitié de la France a vu ses ressources s'élever depuis quelques années, son commerce prendre de l'extension et sa population augmenter sensiblement par l'afflux d'Allemands et de Français (des Basques principalement). On compte aujourd'hui dans cette contrée 3 millions d'hab., répartis dans un grand nombre de localités dont les plus importantes sont Buenos-Ayres, mauvais port situé sur l'estuaire de la Plata, Tucuman, Rosario, Cordova, etc. Le principal commerce de la Plata est celui des bestiaux élevés dans la pampa. La Patagonie appartient à la république Argentine qui, si elle continue à éviter les querelles des partis est appelée à prendre la tête du mouvement commercial et intellectuel dans l'Amérique espagnole. Quand nous aurons cité le café et le maté qu'on tire du Paraguay, le guano, le salpêtre, le sucre, l'argent que produit le Pérou, les bestiaux qu'élève l'Uruguay, l'argent, les pierres précieuses et la soude qui proviennent de la Bolivie, le cuivre, le guano et le blé du Chili ; le quinquina, le café et le tabac de la Colombie ; le café, le cacaô, le quinquina et l'or du Venezuela, nous aurons clos la liste des articles d'exportation des anciennes colonies espagnoles. Enumérons maintenant les centres principaux d'activité, nous trouvons Asuncion dans le Paraguay, Montevideo dans l'Uruguay, Sucre, la Paz et Potosi fameuse par ses mines de diamants dans la Bolivie, Arica, Lima, Callao, Arequipa dans le Pérou, Quito et Guyaquil dans l'Equateur ; Caracas, Valencia et la Guayra dans le Venezuela, Santiago, Valparaiso et Valdivia dans le Chili. Mais il est un pays qui marche résolument et continuement dans la voie du progrès, c'est le Brésil et cela parce qu'il jouit de la paix et de la tranquillité. Presque aussi grand que l'Europe, arrosé par une quantité de fleuves majestueux, le Brésil, bien qu'il n'ait encore que 10 millions d'hab., a su développer merveilleusement les ressources dont la nature a été si prodigue à son égard : le sucre, le café, le coton, les bois de teinture et d'ébénisterie de ses immenses forêts, l'or et le diamant des provinces de Goyaz, de Minas Geraes et de Matto Grosso, la houille, sans compter ces richesses minérales encore inexploitées, le cuivre, le zinc, l'étain, etc. C'est aussi que le Brésil a su attirer l'émigration, qu'il a développé le réseau de ses chemins de fer, comprenant tous les services qu'ils rendent au progrès de l'industrie agricole. Quant aux aborigènes, ils sont répandus un peu partout ; mais, pour la plupart, ils ont appris à connaître le blanc, ils se tiennent à l'écart dans les forêts et ne sont un peu nombreux qu'au centre du continent dans le Chaco, dans l'Araucanie et sur la frontière des pampas. Les Patagons, divisés en plusieurs peuplades ont été visités, mesurés, étudiés récemment par le Dr Moreno. Quelle que soit la diversité de langue, de stature, de forme crânienne des peuplades aborigènes, elles ne forment qu'une seule et même race qui disparaît ou se modifie au contact des blancs.

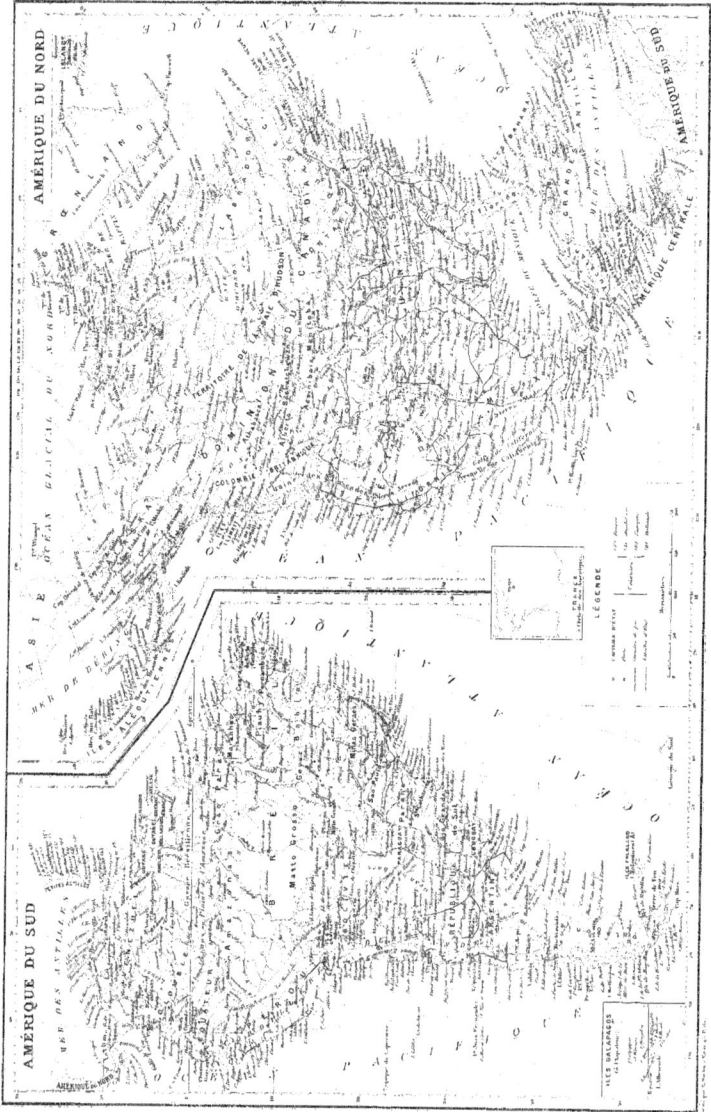

ASIE

La situation de l'Asie au centre du monde, la manière intime dont elle est rattachée à l'Europe, les liens qui l'unissent à l'Afrique, non seulement l'isthme de Suez, mais la mer Rouge elle-même, qui, loin d'être un fossé séparateur, a ses deux rivages absolument semblables, l'antique réunion de l'Amérique à l'Asie par le détroit de Behring et la chaîne des îles Aléoutiennes qui continue les montagnes volcaniques de l'Alaska par celles du Kamtchatka, la prolongation du sol asiatique jusqu'au milieu de l'Océanie par Formose, Bornéo, Sumatra et Java, voilà de quoi expliquer le rôle prépondérant que ce continent a joué pendant une longue suite de siècles, celui que le développement de la civilisation, l'énormité de sa population lui feront prendre forcément au XXᵉ siècle et dans ceux qui suivront. L'axe du monde commence à se déplacer et si, après une longue éclipse, après un sommeil qui rappelle celui de la Belle au bois dormant, l'Asie, qui a été pour l'Europe l'initiatrice de la civilisation, reprend à la tête des peuples policés la place qu'elle s'est laissé dérober, il n'y aura pas lieu de s'en étonner. Par sa masse colossale, par son étendue qui égale presque celles de l'Europe, de l'Afrique et de l'Océanie, l'Asie surprend au premier abord. Que sera-ce donc si l'on examine un peu en détail sa configuration physique ? Du cap oriental sur le détroit de Behring, à la mer de l'Archipel, une chaîne très accidentée parcourt l'Asie sous les noms de monts Stanovoï, Jablonoï, Sayansk, Altaï, Tian-Chan ou Célestes, Plateau de Pamir, Indou-Kousch, monts d'Iran, de l'Arménie, Caucase, et monts de l'Asie Mineure ou Taurus. Les contreforts et les éperons qui se détachent de cette chaîne, transversaux ou parallèles, sont nombreux ; nous ne citerons que les plus importants. Du Pamir, le _toit du monde_, se détachent d'abord les monts Kouen-lun qui se continuent par la chaîne des In-chan et des King Gan, ils enserrent avec la grande chaîne qui s'étage au-dessus d'eux une immense aire de pays connue sous le nom de plateau central dont la partie milieu constitue le désert de Gobi ou Cham. Du même nœud du Pamir, se détache le Kara-Koroum qui constitue avec les Kouen-lun le plateau du Thibet ; au-dessous encore court de l'O. à l'E., la chaîne de l'Himalaya et des monts Yun-ling qui envoie dans l'Indo-Chine et la Chine de multiples contreforts dont la plus long se termine au détroit de Malacca. Une disposition particulière à ces chaînes, c'est qu'elles s'ouvrent pour laisser passage aux fleuves nés sur les plateaux. Il en résulte que les chutes et les cataractes se trouvent dans la partie supérieure de leur cours, et qu'ainsi ils offrent au commerce et à la civilisation une excellente et longue voie de pénétration. La plupart de ces chaînes sont fort élevées, l'Himalaya a des cimes de 9,000 mètres avec le Gaurisankar et le Dhawalaghiri, les Tian-Chan ont des pics de 4 à 6,000 mètres, l'Altaï, 3,500 mètres, enfin au milieu des Jablonoï s'étale le lac Baïkal, le lac de montagne le plus considérable du globe. Le plateau du Thibet reçoit du golfe du Bengale et de la mer d'Oman une quantité considérable d'humi-

dité, aussi ses lacs comme le Tengri Noor et tant d'autres sont-ils toujours pleins, aussi les fleuves qui y prennent naissance sont-ils considérables et pour leur longueur et pour leur débit. Ce sont : le Gange, l'Indus, le Brahmapoutre, l'Irraouaddy, le Salouen, le Mékong, le Yan-tsé-Kiang et le Hoang-ho. Grâce à cette humidité, les flancs de l'Himalaya sont tapissés d'énormes forêts qui s'étagent jusqu'aux confins des neiges éternelles et des glaciers, contraste frappant avec les monts Kuen-lun qui, ne recevant pas d'humidité sont nus, tristes et désolés et par cela même quoique moins élevés, beaucoup moins praticables que l'Himalaya. Au N. des Kuen-lun, c'est le désert de Gobi dont la partie orientale ou Takla-Makan constitue, à vrai dire, un steppe qu'a l'air d'arroser le Tarim, fleuve qui meurt dans le lac ou plutôt la lagune de Lob Noor. Outre les chaînes principales que nous venons d'énumérer et qui forment l'ossature du continent, il en est certaines autres, telles que la chaîne du Liban et de l'Anti-Liban, les quelques montagnes de l'Arabie, les monts Vindhya et les ghats de l'Inde, la chaîne de la Mandchourie et de la Corée ainsi que les montagnes du Japon. La constitution physique de l'Asie l'a partagée en deux mondes distincts, d'une part la Chine avec sa civilisation précoce et autochtone ; de l'autre, des foyers distincts dans l'Inde, l'Asie Mineure et la Mésopotamie. Si, par sa grande muraille, la Chine a longtemps été à l'abri des incursions dévastatrices des barbares, les hauts plateaux, si difficilement accessibles et presque inabordables comme voie de commerce, l'ont entièrement isolée du reste du monde, et c'est pourquoi elle n'a en aucune façon participé au développement civilisateur de l'Occident asiatique. S'il joue, sur terre, le rôle d'isolateur, le grand plateau facilite au contraire les relations maritimes, car c'est à lui qu'il faut attribuer l'origine de ces moussons alternées qui permettent et facilitent les voyages d'aller dans l'Inde et de retour. De l'autre côté de la grande chaîne le partage s'étend jusqu'à la mer glaciale, un immense pays connu sous le nom de Sibérie. N'allez pas croire qu'on n'y trouve que des glaciers et de la neige. Au-dessous du cercle polaire, la végétation arborescente a déjà cessé, il est vrai, et jusqu'à la mer, ce n'est plus qu'une immense toundra glacée qui ne verdit que pendant quelques semaines de l'été. Mais outre ses immenses forêts aussi inépuisables que celles de l'Amérique du Nord, la Sibérie possède encore d'énormes plaines excessivement fertiles où toutes les céréales viennent dans la perfection. Quant à la population, si la rigueur du climat n'en permet pas une densité aussi considérable que dans des régions plus clémentes, on y trouve cependant encore des villes de 30,000, 20,000 et 45,000 hab. Tomsk et Irkoutsk, Tobolsk et Krasnoiarsk sont les cités les plus importantes. La partie orientale, la plus montagneuse, la plus froide et la moins peuplée fait avec la Chine un commerce assez important de fourrures qu'elle échange contre des thés. Là, la population s'est condensée sur les côtes et des établissements militaires fort importants ont été créés à

Petropavlosk sur la côte orientale du Kamtchatka, à Okhotsk au fond de la mer du même nom et à Vladivostok sur la mer du Japon. Ce dernier pays est composé d'îles montagneuses dont l'altitude atteint souvent 3,000 mètres et dont le Fusi-Yama cette montagne que les peintres du Japon ont rendue fameuse, à 4,300 mètres. Ce sont, en partant du N., les Kouriles, Yeso où se sont réfugiés les derniers représentants de la race autochtone : les Aïnos, Niphon, Sikok, Kiou-Siou, l'archipel Liou-Kiou à l'extrême S. et au large, dans le Pacifique, le groupe des Bonin-Sima. La superficie totale du Japon égale les quatre cinquièmes de celle de la France, mais sa population de 36 millions est presque égale à la nôtre, ce qui indique une fécondité plus grande. Longtemps fermé comme la Chine aux idées européennes, c'est-à-dire au progrès et à la civilisation occidentale, le Japon est, depuis la chute du Taïcoun et l'anéantissement radical du système féodal et de ses représentants les _Daïmios_, entré très résolument dans la voie des réformes. Aux pays occidentaux, mais plus particulièrement à la France dont le rapproche le caractère de ses habitants, il a demandé des instructeurs dans toutes les branches de la science. Après avoir été pendant un temps très court, le tributaire de l'Europe, le Japon fabrique aujourd'hui tout son outillage industriel, ses chemins de fer et ses vaisseaux cuirassés, son artillerie et ses machines de tout genre. Comme le peuple est intelligent, plein de goût et de bonne volonté, il a su en quelques années appliquer à son agriculture comme à ses innombrables mines les méthodes savantes de l'Europe. Très pittoresque est le pays, et la mer intérieure, qui sépare Sikok de Niphon jouit d'une réputation qui n'est nullement usurpée. Tokio ou Yeddo, Osaka, Yokohama, Nagasaki, Kagosima, Hakodadè, Nagoya, etc., sont les villes les plus populeuses et les plus importantes au point de vue commercial qu'on rencontre dans ce pays d'avenir où la religion dominante est le bouddhisme, mais mêlé de quantité de légendes, dont quelques-unes empruntées au sivaïsme, qui en ont altéré le caractère. Ce que nous venons de dire de la transformation opérée au Japon, nous successeurs pourront le répéter à propos de la Chine. Le Céleste Empire, si immuable jusqu'ici, s'est aperçu que sa formidable population de 400 millions d'habitants, armés comme au moyen âge, était impuissante à résister aux soldats aguerris, aux engins perfectionnés de l'Occident. C'est le souci de sa sécurité qui aura fait entrer l'empire du soleil couchant dans la voie du progrès. Déjà nous avons pu nous apercevoir à la fin de la guerre que nous venons de soutenir contre la Chine que ce n'est pas en vain qu'elle avait dépensé tant d'argent. Si la Chine a commandé à l'Europe des cuirassés dont elle n'a pas encore su se servir, si l'essai de l'établissement d'un chemin de fer a rencontré jusqu'ici de la part de fonctionnaires tardigrades, un obstacle invincible, il n'en est plus de même aujourd'hui et le gouvernement du Fils du ciel nous demande lui-même de le doter de ces puissants instruments de la civilisation, les chemins de fer et les télégraphes. Un climat tempéré dans la plus grande partie de cet immense empire de plus de 4 millions de kil. carr., des voies naturelles merveilleuses, telles que l'Amour, le Peïho, le Hoang-Ho, le Yang-tse-Kiang et le Si-Kiang, réunis par d'immenses canaux, jadis admirablement entretenus, une terre annuellement fertilisée par les alluvions de tous ces fleuves, c'étaient d'excellentes conditions pour produire au delà des besoins pourtant si considérables d'une population très dense. Aussi les soies, les thés, les riz, les métaux étaient-ils depuis longtemps des articles d'exportation remunérateurs, tandis que la Chine n'acceptait de l'étranger que quelques cotonnades, quelques lainages anglais. Le commerce extérieur ne serait pas considérable si l'opium n'en faisait presque tous les frais. Jusqu'en 1885, on n'a compté en Chine que dix-neuf ports ouverts au commerce étranger, il est vrai que par cela même, ils avaient pris une importance considérable. De ce nombre étaient Changhaï, Canton, Fou-tcheou, Tching-Kiang et Han-Keou. Citons encore, parmi les principales villes : Pekin la capitale, Nangkin, Tien-tsin, Swatow, Singao, Taïyuan, Ning-Po, Macao et Hong-Kong qui, bien qu'appartenant aux Portugais et aux Anglais n'en font pas moins partie véritable du Céleste empire. Encore bien des ressources qu'on peut tirer de la Chine étaient-elles peu connues ; en première ligne il faut citer les immenses mines de houille qu'on rencontre partout et que les habitants n'exploitent qu'à fleur de terre. Qu'on parcoure l'ouvrage du baron de Richthofen, le récit de voyage de l'abbé David, sans compter tant d'autres relations plus ou moins scientifiques, l'on sera émerveillé des richesses innombrables qu'offre à l'exploitation intelligente ce pays attardé. Quant au Tonkin, à l'Annam et à la Cochinchine, nous en dirons quelques mots lorsque nous nous occuperons des colonies françaises. Enserré entre les possessions anglaises de la Birmanie que l'Angleterre vient d'augmenter en s'emparant des états du roi Thibau et les états de l'Indo-Chine soumis au protectorat de la France, s'étend le royaume de Siam, plus grand que la France de 200,000 kil. carr., mais dont la population n'est évaluée qu'à près de 6 millions d'hab. Au reste, il faut bien l'avouer, ce ne sont là que des chiffres hypothétiques, car jamais on n'a nombré les tribus indépendantes du Laos qui paraissent être de la même race que les Chans qu'on rencontre dans la Birmanie supérieure, jusqu'aux confins de Yunnan. Le Siam est traversé par deux grands fleuves, le Menam, qui descend des montagnes du Laos et le Mékong que Doudart de Lagrée et Francis Garnier ont été les premiers à explorer dans son cours supérieur. Laissons de côté l'Inde anglaise et les petits états indépendants du Nepaul et du Boutan dans l'Himalaya, états dont l'indépendance n'existe que parce que l'Angleterre s'en soucie peu, négligeons leurs 3,500,000 hab. et leurs capitales de Katmandou et de Tassisoudon pour nous étendre un peu plus longuement sur cet ensemble d'états qui sont connus sous le nom de plateau de l'Iran, ce sont l'Afghanistan, le Béloutchistan et la Perse. Si jadis ces localités ont été le siège de puissants empires, elles sont, depuis longtemps, convoitées par les deux peuples qui dominent en Asie, par les Russes et les Anglais, parce qu'elles constituent la voie la plus directe vers l'Inde. Au N., l'Indou-Kousch, détaché du Pamir, étale ses chaînes parallèles, traversées par des défilés importants, notamment la passe de Kaïber, et celle de Zulfikar et rejoint les monts Elbrouz, chaîne volcanique à travers laquelle ne s'ouvrent, non loin du mont Demavend

(3,620 m.) que les *portes de la Caspienne.* Puis de l'O. au S.-O. s'étagent les gradins des monts Elvend, chaînons parallèles qui laissent échapper quelques affluents du Tigre et envoient, dans le golfe Persique et dans la mer d'Oman descours d'eau sans importance. En somme, les localités les plus importantes de l'Afghanistan comme Caboul, Hérat, Candahar, sont situées dans des vallées parallèles que doit forcément suivre tout envahisseur. Les Russes, qui, depuis quelques années, se sont singulièrement rapprochés de l'Inde en s'établissant dans le Turkestan, à Tashkend, à Samarcande, à Khiva, ont déjà traversé le désert de Kara-Koroum et la Turkménie; ils étaient avant-hier à Merv, hier à Saraks sur la frontière de Perse; ils se rapprochent aujourd'hui de Hérat qui est leur objectif de demain. Puis, comme les transports avec ces steppes et ces déserts sont chose difficile, coûteuse et pénible, ils établissent un chemin de fer qui part de la rive orientale de la Caspienne et est déjà à moitié route de Saraks. Au point de vue physique, le Turkestan est sans valeur n'étant composé que de sables aujourd'hui incultes, arrosé par des fleuves jadis tributaires de la mer Caspienne; le Syr Daria, qui descend des monts du Ferganah pour se jeter dans le lac d'Aral après avoir bordé le désert de Kysul-Koum, l'Amou-Daria qui ne porte plus aujourd'hui au même lac — d'ailleurs bien diminué d'étendue depuis les temps antiques — qu'un maigre filet d'eau, alors qu'autrefois ses eaux réparties en une multitude de canaux d'irrigation fournissaient la vie à une immense étendue de pays maintenant retournée au désert, enfin au S. le Mourghab, qui passe à Merv se perd non loin de là au milieu des sables du désert, l'absorption et l'évaporation étant plus considérables que l'apport. Au S. de l'Afghanistan, sur lequel l'Angleterre a l'œil fixé, s'étend le Béloutchistan, royaume dont la capitale est Khélat et dont la principale rivière, l'Helmend, se perd dans une immense lagune, le lac Hamoun. Quant à la Perse, ce n'est plus que l'ombre d'elle-même. La Médie, la Susiane et la Perse, ces provinces fameuses dans l'antiquité, sont bien mortes et l'on ne dirait jamais quand on foule le sol des villes modernes de Téhéran, d'Ispahan, de Chiraz, de la ville sainte de Meched, de l'ancienne Ectabane qui s'appelle aujourd'hui Hamadan, de Yezd, de Tauris près du lac Ourmia, du port de Bouchir, que ce pays a été fameux entre tous les empires par sa civilisation et sa grandeur. Trois fois grande comme la France, la Perse actuelle ne compte pas 8 millions d'hab., encore le quart de ceux-ci vit-il à l'état nomade. La grande péninsule arabique est une terre de transition; c'est encore l'Afrique mais ce n'est pas l'Asie, car celle-ci ne commence à proprement parler qu'à partir de cette large dépression au fond de laquelle coulent le Tigre et l'Euphrate. Tout l'intérieur n'est qu'un immense désert sablonneux avec quelques oasis dans les parties abritées et certains chaînons aux plateaux peu élevés. C'est seulement au S. le long de la côte qui réunit le détroit de Bab-el-Mandeb à celui d'Ormuz qu'on rencontre quelques montagnes dignes de ce nom. Aussi accrochent-elles les nuages qui se forment sur l'océan Indien et sont-elles mouillées de pluies bienfaisantes qui y entretiennent une végétation continuelle. C'est cette partie qui portait le nom d'*Arabie heureuse,* c'est l'antique pays de cette reine de Saba dont les relations avec Salomon sont légendaires, c'est là qu'au moyen âge s'établit à Mascate un royaume arabe dont l'iman avait su étendre son influence et ses relations commerciales depuis la côte de Malabar dans l'Hindoustan jusqu'à Mo-

zambique sur la côte occidentale d'Afrique. Nominalement, une grande partie des Arabes sont soumis à la Turquie; mais si lâche que soit ce lien, il leur pèse et ils savent parfaitement se dérober aux devoirs et aux exigences de cette situation; les gouverneurs de La Mecque, la métropole du mahométisme et de Médine, aussi bien que les cheikhs de Sanâ, d'Hodeida, de Moka, de Mahalla, ou l'iman de Mascate, sont à peu près impuissants sur les populations de leur voisinage immédiat, encore moins pourraient-ils exercer le moindre contrôle sur les Ouahabites du Nedjed. La Syrie et la Mésopotamie sont également des pays que le souvenir des événements dont ils ont été le théâtre rend intéressants au plus haut degré pour tout esprit un peu cultivé. Le Tigre et l'Euphrate coulent à travers cette immense plaine de la Mésopotamie, se réunissent auprès de Bagdad pour se séparer, se réunir encore sous le nom de Chatt-el-Arab et se terminer dans le golfe Persique par un énorme delta sur les bords duquel se trouve Bassora l'une des villes fameuses des contes des Mille et une nuits. C'est dans cette plaine qu'ont vécu ces cités à l'histoire étonnante, Ninive, Seleucie, Ctesiphon, Babylone, c'est là le siège de ces empires immenses dont l'histoire certaine ne commence à nous être connue que depuis qu'on a appris à déchiffrer les inscriptions cunéiformes de leurs monuments. Quant au fleuve, il n'a guère été exploré puis Chesney en 1840 et le pays que parcourent des hordes d'Arabes pillards est malsain aux voyageurs et aux archéologues. Pourtant quelle admirable moisson il a déjà fournie aux Botta, aux Place, aux Rawlinson, aux Oppert et à tant d'autres savants ! Que de découvertes restent à faire qui touchent tout aussi bien à l'histoire d'Assyrie ou d'Egypte qu'à celle de Rome qui y logea ses cohories d'avant-garde, qu'à celle des croisés qui y construisirent de belles forteresses gothiques semblables à celles dont le sol de la Syrie et de la Palestine est pavé. Mais allez donc librement parcourir ces difficiles régions! Allez donc soudoyer des ouvriers — si vous en trouvez — pour faire des fouilles! Pourtant cela s'est fait déjà bien des fois, pourtant, cela s'accomplira encore, c'est ainsi que, chaque jour, des peuples nouveaux entrent dans l'histoire; hier c'étaient les Hittites, que sera-ce demain ? Mais à l'O. de cette plaine fertile de la Mésopotamie s'étend une zone déserte qui va jusqu'à la chaîne côtière qui longe la Méditerranée, c'est là que fut Palmyre la ville de Zénobie; c'est dans cette région qu'existe Damas, que s'allonge la vallée du Haouran. Le Liban et l'Anti-Liban sont terminés par des chaînes plus humbles, mais en partie volcaniques, de la Palestine que ponctue à l'extrême S. le massif imposant du Sinaï. Le Jourdain, la mer Morte, le lac de Tibériade, Jérusalem, voilà des noms qui font revivre dans l'esprit du chrétien tout un monde de souvenirs, qui ravivent des croyances connues dès le berceau. Héliopolis, Alep, Antioche, Césarée, Saint-Jean-d'Acre, vocables qui évoquent devant l'historien le fantôme des chevaliers bardés de fer, à la croix rouge sur l'épaule, aussi bien que de ces intrépides soldats qui venaient d'Egypte avec Bonaparte et dont un grand nombre devaient mourir de la peste sous les murs de Jaffa ! Nous pénétrons maintenant dans l'Asie Mineure que se partagent peu fraternellement Russes et Turcs, terrain marqué d'avance pour les luttes futures de deux peuples, dont l'un est arrivé au déclin de l'existence, alors que l'autre plein de vie, de force et d'ambition, semble avoir devant lui un long avenir de gloire et de prospérité.

AUTRICHE-HONGRIE

Raconter les innombrables péripéties de l'histoire de l'Autriche depuis le jour où, avec Rodolphe de Habsbourg, elle se rendit maîtresse du pouvoir impérial, ce serait une tâche qui nous entraînerait trop loin : il nous suffira de rappeler certaines périodes de son histoire, jours d'éclat et de joie, de douleur et d'abaissement. Et d'abord, n'est-ce pas l'apogée de la puissance, lorsque sous Charles-Quint et Philippe II, par l'étendue de ses possessions, par ses richesses, par la majesté des victoires, on tient pour ainsi dire l'Europe à ses pieds! N'est-ce pas un jour de malheur que celui où le Turc triomphant vient déployer ses bannières éclatantes et caracoler orgueilleusement jusque sous les murs de Vienne! Puis sonne l'heure de la revanche, ces hordes impitoyables sont refoulées et les limites de l'Empire s'étendent tous les jours un peu plus loin dans l'E. Le vieil ennemi, le Turc détesté, le voilà aujourd'hui à la veille d'être chassé d'Europe et tous les territoires qu'il avait arrachés au prix de tant de sang aux malheureux princes qui ne les avaient pas su défendre, ils lui sont repris aujourd'hui par les uns et par les autres, du consentement mutuel des grandes puissances européennes qui s'étendent pour dépouiller le *vieil homme malade* avant de lui donner le coup de la mort. Mais les luttes contre le Turc ne sont pas les seules qui aient ensanglanté les plaines de l'Autriche! C'est d'abord contre la France qu'elle lutte avec un acharnement indomptable, contre la France qui ne veut pas laisser se constituer de l'autre côté du Rhin, un empire qui est un danger pour elle ; puis, au XVIIIe siècle, c'est contre la Prusse que combat l'Autriche, car à la tête de cette puissance un roi ambitieux, Frédéric II, qui présage déjà les glorieuses destinées de sa patrie et qui applique tous les ressorts de son esprit inventif, toutes les forces de son intelligence infatigable à la doter d'institutions militaires capables de lui assurer la victoire. Déjà la lutte pour la suprématie en Allemagne est engagée entre la Prusse et l'Autriche; notre rôle eut été de rester simples spectateurs, de juger des coups et de marquer les points des joueurs, nous eûmes la sottise de nous en mêler. Mais des événements d'une bien autre gravité se passent; la République, avec ses idées généreuses et parfois voisines du don-quichottisme ne tarde pas à lutter contre elle l'Europe tout entière, car celle-ci craint de voir ses peuples gagnés aux idées nouvelles. Tout ressentiment monarchique s'efface, toute compétition disparaît et les deux nations rivales se trouvent d'accord avec le reste de l'Europe pour crier *Haro sur le baudet!* Mais si l'on n'a pas réussi dans l'Empire à la supprimer de la carte d'Europe, cette république française qui a su fomenter la révolte dans les Pays-Bas autrichiens, si, loin de la diminuer, on ne peut l'empêcher de reculer ses frontières, que sera-ce lorsqu'un homme de génie faisant taire les partis et supprimant toutes les libertés, aura su plier toutes les volontés de la France au gré de la sienne! C'est la période douloureuse pour la maison d'Autriche, chassée d'Italie, envahie, ravagée par la guerre, la pauvre Autriche voit sa capitale entre les mains du vainqueur et ses provinces, jusqu'à l'Illyrie, administrées par des généraux français. Quelle triste alliance que celle de la fille des Habsbourg avec ce soldat de fortune qui a nom Napoléon, comme elle doit être heureuse, et qu'elle doit porter des fruits amers! Puis, les sombres jours sont passés, l'étoile du *Corse aux cheveux plats* a pâli et l'on se réjouirait de ses défaites, si ce n'était le sang français qui coule. Les traités de 1815 ont tout remis en place, et chacun ne pense plus qu'à soigner ses blessures, à se refaire en un mot, pour recommencer. Cinquante années d'une paix apparente s'écoulent. On paraît d'accord en Allemagne, et cependant, la Prusse a repris son travail souterrain, miné l'influence et le prestige de l'Autriche, tout préparé pour la tragi-comédie qu'elle médite. L'Autriche a la stupidité de contribuer à l'égorgement du petit et héroïque Danemark ; non seulement elle ne reçoit aucune compensation pour avoir prêté les mains à un si lâche attentat ; mais elle ne se doute pas encore qu'elle a travaillé exclusivement pour la Prusse et que l'essai qui vient d'être fait par celle-ci du son mode de formation, de ses armes à tir rapide, de sa tactique nouvelle, tout cela va être retourné contre elle. Elle ne s'en aperçoit qu'au lendemain de Sadowa, alors que, ses armées détruites, les Prussiens pouvaient entrer dans Vienne sans résistance. A dater de cette époque l'équilibre est rompu dans l'empire d'Autriche: La Lombardie et la Vénétie lui ont été arrachées en 1859, le prix de la nouvelle victoire, c'est cette couronne de l'empire d'Allemagne qu'elle est impuissante à empêcher le roi Guillaume de se poser sur la tête en 1870. Déjà, depuis l'insurrection de la Hongrie en 1849, la Constitution a dû être modifiée, le dualisme s'est accentué et, dès lors, la balance ne penche plus que d'un seul côté. Longtemps, l'empereur d'Autriche a pu gouverner en opposant les unes aux autres, en neutralisant mutuellement les revendications, les aspirations des différentes nationalités qui peuplent son territoire. Ne pouvant n'espérant plus s'étendre dans l'O., l'empereur, pour s'agrandir est forcé de tourner les yeux du côté de l'Orient où il rencontre son vieil ennemi le Turc que, de concert avec l'Allemagne et la Russie, il va tâcher de dépouiller en attendant que les larrons en viennent aux mains, ce qui ne devra pas tarder. Telle est aujourd'hui la situation de l'Autriche, très tendue et fort précaire, sur laquelle nous aurons un peu plus tard l'occasion de revenir. Mais ce rapide aperçu historique doit être éclairé au flambeau de la géographie et de l'ethnographie, c'est ce que nous allons faire en quelques mots. « La monarchie austro-hongroise dit M. Foncin dans l'excellent petit atlas qu'il vient de publier chez Colin, offre au point de vue ethnographique un curieux tableau. Nulle part il n'y a moins d'unité nationale, nulle part tant de races diverses ne sont juxtaposées et réunies sous un même sceptre. Huit millions d'Allemands habitent sur les rives du Danube jusqu'à Presbourg dans les vallées alpestres de l'Inn, de la Salza, de l'Ems, de la haute Drave et du haut Adige, sans compter les véritables colonies qu'ils ont fondées en Bohême, en Hongrie, en Transylvanie et qui portent leur nombre total à près de dix millions. A l'E. des Allemands, les Hongrois ou Magyars, d'origine finnoise, au nombre de 5,700,000, remplissent la vaste plaine du moyen Danube et de la Theiss, et à l'E. des Hongrois le plateau transylvanien est habité par trois millions de Roumains. Allemands, Hongrois, Roumains sont environnés au N. et au S. par des Slaves : au N., les Slovaques de la Bohême (Tchèques), de la Moravie et les petits Karpathes, les Polonais de Cracovie et de la haute Vistule, les Ruthènes de Galicie et de Bukovine, au S., sur la Drave et la Save, les Slovènes de Carniole et de Styrie, les Croates et les Esclavons, les Dalmates de la côte illyrienne, les Bosniaques des provinces turques annexées, en tout 17 millions de Slaves isolés en deux tronçons par des Hongrois, des Allemands et des Roumains. En outre, 1,500,000 juifs sont répandus dans toute la monarchie et 650,000 Italiens dans le Trentin, l'Istrie et les anciens ports vénitiens de la Dalmatie ». Si, au point de vue ethnographique, l'unité n'existe pas, on ne la rencontre pas davantage dans la topographie. Si, au N. les monts Métalliques et les monts des Géants créent à l'Autriche, sur une certaine étendue, une frontière naturelle ; il n'en est plus de même si l'on avance vers l'Orient. Au delà des Karpathes, s'étendent la Galicie et la Bukovine, débris de l'antique Pologne. A l'E. et au S., et jusqu'au Danube les Alpes de Transylvanie sont bien une délimitation véritable ; il n'en est plus de même lors qu'on a traversé le fleuve et les frontières de la Bosnie pourraient être reculées d'un côté ou d'autre sans blesser les lois de la topographie ou de l'ethnographie. A l'O., il en est exactement de même; le Trentin et l'Istrie sont de vraies provinces italiennes et les revendications des *irrédentistes* s'appuient sur des faits réels. Que l'Autriche soit séparée de la Bavière par une ligne fictive, mais le voulons bien, mais là non plus, rien autre chose que les nécessités de la politique ne vient arrêter d'un trait net et précis la configuration de l'empire d'Autriche. Il s'ensuit qu'il pourrait être étendu ou resserré suivant les événements en souffrir le moins du monde. On comprendrait peu l'amoncellement de tant de peuples divers en un espace relativement aussi resserré, on s'y est pas réfléchissant que la vallée du Danube a été la grande route des invasions et l'on s'étonne même que la nationalité de tant de races ait survécu aussi vivace, aussi tenace, aux mélanges, aux fusions inévitables qu'amène avec le concours de peuples si différents. Combien en est-il qui n'ont fait que la traverser cette vallée du Danube, qui, poussés par ceux qui les suivaient, ne s'y sont point arrêtés et se sont jetés sur l'Europe occidentale? C'est aussi, il faut bien le dire, que les premiers arrivés ont tenu à rester sur les bords du fleuve qui joue dans l'intérieur du continent le rôle d'une véritable mer intérieure par les facilités qu'il apporte au développement du commerce et de l'industrie! N'est-ce pas si véritable, la seule route de l'Orient et cela est si vrai que le chemin de fer a dû suivre sa vallée. N'est-ce pas le Danube qui emporte sur ses flots bleus les bois des Alpes, les minéraux de la Styrie, les vins et les blés de la Hongrie! Certes, ce serait là pour l'Autriche une admirable artère, si la mer n'était pas si loin, s'il ne fallait pas franchir le défilé des Portes de Fer, s'il ne fallait pas suivre les innombrables détours et les méandres d'un fleuve qui s'attarde et ne semble gagner qu'à regret la mer Noire. Aussi, depuis longtemps l'Autriche a-t-elle senti que cette voie ne lui suffisait plus. Si elle peut économiquement diriger une partie de ses produits vers l'Est, la route aujourd'hui la plus directe vers les pays d'extrême-orient qui viennent de s'ouvrir au commerce et à la civilisation, c'est celle de l'isthme de Suez et de la mer Rouge. De là, le soin qu'elle a mis à s'établir sérieusement et solidement sur les côtes orientales de l'Adriatique, de là, les sommes considérables qu'elle a consacrées à l'agrandissement de son port de Trieste, aujourd'hui doté de tous les perfectionnements désirables, de là, son souci constant de réunir à Pola tous les éléments d'un port de guerre et d'un arsenal maritime de premier ordre. Pour le petit développement de ses côtes, l'Autriche possède une marine formidable, elle n'a pas moins de onze cuirassés, alors que la France, dont les colonies sont éparpillées dans le monde entier, dont les ports militaires sont cinq fois plus nombreux, n'en possède qu'une soixantaine. Au reste, la marine autrichienne a fait ses preuves au combat de Lissa où elle a défait la flotte italienne et sur un autre terrain, celui des études scientifiques, lors de l'expédition autour du monde de la Novara que commandait le capitaine Wullerstorff-Urbair, mort récemment vice-amiral. Ayant une superficie d'un cinquième plus considérable que la France, l'Autriche n'a pourtant pas beaucoup plus d'habitants (un million seulement); c'est qu'une grande partie de son territoire est occupée par des chaînes de montagnes considérables qui ne se prêtent que bien difficilement à l'exploitation, le Tyrol, le Trentin, la Carinthie, l'Illyrie, la Dalmatie et l'Herzégovine, certaines parties de la Bohême, de la Moravie, tout ce qui touche aux monts Karpathes et aux monts Tatra sur lesquels le Dr Gustave Lebon nous a fourni de si curieux détails, la Transylvanie, que les Allemands appellent Siebenbürgen ou les sept montagnes, toutes ces provinces, au moins dans certains districts, se refusent à nourrir une population agglomérée. Mais aussi, il faut bien l'avouer, ces chaînes de montagnes recèlent dans leurs flancs ou sur leurs pentes des richesses considérables qui n'ont pas encore reçu toute l'exploitation dont elles sont susceptibles. C'est ainsi qu'on n'extrait encore des mines de houille que 12 millions de tonnes à l'année et 1,500,000 tonnes de minerai de fer, chiffres bien inférieurs à la production de la France. Les forêts de la Hongrie embrassent 19 millions d'hectares, c'est-à-dire 10 millions de plus qu'en France et ces bois sont facilement flottés grâce aux innombrables affluents du Danube. Mais, jusqu'à présent, ce qui a véritablement fait défaut à l'Autriche-Hongrie, ce sont les voies de transport. Si, comme nous le disions plus haut, elle est d'un cinquième plus grande que la France, son réseau de chemins de fer n'embrasse cependant que 20,000 kilomètres, c'est-à-dire près de 40,000 de moins qu'en France. Et cependant, combien de villes importantes au point de vue de l'art, du commerce et de l'industrie! Vienne, qui ne compte pas moins de

1,200,000 hab., offre avec Paris des dissemblances qui sont toutes à son honneur. Comme Paris, elle a de belles promenades, des monuments pompeux et grandioses, s'ils ne sont pas toujours parfaits sous le point de vue artistique; mais, ce qui fait son originalité, c'est que les maisons n'y sont pas astreintes, comme chez nous, à cette uniformité désespérante et monotone. A côté d'un hôtel Louis XV, vous voyez une maison gothique avec des flèches, des dentelures, des ressauts qui se moquent de l'alignement, tout est mouvement, dentelé et l'on est frappé de ce caractère de vie et d'originalité qui contraste puissamment avec la platitude de nos façades. Buda-Pest, ces deux villes que réunit le Danube; l'ancienne capitale de la Hongrie, avec ses 370,000 hab.; Prague, la capitale de la Bohême avec ses antiques et sévères monuments; Lemberg, dont le commerce est fort important; Cracovie, la ville polonaise; Czernowitz, Clausenbourg et Hermanstadt en Transylvanie; Presbourg, Leopoldstadt, Comorn ville fortifiée sur le Danube; Tokaī fameuse par ses vins, Gros-Wardein, Temeswar; Peterwardein dans la Hongrie, ou ce qu'on appelait les confins militaires; Troppau, Brünn, Znaïn, Austerlitz dans la Moravie. Pilsen, Carlsbad, Sadova villes de Bohême, fameuses à des titres divers; Schœnbrunn, Wagram, Neustadt, dans la basse Autriche; Salzbourg, Inspruck, Bregenz, Brixen dans le Tyrol; Klagenfurth dans la Carinthie; Laybach en Carniole; Agram et Karlstadt en Croatie; Serajevo ou Bosna-Seraī en Bosnie; Mostar, en Herzégovine; Raguse et Cattaro en Dalmatie, telles sont les principales villes de l'Autriche-Hongrie. Bien rude est la tâche des ministres qui président aux destinées de la monarchie austro-hongroise ancun antagonisme perpétuel des races et des nationalités. Tenir la balance égale entre les Allemands et les Slaves, ne pas élever ceux-ci aux dépens des Magyars et cependant ne pas blesser les Italiens, c'est une tâche peu enviable; d'autant plus qu'à proprement parler, l'unité n'existe pas plus au point de vue gouvernemental que sous le rapport topographique ou ethnique. Chaque état a conservé son existence propre et l'on peut qualifier à juste titre la monarchie austro-hongroise de fédérative. A la vérité, il y a, pour toute la monarchie, des finances générales, une armée nationale, une politique étrangère unique, mais l'empereur a été forcé de sanctionner, en 1867, la séparation de l'Autriche et de la Hongrie qui ont chacune leur administration intérieure propre. La couronne de saint Etienne ou de Hongrie, est jointe sur la tête du souverain à celle d'empereur d'Autriche et l'énumération des titres qu'il porte indique bien les tendances diverses et particularistes des différentes populations de l'empire. Si les Roumains, comme la Croatie et l'Esclavonie, ont leur administration propre, les Polonais et les Tchèques voudraient arriver à un semblable résultat et l'on n'a pas encore oublié plus d'un incident récent qui marque bien ces tendances. Il est parfaitement certain que ces luttes continuelles ou au moins avouées ont singulièrement entravé les progrès de la monarchie; il semble cependant que nous assistions, depuis plusieurs années, à une sorte d'apaisement. Tout au moins, la crise est moins aiguë et si les passions sont tout aussi vivaces, elles ne se traduisent plus en récriminations aussi acerbes, en jalousies aussi militantes. Un pareil résultat est dû incontestablement à l'habileté, à l'énergie et à la modé-

ration des ministres qui président aux affaires de l'Autriche-Hongrie et particulièrement de M. Koloman Tisza, qui s'est fait une place à part parmi les hommes d'Etat européens. Depuis qu'elle est franchement entrée, et sans arrière-pensée, parce qu'elle voyait bien l'inutilité des regrets, en communauté de vues avec l'empire d'Allemagne, l'Autriche-Hongrie n'a eu qu'à se féliciter de cette politique. Son axe est déplacé et il tend à se reporter de plus en plus vers l'Orient. Evidemment elle fait le jeu de l'Allemagne en s'opposant aux progrès de la Russie dans la péninsule des Balkans. Si celle-ci s'est considérablement agrandie, si elle s'est rapprochée de Constantinople, ce but que depuis tant d'années elle s'efforce d'atteindre, l'Autriche-Hongrie lui fait aujourd'hui contre-poids et, bien que l'alliance entre les trois empereurs paraisse établie sur des bases inébranlables, il n'en est pas moins certain que l'Autriche est encouragée et poussée en dessous main par l'Allemagne pour faire pièce à son entreprenant adversaire. Grâce à cette politique pleine de sous-entendus, la Russie s'est vue forcée de ratifier certaines stipulations qui étaient loin de tourner à son avantage. C'est ainsi que la prépondérance de l'Autriche-Hongrie sur la Serbie et la Roumanie, ces Etats riverains du Danube inférieur, a été affirmée et qu'au grand bénéfice du commerce général leurs chemins de fer ont été réunis à ceux de la monarchie austro-hongroise. Un autre résultat, qu'a obtenu l'Autriche, c'est l'occupation de la Bosnie et de l'Herzégovine, stipulations du traité de Berlin qui lui permettent de se rapprocher de Salonique, l'objectif de tous ses désirs. Dans la crise qui s'est ouverte à la fin de l'année dernière entre la Serbie et la Bulgarie, n'avons-nous pas vu cette dernière puissance arrêtée tout à coup au milieu de ses victoires par un ultimatum de l'Autriche-Hongrie, et le souverain abandonné par la Russie être obligé de s'incliner et perdre presque tout le fruit des efforts de son habile politique? C'est que la Serbie est la cliente de l'Autriche et que cette dernière ne pouvait, ne devait permettre que le roi Milan fût acculé par un adversaire complètement soumis à l'influence du czar. C'est que l'Europe entière a le plus grand intérêt à empêcher que la conflagration ne devienne générale, car alors elle ne serait plus maîtresse des événements et ne pourrait imposer aux adversaires sa toute puissante volonté. Telles sont les conditions multiples au milieu desquelles s'agite la souple diplomatie de l'Autriche-Hongrie; continuellement en lutte non seulement contre la jalousie des provinces qui composent son empire, elle doit encore faire face aux luttes susceptibilités de l'Europe et mesurer sa marche en avant sur les événements. En somme, les progrès économiques de l'Autriche-Hongrie ont été considérables depuis quelques années et le rôle qu'elle est appelée à prendre dans la Méditerranée, lorsqu'elle aura pu s'étendre sur l'Adriatique, le développement forcé de sa marine marchande, la construction de nouvelles lignes de chemins de fer dont toutes les nations de l'Europe occidentale sont obligés de se servir pour gagner l'Orient, lui assureront dans quelques années une prospérité toute nouvelle. Elle n'aura donc pas tout perdu à Sadowa et si elle a été la victime sur le terrain militaire, cette défaite aura été pour elle le signal d'agrandissements territoriaux et de victoires économiques.

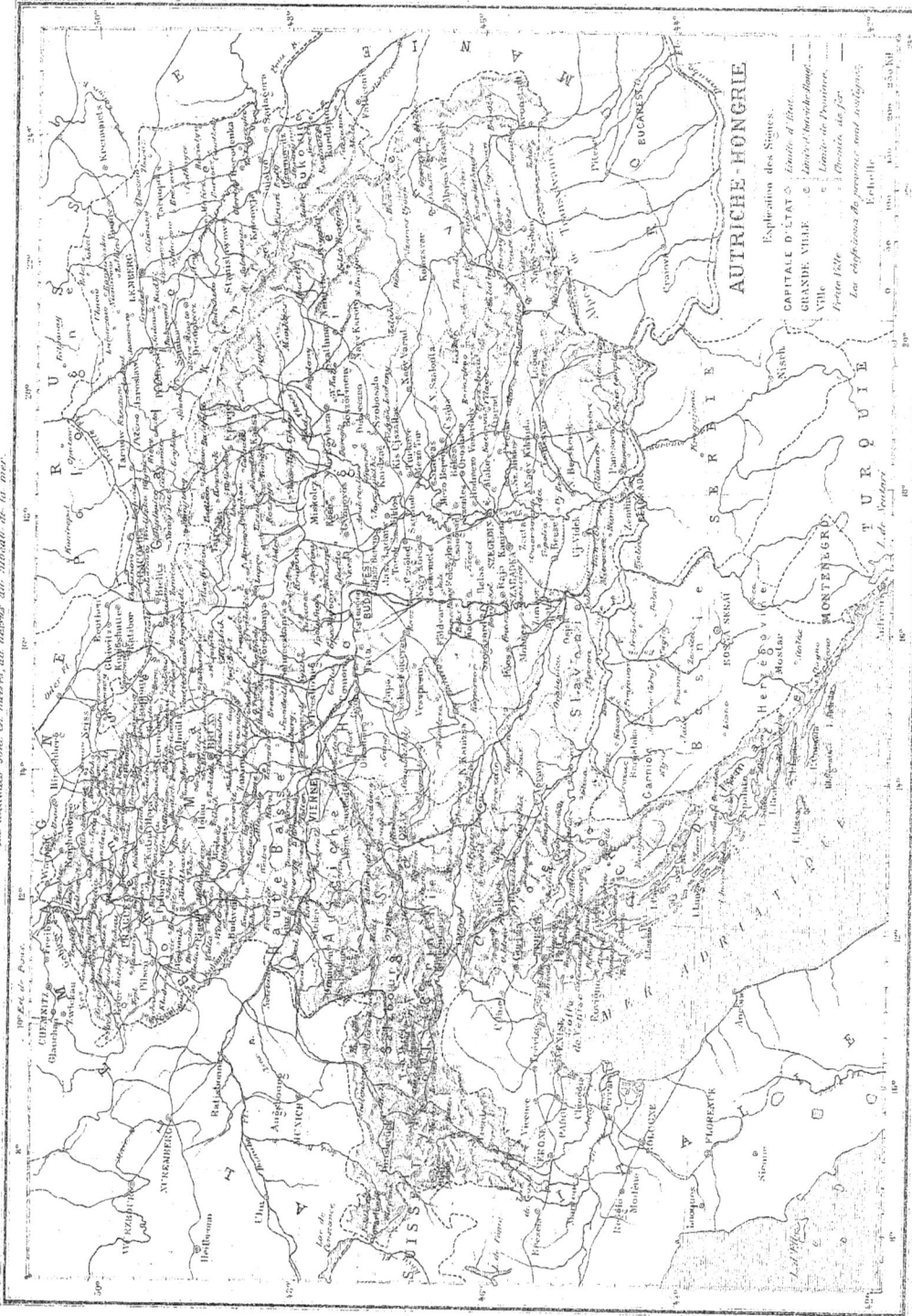

AUTRICHE-HONGRIE

Les altitudes sont en mètres, au dessus du niveau de la mer.

Explication des Signes.

CAPITALE D'ÉTAT   ○ Limite d'État.
GRANDE VILLE   Limite Intérieur Rouge.
Ville   ○ Limite de Province.
Petite Ville   ‚ Chemin de fer.

Les désignations des provinces sont soulignées.

Échelle

Gravé par Mrs Erhard, E. des Écluses 34, Paris

PRESQU'ILE DES BALKANS

S'il est un coin de terre, en Europe, qui soit encore inconnu, c'est bien la péninsule des Balkans. Aucun des gouvernements qui se la partagent, sauf la Roumanie, n'a songé à en faire dresser la carte d'après les méthodes scientifiques, aujourd'hui en usage. Ce que nous savons de la Grèce, c'est la France durant son expédition en Morée qui nous l'a appris et nous ne serions pas fâchés de savoir d'après quels relevés M. Kokidès a tracé la carte qu'il en vient de publier; la Bosnie nous est un peu connue par les travaux que les Autrichiens y ont faits tout récemment. Les Russes ont rapporté de la Bulgarie certains matériaux, qu'ils se sont hâtés d'utiliser; quand on y ajoutera les relevés de Guillaume Lejean et de certains autres voyageurs isolés et qui, pour la plupart, ne disposaient pas des instruments nécessaires aux observations astronomiques; on saura tout ce dont on peut se servir pour l'un des pays les plus intéressants de l'Europe, à tant de titres divers. Les montagnes de la Turquie ou système des Balkans se relient à la chaîne des Alpes par leur prolongement qui traverse l'Illyrie, la Dalmatie et se dédouble en Croatie et en Bosnie, dont la partie la plus voisine de la mer porte le nom d'Alpes Dinariques; elles se rattachent également aux Carpathes par les montagnes de Serbie, à travers lesquelles, à Orsova, le Danube s'est frayé le passage des Portes de Fer. Si toute la partie méridionale est hérissée de montagnes, le nord de la péninsule est au contraire formé par l'immense plaine du Danube, chemin de passage des invasions et du commerce. Si la chaîne qui longe la côte occidentale de la péninsule, court du N.-E. au S.-O., les Balkans se dirigent, eux, de l'O. à l'E. et envoient, dans des directions encore confuses pour nous étudiées, des contreforts tels que le Shar Dagh (3,000 m.), les Sucka Gora en Macédoine, le mont Olympe qui sépare la Macédoine de la Thessalie grecque, l'énorme massif du Despoto Dagh qui se dirige vers la mer de Marmara et sépare le bassin de la Maritza de celui du Karasou. En somme, la chaîne des Balkans qui a une longueur de 500 kil. sépare le bassin du Danube de ceux des mers de l'archipel et de Marmara; c'est au centre de cette chaîne que se trouve le massif le plus large et les cimes les plus élevées, 2,330 m. Des contreforts s'en détachent et courent vers le N., tandis que, tout près de la mer Noire, la chaîne bien abaissée du Tekir Dagh suit à distance le rivage de la mer Noire jusqu'à la Méditerranée. Un certain nombre de passages s'ouvrent dans la chaîne des Balkans, dont certains ont joué déjà et joueront dans l'avenir, le rôle le plus important, ce sont la passe de Chipka qui conduit de Tirnovo à Kaisanlik, celle de Hosalita qui mène à Kalofer et qui forment avec plusieurs autres qui s'ouvrent dans le voisinage de Varna et de Shumla des passages directs pour pénétrer de la Bulgarie dans la Roumélie. A l'extrémité de la vallée de la Maritza se trouvent les portes de Trajan et la vallée de l'Isker qui débouche dans ce couloir qui passe à Sofia, à Nisch, route directe pour Belgrade, Pesth et Vienne. Les affluents du Danube sont la Save, qui rejoint le fleuve à Belgrade après avoir elle même reçu la Verbitza, la Bosna, la Dria, la Morava, le Timok, l'Isker qui prend sa source au-delà des Balkans, le Vid, l'Osmo, la Iantra et le Lom. Du nord dans la Valachie, le Danube reçoit, la Schyl, l'Aluta, la Dombovitza qui arrose Bucharest et la Jalomnitza. Dans l'Archipel, nous avons la Maritza dont la vallée a été employée par le chemin de fer Philippopoli-Andrinople-Constantinople; le Carasou, le Vardar qui tombe au fond du golfe de Salonique et la Salambria qui arrose Larisse. Sur l'Adriatique, ce sont l'Arta, qui finit au golfe du même nom, la Voioutza, la Kervasta et le Drin en Albanie, le Drin noir qui se perd dans le lac de Scutari au Monténégro et la Narenta en Herzégovine. Depuis le jour où, pour la première fois, en 1346, les Turcs avaient pénétré en Europe, appelés par Jean Cantacuzène, il s'appliquèrent à s'établir de ce côté du Bosphore et ne tardèrent pas à s'emparer de la Thrace, de la Macédoine, de la Bulgarie, de la Moldavie et de la Valachie dont la possession leur est assurée par la défaite des croisés à Nicopolis en 1390. C'est alors le tour de la Bosnie, de l'Herzégovine, de la Thessalie et de l'Hellade. C'est après ces conquêtes que Constantinople finit par tomber le 29 mai 1453 entre les mains des Turcs; de tout l'empire d'Occident, la capitale était tout ce qui restait. On n'attend pas que nous refassions toute l'histoire des invasions et des possessions turques en Europe; nous aimons mieux passer de suite à celle des défaites et des diminutions de territoire qui est plus près de nous. C'est à la fin du XVIᵉ siècle que celle-ci commence, à la suite du siège de Vienne dont les Turcs ne purent s'emparer, le traité de Carlowitz leur enleva la Hongrie orientale, la Transylvanie, l'Esclavonie, la Podolie, l'Ukraine, la Morée et certains ports cédés à Venise et Azow remis à la Russie. Les défaites se succédèrent si bien, qu'au commencement du siècle, les Turcs ne possédaient plus en Europe que la Valachie, la Serbie, la Bosnie et le reste de la péninsule. La Russie commença par se faire céder la Bessarabie en 1812, puis en 1829, le delta du Danube par le traité d'Andrinople, qui reconnaissait l'indépendance de la Grèce, tandis que la Servie, la Moldavie et la Valachie devenaient, de possessions véritables, de simples États vassaux. Sous le règne d'Abdul-Azis, le Monténégro et la Bosnie se révoltèrent, Abdul-Ahmid II ne pouvant venir à bout de l'insurrection des provinces slaves appuyées par la Russie, conclut avec cet État le traité de San-Stefano, traité qui fut revu et complété par celui de Berlin en 1878. Ce dernier est trop important pour que nous n'en énumérions pas les stipulations principales, car l'Europe s'y est partagé une partie de l'empire turc, préface d'une expulsion d'Europe à bref délai. A l'Angleterre l'île de Chypre, à la France la suzeraineté de Tunis, à la Russie d'énormes territoires en Asie mineure et en Europe, la Bessarabie jusqu'au Pruth et au Danube, possessions enlevées à la Roumanie qui recevait en échange le delta du Danube et la Dobrutja; à l'Autriche la Bosnie et l'Herzégovine, ainsi que certains ports de l'Adriatique, au Monténégro le port d'Antivari, débouché sur la mer qu'il ambitionnait depuis longtemps; quant à la Serbie elle s'agrandissait de la vieille. Serbie et de certaines places fortifiées, dont Nisch était la plus importante; l'indépendance complète de cette dernière, du Monténégro et de la Roumani, était reconnue par la Porte, la Grèce recevait une partie de la Thessalie et de l'Epire, la Bulgarie passait à l'état de tributaire. Sans y comprendre l'ambition toujours croissante pour réaliser l'antagonisme, c'était pour la Turquie une perte de 196,622 kil. carrés. Et cependant aucune des puissances ainsi agrandies ne fut contente de son lot. La Russie qui protégeait la Bulgarie, était jalouse de l'Autriche qui soutenait la Serbie; quant aux autres grandes puissances, comme l'Allemagne, l'Angleterre et la France, leur jeu allait consister à profiter de cet antagonisme, à essayer d'opposer l'influence grandissante de l'Autriche sur sa clientèle occidentale pour paralyser l'ambition toujours croissante dont Constantinople est l'objectif séculaire. Du jour où cette puissance aurait dépossédé la Turquie, la mer Noire deviendrait un lac russe et aucune puissance n'y pourrait plus pénétrer que du libre consentement de l'empire moscovite. Mais entre des rivalités si acharnées, entre des compétitions si violentes, entre des avidités aussi déchaînées, il était bien difficile de tenir la balance égale. La Grèce, mécontente de son lot, voudrait s'étendre dans le nord et joindre la Macédoine, l'Epire et l'Albanie à ses possessions territoriales et s'adjoindre l'île de Crète où depuis longtemps les pachas turcs ont su se faire universellement détester; quant à la Bulgarie elle n'attendait que le moment favorable pour passer les Balkans et s'attribuer la Roumélie. On se demande ce qui resterait alors en Europe à la Porte. Encore une fois, Constantinople, la capitale d'un empire jadis si puissant, en resterait le seul débris, situation qui rappelleraitsingulièrement celle de 1453. Pour cette fois, la Bulgarie qui jusqu'alors n'avait marché que d'après les conseils et les ordres de la Russie, semble les avoir prévenus; elle venait de proclamer la réunion de la Roumélie à la principauté Bulgare, lorsque la Serbie poussée par l'Autriche lui déclara la guerre; sous quel prétexte? On ne l'a jamais pu deviner. Vaincue et reconduite jusque sur son territoire, l'épée dans les reins, l'armée serbe et son roi Milan ne furent sauvés que par un ordre de l'Autriche. Tu n'iras pas plus loin, dit celle-ci à la Bulgarie, et cette dernière qui se sentait abandonnée par la Russie dut obéir. Pendant ces événements, la Grèce, sous prétexte qu'elle ne pouvait voir rompre au profit d'une autre l'équilibre établi par le traité de Berlin et la Bulgarie s'agrandir aux dépens de la Turquie sans en profiter, procédait à l'armement de ses troupes, espérant, en mettant le marché à la main à l'Europe entière, que celle-ci pèserait sur la Turquie et lui arracherait encore quelque lambeau de territoire pour conserver la paix. Par malheur, il n'en a pas été ainsi et la Grèce a reçu des puissances injonction de désarmer. Mais son gouverne-

PRESQU'ILE DES BALKANS

ment s'est mis dans cette position délicate qu'il lui faut à tout prix faire la guerre, pour donner satisfaction à l'opinion publique qu'il a surexcitée au dernier point ; sinon une révolution pourrait bien encore une fois mettre à la porte le souverain. En tout état de choses, le pays est à la veille de la banqueroute. Pour résister à cette agression possible, la Porte a dû armer de son côté et ses finances sont dans un tel désarroi, que c'est pour elle une dépense ruineuse; elle vient donc d'insister auprès des puissances sur la prompte solution du différend. Pour expliquer ces événements, il n'est pas hors de propos de jeter un coup d'œil sur la constitution de l'empire ottoman et d'examiner ses rouages; nous y trouverons sans aucun doute la cause de la haine de tous les peuples qu'il avait soumis. C'est un empire autoritaire absolu, le sultan est en même temps le chef de la religion, comme représentant le Prophète. Tout le monde sait que le mahométisme permet la pluralité des femmes; or, le sérail du Grand Seigneur avec ses femmes, ses eunuques, les domestiques de tout rang, de tout ordre et des deux sexes, n'absorbe pas moins du douzième du budget qui se monte à 750 millions; c'est le seul Etat de l'Europe où le souverain confisque pour ses propres besoins une part aussi considérable des revenus publics. Quant au conseil des ministres, il se compose d'un président ou grand vizir et de dix ministrés. Du haut en bas de l'échelle, comme la plupart des employés et des fonctionnaires ne sont pas payés du tout, ou ne le sont que fort tard et avec des réductions, on obtient ce qu'on veut à prix d'or. L'administration turque est un type de désordre et de gachis dans lequel certains ministres ont, à plusieurs reprises essayé d'apporter un peu d'ordre et d'économie, en engageant des européens dont le capacité et l'honnêteté offraient des garanties qu'on ne rencontrait que rarement chez les indigènes. Comme chaque gouverneur était jadis presque indépendant et qu'il pouvait faire ce qu'il voulait à condition de verser au trésor de l'empire les revenus fixés pour sa province, il en résultait un continuel abus de la force, des concessions, des injustices quotidiennes, sans compter que si le misérable chrétien se permettait d'élever la voix, de se plaindre lorsqu'on le tondait de trop près, il était aussitôt soumis à la bastonnade, quand on ne le branchait pas à l'arbre le plus proche. Les possessions de l'empire turc, sont de deux sortes, les unes immédiates ou sous l'autorité directe du sultan, ce sont : la Turquie d'Europe, la Turquie d'Asie et les côtes occidentales de l'Arabie ; les secondes sont plus ou moins dépendantes, comme les territoires occupés par l'Autriche, Bosnie et Herzégovine ; Chypre par les Anglais, — le mot occupation n'étant destiné qu'à ménager l'amour-propre du sultan, alors qu'en réalité c'est une prise de possession effective et nullement transitoire ; — la province autonome de la Roumélie orientale, la province tributaire de Bulgarie, la vice-royauté d'Egypte et le vilayet de Tripoli. Les possessions directes en Europe ne comprennent plus que les provinces de la Thrace, de la Macédoine, de l'Epire et de la Macédoine avec l'île de Crète ; les principales villes en sont Constantinople ou Stamboul, avec ses faubourgs de Galata et de Pera, qui peut avoir 700,000 hab. et qui tous les jours à la suite des incendies, perd son cachet oriental, car on y construit quantité de maisons à la franque et la plupart des habitants ont aujourd'hui abandonné le costume national. Salonique, port de commerce au fond du golfe du même nom ; Andrinople sur la Maritza, avec 62,000 hab. ; Rodosto et Gallipoli, ports de la mer de Marmara. Uskub (28,000 hab.), Monastir en Macédoine, Pristina (11,000 hab.), Novibazar avec ses sources

thermales; Prisren (35,000 hab.), Djakova-Scutari (35,000 hab.), port très commerçant dans l'Albanie septentrionale ; en Epire, Argyro-Castro et Janina, ville qui bien que déchue, compte encore 10,000 hab. Au S. de la péninsule, s'étend la belle et fertile île de Crète qui s'est fait de tout temps remarquer par sa haine du Turc. Si elle était rendue à elle-même, si ses habitants et. surtout les Sphakiotes étaient un peu moins durs et moins farouches, l'île de Crète pourrait être autrement fertile, autrement riche. Nombre de ses villes sont en pleine décadence et ne vivent plus que que de souvenirs; il n'en est pas ainsi cependant de sa capitale : La Canée, (12.000 hab.) dont le port est fréquenté par de nombreux navires de commerce. Quant à la Roumélie orientale, elle devait au traité de Berlin une sorte d'autonomie administrative ; le sultan n'étant réservé que la suzeraineté politique et militaire. On sait qu'elle a librement, il y a quelques mois, prononcé sa réunion à la Bulgarie, mais cet événement n'a pas encore été ratifié par le sultan qui ne veut consentir, paraît-il, qu'à une union personnelle, c'est-à-dire qui ne vivrait qu'autant que le prince de Bulgarie. La Roumélie est une belle plaine fertile qui possède des vignobles, des plantations de coton, des rizières, des bois de noyer, etc., qui fabrique des soieries, de la passementerie, des tapis, des armes, des draps, de l'essence de rose, etc. La ville principale est Philippopoli (25,000 hab.) en communication directe par chemin de fer avec Andrinople et Constantinople. Les Bulgares qui depuis qu'ils ont été soumis par les Turcs n'ont cessé d'être astreints à un joug de fer, sont d'origine slave avec un mélange de sang ouralien. Les violences sans nom des Turcs à leur égard attirèrent, en 1876, l'attention de l'Europe, et la Russie prit en main leur cause; le traité de San Stefano qui mit fin à la guerre consacra leur indépendance presque absolue, aussi la Russie a-t-elle conservé une influence toute puissante dans cette province à qui elle a fourni la plupart de ses fonctionnaires et son souverain le prince de Battemberg qui est le neveu du Czar. La population, 2.000,000 d'hab., est répartie sur une aire de 64,000 kil carr. C'est un pays industrieux qui se développerait sans aucun doute avec rapidité si la sécurité était plus complète. Des mines d'or, d'argent et de fer, des tanneries, des fabriques de soieries, de drap, de châles, de cotonnades, des plantations de tabac, des vignes, des rosiers surtout à Kezanlik, des céréales permettent à la Bulgarie de faire un commerce déjà important. Les villes principales sont la capitale Sofia (25,000 hab.) Kustendil, Viddin, Roustchouk dont les 26,000 habitants sont en grande partie Hongrois et Allemands, Silistrie fameuse pour son siège, Plevna célèbre par la lutte de 1878, Tirnovo ancienne capitale et ville commerçante, Schoumla forteresse sérieuse qui garde les passes des Balkans, Varna port important sur la mer Noire; Gabrova le centre véritablement industriel de la principauté. Le Montenegro, Czernagora ou Montagne noire, est borné au N. par l'Herzégovine, à l'E. par la Bosnie, au S. par l'Albanie, à l'O. il est parvenu réellement à se créer une ouverture sur la mer Adriatique. C'est un pays, comme son nom l'indique, de montagnes houleuses, chaotiques, couvertes de forêts. Le climat est rude et la population de race slave ne l'est pas moins. De tout temps elle a lutté contre l'envahisseur et si la force a eu plusieurs fois raison de son intrépide résistance, elle a toujours repris les armes et elle a fini, en 1878, par faire reconnaître son droit à l'existence. Avec ses 226,000 hab., à peu près également partagés en chrétiens et en musulmans, le Montenegro, coupé de vallées et de montagnes, ne peut guère se livrer à l'industrie. Seul le commerce des porcs et du bétail a quelque importance : chaque famille con-

fectionne les objets dont elle a besoin ; on n'achète guère à l'étranger que de la poudre, des armes et une eau-de-vie frelatée dont l'usage est trop répandu. A part Tceltinié, capitale de la principauté (2,000 hab.), Rieka, Grahovo place forte, Danilograd 15,000 hab. Podgoritza, Antivari port de guerre déchu et Dulcigno port de commerce relativement important, on ne peut guère citer de localités un peu intéressantes. La Serbie n'est devenue un royaume qu'en 1882 ; bordée au N. par la Save et le Danube à l'E. par la Roumanie, au S. par la Bulgarie et la Macédoine, à l'O. par la Bosnie ; elle nourrit sur 49,000 kil. carrés moins de 1,800,000 hab. Forte de son glorieux passé, fière même de sa défaite de Kossovo (1389), la Serbie, après avoir subi la domination ottomane, lutta courageusement pour son indépendance avec Kara-Georges et Michel Obrenovitch qui parvint à faire reconnaître par la Porte, en 1876, poussée par la Russie, elle prit les armes contre la Turquie et parvint grâce à l'appui des armées du czar à rompre les derniers liens de vassalité qui la rattachaient à l'empire ottoman. Comme nous l'avons dit plusieurs fois au cours de cette notice, elle veut s'agrandir et son souverain l'a entraînée, sur la foi de l'Autriche, en des complications très graves où elle n'a rencontré jusqu'ici que des défaites et des dépenses inutiles, pourtant son budget de 400 millions devait l'astreindre aux plus sévères économies, car elle n'avait pas moins de 100 millions de dettes et, son commerce extérieur ne montant qu'à 70 millions, on ne voyait pas sa situation comme brillante. Il y a bien de nombreuses mines de fer, d'or, de plomb, d'argent, de belles roches, des forêts de chênes qui nourrissent d'innombrables troupeaux de porcs, mais l'industrie est fort peu développée et il y a terriblement à faire rien que pour développer les ressources naturelles du pays. La capitale de la Serbie est Belgrade, 36,000 hab. ; c'est à peu près aussi la seule ville importante comme population, commerce et industrie du royaume. La Roumanie est composée des deux principautés de la Moldavie et de la Valachie. Au milieu de tous les Serbes qui les entourent, les Roumains descendants des colons romains transportés par Trajan dans ces provinces éloignées, ont su garder en partie leur langue, leurs idées, leurs sympathies pour les nations latines, malgré tant d'invasions, malgré quatre siècles et demi de soumission à la Turquie. C'est que, de bonne heure, les Roumains se sont montrés plus sages dans leurs revendications, quoique tout aussi fermes que leurs voisins. Longtemps, alors que les deux principautés n'étaient plus que tributaires de la Porte, l'Europe leur avait refusé l'union, et lorsqu'elle se fut faite, la France fut d'abord la seule à la reconnaître. Afin d'éviter toute compétition entre les familles qui avaient régné, la Roumanie a voulu pour souverain un prince étranger, et c'est un membre de la famille royale de Prusse qui a été élu. En 1877, lors de la dernière guerre entre la Russie et la Turquie, la Roumanie aurait voulu garder la neutralité, ce lui fut impossible et le traité de Berlin, en lui prenant la Bessarabie pour lui donner les bouches du Danube et la marécageuse Dobroudja, n'a pas tenu compte de sa modération. La Roumanie est un état important qui ne compte pas moins de 5 millions d'habitants dont le budget est de 12 millions et qui, divisée en trois provinces, Valachie, Moldavie et Dobroudja, fait un commerce extérieur de 500 millions, dont la plus grande partie en céréales, en eaux-de-vie et en vins dont quelques crus sont célèbres. Les villes principales sont Bucharest (224,000 hab.) qui, capitale du royaume, est en même temps sa ville la plus commerçante et la plus industrielle, Brailla, Jassy (90,000 hab.) Galatz, Husch, Petesti et Piatra.

Les altitudes sont en mètres, au dessus du niveau de la mer.

PRESQU'ILE DES BALKANS
TURQUIE, GRÈCE, SERBIE, ROUMANIE, MONTÉNÉGRO ET PRINCIPAUTÉS.

Explication des Signes

CAPITALE D'ÉTAT.	⊙	Limite d'État
CAPITALE DES PRINCIPAUTÉS	⊙	Limite des Principautés
Grande Ville	⊙	Chemin de fer
Ville	○	Canal

Échelle

AUTRICHE-HONGRIE

RUSSIE

ROUMANIE

SERBIE

BULGARIE

MONTÉNÉGRO

TURQUIE D'EUROPE

GRÈCE

ITALIE

M. ADRIATIQUE

M. IONIENNE

M. MÉDITERRANÉE

Candie ou Crète

BELGRADE
BOSNA-SERAI (SERAJEVO)
SOFIA
PHILIPPOPOLI
BOUKHAREST
CONSTANTINOPLE
ATHÈNES
Smyrne
Brousse
M. MARMARA

Échelle de $\frac{1}{6.166.500}$

Gravé par Me Perrin, R. des Boulangers, 84, Paris.

Imp. Lemercier et Cie, Paris.

BELGIQUE ET LUXEMBOURG

Parmi les États européens, la Belgique est un des plus récents: elle ne remonte pas, en effet plus haut que 1830. Jusqu'à l'époque de la Révolution, les Pays-Bas ont fait partie de l'empire d'Autriche. Catholiques, ils n'avaient pas suivi les États protestants qui s'étaient révoltés contre les Espagnols et qui constituèrent sous le nom de Provinces-Unies, une puissante république. En 1714, par le traité de Rastadt, les Pays-Bas catholiques étaient passés de la branche espagnole à la maison d'Autriche pure. Conquise en 1795, la Belgique fut incorporée à l'Empire français en 1801, et forma, sous l'Empire dont elle suivit les destinées, 9 départements : Dyle, Escaut, Forêts, Jemmapes, Lys, Meuse-Inférieure, Deux-Nèthes Ourthe et Sambre-et-Meuse. En 1814, fut constitué entre la France et l'Allemagne, avec les provinces hollandaises et belges, un État tampon, qui, érigé sous le nom de royaume des Pays-Bas, eut pour roi Guillaume III. Mais l'alliance ou plutôt la réunion de deux États aussi différents comme habitudes et comme manière de vivre, les Hollandais exclusivement marins et commerçants, les Belges adonnés à l'agriculture, cette union, disonsnous, n'était pas durable. Elle fut violemment rompue en 1830 et personne n'a oublié et notre intervention entre les belligérants et le siège d'Anvers que nous prîmes en 1832 pour les Belges. C'est cette même année, que les deux chambres décernèrent à Léopold I, prince de Saxe-Cobourg, la couronne qui avait été d'abord offerte au duc de Nemours, mais que son père avait prudemment refusée pour lui. Bien qu'on pût dire la Belgique légalement constituée à partir de cette époque, elle ne fut définitivement reconnue par toutes les puissances de l'Europe qu'en 1839, après le traité par lequel elle se partagea avec la Hollande, le duché de Luxembourg et le Limbourg. La petite Belgique, car elle n'a pas plus de 33,000 kil. carr., compte, en revanche, une population d'une densité considérable, on ne l'évalue pas en effet à moins de 190 individus par kil. carr., alors que la France n'en compte que 71. Encore cette densité serait-elle bien plus considérable, si l'émigration ne lui enlevait un appoint fort sensible; c'est ainsi que le département français du Nord compte, parmi les ouvriers de ses manufactures et de ses fabriques, un grand nombre de Belges. Quant au sol de la patrie, il s'augmente tous les jours, par les travaux de dessèchement et d'endiguement que l'on ne cesse de faire; c'est ainsi que plus de 2,000 kil. carr. ont été reconquis sur la mer. Placée entre les peuples d'origine différente, bien que les Francs qui se sont plus spécialement établis dans le nord de la Gaule soient proches parents des Germains, la Belgique voit dans sa population ces deux éléments se coudoyer et se mêler; comme sang, elle est plutôt allemande; comme mœurs, comme goûts et comme habitudes, elle est incontestablement française. Le français est la langue officielle, et la religion est le catholicisme. Les Belges, à ce dernier point de vue, comme les Flamands français, se ressentent encore de la longue fréquentation des Espagnols; ils aiment passionnément les imposantes cérémonies du culte et ses étroites pratiques. Bien qu'individuellement ils soient assez indépendants, ils se montrent esclaves du préjugé religieux et le parti prêtre est encore extrêmement puissant. C'est ainsi qu'on assiste en Belgique à des revirements subits, et que nous avons vu récemment, lorsque les cléricaux sont revenus au pouvoir, se fermer toutes les écoles que les libéraux, partisans de la diffusion de l'instruction, s'étaient hâtés d'ouvrir dans tout le pays. Le N. et l'O. de la Belgique forment une plaine basse tandis que le S. et l'E. sont couverts par les ramifications des derniers contreforts ondulés et boisés des Ardennes, qui, dans le voisinage de la frontière s'élèvent encore à 2,000 pieds au-dessus de la mer. Les plus grandes pentes sont généralement inclinées vers le N. et c'est dans cette direction que coulent la plupart des rivières et les nombreux fleuves qui arrosent le pays. Le plus important est sans contredit la Meuse, en réalité affluent du Rhin, qui vient de France. Elle est navigable sur son parcours en Belgique et débouche en Hollande, où elle se jette dans la mer du Nord. Ses affluents principaux sont la Sambre, encore une rivière française, qui tombe dans la Meuse à peu près au centre du pays, et est également navigable, et l'Ourthe tributaire de droite, qui n'est navigable que sur la moitié de son cours. L'Escaut ou Scheldt, élargi par le flux et le reflux de la mer, a pour affluents la Lys et le Dinder, ainsi que le Ruppel, formé des deux Nèthes, de la Dyle et de la Senne qui arrose Bruxelles. De nombreux canaux mettent en communication ces différents cours d'eau et sont, pour l'industrie et le commerce, des auxiliaires infiniment précieux. Le climat de la Belgique est froid et humide dans sa partie septentrionale, tandis que les hautes terres jouissent d'une température moins rigoureuse. Ce qui caractérise ces deux parties, c'est la différence des cultures; dans les plaines, ce ne sont que champs et jardins, tandis que les collines du S. et de l'E. sont couvertes de bois épais, derniers restes des antiques forêts que César et plus tard Tacite nous ont si bien fait connaître; c'est dans cette dernière région que se rencontrent les mines qui constituent la plus grande richesse de la Belgique. Le territoire voisin de la Hollande n'est guère formé que de landes infertiles, de landes et de bruyères, c'est la Campine aux marais tourbeux, aux sables dénudés. Cet énorme territoire n'est coupé que par un canal qui réunit l'Escaut à la Meuse, où l'on peut dire qu'il est complètement aujourd'hui en voie de transformation. Comme nous le disions plus haut, il est difficile de rencontrer un pays où la population soit plus dense, il faut aller dans certaines parties de la Chine ou dans la vallée du Gange pour rencontrer semblable agglomération d'individus. Il faut attribuer ce fait, sans analogue en Europe, aux conditions particulièrement favorables pour le développement, dans un espace aussi restreint, de tout ce qui peut faciliter l'extension du commerce, le perfectionnement de l'agriculture et l'exploitation des manufactures. La population se divise en Flamands, nation d'origine germanique dont la langue n'est qu'une forme du bas allemand et en Wallons, descendants de ces habitants de la Gaule Belgique, soumis pendant un temps à la domination romaine, mais dont la langue est encore aujourd'hui une sorte de patois français. C'étaient, comme leur nom l'indique, des « étrangers », aux peuplades germaines et leur configuration physique en complet accord avec les données de l'histoire. L'instruction est généralement répandue, comme nous l'avons dit, mais elle est presque entièrement, malgré les efforts des libéraux, entre les mains des prêtres catholiques. Gand et Liège sont des universités du gouvernement. Bruxelles possède une université libre, mais c'est encore l'université catholique de Louvain qui instruit le plus grand nombre d'étudiants. Pendant tout le règne de Napoléon, l'usage du flamand fut proscrit et ce n'est qu'à dater de 1830, que cette forme nationale de la langue et que sa littérature sont revenues en honneur. Le quart des habitants de la Belgique est adonné à l'agriculture. Le blé, le seigle, l'avoine et le houblon sont les principales cultures; elles trouvent des débouchés toujours assurés en France et en Angleterre. La betterave est cultivée pour la fabrication du sucre, et l'on compte plus de 100 raffineries dans le pays; le lin se sème particulièrement dans les basses terres de la Flandre. Deux immenses champs de charbon courent de l'O. à l'E. à travers la Belgique centrale, tout le long des vallées de la Meuse et de la Sambre d'où l'on n'extrait pas moins de quinze millions de tonnes de houille par an. Toute proportion gardée, la Belgique extrait plus de charbon que l'Angleterre et son charbon est de meilleure qualité. Le fer, quoique sur une moindre échelle, est également extrait des mines de la Belgique et sa production n'est pas inférieur à 470,000 tonnes. Le plomb, le zinc constituent aussi pour le pays, des sources de revenu considérables. Ajoutons que la Belgique a 4,000 kil. de chemins de fer, c'est-à-dire, toute proportion gardée, plus qu'aucun État de l'Europe centrale. C'est dans la vallée de la Meuse, près de Liège, qu'est le grand champ de l'exploitation du fer; aussi cette ville emploie-t-elle plus de 20,000 ouvriers à la fabrication des canons et des armes qui ont une réputation universelle. A Seraing, dans le voisinage, il en est presque de même. Outre Liège, la Belgique a trois villes de plus de 100,000 hab. Sont Bruxelles, qui, en comprenant ses faubourgs, ne nombre pas moins de 314,000 hab. Par l'importance de sa population, par sa situation officielle de capitale, par sa position topographique, par le nom même de la petite rivière qui la traverse, Bruxelles est un second Paris, avec ses boulevards, ses palais, ses monuments et ses galeries. En réalité, elle se compose de deux cités : la ville haute ou officielle, où l'on parle le français; la ville basse, où le flamand est le plus usité. Gand, avec ses 121,000 hab. est située au confluent de l'Escaut et de la Lys. trois cents ponts mettent en communication avec les deux rives du fleuve les vingt-cinq îles sur lesquelles elle est bâtie. Gand, est se trouve un grand nombre de manufactures de laine reçoit, au moyen d'un canal, des vaisseaux qui ne jaugent pas moins de six mètres; mais, relativement à ce qu'elle fut au moyen âge,

9

Gand est en décadence. Il n'en est pas de même d'Anvers (160,000 hab.), le grand port de mer et la forteresse de la Belgique. C'est l'entrepôt le plus considérable du pays, et, d'ailleurs, on n'a rien épargné pour mettre ce port à la hauteur de la situation. Perfectionnements de tout genre, immense développement de quais, machines de toute sorte, chemins de fer et tramways, hangars et magasins, on n'a rien négligé pour faire de cette ville, placée à l'embouchure de l'Escaut, la tête de ligne des chemins de l'Europe centrale, l'entrepôt de toutes les marchandises dont la destination est l'Amérique. Aussi, son animation est-elle considérable; des bâtiments de tous les pavillons y viennent constamment y charger ou y décharger des marchandises et nombre d'émigrants aiment mieux s'y embarquer que de gagner les ports plus éloignés de Hambourg ou du Havre. Les différentes percées des Alpes ont été très favorables au développement du port d'Anvers en faisant de cette localité la gare *terminus* des marchandises qui transitent à travers l'Allemagne pour se rendre par Trieste ou par Brindisi dans l'extrême-orient. On peut citer encore Alost, Tournay où se font les carpettes qui portent le nom de Bruxelles; Malines, centre de la fabrication des dentelles; Courtray, Rousselaere; Louvain qui, après avoir compté 200,000 hab., n'en a plus aujourd'hui que 32,000 et Bruges, autre ville déchue qui, après avoir été aussi peuplée que Louvain ne compte plus que 50,000 âmes bien qu'elle s'étende au long d'un canal praticable aux grands navires. Citons encore Mons, Charleroi, Namur, Ostende, port à l'entrée de la Manche; Spa, célèbre par ses eaux minérales non moins que par sa roulette et Waterloo, à douze milles au S. de Bruxelles, qui vit la chute d'un empire. Telles sont les principales localités de la Belgique : les unes célèbres par le rôle important qu'elles ont joué au moyen âge, par leur antique prospérité, par les luttes de leurs artisans contre les nobles, par leurs monuments historiques, par leurs musées qui renferment tant de toiles merveilleuses non seulement des artistes nationaux, mais de tous les temps et de tous les pays; les autres, fameuses par leur industrie, par leur activité commerciale, par leur caractère essentiellement moderne. C'est en cela que la Belgique est un pays intéressant à visiter, car, si rien n'est monotone comme les plaines de la Flandre avec leurs canaux et leurs villes industrielles toujours coiffées d'épais et noirs panaches de fumée, si les vallées du pays wallon, celles de la Semoy, de l'Our he, de l'Amblesve, de la Verdre et de la Lesse qui traverse cette merveilleuse caverne de Han qui est une des curiosités de la Belgique, sont infiniment plus pittoresques, l'antiquaire, l'historien, l'amateur des beaux-arts, l'archéologue, aussi bien que l'économiste et le négociant trouveront sur un petit espace toutes les matières qui peuvent les intéresser. C'est un perpétuel contraste entre les souvenirs du passé et ses misères aussi et les splendeurs apparentes du présent qui cachent tant de douleurs et d'efforts infructueux. C'est que la vie de fabrique n'est pas plus tendre en Belgique qu'ailleurs, c'est que la concurrence y est aussi rude et la lutte pour l'existence aussi pénible. Quand on n'aperçoit que ces chiffres : commerce extérieur trois milliards, mouvement des ports, sept millions de tonneaux, on est stupéfait de l'activité déployée par ce petit peuple, on est émerveillé des résultats, mais on ne songe pas au prix de quelles fatigues ils ont été atteints. Certaines contrées ont une mortalité excessive, comme les Flan-

dres où on ne compte pas moins de 90 morts pour 100 naissances, c'est le résultat d'une vie surmenée de travail, abreuvée de privations et de soucis, c'est encore, il faut bien l'avouer, la suite des chômages et des grèves, le prix de l'ivresse dans laquelle tant de misérables cherchent l'oubli de leurs peines et le repos de leurs fatigues. Onésime Reclus, qui écrivait il y a dix ans, peignit ainsi, dans sa *Terre à vol d'oiseau*, les habitants de la Belgique : « De même que les Belges-Flamands sont en réalité des Hollandais, ou, si l'on veut, des Bas-Allemands, les Belges-Wallons sont simplement des Français, qui, dans les villes, parlent notre langue et, dans la campagne usent de dialectes français, tels que le hennuyer dans le Hainaut et le liégeois dans le pays de Liège. Sur les 5,400,000 hab. de la Belgique, plus de 2,500,000 ne connaissent que le flamand et 2,200,000 ne parlent que le wallon ou le français. Plus de 300,000 (surtout à Bruxelles et dans les grandes villes des Flandres) usent à la fois des deux langues. 35,000 hommes parlent allemand principalement dans le Luxembourg; 20,000, français et allemand. Les deux nationalités ne s'aiment point. La jeune littérature flamande, qui aspire à détacher les Flandres de tout ce qui rappelle le wallon, et qui penche vers l'Allemagne à force de vouloir s'éloigner de la France, a, pour ainsi dire, pris comme devise *Wat walsch dat is falsch sla dod!* « Ce qui est wallon est faux, tuez-le ». Comme on le voit, l'antagonisme existe entre les deux races sur un autre terrain et pour d'autres causes que celles qui divisent aujourd'hui les Français et les Allemands» Il y a sans doute antipathie instinctive, irraisonnée? Mais, après nous être arrêtés aussi longuement sur le caractère des Belges et les produits de leur industrie, il est temps de dire quelques mots de leur gouvernement. La constitution de 1831 a donné un roi à la Belgique qui, d'accord avec un ministère responsable, exerce le pouvoir exécutif, tandis que la puissance législative est remise à une chambre des représentants (un député pour 40,000 hab.), et un sénat également élu par le peuple. Le budget de l'État monte à 380,000,000 et la dette s'élève à un milliard et demi; quant à l'armée elle peut réunir sous les drapeaux 100,000 hommes. La Belgique est divisée administrativement en neuf provinces : Brabant, Anvers, Limbourg, Flandres orientale et occidentale, toutes contrées flamandes, le Hainaut, Namur, Liège et le Luxembourg belge, provinces wallones. Dans le partage accompli en 1831 entre la Hollande et la Belgique, toutes les colonies sont restées à la première et c'était justice, car c'était elle qui les avait fondées et qui avait cimenté de son sang leur union à la mère-patrie. La Belgique n'a donc pas de colonies à proprement parler. Cependant le roi actuel, Léopold II, au moment où Stanley venait d'accomplir son étonnante odyssée sur le Congo, où il revenait en Europe tout ébloui des richesses de l'Afrique centrale, de la densité de sa population, de la fertilité de certains de ses districts, comprit que là s'ouvrait un champ immense à l'industrie et au commerce; que c'était un terrain tout neuf où ceux qui arriveraient les premiers se créeraient une clientèle innombrable auprès de laquelle il serait facile d'écouler des tonnes et des tonnes de marchandises. Il entra donc en pourparlers avec le voyageur et, sans s'étendre sur ses plans, sans dévoiler ses arrière-pensées, il organisa un comité d'études du haut Congo qui fut, bientôt après, transformé en une association internationale africaine sous sa présidence. Le but avoué à

ce moment, c'était de faire appel aux capitaux du monde entier sans distinction de race ou d'origine, d'enrôler des voyageurs, des explorateurs et des savants de tous les pays pour ouvrir ce marché si riche au commerce universel. Certaines contrées eurent la naïveté de répondre à ces demandes et d'envoyer de l'argent et des voyageurs au Congo. Quant à nous, nous nous rappelons encore l'ouverture qui fut faite en ce sens aux membres de la Société de géographie de Paris et le peu d'empressement qu'elle reçut auprès d'eux. Puis, lorsque le pays fut exploré à grands traits, quand un certain nombre d'Anglais, de Suédois et même d'Allemands eurent recueilli toutes les informations désirables, on établit, au prix de fatigues incroyables, un certain nombre de comptoirs sur le Congo inférieur et l'on entreprit la reconnaissance des affluents de ce magnifique cours d'eau. Cependant, la présidence de l'association africaine ne suffisait plus au roi des Belges, il lui fallait un titre plus ronflant et surtout une possession plus effective des territoires que les voyageurs de tant de nationalités avaient explorés, croyant agir dans l'intérêt général et anonyme de toutes les puissances européennes. Sous le prétexte de mettre fin aux réclamations mutuelles que s'adressaient les anciens possesseurs de colonies à la côte occidentale et d'examiner les contrats qu'ils avaient fait signer aux roitelets de la côte d'Afrique, un congrès fut réuni à Berlin à la fin de 1884 et ces grandes assises auxquelles furent convoqués les représentants de toutes les grandes puissances intéressées, consacrèrent la fondation de l'État libre du Congo, le reconnurent comme possession du roi des Belges et en fixèrent approximativement les limites. Aujourd'hui, Léopold II est donc possesseur d'un immense territoire au centre de l'Afrique qu'il entend bien exploiter à la mode actuelle et, dans ce but, il est entré en pourparlers avec un syndicat de banquiers qui ont l'intention de construire un chemin de fer latéral au Congo suivant les plans de Stanley et les devis approximatifs de cet ingénieur explorateur. Déjà le nouvel état est adorné de quantité de fonctionnaires, vice-roi, administrateurs, capitaines qui grèvent un budget dont les revenus sont encore à connaître. Mais ce sont là choses qui ne nous regardent pas; nous avons assez à faire pour explorer et exploiter les pays que M. de Brazza a soumis à notre influence. Bien que le grand-duc de Luxembourg soit aujourd'hui le roi de Hollande, et que, par suite, il eût été plus à propos de parler du duché de Luxembourg en même temps que des Pays-Bas, la situation géographique de ce pays enclavé entre la France au S., le Luxembourg belge à l'O. et l'Allemagne au N. et à l'E., nous réunit plutôt à la Belgique qu'à la Hollande. Ce grand-duché, bien que jouissant d'une constitution particulière, fait partie de l'association douanière allemande et cependant il constitue un État neutre dont les chemins de fer appartiennent à l'empire allemand, anomalies entassées qui disparaîtront le jour où, le roi Guillaume venant à fermer les yeux, la Prusse jugera à propos de réunir cet État purement et simplement à l'Empire. Avec ses 2,587 kil. carrés et sa population de 210,000 hab., ce pays essentiellement français, puisqu'il parle cette langue, est catholique; produit, 256,000 tonnes de fonte, c'est dire que l'industrie y est singulièrement développée. La ville principale est Luxembourg; les fortifications de cette ville, qui était une des places les plus fortes de l'Europe, ont été démolies en 1867.

BELGIQUE
ET LUXEMBOURG

Echelle

Explication des Signes :

CAPITALE D'ÉTAT ⊚ Fort.
Chef-lieu de Province ⊙ Limite d'État.
Grande Ville ⊙ Limite de Province.
Ville . Village ∘ Chemin de Fer.
Ville fortifiée ∘ Canal.

Les altitudes sont en mètres, au dessus du niveau de la mer.

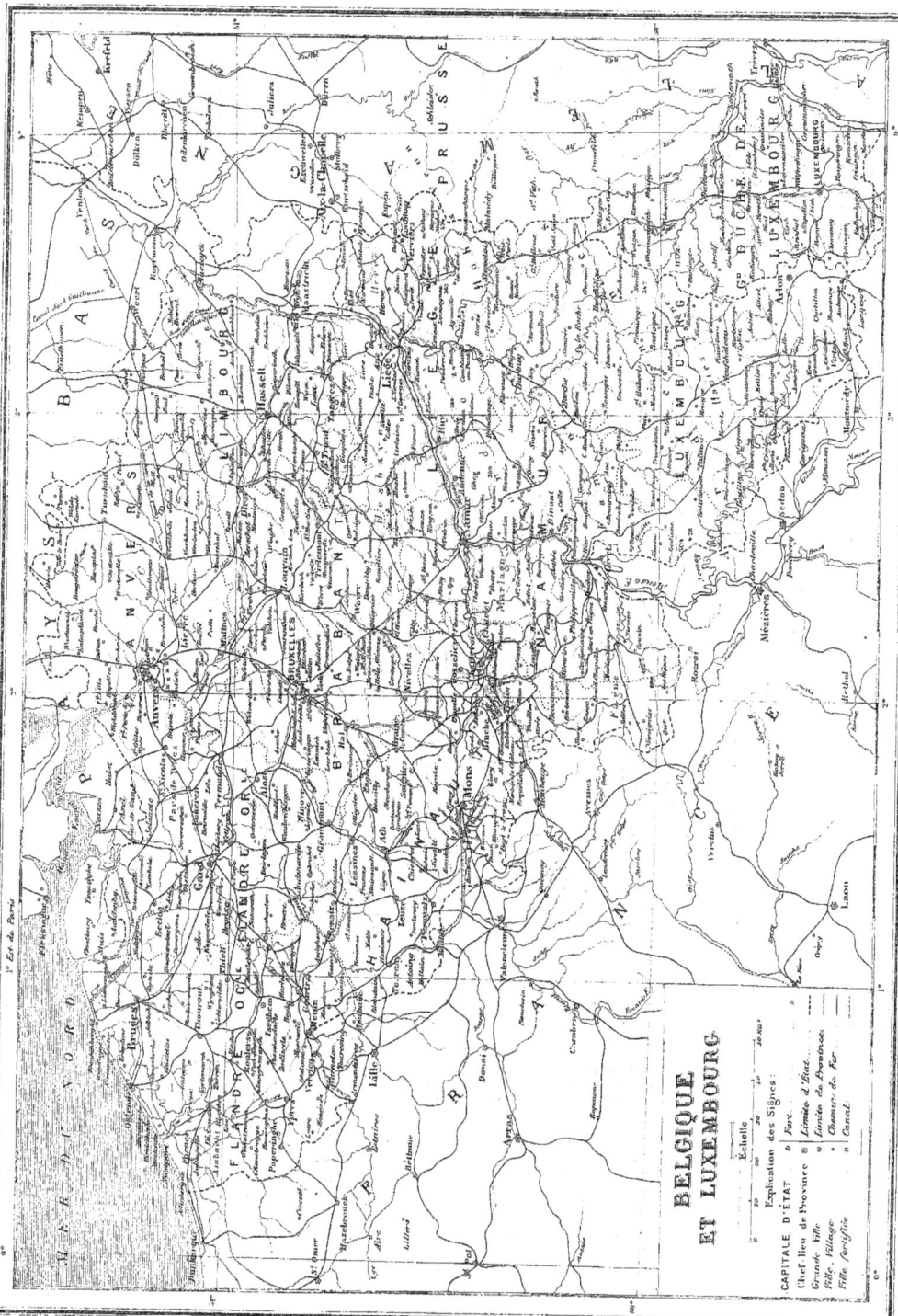

Gravé par Mᵉ Perrin, Mᵈ, 16 Rue Bonaparte, Paris.

ILES BRITANNIQUES

La position isolée, insulaire du Royaume-Uni de Grande-Bretagne et d'Irlande, à l'extrême ouest de l'Europe, est encore plus avantageuse que celle de la France. Si l'Angleterre s'est mêlée à presque tous les conflits qui ont désolé le continent européen, ce n'est que bien rarement qu'elle a eu à souffrir chez elle des horreurs et des désastres de la guerre. Cette situation insulaire est certainement cause de la direction imprimée à toute sa politique et, en développant forcément chez elle le goût de la marine, elle l'a conduite aux expéditions lointaines et aux entreprises coloniales qui l'ont entraînée dans de si terribles guerres il est vrai, mais qui ont répandu dans le monde presque tout entier, le goût des marchandises anglaises. La propension naturelle des Anglais aux choses du commerce et de l'industrie s'est d'ailleurs trouvée singulièrement aidée par les ressources si abondantes en minéraux du sol britannique. Les deux facteurs les plus importants de l'industrie, le fer et la houille s'y trouvent en effet en quantité considérable; enfin, l'abondance de la population, les lois qui assuraient à l'aîné l'héritage paternel et par cela même l'empêchement pour la petite propriété de se constituer, la rigueur du climat, tout concourait à faire des Anglais des marchands, des marins et des colons. Ils n'ont pas manqué à cette inéluctable nécessité. On sait que les Iles Britanniques ont été détachées à une époque moderne, du reste de l'Europe, et que la Manche est un détroit de création récente. Les rochers de la Cornouailles, sont contemporains de ceux de la Bretagne, et les falaises crayeuses de la côte anglaise appartiennent à la même formation que celles de la Normandie. Les montagnes de l'Angleterre et de l'Ecosse sont disposées d'une façon singulière et représentent assez fidèlement un plissement gigantesque du sol. De même que dans la Cornouailles où elles sont absolument isolées, dans le N. de l'Angleterre, comme en Ecosse, elles courent parallèles les unes aux autres du S.-O. au N.-E., laissant entre elles des vallées profondes, dont certaines ont été utilisées pour la construction des canaux et des chemins de fer. Dans l'Ecosse septentrionale, ce sont les monts de Ross et les Grampians. Ces derniers s'élèvent jusqu'à 1,350 m., forment avec les Cheviots, ce qu'on appelle les highlands, tandis que l'énorme vallée qu'ils laissent entre eux et qui court du golfe de la Clyde à celui de Forth, porte celui de Lowland ou basse terre. A ces différences topographiques, correspondent, chez les habitants, des différences de caractère et de mœurs que Walter Scott, celui qui a su le mieux rendre le type écossais, a peintes de main de maître. Ainsi donc, toute la partie orientale de l'Angleterre n'est qu'une plaine immense, égayée de distance en distance par des ondulations de terrain et des collines peu élevées qui servent à rompre la monotonie du paysage. Il résulte de cette disposition que les fleuves les plus longs et les plus considérables par leur débit se jettent tous dans la mer du Nord, Ce sont, en remontant du S. au N., la Tamise, qui arrose Oxford, Windsor, traverse Londres et à partir de Woolwich, forme un large estuaire sur les bords duquel s'étagent les quais Gravesend, de Sherness, de Chatam et de Ramsgate. Là s'échelonnent tous ces navires aux pavillons multicolores, qui viennent, de tous les points du vaste univers, apporter ou emporter ces marchandises innombrables qu'on rencontre aussi bien au centre de l'Afrique, que dans les derniers points habités des régions polaires. L'Humber, sur lequel est situé Hull, qui fait tant de commerce avec l'Allemagne ; la Tyne, qui passe à Newcastle ; la Tweed, qui finit à Berwick; le Forth sur l'estuaire duquel est située Edimbourg et le Tay avec son port de Dundee. Sur la mer d'Irlande, ce sont la Severn, l'estuaire de laquelle se trouve Cardiff, d'où partent tant de navires charbonniers; la Mersey avec son port de Liverpool, fameux dans l'univers entier et en Ecosse, la Clyde, qui arrose Glasgow. Ajoutons, puisque nous en sommes à parler de l'hydrographie; qu'on rencontre au milieu des montagnes d'Ecosse, nombre de lacs ou lochs, excessivement pittoresques et que deux canaux ; l'un le canal Calédonien, qui court du golfe de Lorn au golfe de Murray; l'autre, le canal de la Clyde au Forth, séparent l'Ecosse en trois tronçons et mettent en communication les mers d'Irlande et du Nord. De l'autre côté du canal Saint-Georges, s'étend l'Irlande, Erin ou la Verte, comme on disait jadis. Là, la constitution physique est encore plus singulière. L'Ile singulièrement découpée du côté de l'Atlantique en baies profondes et étroites, en presqu'îles effilées par l'assaut séculaire des vagues et des tempêtes venues du large, n'est pas parcourue par des montagnes qui la divisent en deux versants. Seuls des groupes de hautes collines, au N. et au S., ces dernières n'atteignant pas 1,200 m. et sur les côtes de la mer d'Irlande, quelques massifs isolés et peu élevés, viennent un peu différencier l'aspect uniformément bas du centre de cette grande île. Là, les eaux semblent avoir peine à s'écouler vers la mer, elles s'attardent et constituent nombre de lacs, dont quelques uns sont assez importants (lac Neagh). Aussi, si en Angleterre toutes les rivières sont reliées entre elles par une centaine de canaux, l'absence des montagnes, l'abondance des eaux ont encore plus favorisé en Irlande, la constitution de ces voies naturelles. Du N. au S. et de l'E. à l'O. courent des canaux qui relient entre eux tous les centres principaux ; il en est un, le canal Royal, qui relie Dublin à Sligo, sur la baie de Donegal, qui paraît être le centre de tout ce système. Quant aux fleuves, quand nous aurons cité le Shannon, au fond de l'estuaire duquel s'abrite le havre de Limerick, le Blackwater et le Liffey qui se termine à Dublin, nous aurons épuisé la liste des principaux. Aux îles que nous venons d'énumérer, il faut ajouter, dans la mer d'Irlande, l'île de Man et Anglesey, qu'un chemin de fer, enjambant le détroit de Menai, relie au continent. A la pointe occidentale de l'Angleterre, l'archipel des Scilly ou Sorlingues où les anciens venaient chercher l'étain ; à l'extrémité septentrionale de l'Ecosse, l'archipel des Orcades, les Shetland, plus au N. et les Hébrides, sur la côte N. occidentale de l'Ecosse, dont les plus importantes sont Skye et Lewis, Tires, Muti, Islay, Bute et Arran à l'entrée du canal du Nord. Le caractère maritime du climat des Iles Britanniques est fortement accentué. Continuellement mouillé par les pluies qu'amène le vent d'O., baigné d'un épais brouillard qui pénètre jusque dans les habitations les mieux closes, le sol des Iles Britanniques se refuse à quantité de cultures qu'on trouve sur le continent, sous les mêmes latitudes. Non seulement la vigne n'y pousse pas, mais aucune des céréales qui font la richesse de la France n'y peut venir. Aussi les Anglais ignorent-ils presque complètement le pain qu'ils ont remplacé par les pommes de terre, tandis que les Ecossais se nourrissent d'une sorte de bouillie d'avoine. Si le blé ne peut mûrir en Angleterre, ce qui fait la gloire et la fortune de cette Ile et plus particulièrement encore de l'Irlande, ce sont ses gras pâturages qui nourrissent des troupeaux innombrables de bestiaux. Aussi, d'accord en cela avec les prescriptions de l'hygiène, les Anglais font-ils de la viande le fond même de leur nourriture, tandis qu'ils remplacent le vin par la bière et les liqueurs fortes. La laine de leurs moutons, les cuirs de leurs bœufs sont les matières premières de leurs manufactures qu'alimentent les immenses bassins houillers répandus dans toutes les directions. En Ecosse, c'est aux pieds des Grampians, en Angleterre, c'est dans le pays de Galles et dans la chaîne Pennine, que s'extraient annuellement les 160 millions de tonnes de houille que consomme ou qu'exporte le Royaume-Uni. C'est plus souvent, c'est la proximité de la mine qui a décidé de la prospérité des villes. Glasgow, qui est aux pieds des Grampians et sur le canal de la Clyde au Forth, possède aujourd'hui 500,000 hab. qui se livrent à la fabrication du coton, du savon et des produits chimiques. Dans le voisinage, se trouvent des mines de fer et de pierre à bâtir. Newcastle et Sunderland servent de ports d'embarquement pour le charbon et desservent quantité de villes industrielles par chemin de fer, notamment Bradford et Leeds dont les fabriques d'objets en laine sont connues; Sheffield, renommée par sa coutellerie et Manchester, qui exporte des cotonnades dans l'univers entier. A part ces villes, il faut citer Londres, qui n'a pas moins de 4,000,000 hab., ville qui s'étend sur une étendue considérable, dont les monuments artistiques, les musées, les jardins, les docks et les magasins font une des capitales de l'esprit humain et, si l'on se préoccupe du commerce, la ville la plus importante du globe tout entier. Edimbourg, la capitale de l'Ecosse, n'a pas moins de 290,000 hab. Dublin en compte 350,000. Liverpool sur la Mersey, n'en a pas moins de 550,000. Birmingham en compte 400,000 ; quand nous aurons cité Aberdeen, Dundee, Perth, Inverness, Stirling, Dumfries en Ecosse ; Durham, Hartlepool, Scarborough, Darlington, York, Lincoln, Nottingham, Norwich, Colchester, Brighton, Bath, Exeter, Worcester, Blackburn, Douvres, Folkstone, New-Haven, Southampton, Swansea, Birkenhead, Plymouth, Portmouth, le grand port militaire, et Woolwich, l'arsenal de la marine, nous n'aurons donné qu'une énumération bien sèche et bien incomplète de toutes les localités importantes de l'industrieuse Angleterre. Il faut dire que, pour arriver au chiffre d'affaires véritablement colossal, — le commerce extérieur seul s'élève à 16 milliards de francs et le mouvement des ports comprend 60 millions de tonneaux, — les Anglais ont su mener à un haut degré de perfection tous les ressorts d'une administration fort compliquée. Leurs lignes de chemin de fer comprennent un réseau égal à celui de la France, bien que la superficie du pays soit de près des deux cinquièmes inférieure, quand la population est presque égale à la nôtre puisqu'elle s'élève à 35,000,000 d'habitants et qu'elle serait bien plus considérable sans l'émigration irlandaise qui lui enlève tous les ans, pour les jeter aux Etats-Unis, des milliers d'individus. Si les chemins de fer sont aussi nombreux, s'il transportent à bon marché marchandises et voyageurs, les canaux si nombreux, si bien aménagés, leur viennent encore en aide pour relier les centres industriels aux ports d'embarquement et aux mines de toute nature. Si, malgré la réforme religieuse qui les a de bonne heure émancipés du pouvoir papal, les Anglais se montrent encore aujourd'hui rigoureux observateurs de certaines pratiques, si, au point de vue politique, ils n'ont pas encore adopté le suffrage universel et s'ils, sont à chaque instant, arrêtés dans leur lutte vers le progrès et la liberté par les entraves de la routine et d'un respect superstitieux pour les choses du passé, il n'en est pas de même, fort heureusement, dans tout ce qui touche à la vie sociale. Là, les Anglais sont d'un pratique à faire frémir, se montrant aussi peu soucieux de nuire à leurs voisins, de leur déplaire ou de les blesser, ne respectant aucune convention sociale, considérant comme négligeables toutes les considérations qui nous gêneraient, nous, dans la conclusion d'une affaire. Il s'agit pour eux d'arriver, et le plus rapidement possible. Aussi, tous les moyens leur sont bons, même les moins licites. C'est aussi que leur esprit d'initiative a pour aide l'association et la coopération qui n'en est qu'une forme raisonnée. La concurrence a, chez eux libre cours et les monopoles sont inconnus, au grand avantage du public qui est mieux et plus rapidement servi. Aussi, tournent-ils en dérision et nos scrupules d'honnêteté et notre outillage arriéré. Leurs Trade's Unions, leurs associations, laissent bien en arrière nos sociétés de secours mutuels qui ne savent pas défendre le travailleur contre son exploitation outrée par le patron. C'est grâce à ces qualités et même à ces défauts propres à l'individu, ainsi qu'au sentiment exagéré de sa valeur comme peuple, de son amour de la patrie, du respect que chaque Anglais porte en soi pour la vieille Angleterre, que ce peuple est arrivé à la haute situation politique, commerciale et coloniale qu'il occupe dans le monde. C'est parce qu'il y a chez lui quelque chose de supérieur aux querelles des partis, aux haines personnelles qu'il a montré et qu'il montre tous les jours dans les questions de politique extérieure, un esprit de suite qui fait absolument défaut à nos hommes d'Etat. Mais, il faut bien le reconnaître, la situation si longtemps brillante de l'Angleterre est à la veille de subir une éclipse : d'une part, l'étendue tous les jours plus considérable de ses colonies l'entraîne

à tout instant dans des guerres ruineuses et amène pour sa politique des complications inextricables. Si elle cède, après avoir combattu les Boers, dans l'Afrique Australe ; si, au contraire, elle se met trop en avant, comme dans l'affaire d'Egypte, elle ne sait plus quels moyens employer pour se retirer. C'est le moment où elle est engagée dans cette affaire délicate que sa rivale en Asie, la Russie, saisit pour s'avancer dans le Turkestan et se rapprocher sinon des possessions anglaises, du moins des états qui les couvrent. A côté de ces inconvénients inhérents au système politique suivi par l'Angleterre, il faut ajouter d'autres dangers encore plus sérieux, car ils tiennent à sa constitution même. Ce sont, d'une part, les revendications légitimes des Irlandais qui, depuis la conquête de leur île par Cromwell, complètement dépouillés de leurs biens, ne sont plus que des fermiers très durement exploités des lords à qui furent distribuées les terres des habitants. Ces réclamations ont pris, depuis quelque temps, encouragées qu'elles sont par les émigrés irlandais des Etats-Unis, un caractère passionné et sauvage qui nous étonne, mais qu'on excuse quand on sait la dureté des grands propriétaires terriens ou plutôt de leurs représentants, quand on connaît la lamentable misère des malheureux tenanciers. Fatigués de voir toujours repoussés leurs griefs, quand ils n'étaient pas niés effrontément ou tournés en ridicule, les Irlandais entendent aujourd'hui rompre leur union séculaire avec l'Ecosse et l'Angleterre et s'administrer eux-mêmes. Jamais l'Angleterre ni l'Ecosse n'y consentiront, leur prestige s'y oppose trop complètement, mais il n'en est pas moins vrai que la situation est d'autant plus tendue que les revendications des ouvriers anglais et des paysans ont trouvé un écho dans le parlement et qu'une question agraire et ouvrière menace de plonger le pays dans une série d'agitations, et peut-être de troubles, dont pourraient profiter quelques-unes des puissances jalouses de l'Angleterre pour chercher à mettre la main sur certaines de ses colonies. Aussi bien n'est-il pas hors de propos de jeter un rapide coup d'œil sur les possessions de l'Angleterre, on verra qu'elles ont été toutes choisies avec le plus grand discernement soit au point de vue économique, soit au point de vue militaire. En Europe, ce ne sont que des forteresses : Helgoland dans la mer du Nord, Gibraltar, la clef du détroit de ce nom ; Malte, admirablement située au centre de la Méditerranée ; Chypre, qui commande l'entrée du canal de Suez. En Asie, le Royaume-Uni possède plus de 200 millions de sujets inégalement répartis à Ceylan, dans les établissements du détroit (Perak, fameuse par ses mines d'étain), à Singapour, port franc qui commande le détroit de Malacca et menace les Indes néerlandaises ; à Hong-Kong, enlevée à la Chine; à Bornéo, dans sa partie septentrionale qu'un de ses colons a su lui donner, enfin, à Aden et à Perim, sur la côte Arabique, localités qui ferment hermétiquement la mer Rouge. Quant à l'Hindoustan, ses limites se reculent tous les jours et les Anglais viennent de s'annexer la Birmanie indépendante. Là, sont des villes populeuses, comme Calcutta, Hayderabad, Lahore, Amritsour, Lucknow, Agra, Delhi, Benarès, Cawnpore, Peshawr, Madras, Bombay, Mysore, etc., situées dans

des présidences qui sont sous l'autorité directe du vice roi des Indes, ou dans des états qui sont sous la domination de rajahs, et autres vassaux de la couronne impériale; là, vivent 240 millions d'individus brahmanistes ou mahométans, tenus en respect par 120,000 Européens. Le coton, le blé, le thé, l'opium, le riz et la houille, sont les principaux articles d'exportation de cet immense empire dont le budget atteint 2 milliards. Mais combien il reste encore à faire, de canaux à creuser, de chemins de fer à construire, de routes à tracer, avant de tirer de ces 3,600,000 kil. carrés. sans y comprendre les deux Birmanies où l'on trouve des villes importantes, comme Rangoon, Bassein, Tavoy, Merguy, Bahmo et Mandalay, tout le parti qu'on est en droit d'en attendre. Siège d'une civilisation extrêmement avancée, l'Inde des rajahs possède des monuments, d'une richesse d'ornementation fabuleuse, d'une architecture originale, d'un goût exotique, que les Anglais n'ont pas toujours respectés, il s'en faut, et qui devraient être classés au nombre des monuments historiques dont la conservation et l'entretien incomberaient au budget public. En Océanie, ce sont, outre les grandes provinces de l'Australie, la Nouvelle-Zélande, la Tasmanie et les Fidji, une partie de la Nouvelle-Guinée. En Afrique, c'est avec la colonie du-Cap, Natal et nombre d'établissements semés sur les côtes, sans compter les îles Sainte-Hélène, l'Assomption et Maurice précieuses escales sur la route de l'Inde. Enfin, en Amérique, outre cet immense Dominion arraché à la France, ce sont Terre-Neuve, les Bahamas et les Bermudes, le Honduras et, dans les Antilles avec les Turques, la Jamaïque et autres petites îles, la Trinité, la Guyane et les îles Falkland. Mais ce qu'il y a de plus remarquable dans toutes ces colonies, c'est que bien peu, sauf l'Australie, la Tasmanie et la Nouvelle-Zélande ont été véritablement colonisées par les Anglais. La plupart ont été enlevées à des peuples divers, Français, Espagnols, Portugais, Hollandais; mais il faut avouer que le plus souvent la sage politique anglo-saxonne, la liberté dont jouissent les colons, la protection dont ils sont assurés, leur ont fait envisager avec sérénité leur changement de maîtres, sans compter qu'on exécute dans chacun de ces pays des travaux de viabilité qu'on n'aurait jamais obtenus sans cela. Toutes ces colonies peuplées de races différentes, sous des climats si différents ont nécessité de la part de la métropole un esprit d'invention et d'adaptation merveilleux. Toujours, le gouvernement s'est montré soucieux de ne pas froisser les opinions et la religion de ses sujets, de plier ses lois, ses agents et ses produits à leur mode, de leur accorder en un mot la plus grande somme possible de liberté, tout en ne lâchant pas complètement les liens qui les unissent à la mère patrie. Cependant, déjà l'Angleterre prévoit que certaines de ces contrées voudront se séparer et vivre d'une existence qui leur soit propre. C'est un vœu dont on se préoccupe en haut lieu, car on ne veut pas être surpris par les événements. Il s'ensuit que l'anglais est de tous les idiomes connus, le plus universellement répandu sur la surface de la terre et qu'on peut partout se tirer d'affaires en parlant quelques mots de cette langue.

Depuis que ces lignes sont écrites, les événements ont, par malheur, donné raison à nos prévisions pessimistes.

Les altitudes sont en mètres, au dessus du niveau de la mer.

ILES SHETLAND

ILES BRITANNIQUES

Echelle:

Explication des Signes.

LONDRES (Capitale d'État)
Chef-lieu de Comté, Grande Ville
Chef-lieu de Comté
Grande Ville, non chef-lieu de Comté
Ville, Petite Ville
Ville fortifiée
L'importance des écritures varie suivant la capacité de populations.
Chemin de fer
Canal
Limite d'Écosse et d'Angleterre
Limite du Pays-de-Galles et d'Ang.

OCÉAN ATLANTIQUE

MER D'IRLANDE

CONNAUGHT
LEINSTER
MUNSTER
DUBLIN
Belfast

CANAL St GEORGES

CANAL DE BRISTOL

LA MANCHE

LONDRES
Grampians
Aberdeen
Dundee
Glasgow
Liverpool
Sheffield
Norwich
Leicester
Wolverhampton
Cardigan
Swansea
Bristol
Bath
Winchester
Plymouth

FRANCE

Iles Sorlingues

Echelle de: 1/4.000.000.

Gravé par M.r Erhard, 35, r. des Boulangers, Paris.

Imp. Lemercier et C.ie Paris.

COLONIES FRANÇAISES

S'il est au monde une opinion erronée, c'est bien celle qui fait des Français un peuple inhabile à la colonisation, mais ce qu'il y a de plus inconcevable encore, c'est que nombre de nos compatriotes sont d'autant plus convaincus de la réalité de cette assertion qu'ils ont moins étudié l'histoire de nos tentatives coloniales. Cela se conçoit; les opinions auxquelles on tient le plus, sont le moins réfléchies. Et, cependant, il est peu de peuples qui aient plus facilement semé leur argent et leur sang aux quatre coins du monde. Aux XVᵉ et XVIᵉ siècles, nous voyons les Normands s'établir à la côte d'Afrique, y installer des comptoirs et y créer ce qu'on a depuis appelé des colonies d'exploitation. Le Grand-Sestre, le Petit-Paris, le Petit-Dieppe, Bruxelles et tant d'autres localités dont le souvenir ne s'est pas perdu, étaient fondées sur la côte de Guinée. Au Brésil, nous trouvons au commencement du XVIᵉ siècle, le voyage de Gonneville. Plus tard, pendant les guerres de religion, nous tentons de nous établir avec Villegagnon, puis avec Razilly, à la côte du Brésil; puis, c'est Coligny, le chef des protestants, qui envoie en Floride une colonie qui succombe sous les embûches dressées en pleine paix par les Espagnols. Ce que nous avions fait à la côte occidentale d'Afrique, les mêmes marins normands avaient essayé de le réaliser aux Indes où ils avaient envoyé Parmentier, le plus connu des navigateurs qui essayèrent de s'établir dans les îles des Épices. Mais ce ne sont là, bien souvent, que des tentatives commerciales et non pas de véritables essais de colonisation. Il nous faut arriver au règne de Louis XIII pour assister à un véritable mouvement d'expansion qui jette à la fin des guerres de la Ligue des milliers de nos compatriotes en Afrique, en Asie aussi bien qu'en Amérique. Cette fièvre de colonisation qui s'empare alors de la nation française est encouragée par Richelieu, par Servien, par Fouquet, et par quantité de grands personnages qui ne craignent pas de prendre des actions dans les compagnies qui se fondent sous l'égide rouge du cardinal. Mais il nous faut remonter un peu plus loin, au temps où Jacques Cartier parcourt les côtes de l'Amérique septentrionale que fréquentent depuis longtemps déjà les Basques et les Bretons attirés dans ces parages par l'abondance des poissons et notamment des morues. C'est Champlain qui, le premier, pose sur cette terre sauvage les assises de notre domination, c'est lui qui fonde Québec sur le Saint-Laurent et qui découvre le lac auquel son nom fut imposé. Non seulement nous nous établissons sur les bords du Saint-Laurent, mais nous occupons aussi cette Acadie ou Nouvelle-Écosse, ce havre qui reçoit le nom de Port-Royal; et les îles de Terre-Neuve, d'Anticosti, du cap Breton, etc., pendant que les plus hardis de nos coureurs des bois parcourent l'intérieur jusqu'à la baie d'Hudson, et que nous explorons la côte du Labrador jusqu'au détroit de Davis. C'est là une véritable colonie, colonie de peuplement qui, malgré les changements continuels de gouverneurs, à travers des guerres perpétuelles contre les Anglais qui ne peuvent voir sans jalousie le développe-ment de nos établissements, et contre les sauvages qu'ils excitent sans cesse contre nous, en dépit des entraves de toute sorte, qu'un gouvernement capricieux et clérical oppose à notre libre expansion, le Canada était devenu une colonie vraiment digne de ce nom au moment de la lutte épique de Montcalm et de Wolf. Mais, il faut bien le reconnaître, l'esprit public n'était pas encore pénétré en France de l'importance économique des colonies et du développement qu'elles peuvent et doivent donner au commerce de la métropole. Et si Voltaire, lorsqu'il apprit la cession à l'Angleterre du Canada, ne regretta pas ces quelques arpents de terre glacée, c'est qu'il méprisait, comme ses contemporains, un pays qui ne rendait pas en bon argent sonnant et trébuchant des trésors à la métropole. Et, cependant, si nous avions rencontré chez nos gouvernants quelque souci des colonies, que n'aurions-nous pas fait en Amérique? Jolliet avait trouvé le Mississipi, Cavelier de la Salle l'avait descendu jusqu'à son embouchure et avait jeté les premières bases de notre domination dans la Louisiane, cette colonie que Napoléon Iᵉʳ devait vendre aux États-Unis. Sous Louis XIII et Louis XIV, nous nous établissons dans les Antilles et les flibustiers, ces héroïques *outlaws*, plantent le pavillon français dans l'île de la Tortue et à Saint-Domingue qu'ils disputent à l'Espagne. Sur la terre ferme, nous nous établissons solidement dans la Guyane, malgré l'insalubrité du climat. En Afrique, la compagnie du Sénégal ne se contente pas de quelques comptoirs déjà fondés sur les côtes; sous l'habile administration d'André Brue, elle s'enfonce dans l'intérieur, elle soumet le Galam, le Bambouk et des territoires que nous n'avons réoccupés que tout récemment. Dès 1638, nous nous étions installés à Madagascar. Flacourt, par des procédés que nous répudions aujourd'hui, avait soumis à nos armes ou à notre influence la plus grande partie de cette île grande comme notre patrie et à laquelle Louis XIV avait donné le beau nom de France orientale. Colbert avait créé la compagnie des Indes avec l'espoir de faire une concurrence heureuse à cette riche compagnie hollandaise si puissante et si prospère, qui avait permis aux Provinces-Unies de résister victorieusement à Louis XIV. Avec les îles de France et de Bourbon, étapes précieuses sur la route de l'Inde, nous pouvions espérer nouer des relations commerciales avec tous ces pays de l'extrême Orient où nos missionnaires auraient dû nous frayer la voie. Nous avions failli, avec l'aide de Constance Phaulcon, nous implanter définitivement dans le royaume de Siam; mais les guerres européennes, en détournant notre attention des colonies, en absorbant toutes nos ressources en hommes et en argent, nous avaient empêchés de donner à toutes ces entreprises la suite qu'elles comportaient. Nous avions bien établi dans le Pégu et jusqu'au Tonkin des loges et des comptoirs, grâce à l'esprit d'initiative de certains agents de la compagnie des Indes et notamment de Dumas; mais ce n'était là qu'un empire embryonnaire à côté de celui que Dupleix rêvait de nous donner, qu'il nous donna même et qui nous fut enlevé moins encore par les victoires des Anglais que par l'indifférence de la métropole, la jalousie et l'aveuglement d'un inepte gouvernement. Après Bussy, nous n'avons plus rien aux Indes, une occasion unique s'est présentée de reconstituer notre empire dans une autre partie de l'Inde en prenant parti pour l'un des compétiteurs qui se disputent la Cochinchine, l'Annam et le Tonkin. Un grand Français, l'évêque d'Adran, vient tout exprès en France; il persuade le ministère, on convient de lui envoyer les quelques compagnies et les quelques vaisseaux qu'il réclame, mais il n'a pas plus tôt repris la route de l'Inde que les belles résolutions de nos hommes d'État sont à vau-l'eau et que, n'osant pas lui refuser catégoriquement ce qu'ils ont librement et solennellement promis, ils le traînent de retard en retard jusqu'à ce que l'occasion se soit passée. N'en avait-il pas été de même quelques années auparavant à Madagascar, que Beniowski voulait et pouvait nous donner? Par jalousie, les gouverneurs des îles de France et de Bourbon avaient non seulement fait manquer l'affaire, mais ils s'étaient arrangés pour représenter Beniowski comme un rebelle, et l'aventurier était tombé sous les balles françaises. Qu'on vienne dire, après tant de tentatives héroïques, que le gouvernement monarchique en France, sauf à l'époque de Colbert, ne comprit jamais quels services on peut attendre d'une colonie, nous y consentons. Mais quelles preuves faut-il donc pour persuader tant de gens de parti pris que les Français, comme individus, sont colonisateurs? Le plan que lord Clive et la compagnie anglaise des Indes appliquèrent dans l'Hindoustan leur appartenait-il? N'était-ce pas justement les idées que Dupleix avait commencé d'appliquer dans ses rapports avec les rajahs et autres souverains de l'Inde? Mais tout se transforme, et le mouvement continuel de progrès qui nous a si rapidement emportés depuis le commencement du siècle, nous autres Européens, se fait à son tour surtout chez les nations que nous avons si longtemps qualifiées de barbares. Elles sont sorties de leur torpeur et de leur inertie; c'est ce qui rend aujourd'hui si difficile la création de nouvelles colonies. Un autre obstacle, c'est que nombre de nations qui s'étaient jusqu'ici systématiquement tenues à l'écart de l'arène, semblent, aujourd'hui prises de la fièvre coloniale et que les seules terres sans maîtres, les seules contrées qui, par leurs ressources naturelles ou leur position stratégique, sont de quelque intérêt pour les nations européennes, sont disputées aujourd'hui avec une âpreté et une jalousie impitoyables. Aussi n'est-il pas sans intérêt, quand nous voyons les Anglais, les Allemands, les Italiens, les Portugais, jusqu'aux Belges même, s'emparer de quelque coin de terre, de passer en revue ce que nous possédons encore hors de France, d'en apprécier les ressources et de rechercher les meilleurs moyens d'en tirer parti. Dans l'Amérique septentrionale, il ne nous reste plus, à part les sympathies de la très nombreuse partie de la population canadienne française; que les petites îles de Saint-Pierre et Miquelon avec une liberté fort restreinte pour nos pêcheurs de fréquenter le banc de Terre-Neuve. Au point de vue militaire, ces deux îlots sont sans valeur et ils ne peuvent nous servir que comme ports d'abri et de ravitaillement pour nos pêcheurs. Dans les Antilles, les plus beaux fleurons de notre couronne nous ont été enlevés, et nous ne possédons plus, à part la Martinique et la Guadeloupe, qui comptent plus de 300,000 hab. et produisent le café et la canne à sucre, qu'un certain nombre d'îles de médiocre importance, ce sont : la Désirade, les Saintes, Marie-Galante, Saint-Barthélemy, qui nous a été récemment rétrocédée par les Suédois et partie de Saint-Martin. Dans l'Amérique du Sud, nous n'avons que la Guyane avec sa capitale Cayenne et un très vaste territoire contesté qui s'étend jusqu'aux bouches de l'Amazone, territoire qui pourrait prendre une importance économique considérable en raison de sa position topographique. En Afrique, nous sommes plus heureux. Outre l'Algérie, où nous sommes établis depuis 1830, et la Tunisie sur laquelle nous avons récemment étendu notre protectorat, nous possédons encore le Sénégal. A la vérité, l'Européen ne peut travailler dans cette région tropicale, trop fréquemment visitée par la fièvre jaune, sans compter les nombreuses maladies qui y sont endémiques, mais aussi nous n'avons jamais cherché à en faire autre chose qu'une colonie d'exploitation. Des gouverneurs habiles comme les généraux Faidherbe et Brière de l'Isle ont reculé les bornes de nos possessions ; nous avons dernièrement conclu, avec quantité de chefs indigènes, nombre de traités qui les mettent sous notre protectorat, sans compter que nous nous sommes avancés dans l'intérieur et que nous avons pris possession de territoires sur lesquels nous avons installé une ligne continue de postes depuis Kayes sur le Sénégal supérieur en passant par le Bambouk, à Medine, à Bafoulabé, à Kita, à Mourgoula, dans le Fouladougou, dans le Manding et le Bouré, fameux par ses mines d'or, jusqu'au haut Niger, sur lequel nous avons créé un poste important à Bamakou. Là, aux prix de fatigues inouïes, nous avons transporté démontrée une canonnière, et le pavillon français flotte aujourd'hui sur le haut Niger et ne sera pas longtemps, malgré les rapides, à descendre jusqu'à Tombouctou, jadis centre commercial le plus important de la région. Nous possédons sur le bas Niger et jusqu'au confluent du Benoué, nombre d'établissements et de factoreries que le gouvernement ne s'est pas arrangé pour conserver et qui ont été récemment cédés à l'Angleterre. Si, possesseurs incontestés du Niger supérieur, nous avions su nous maintenir en face des Anglais à l'embouchure du fleuve, nous aurions eu une situation exceptionnelle dans toute l'immense région qu'arrose le Kouara. Au-dessous du Sénégal, nous possédons encore sur la côte un certain nombre de postes commerciaux ; c'est à l'embouchure de la Casamance et jusque chez les Souninkés, un territoire assez étendu, puis les factoreries de la rivière Cassini, du Rio Nunez, du Rio Pongo et de la Mellacorée. Dans le golfe de Guinée, nous tenons des comptoirs à Grand-Bassam et à Assinie ; sous l'équateur, notre colonie du Gabon, que nous avions même un instant abandonnée après la guerre 1870, a pris, depuis quelques années, un développement que rien ne faisait prévoir. Quelques officiers de marine avaient bien exploré le delta d'un fleuve qui paraissait important, l'Ogoué, lorsque MM. de Compiègne et Marche, en remontèrent le cours

fort loin, malgré les rapides qui l'obstruent et les farouches Fahouins anthropophages qui en défendaient l'accès. Ces premières explorations éveillèrent l'attention en France sur un fleuve qu'on supposait alors s'enfoncer au centre du continent et qui, par cela même, pourrait peut-être devenir une voie de pénétration assez commode. C'est alors que M. Savorgnan de Brazza, un tout jeune officier de marine, demanda aux ministères de la marine et de l'instruction publique, une mission pour vérifier et compléter les renseignements que l'on devait à ses prédécesseurs. Parti sans autre idée que de faire une exploration géographique, le jeune officier, en parcourant ce pays si riche et si fertile, conçut le projet de le donner à la France. Pacifiquement, sans tirer un coup de fusil, et pendant une série de voyages et d'explorations qui viennent de se terminer, il parvint à conclure des traités de commerce avec les souverains de différentes tribus jusqu'alors ennemies et créa dans l'intérieur une série de postes dont le principal est Franceville, reconnaissant le haut Ogoué, l'Alima, la Licona, et arrivant ainsi jusqu'au Congo où il s'établissait à Brazzaville en face de Stanley Pool chez un souverain, dont le nom, Makoko, figure sur les cartes d'Afrique depuis le XVIe siècle. Revenant vers l'Atlantique, il reconnaissait les rivières Niari et Kouilou et plantait le drapeau de la France à Punta negra. Ces annexions ne s'étaient pas faites sans difficulté, car M. de Brazza avait dû lutter contre l'influence des agents de la Société africaine internationale, mais le traité de Berlin de 1885 est venu délimiter officiellement les immenses territoires que M. de Brazza avait conquis à la France. Par suite de ce traité, divers établissements de l'association situés dans la région du Niari, ont été cédés à la France en échange d'autres territoires. La vallée de ce fleuve est jusqu'ici la route la plus directe et la plus facile pour atteindre le Congo, là où cessent les cataractes et les chutes qui empêchent toute navigation entre Stanley Pool et Vivi ; jusqu'au jour, peut-être bien lointain où sera construit un chemin de fer, c'est par là, si la France est habile, que devra passer tout le trafic du bassin du Congo. Ajoutons que, depuis la signature du traité de Berlin, plusieurs conventions particulières sont intervenues entre la France et l'Allemagne. Elles règlent certains points de détail et fixent les limites de territoires échangés entre les parties. Si l'île de France nous a été arrachée en 1815, Bourbon nous est restée; par malheur sa fécondité est grandement altérée par une culture intensive qui dure depuis des siècles; les cyclones qui la ravagent fréquemment ont également porté une rude atteinte à sa prospérité, malgré les travaux considérables qu'on y a entrepris, chemin de fer circulaire et création d'un port en eau profonde. Un traité, qui vient d'être ratifié par la cour d'Emyrne, place définitivement Madagascar tout entière sous notre protectorat. Les événements qui viennent de se passer sont trop récents pour être sortis de notre mémoire, aussi rappellerons-nous seulement que nous étions établis à Sainte-Marie, sur la côte orientale, que les îles Nosy-Bé, Nosy-Cumba et autres à l'entrée de la baie Pasandava, que Mayotte, l'une des Comores, étaient en notre possession depuis 1841, et que certaines tribus sakalaves des baies de Bali, de Bombetock et de Pasandava, sans compter les Antankares qui occupent l'extrémité septentrionale de cette grande île, avaient reconnu notre protectorat. Le traité qui vient d'être conclu nous donne en toute propriété l'admirable baie Diego Suarez près

du cap d'Ambre, impose à la reine de Madagascar un résident français, qui surveillera les relations extérieures, et nous établit à Tamatave jusqu'à parfait paiement d'une indemnité de dix millions. Enfin, à l'entrée de la mer Rouge, nous avons pris possession de localités importantes : Obock et Tadjoura qui vont nous permettre l'accès de l'Abyssinie et qui nous servent, pour le moment, de dépôts de charbon sur la route de l'Inde, ce qui nous évite d'être tributaires des Anglais à Aden. De tout notre immense empire de l'Inde, il ne nous reste plus que des ports sans importance militaire, mais qui font un commerce considérable, Pondichéry, Chandernagor, Yanaon, Karikal et Mahé. Depuis 1860, nous sommes établis dans la Cochinchine, nous avons depuis lors établi notre protectorat sur le Cambodge et l'Annam et nous venons de nous emparer, après une lutte fort vive et de péripéties parlementaires très émouvantes, du Tonkin. Il est impossible, à cause de leur caractère tropical, de l'insalubrité des régions voisines de la mer, de créer dans ces pays des colonies de plantations; d'ailleurs, tout le sol est occupé et parfaitement exploité par les races indigènes. Mais, justement à cause de cela, nous pouvons y établir en peu de temps un commerce très florissant; le Tonkin produisant trop de riz pour sa consommation, il s'en fait en Chine une exportation considérable. D'ailleurs, on sait déjà qu'au Tonkin existent des richesses minérales importantes, et notamment des mines de houille toutes voisines de la baie d'Along. Le Tonkin est arrosé par un cours d'eau, le fleuve Rouge, dont l'hydrographie est encore à faire dans son cours supérieur, mais qui paraît être une route naturelle vers le Yunnan et les provinces sud occidentales de la Chine qui sont si riches en métaux précieux et en productions de toute sorte. Ce qui prouve l'importance du Tonkin comme voie de pénétration vers la Chine, c'est la conquête que les Anglais viennent de faire de la Birmanie indépendante, ce qui les rendra, comme nous, voisins limitrophes de la Chine. Bien que les avantages ici brièvement résumés de la possession du Tonkin puissent être facilement compris par tous, bien qu'on eut prouvé que l'Angleterre n'attendait que notre départ pour s'y établir, certains patriotes à courte vue n'ont pas craint de conseiller l'évacuation des pays que nous avions conquis avec tant de peines. La Chambre, bien qu'avec une infime majorité, n'a pas voulu les suivre dans cette voie funeste et nous restons au Tonkin et dans l'Annam où nous organisons notre protectorat sur des bases qui viennent d'être tout récemment fixées. En Océanie, nous sommes maîtres depuis 1853 de la Nouvelle-Calédonie qui nous sert aujourd'hui de lieu de déportation. Si les progrès de cette colonie ont été assez lents, ils s'accentuent tous les jours, grâce à la découverte de mines d'or et de nickel, mais surtout au développement de l'agriculture et de l'industrie pastorale. A côte de la Nouvelle-Calédonie, nous possédons les Loyalty, îles madréporiques sans grande valeur et nos colons se sont individuellement établis aux Nouvelles-Hébrides où il n'est point fondé de grands établissements agricoles. Avec le protectorat des Touamotou, nous possédons encore en Océanie, l'archipel des Marquises et Taïti qui se trouve sur la ligne la plus directe vers Panama, c'est dire l'extension que prendra cette colonie, si nous savons y préparer d'avance les établissements nécessaires dans un port destiné à recevoir des paquebots d'un fort tonnage.

COLONIES FRANÇAISES.

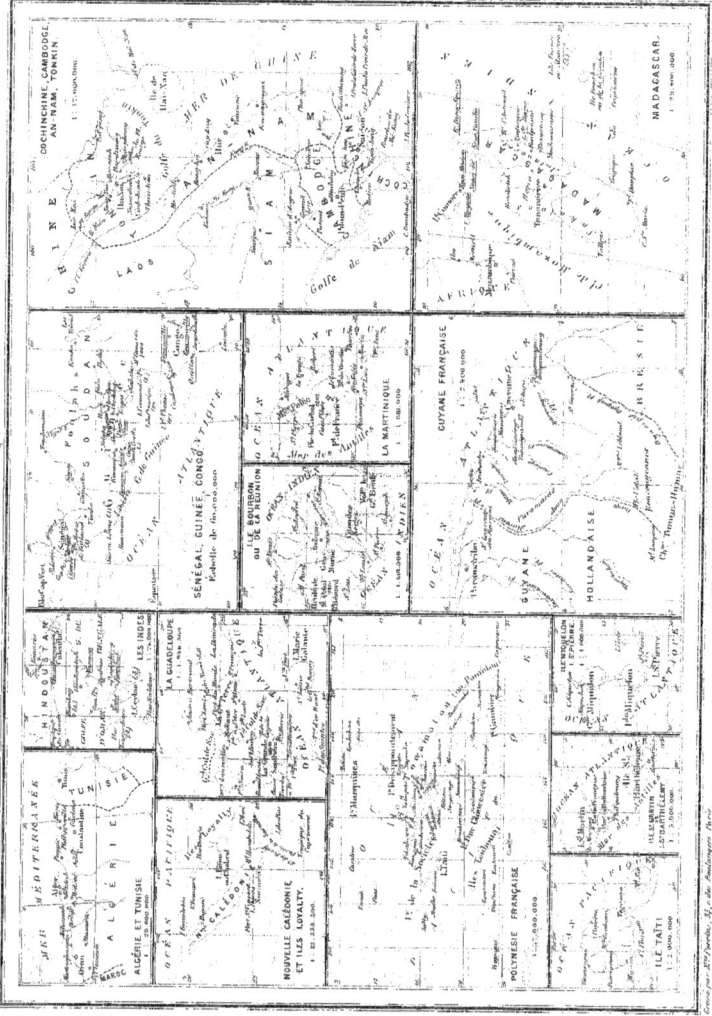

COCHINCHINE, CAMBODGE, AN-NAM, TONKIN

MADAGASCAR

ALGÉRIE ET TUNISIE

HINDOUSTAN
LES INDES

SÉNÉGAL, GUINÉE, CONGO

GUYANE FRANÇAISE

LA GUADELOUPE

LA MARTINIQUE

ILE BOURBON OU DE LA RÉUNION

GUYANE HOLLANDAISE

NOUVELLE CALÉDONIE ET ILES LOYALTY.

POLYNÉSIE FRANÇAISE

ST-PIERRE ET MIQUELON

ILE TAÏTI

St-MARTIN, St-BARTHÉLEMY

Imp. Lemercier et Cie, rue de Seine, Paris.

Gravé par Erhard frères, 12, rue Duguay-Trouin, Paris.

Les Possessions Françaises sont soulignées.

DANEMARK

Il est peu de peuples qui soient plus sympathiques à la France que les Danois, sans doute parce qu'ils sont malheureux et qu'ils supportent fièrement leur infortune. Après avoir connu des jours de splendeur et de puissance, après avoir lancé dans le monde entier de belliqueux aventuriers qui fondèrent des royaumes, sillonné les mers de téméraires navigateurs qui découvrirent un monde, le Danemark réduit à sa plus simple expression, est bien près d'être rayé de la carte du monde par son puissant et peu scrupuleux voisin. Ce petit royaume, si grand de souvenirs, si noble dans son abaissement immérité, ne comprend plus aujourd'hui que la partie septentrionale de la péninsule connue des anciens sous le nom de *Chersonèse cimbrique*, et un archipel d'îles situées dans la Baltique. C'est là le sol sacré de la métropole ; nous parlerons tout à l'heure des colonies qui, sans être bien riches, sont singulièrement plus étendues. Si la partie continentale du Danemark n'a que 300 kil. du N. au S. ; en y ajoutant les îles que nous allons énumérer, on arrive à un total de 38,237 kil. carr. sur lesquels ne vivent pas tout à fait 2 millions d'hab. Le Danemark n'est que la continuation de l'immense plaine basse de l'Allemagne septentrionale ; le pays est si peu élevé qu'une hauteur de 30 m. est notée et que la plus haute montagne de la péninsule, l'Himmelsberg, n'a pas plus de 188 m. au-dessus de la mer. De tous les pays de l'Europe, seule la Hollande est encore plus basse. Baigné par la mer du Nord sur sa rive orientale, le Skagerrack et le Kattegat au N. et au N.-E. le Sund, les Belts et la Baltique à l'Est, le Danemark n'est séparé du Schleswig du Holstein qui lui ont été arrachés il y a une vingtaine d'années et sur lesquels vivent encore 150,000 Danois, que par une frontière artificielle. Lès îles se partagent en trois groupes principaux qui ne forment ensemble que les 2/3 de l'area du royaume. Ce sont Fionie ou Fünen avec ses satellites Langeland, Arro, Taasinge, toutes rapprochées de la péninsule dont elles ne sont séparées que par le petit Belt ; 2° puis Seeland avec ses compagnes Noën, Falster et Laaland, Amager et Saltholm entre le grand Belt et le Sund ; 3° Bornholm dans la Baltique ; enfin plus éloignées et séparées du corps de l'armée, sont les îles de Lœso et Anholt dans le Kattegat et Samïo entre Seeland et le Jutland. L'aspect du pays avec cette constitution éparpillée et insulaire est fort curieux. Maltebrun en donne une peinture fidèle. Les îles ont presque partout le sol mamelonné, argileux et très fertile ; entrecoupées de mille canaux, elles présentent souvent les vues les plus pittoresques. Cependant le milieu de Fionie et de Seeland où passe la grande ruine, n'offre que des plaines monotones, La côte orientale du Jutland est l'une des plus dangereuses du monde et manque si complètement de ports et d'abris que les marins l'ont appelée la côte de fer. Découpée en élégantes collines couvertes de riches moissons, qui alternent avec de beaux bois de hêtres ; elle donne l'impression d'un pays riche et d'un sol fécond. Ce ne serait pas l'exacte vérité ; en bien des

endroits le sol n'est qu'un gravier ou qu'une terre rougeâtre absolument stérile et d'ailleurs les landes et les bruyères occupent encore bien de l'espace. La côte est souvent dentelée comme celle de Norwège par des brèches, des flords dont le plus connu est le Lümflord qui isole complètement la partie la plus septentrionale du reste du Jutland. Il s'ouvre par un étroit chenal sur le Kattegat, et après avoir couru à l'O. puis au S.-O. sur un espace de 150 kil., il n'était séparé de la mer du Nord que par une langue de terre fort étroite. Au mois de février 1825, cet isthme minuscule ne put résister aux multiples assauts des vagues, il fut emporté, et à sa place s'ouvrit un canal dont le commerce ne peut malheureusement pas profiter, car il n'a pas assez de profondeur et ne peut être utilisé que par les bateaux à fond plat qu'on appelle kaage dans le pays. C'est d'autant plus fâcheux que la navigation au débouché de la Baltique est extrêmement difficile, les bas-fonds, les courants, des vagues courtes, mais répétées, la rendent excessivement dangereuse. Le passage le plus fréquenté est le Sund, qui est balisé et couvert de feux de position, et dans le Sund, le meilleur et plus sûr abri, est, en face de Copenhague, le Konge Dybet. Bornholm n'est pas autre chose qu'un fragment détaché de la masse granitique de la Suède méridionale. Quant aux autres îles, elles sont de formation crayeuse, comme le Jutland. On rencontre souvent en Danemark, comme en Suède et comme dans tous les pays où la période glaciaire a laissé des traces palpables, de ces blocs erratiques dont le transport si loin de leur lieu d'origine est demeuré si longtemps mystérieux. L'un des plus considérables est un rocher de Fionie, qu'on appelle le Roc de la Dame ; suivant une légende qui a cours dans le pays, il aurait été lancé de Langeland sur Fionie par une noble dame. De toutes parts, environné par la mer, le Danemark jouit d'un climat à la vérité très humide, mais plus doux et plus égal que celui de l'Allemagne, qui est cependant plus méridionale. La pluie et le brouillard sont très fréquents et des sautes de vent se produisent très souvent. Toutefois, ce climat est plus excessif que celui de l'Angleterre et de l'Écosse qui sont placées sous la même latitude, mais qui en prouvent les gelées faciles des détroits. Il faut l'attribuer à l'influence du *Gulfstream*, qui ne se fait pas sentir en Danemark comme dans les îles Britanniques. Quant aux vents qui régnent le plus ordinairement, ils viennent de l'O., sauf au printemps, où ce sont les vents sécs et froids de l'E. et du N.-E., qui soufflent le plus souvent. Le peu de largeur du Danemark, son absence de hautes cimes, l'empêchent de posséder de grands fleuves, mais sa constante humidité entretient beaucoup de rivières et de ruisseaux qui portent le nom commun d'*aal*. Les plus considérables sont le Guden Aal, long de 132 kil., qui se jette dans le Randersflord et le Sier-Aal qui n'a pas plus de 75 kil. Enfin un grand nombre de lagunes et de lacs se rencontre aussi bien dans le Jutland oriental que dans les îles. Si la constante humidité de l'atmosphère

est favorable au développment de la végétation, la violence du vent d'O. est contraire à la croissance des arbres qui sont le plus souvent inclinés vers le nord-est. Et cependant, jusqu'au XIᵉ siècle, le Danemark a possédé d'énormes forêts d'aulnes, de frênes, de chênes, de bouleaux et de hêtres, dont il ne subsiste plus que de petites bandes sur la côte orientale du Jutland. Le centre et l'O. de la péninsule, du N. au S., présentent de larges espaces nus et sablonneux, entre-coupés de terre cultivable. Seeland et Fionie ont peu de bois, mais possèdent de la tourbe en quantité, et sont abondamment pourvues de fertiles terres à blé. Laaland produit d'excellent froment et ses champs sont entrecoupés de beaux bois de hêtres et de chênes ; enfin Falster est réputée pour être le verger du Danemark. Quant à Bornholm, son plateau central est envahi par d'épaisses bruyères, mais partout ailleurs la terre est fertile. C'est la seule localité du Danemark qui possède quelques ressources minérales. On y trouve un peu de houille et de la terre à porcelaine en quantité, ce qui a permis à une industrie florissante de s'établir. Parmi les végétaux indigènes citons encore le genévrier, l'arbre et quelques autres lianes et arbustes à baies, la soude commune qu'on rencontre sur les côtes et la *manne* qui n'est cependant pas la manne officinale, qui donne un excellent gruau. Outre les pâturages naturels du S.-O. du Jutland, les habitants se sont particulièrement adonnés à la création de prairies artificielles, en desséchant les marais. Le lin, le chanvre, le sarrasin, l'orge, l'avoine, le seigle, le froment, le tabac, la pomme de terre, la moutarde, quantité de légumes ou de plantes potagères, telles qu'artichauts, asperges, melons, etc., se rencontrent partout en assez grande abondance pour permettre une fructueuse exportation. Si le raisin ne peut pousser que sous serre, si la culture du pêcher et de l'abricotier est interdite par le climat, on se rattrape en obtenant du poirier, du prunier, et surtout du pommier, d'abondantes récoltes qu'on expédie le plus ordinairement en Suède et en Russie. Quant à la faune du pays, elle a changé avec son aspect. Le défrichement des landes, la destruction des forêts ont singulièrement diminué le nombre des animaux sauvages dont certaines espèces ont complètement disparu, comme le loup, ou sont en voie de s'éteindre, comme le sanglier, ou ne sont plus conservés qu'à l'état de rareté dans des parcs bien clos, comme les cerfs et les chevreuils. Cependant le gibier de poil et de plume est abondant, les lièvres, très nombreux, sont réputés pour la finesse et le parfum de leur chair ; les perdrix et les bécassines sont abondantes, les oies et les canards sauvages qui rencontrent dans ce pays des conditions favorables à leur existence et à leur multiplication sont innombrables, et l'*eider* dont le fin et chaud duvet sert à la confection des édredons, établit son nid dans les trous des rochers et les anfractuosités des falaises. Enfin les cygnes en liberté et le Lümflord et sur les îles d'Amager et de Bornholm qu'ils n'abandonnent que si la température de-

DANEMARK

vient trop rigoureuse. Les animaux domestiques sont l'accompagnement obligé des exploitations agricoles aussi sont-ils nombreux en Danemark ; les chevaux, les bêtes à cornes, les moutons, les porcs et la volaille sont pour le paysan danois, des sources importantes de richesses. Aussi, si l'on ne trouve pas, dans cette contrée, de ces fortunes colossales comme les grandes affaires et une industrie très développée en produisent, on ne rencontre pas non plus de ces misères dégradées, comme il est trop fréquent d'en voir dans les grandes villes de pays mieux dotés au point de vue des ressources minérales. Sages ont été ces peuples de comprendre qu'il fallait s'appliquer à développer les ressources de leur sol; ils ont su se borner, ils ont rencontré cette *aurea mediocritas* que le poète envait. Soixante p. 100 des habitants s'adonnent à l'agriculture et 5 p. 100 seulement au commerce. Et cependant celui-ci est considérable, les exportations presque exclusivement composées de produits naturels, s'élèvent à 250 millions et les importations à 100 millions de plus; ces dernières étant, au contraire, presque entièrement composées d'objets fabriqués. Il existe cependant un certain nombre d'industries florissantes, telles que celle des gants de Suède, qui se fabriquent particulièrement à Renders dans le Jutland. Ce qui contibue à ne pas porter les importations à un chiffre plus élevé, c'est que les travaux des champs laissant aux paysans pendant certaines saisons de grands loisirs, ils en profitent pour fabriquer eux-mêmes la plupart des objets qui leur sont nécessaires. Les femmes et les enfants filent ou tissent les étoffes dont ils s'habillent; on taille, on coud ses vêtements, on fabrique ses sabots, c'est là, pour employer une expression vulgaire, « le premier gagné ». Si les vêtements et les ustensiles de ménage sont fabriqués par ceux qui s'en servent, la nourriture ne coûte pas non plus grand chose, le pays étant presque exclusivement agricole, les œufs, la volaille et la viande de boucherie ne sont pas chers; qu'on y ajoute le poisson, — et les Danois sont grands pêcheurs, — on aura ainsi à bon marché tous les articles courants dont on a quotidiennement besoin. Le peu de développement de l'industrie n'a pas poussé les habitants à multiplier les voies de communication, il n'existe pas un grand nombre de canaux, les routes ne sont pas toujours parfaitement entretenues, cependant, toute proportion gardée, le Danemark a une plus grande étendue de chemins de fer que l'Angleterre. Le nombre des habitants du Danemark est à peine de 2 millions; ils appartiennent à la branche scandinave des peuples teutoniques et parlent le danois, forme du vieux norse, langue qui fut définitivement fixée à l'époque de la réformation. Voici le portrait que Maltebrun trace de ces compatriotes: « Il se pourrait que l'humidité de l'atmosphère et la quantité de viande et de poisson salé dont il se nourrit contribuassent à rendre le caractère de ce peuple lourd, patient, difficile à émouvoir. Autrefois conquérant insatiable, aujourd'hui brave mais pacifique, peu entreprenant, mais laborieux et persévérant, modeste et orgueilleux, hospitalier mais non pas officieux, gai et franc avec ses compatriotes, mais un peu froid et cérémonieux avec les étrangers; aimant ses aises plus que le faste, plus économe qu'industrieux, imitateur des autres peuples, observateur judicieux, penseur profond, mais lent et minutieux, doué d'une imagination plus forte que riche, constant, romanesque et jaloux dans ses affections, capable d'un grand enthousiasme; mais rarement de ces saillies d'esprit, de ces finesses qui surprennent le succès ou l'admiration; très attaché à son sol natal et aux intérêts de sa patrie, trop peu soigneux de la gloire nationale accoutumé au calme de la mo-

narchie, mais ennemi de la servitude et du pouvoir arbitraire; tel est le portrait du Danois. Au physique il est généralement d'une taille moyenne, bien fait, blond et d'une physionomie douce et agréable. » Il y aurait aujourd'hui quelques réserves à faire sur ce portrait. Pour le Danois comme pour les autres peuples, le temps a marché, avec lui il a apporté des modifications qui le plus souvent ne sont pas à l'avantage de l'humaine nature. Le gouvernement sous lequel vit la nation danoise est une monarchie constitutionnelle, mais il n'est pas besoin du concours des chambres pour l'établissement du budget et le prélèvement des taxes et impositions. L'assemblée législative et représentative ou *rigsdag*, est formée par la réunion de deux chambres le *landsthing*, ou chambre haute, composée inégalement de membres à vie et de membres élus par le suffrage à deux degrés et le *folksthing*, chambre des représentants qui sont élus pour trois ans à raison d'un député par 1,600 habitants. L'Islande, qui est considérée comme partie intégrante du royaume, jouit d'une constitution spéciale; quant aux Feroë, elles ont leur représentant au *landsthing*. La religion générale est le luthérianisme, mais le clergé ne forme pas un ordre séparé, comme cela a longtemps existé en France. Les nobles jouissent encore de très grands privilèges, mais ils sont astreints au paiement d'une redevance annuelle qui porte le nom de taxe de rang. L'instruction est fort répandue en Danemark et l'on compte très peu d'individus ne sachant ni lire ni écrire. L'armée est forte de 50,000 hommes et la flotte se compose de deux frégates cuirassées et de quelques bâtiments d'un moindre tonnage. Copenhague, qui est la capitale, est avantageusement située sur le passage le plus fréquenté pour entrer dans la Baltique; brûlée en 1728 et en 1795, Copenhague a été bombardée en pleine paix par les Anglais en 1807 et deux mille personnes périrent en cette circonstance. Copenhague avec ses 275,000 habitants est une fort belle ville qui possède des palais, des châteaux, des musées, le musée Thorwaldsen notamment, ainsi que des bibliothèques et de nombreux établissements d'instruction supérieure. L'archipel de Feroë, en danois Färöer, est situé dans l'Atlantique septentrional au nord de l'Ecosse. Ce groupe se compose de 22 îles dont dix-sept sont habitées. La population était en 1870 de 10,000 hab. et de 11,000 en 1878, ce qui pour 1,330 kil. carrés faisait une moyenne de 8 hab. par kilomètre. Les îles des Brebis, car telle est la signification du vocable Färöer en danois, n'appartiennent en aucune façon aux terres scandinaves, elles sont au contraire rattachées par un plateau sous-marin aux archipels voisins de l'Ecosse dont elles ont absolument d'ailleurs la constitution géologique, la flore et la faune. Partout le sol est montueux, hérissé et domine à pic une mer qui est continuellement agitée par de violentes tempêtes. La formation de cet archipel est en grande partie d'origine volcanique, ce sont des basaltes qui, en quelques endroits, forment des rangées de piliers aussi nombreux, aussi surprenants qu'à Staffa. Séparées par des détroits où la mer a creusé des grottes et des cavernes, où les courants font rage, ces îles sont coupées verticalement au-dessus de la mer et les moindres anfractuosités de ces parois précipiteuses sont habitées par des oiseaux de mer que les indigènes chassent avec la plus téméraire intrépidité; ils en prennent, par an, pas moins de 250,000 *lundes*, dont les plumes forment l'objet d'un commerce fort important. Baignées par le Gulfstream, les Feroë jouissent d'un climat humide mais extrêmement tempéré.

Les étés n'y sont pas chauds, mais les hivers non plus ne sont pas rigoureux. Pas un arbre ne saurait résister aux ouragans terribles qui s'abattent sur cet archipel, où ni le blé ni le froment ne sauraient mûrir, mais où viennent très bien, dans les vallées, l'orge et les légumes. La pêche, en dehors de l'élève des moutons, est la seule industrie des habitants. C'est surtout la morue qu'ils chassent, puis viennent le hareng, la baleine et une espèce de dauphin. L'exportation des produits de cette pêche atteint près d'un million. La population est entièrement d'origine scandinave et s'est composée primitivement de fugitifs, de bannis et de naufragés appartenant à la Norvège. L'archipel Feroë est passé, ainsi que cette contrée, au pouvoir du Danemark; mais, lorsque la séparation a eu lieu, est resté sous la domination de ce dernier. On a tout lieu de croire, si l'on ne veut pas reléguer dans la fable les voyages des frères Zeni, que la Frisland de ces Vénitiens n'est autre que l'archipel Feroë. L'Islande est l'île la plus septentrionale de l'Europe; c'est, à proprement parler, une terre absolument polaire, qui n'est séparée du Groënland que par 300 kil. de mer, mais qui est réunie à l'Europe par un seuil où la profondeur de l'eau n'est pas considérable. Elle a la forme d'un quadrilatère fort irrégulier, et, bien que sa superficie soit de 104,785 kil. carr., il n'y en a guère que 42,000 d'habitables. Sa population est d'environ 75,000 hab., qui descendent, comme les habitants des Feroë, des pirates et des bannis norvégiens, qui avaient trouvé sur cette terre si rude un refuge assuré. Terre élevée, elle est formée de plateaux que dominent de hautes montagnes (2,000 m.), des volcans éteints ou en activité, comme l'Hécla (1,557 m.). Les glaciers de l'Islande, qui se trouvent pour la plupart sur le pourtour de l'île, sont nombreux et intéressants à visiter. Après avoir eu leur période d'accroissement, ils semblent reculer, et ce n'est pas un contraste sans grandeur et sans singularité, que de voir cette série de glaciers dans un pays qui ne cesse d'être ravagé par des feux souterrains, où d'énormes volcans vomissent des coulées de laves gigantesques — notamment la plaine de Tringvalla — et qui est le siège des manifestations plutoniennes (geysers, etc.) fort curieuses, qui ne sont dépassées que par les merveilles du parc de la Yellowstone aux Etats-Unis. Les côtes de l'Islande sont fort découpées et forment d'excellents abris pour les pêcheurs, dont la hardiesse est proverbiale. Mais ce ne sont pas seulement les Islandais qui profitent des richesses des mers voisines de l'Islande, si fertiles en poissons de toute sorte, celles-ci sont le rendez-vous des pêcheurs de toute l'Europe, et notamment des Français qui s'y rendent au nombre de plus de 2,000. A part Reikiavik qui n'est, à proprement parler, qu'une bourgade, l'Islande ne possède pas de villes. Les habitations islandaises sont éparses et les fermes, si l'on peut donner le nom à ces sortes de cabanes, sont situées dans les prairies et les vallées, où seuls sont possibles la récolte du foin et l'élevage du bétail. Le Danemark possède encore sur la côte orientale du Groënland quelques établissements qui rendent des services signalés aux flottes des pêcheurs de morues et de chasseurs de baleines qui fréquentent ces parages. Au point de vue politique, ils n'ont aucune importance, et le seul commerce qui s'y fait doit son existence à l'importation, car les défenses de morses, les peaux de renards et autres animaux à fourrures, sont d'une valeur presque négligeable. Enfin, dans les Petites-Antilles, le Danemark possède encore Sainte-Croix, Saint-Thomas et Saint-Jean, dont la superficie totale ne dépasse pas 358 kil. carr. et dont la population est de 34,000 hab.

Les altitudes sont en mètres, au dessus du niveau de la mer.

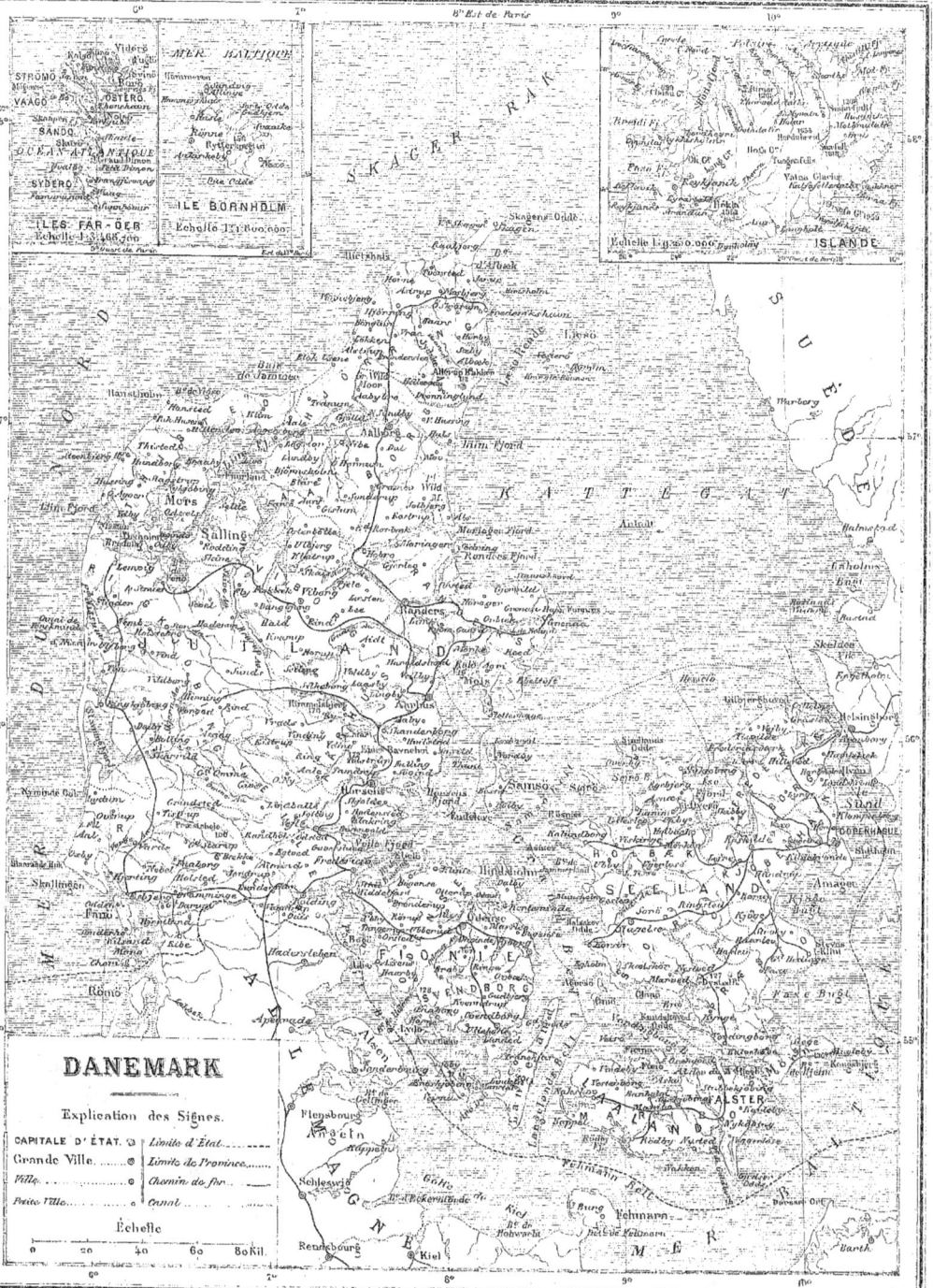

ILES FÄR-ŒER
Echelle 1:3,466,700

MER BALTIQUE

ILE BORNHOLM
Echelle 1:1,800,000

ISLANDE
Echelle 1:9,000,000

SKAGER RAK

KATTEGAT

SUÈDE

MER DU NORD

JUTLAND

FIONIE

SEELAND

COPENHAGUE

ALSTER

MER BALTIQUE

DANEMARK

Explication des Signes.

CAPITALE D'ÉTAT	Limite d'État
Grande Ville	Limite de Province
Ville	Chemin de fer
Petite Ville	Canal

Échelle

0   20   40   60   80 Kil.

Publié par Mce Perrin, E. des Boulangers, 34. Paris.

Echelle de: $\frac{1}{1,800,000}$

Imp. Lemercier et Cie. Paris

ESPAGNE

La forme de la péninsule ihérique est assez curieuse ; elle présente, sur le golfe de Gascogne, une ligne droite, et, à partir du cap Saint-Vincent jusqu'à Barcelone, les côtes sont découpées en forme d'une série d'arcs de cercle plus ou moins ouverts qui sont très topiques. Bien des fois, on a insisté sur le caractère africain de l'Espagne, nous ne parlons ici qu'au point de vue physique, rien n'est plus exact. Au cours de ce travail, nous avons parlé de la percée relativement récente du détroit de Gibraltar; l'Espagne n'était antérieurement à la rupture de cet isthme qu'une prolongation de l'Afrique, prolongation bornée au N. par les vallées de l'Aude et de la Garonne. Bien que la péninsule ibérique constitue, au point de vue géographique, une unité, une entité parfaite, elle a, de tout temps, au point de vue politique, été partagée en deux royaumes distincts. La réunion ne s'est faite que pendant un court espace de temps, et elle n'a pas été à l'avantage du Portugal, qui y a perdu une partie de ses colonies. Du cap Creux au cap Finistère court, sur une ligne presque droite, une chaîne fort imposante de montagnes, les Pyrénées, qui se continuent le long du golfe de Gascogne et sur le bord de l'Atlantique, par les monts Cantabres, lesquels envoient dans la Galice de nombreux éperons et contreforts. A la hauteur de la source de l'Ebre, se détache des Cantabres la chaîne des monts ibériques qui court presque parallèlement au fleuve et longe la mer depuis Castellon de la Plana jusqu'à l'embouchure du fleuve. A un nœud de cette chaîne, à peu près par sa moitié, se soude une nouvelle cordillère qui court de l'E. à l'O. à travers l'Espagne et le Portugal, et se termine à l'embouchure du Tage après avoir porté les noms de Sierra de Estrella, Sierra de Gata, Sierra de Grados, Sierra de Guadarramar, Somo-Sierra. Un peu plus bas et parallèlement, se déroulent la Sierra de Guadalupe, les monts de Tolède et les monts Universels ; ces deux derniers laissant entre eux le plateau de la Nouvelle-Castille élevé de 650 m. au-dessus de la mer. Enfin, dans le même sens, mais avec des intervalles, s'étagent les sierras de Monchique qui finit au cap Saint-Vincent, de Aracena et la Sierra Morena composée de chaînons parallèles. Quant au rivage de la Méditerranée, il est bordé presque sans interruption par des chaînes plus ou moins larges qui portent dans leur partie méridionale le nom de Sierra Nevada. La disposition de toutes ces montagnes est assez caractéristique et l'on trouve peu de pays où existe une disposition aussi particulière, une orientation aussi générale. Quelques-unes atteignent au-dessus de la mer un niveau déjà respectable; c'est ainsi que certains pics de la Sierra de Grados s'élèvent jusqu'à 2,700 pieds, tandis que, dans la Sierra Nevada, quelques cimes atteignent jusqu'à 3,500 m. ; aussi voit-on de très loin au large cette ligne dentelée de monts argentés par la neige qui se détachent éclatants sur le fond d'un bleu sombre du ciel méridional. Il résulte de cette abondance de montagnes que la surface de l'Espagne sur 20,000 kil. carr. de moins que la France est fort accidentée. C'est au centre de cette figure que se rencontrent les deux plateaux de la Vieille et de la Nouvelle-Castille, tandis que, presque partout ailleurs, sauf dans l'Aragon et l'Andalousie, qui sont de grandes plaines, on ne trouve que vallées plus ou moins larges, plus ou moins longues. Aussi le nombre des fleuves de l'Ibérie, sans être considérable, est-il assez important. Comme presque tous prennent leur source dans la chaîne côtière de la Méditerranée ou au centre du continent, la longueur de leur cours est considérable. Au N., dans la Méditerranée, c'est l'Ebre qui prend sa source dans la Vieille-Castille sur le revers méridional des monts Cantabres avec ses affluents de gauche l'Aragon et la Segre, puis le Guadalaviar qui se jette au Grao dans le golfe de Valence, le Xucar qui passe à Cuença, et la Segura qui arrose Murcie. Sur le golfe de Biscaye les montagnes sont trop voisines de la mer pour que les cours d'eau aient quelque importance ; mais c'est sur l'Atlantique qu'on rencontre les fleuves les plus considérables de la péninsule. En partant du N., ce sont : le Minho, le Douro grossi de la Pisuerga qui traverse Valladolid, tandis que lui-même passe à Zamora, et, après avoir servi de frontière à la province portugaise de Tras os Montes, finit à Oporto; le Tage, sur les bords duquel se trouvent les villes espagnoles d'Aranjuez et Tolède, le cités portugaises d'Abrantes, Santarem et de Lisbonne, la capitale du royaume où il forme un large et bel estuaire capable de recevoir les plus gros navires. Son affluent le plus considérable est le Sarama, qui reçoit à son tour le Manzanarès, cette rivière sans eau qui a l'air d'arroser Madrid; puis c'est le Guadiana qui passe à Badajoz et le Guadalquivir qui arrose Andujar, Cordoue, Séville, et se termine au port fameux de San Lucar de Barrameda, d'où partirent tant d'explorateurs du Nouveau-Monde; son affluent, le Xénil, passe à Grenade. Citons encore dans la Méditerranée l'archipel des îles Baléares qui fait partie intégrante du royaume, groupe d'îles importantes qui ont donné à l'Espagne ses meilleurs cartographes et ses marins les plus audacieux, ce sont : Majorque, Minorque, Formentera et Iviça avec l'îlot de Cabrera où furent déportés les prisonniers français qui furent livrés à Baylen par le général Dupont entre les mains des Espagnols. Bien qu'elle soit presque aussi grande que la France, l'Espagne n'a que 17 millions d'habitants. Il est bien difficile de reconnaître dans la race espagnole, telle qu'elle est aujourd'hui, les traces ethniques de ses premiers habitants ligures et ibères, car les croisements ont été multiples, avec les envahisseurs qui y ont, tour à tour, séjourné jusqu'aux temps modernes, Celtes, Phéniciens, Grecs, Romains, Vandales, Wisigoths et Arabes. Si le type résulte de ces multiples croisements, le caractère national a emprunté à chacun de ces peuples quelques qualités ou quelques défauts. Ombrageux, très vifs sur le point d'honneur, aventureux, adonnés aux plaisirs (spectacles et courses de taureaux), goûtant les arts et la littérature, passionnés pour leur passé de gloire, fort en retard au point de vue de l'instruction, très adonnés aux cérémonies du culte et soumis à l'influence d'un clergé qui ne craint pas de se mêler aux luttes de la politique, les Espagnols sont généralement indolents et paresseux, et c'est à ce vice qu'il faut attribuer l'état arriéré dans lequel ils se trouvent sous tant de rapports. Ce n'est pas cependant que leur patrie ne leur fournisse tous les éléments d'une grande prospérité. Les mines sont fort nombreuses : le fer de Somorostro, le cuivre, le plomb, le zinc, le mercure d'Almaden, les marbres ne sont pas exploités comme ils devraient l'être. Leurs vins sont renommés entre tous; leur terre, aujourd'hui si négligée, est cependant féconde, et les Arabes, au moyen d'irrigations ingénieuses, avaient su la faire produire. Combien de ces champs jadis couverts de riches moissons sont aujourd'hui en jachère! Combien de localités de l'Espagne sont de véritables déserts poussiéreux où la dent des moutons transhumants ne trouve qu'une maigre pitance! Et pourtant, quelques villes sont industrieuses, ce sont : Barcelone, le port le plus important de l'Espagne au point de vue du chiffre des affaires, Valence et Malaga; certaines cités se font remarquer par leurs monuments qu'on vient visiter de l'Europe entière, ce sont : Séville, Cordoue, Grenade, etc. Santander, Carthagène et Cadix sont des ports militaires et des arsenaux de premier ordre. Pampelune, Vitoria, Burgos, Valladolid, Salamanque, Oviedo, Léon, Ségovie, Murcie, Alicante, Tarragone, peuvent être citées à des titres divers. A l'Espagne on peut rattacher la petite République d'Andorre, vallée située au milieu des Pyrénées, au sud du département de l'Ariège, et qui placée sous la suzeraineté de la France et de l'évêque d'Urgel, s'administre elle-même, pas toujours très sagement ainsi qu'on s'en est aperçu il y a peu d'années. Bien des circonstances ont pesé sur l'Espagne d'un poids terriblement lourd, c'est que ses fautes considérables ont été commises par son gouvernement, fautes dont le contre-coup se fait encore sentir. Lorsque Colomb eut découvert l'Amérique, le bruit se répandit bientôt que l'or s'y récoltait à pleines mains, que les perles et les diamants y pavaient le sol. Quantité d'aventuriers se précipitèrent au pays. Il n'y resta plus que des nobles trop fiers pour s'abaisser à des métiers manuels. Les longues guerres et les invasions des règnes de Louis XIV et de Napoléon contribuèrent à ruiner le pays. L'amour du panache et du galon, le goût des pronunciamientos, au moyen desquels on arrive si rapidement au faîte des honneurs et de la fortune, les dissensions religieuses, telles sont, en bref, les causes d'un état de choses lamentable. Quand on sait toutes les qualités que possèdent, comme hommes, les Espagnols, on est douloureusement surpris de leur voir tant de défauts comme peuple. Et ces défauts consi-

ESPAGNE

dérables, qui sont causes de leur abaissement actuel, qui ont amené la perte et la ruine de leur immense empire colonial, il ne paraît pas que les leçons, pourtant si dures, qu'ils ont reçues les en aient le moins du monde corrigés. Ne sommes-nous pas à la veille de voir se renouveler les luttes fratricides des carlistes et les scandales des règnes de Christine et d'Isabelle ? Et la situation serait encore plus difficile aujourd'hui ; les idées républicaines ont fait considérablement de progrès en Espagne. Dans toutes les grandes villes, à Barcelone notamment, dans tous les centres miniers comme dans toutes les villes industrielles où les ouvriers sont nombreux, dans l'armée même et dans la marine, les idées de réforme ont rencontré d'ardents apôtres. On sent très bien que jamais un gouvernement monarchique ne renoncera aux errements qui sont les véritables bases de son pouvoir. Déjà l'on a fait l'essai de la république ; si les circonstances, si l'opposition des classes privilégiées, si l'influence encore prépondérante du clergé n'ont pas permis à ce régime de s'implanter en Espagne, ses adeptes n'ont pas renoncé pour cela à de nouvelles tentatives, et ils ont habilement continué leur propagande et leurs promesses qui ne sont pas toutes réalisables, on le sait bien. C'est pour n'avoir pas voulu suivre le mouvement qui emporte l'humanité tout entière, c'est pour n'avoir pas voulu encourager l'industrie nationale et continuer à tirer des colonies les immenses revenus auxquels elle était habituée que l'Espagne a perdu presque tous les pays transocéaniques qu'elle avait soumis à ses lois ; c'est pour cette même raison qu'elle a été, il y a quelques années, à la veille de perdre Cuba, la dernière possession importante qui lui restât. En Amérique, ce sont Cuba et Porto-Rico, îles extrêmement fertiles, mais dont la première, exploitée à outrance par les gouverneurs espagnols, écrasée de droits et d'impôts, ravagée par les indépendants sous la conduite de Cespedès aussi bien que par les troupes du gouvernement, ne rend plus, de nos jours, la centième partie de ce qu'elle produisait au XVIIIe siècle. Certains districts particulièrement fertiles où les plantations de canne à sucre succédaient sans interruption aux cultures du tabac, comme les Cinco-Villas, où les plantations étaient innombrables, n'étaient plus, à la fin de la guerre, qu'un épouvantable désert semé de ruines, où la végétation sauvage reprenait tous ses droits. Ce sont les mêmes procédés de gouvernement, les mêmes exactions, les mêmes injustices, le même mépris pour tout ce qui n'était pas espagnol, qui a aliéné à cette nation toutes ses colonies. Pour elles, la mesure était tellement comble qu'elles auraient mieux aimé disparaître de la surface de la terre que de continuer à subir le joug de l'Espagne. Une fois la première étincelle parue, la première insurrection éclatée, ce fut comme une traînée de poudre et toutes les colonies américaines prirent les armes. Elles ne les déposèrent que le jour où leur métropole reconnut leur indépendance. En Océanie, l'Espagne possède encore le riche archipel des Philippines, aux ressources agricoles et minérales inépuisables, il est vrai, mais que les Espagnols n'exploitent pas, ne connaissent mêmes pas, dont nos compatriotes, Marche et Montano, leur ont plus d'une fois signalé l'existence. Ajoutons-y les archipels des Mariannes aux revenus on ne peut plus minces, et des Carolines qui viennent de donner lieu à un conflit avec l'Allemagne, question épineuse soumise par les deux parties à l'arbitrage du pape, qui a jugé en faveur des Espagnols. Mais ce sont là des îlots sans valeur commerciale, sans industrie et sans autres productions que quelques cocotiers ; aussi, peut-on dire que c'est purement pour la gloire que l'Espagne a si ardemment lutté pour leur possession. Dans l'Atlantique, nous n'avons plus à citer que les Canaries jadis conquises sur les Guanches par notre compatriote Jean de Béthencourt, et qui se composent de Palma, Gomera, Hierro, Lancerote, Palmas, Fuertaventura et Ténériffe, dont le pic fameux disparaît au milieu des nuages. Quand on aura ajouté dans le golfe de Guinée les îles de Fernando-Po, d'Annobon et de Corisco, on en aura fini avec ces infimes débris d'un empire colossal, à ce point qu'il était bien vrai ce mot connu, que le soleil ne se couchait pas sur les possessions espagnoles. — La décadence de l'Espagne a gagné son voisin le Portugal et de l'immense empire colonial que ce dernier s'était créé au XVIe siècle, il ne lui reste plus que quelques bribes insignifiantes. Un peuple qui a joué dans l'histoire des découvertes un rôle aussi prépondérant, dont les hardis marins ont accompli tant de conquêtes et tenté tant d'expéditions aventureuses, ne peut être cependant traité avec dédain et l'on doit étudier les causes d'une situation dont il n'a peut-être pas une conscience entière, mais dont sont alarmés ses hommes d'État et qui afflige tous ceux qui se sentent quelque sympathie pour ce vaillant petit peuple. Que la plus grande partie des côtes d'Afrique aient été découvertes par les Portugais, cela ne fait doute pour personne. Que Vasco de Gama, Diaz, Albuquerque, Almeida, Ataïde, Noronha, Tristan da Cunha, Magellan et tant d'autres aient porté en Amérique, en Afrique, en Asie et jusqu'en Océanie la gloire du Portugal, et aient créé des colonies importantes, il faut s'en réjouir. Mais, comme le dit Michelet, la faiblesse de la population du Portugal, peu en rapport avec l'étendue de ses conquêtes, le défaut de lien unissant les comptoirs, mais surtout les désordres et les exactions des administrateurs, et cet insupportable orgueil qui les empêchait de se mêler aux peuples qu'ils avaient subjugués, telles furent les causes de la perte de cet immense empire colonial et par cela même de l'abaissement et de la décadence du Portugal. Chose curieuse, les Portugais, malgré leurs liens qui devraient les rapprocher des Espagnols, ont continué à former un peuple absolument distinct. Qu'un voyageur quittant la ville espagnole de Tuy franchisse le Minho qui la sépare de Valença, il trouvera autant de différence qu'entre les habitants de Douvres et de Calais. Cette dissemblance entre deux peuples aussi voisins, que ne sépare en bien des localités qu'une frontière diplomatique, car la péninsule ibérique forme un tout géographique, est difficilement explicable. Est-ce jalousie ? Et pourquoi les Espagnols considèrent-ils généralement les Portugais comme une race inférieure ? Il nous semble qu'il y a là une injustice criante et que rien ne vient expliquer. Quand nous aurons rappelé que le Portugal, situé sur les bords de l'Atlantique, reçoit les vents et les pluies de l'O., que sa chaleur, qui devrait être accablante en raison de sa position géographique, est tempérée par les brises de mer et par un courant d'eau froide qui longe les côtes de la péninsule, quand nous aurons dit qu'à ce climat, moins continental que celui de l'Espagne, correspond, chez les habitants, une activité que ne connaissent pas les indolents Espagnols, nous aurons à peu près dit tout ce que comportent les étroites limites du cadre qui nous est imposé. Plus de cinq fois plus petit que la France, le Portugal est, toute proportion gardée, infiniment moins peuplé que cette dernière, car, aux 38 millions de Français, le Portugal ne peut opposer que 4,500,000 hab., soit 49 hab. par kil. carré, alors que la France en compte 74. La province la plus prospère de tout ce petit royaume est celle de Entre-Douro-e-Minho. La rade de Lisbonne, qui passe pour une des plus belles du monde, cette ville de 250,000 hab., qui s'échelonne sur les pentes extrêmes de la Sierra de Estrella avec son château, son cloître, sa cathédrale, ses masses blanches de maisons produit sur le voyageur une impression ineffaçable. La ville commerçante d'Oporto avec ses 106,000 hab., l'université de Coimbre, Cintra, le fameux couvent d'Atcobaça, Batalha, Leira, sont les villes les plus importantes à des points de vue divers. Quant au commerce du Portugal, qui est resté pendant de si longues années le tributaire de l'Angleterre, il n'est pas fort important, et consiste principalement en vins, parmi lesquels ceux de Porto et de Madère sont les plus connus. Au Portugal, il convient de rattacher les Açores, car cet archipel n'est pas une colonie, mais il fait partie intégrante du royaume. En Afrique, le domaine colonial du Portugal est encore considérable, il comprend les îles du cap Vert, l'archipel des Bissagos, un certain nombre de comptoirs en Guinée, les îles du Prince et de San Thomé, ainsi que les provinces d'Angola, de Benguela sur la côte occidentale, et de Mozambique sur le rivage oriental d'Afrique. Bien que les Portugais aient, ces dernières années, singulièrement reculé à l'intérieur des terres des territoires qu'ils occupent ou sur lesquels ils se donnent des droits, ils se sont cependant laissés distancer par la France en par l'association africaine dans la reconnaissance et la prise de possession de pays qu'ils auraient dû explorer ou exploiter depuis des siècles. Il semble aujourd'hui qu'ils veuillent réparer le temps perdu et les beaux voyages de MM. Brito Capello et Ivens comptent parmi les plus intéressants qui aient été accomplis de nos jours dans ces régions. En Asie, les Portugais ne possèdent plus que Goa, Damao et Diu, dernières épaves, et bien peu florissantes, de leur vaste empire ; en Chine, Macao qui fait un commerce assez important mais qui a comme de décliner depuis l'ouverture des ports chinois. En Océanie, ils ne détiennent plus qu'une partie de Timor, une île à la vérité fort intéressante par sa population, par les richesses de sa flore et de sa faune, mais dont l'importance économique ou stratégique est presque nulle. En résumé, après avoir brillé au XVe et au XVIe siècle d'un très vif éclat, la fortune du Portugal a subi longtemps une éclipse totale ; il semble aujourd'hui que le vaillant petit peuple d'autrefois cherche à se reprendre et à se galvaniser. Nos vœux l'accompagneront dans cette énergique tentative.

Les altitudes sont en mètres, au dessus du niveau de la mer.

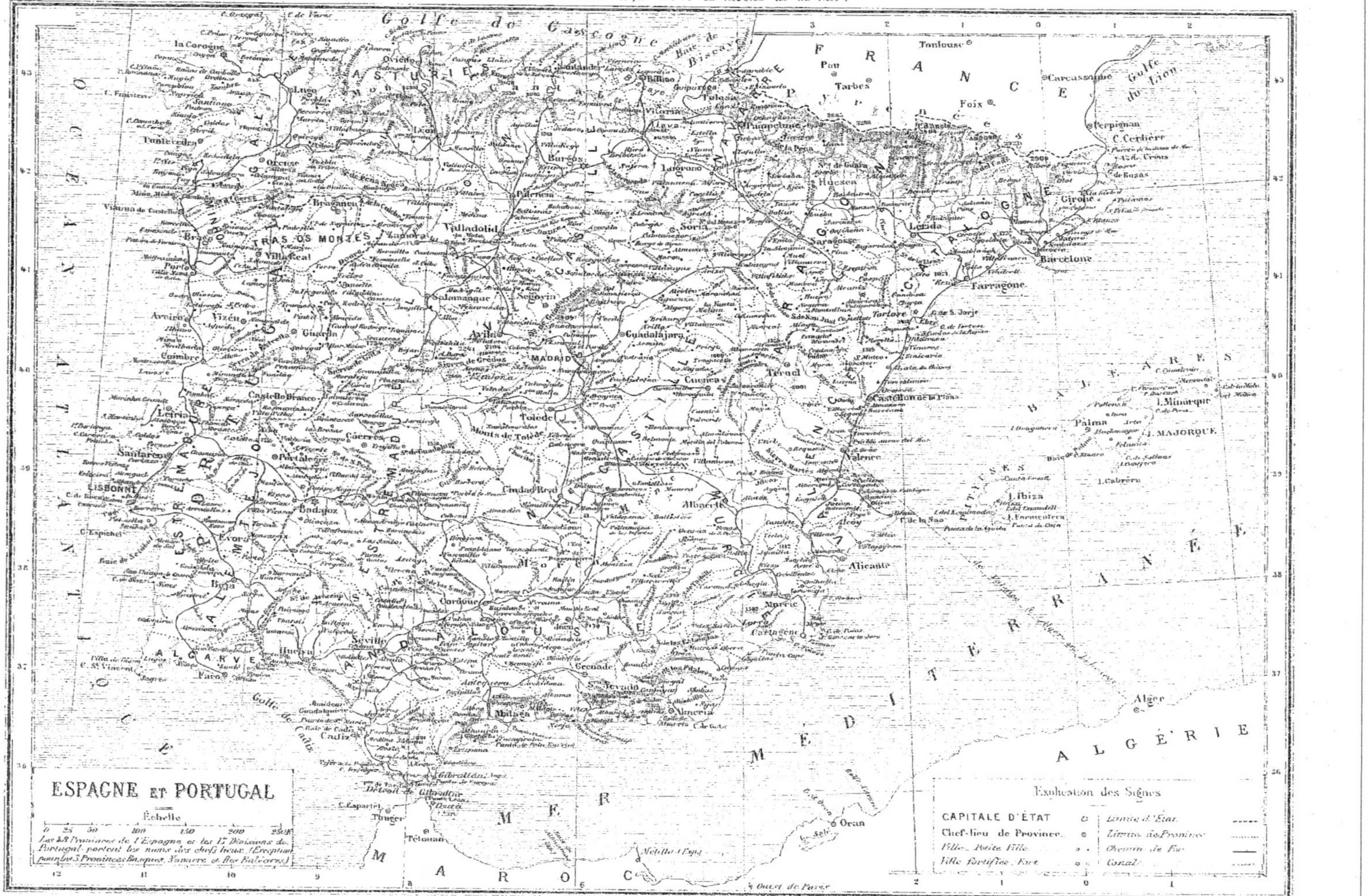

ESPAGNE et PORTUGAL

Échelle

| 25 | 50 | 100 | 150 | 200 | 250 |

Les 49 Provinces de l'Espagne, et les 17 Districts du
Portugal, portent les numéros d'ordre auxquels correspondent les
Provinces Basques Navarre et Iles Baléares.

Explication des Signes

	Limite d'État
⊙	CAPITALE D'ÉTAT
⊙	Chef-lieu de Province
○	Ville-Poste Ville
◉	Ville fortifiée Fort

	Limite de Province
	Chemin de Fer
	Canal

Échelle de : $\frac{1}{6\,000\,000}$

Gravé par M.rs Perrot, Sf., r.des Boulangers, Paris

Imp.Lemercier, r.de Paris

FRANCE

OCÉAN ATLANTIQUE

MER MÉDITERRANÉE

ALGÉRIE

MAROC

LISBONNE

Barcelone

Madrid

EUROPE

On peut se demander pourquoi les géographes ont élevé l'Europe au rang de continent. Au point de vue physique, cette partie du monde n'a absolumeut rien de ce qui constitue le continent et ce n'est à proprement parler qu'une continuation, qu'une presqu'île de l'Asie. L'Europe est la fille de l'Asie des anciens mythes, et certains auteurs avaient été tellement frappés de ce caractère qu'ils avaient proposé de lui donner un nom qui démontrât ce fait et de l'appeler Eurasia. Evidemment il faut attribuer à l'importance de son rôle historique l'honneur qui lui a été fait. Il est extrêmement difficile de s'accorder sur les limites propres de l'Europe, et, pour lui tracer des frontières, on a dû recourir à un assez médiocre compromis entre la géographie physique et la politique. La chaîne de l'Oural est ordinairement considérée comme la limite de l'Europe et cependant les gouvernements de Perm et d'Orenbourg, qui appartiennent à la Russie européenne débordent très carrément en Asie. C'est le fleuve Oural qui continue la frontière, et, cependant, sur les deux rives le sol est un, la race est la même. Certains auteurs ont proposé, et il nous semble qu'ils ont eu raison, de prendre pour limite cette énorme dépression qui, commençant à l'ouest de la mer Caspienne, se continue par les vallées du Tobol et de l'Obi pour se terminer à l'Océan glacial. Jadis, une vaste mer a dû occuper cette dépression et séparer complètement l'Europe de l'Asie. A une période géologique récente, la forme de l'Europe était d'ailleurs toute différente de celle que nous lui voyons aujourd'hui. Par les seuils des Dardanelles, elle était rattachée à l'Asie Mineure et de Gibraltar à l'Afrique; enfin les Iles Britanniques, qui reposent sur un plateau qui n'est pas très enfoncé dans la mer, tenaient au reste du continent. Pendant 25 siècles, l'Europe a été, pour employer une métaphore connue, le foyer des lumières et le centre de la civilisation, c'est elle qui donne encore aujourd'hui l'impulsion au reste du monde, mais cette supériorité commence à lui être contestée, bien que, dans le domaine des beaux-arts notamment, elle doive rester longtemps encore le modèle à suivre. On ne peut admettre que les différentes races qui ont peuplé l'Europe aient été autrement constituées que celles de l'Asie et qu'elles aient été dotées par la nature de facultés exceptionnelles; il faut donc chercher ailleurs les causes de ce développement anormal, de cette intensité, de cette rapidité de culture. Nous les trouverons, sans contestation possible, dans les conditions de milieu, dans la nature clémente du climat, dans la forme même de l'Europe. En effet, il n'est pas une seule des autres parties du globe qui possède des côtes aussi découpées, aussi déchiquetées même, une telle abondance de ports sûrs, vastes et profonds, de péninsules qui s'avancent dans la mer et invitent le commerçant à tenter la traversée; à l'intérieur, des fleuves importants et notamment le Danube, dont la vallée a été la grande route du commerce et des envahisseurs asiatiques; des montagnes en général peu élevées et coupées en tout cas par des cols assez facilement accessibles. Les découpures

des côtes en ont augmenté le pourtour dans une proportion frappante et jusqu'à lui donner 27,000 kil., soit 5,000 de plus que l'Afrique, bien que ce continent soit trois fois plus grand que l'Europe. A ces facilités données par la nature au développement du commerce maritime, il faut ajouter la différence des climats et la diversité de la surface qui ont permis à des centres différents de civilisation de se créer, de rayonner autour d'eux, de se pénétrer mutuellement au bénéfice général de l'humanité. Le trait le plus frappant de la géographie de l'Europe, c'est le nombre de ses mers intérieures, dont les deux principales sont la Baltique au N. et la Méditerranée au S. Cette dernière, et par son étendue et par le rôle qu'elle a joué, est la plus importante. En effet, si durant toute l'antiquité elle a servi de véhicule au commerce et à la civilisation, elle est encore la voie la plus rapide pour l'échange des communications entre l'Europe et l'Asie orientale. La Méditerranée, c'est la mer par excellence, c'est notre mer pour les Romains, c'est la grande mer des auteurs sacrés; on peut dire en tout cas qu'il n'en n'est pas une au monde qui ait eu sur le développement de l'homme une influence plus considérable. Que si l'on jette les yeux sur une carte, on ne peut qu'être frappé de cette immense suite de dépressions, large faille dans l'écorce terrestre, qui court du détroit de Gibraltar jusqu'à l'Asie centrale, constituée par les différents bassins de la Méditerranée, par la mer Noire, la Caspienne, le lac d'Aral et le Balkhasch; véritable ligne de drainage de l'Asie intérieure. De ces nappes d'eau, la Caspienne est la première qui touche l'Europe. Bien qu'elle soit alimentée par l'Oural et surtout par le Volga dout les alluvions ont formé un delta important et sensiblement élevé le fond dans sa partie septentrionale, quoi qu'elle ait encore dans le S. plus de 1,000 mètres de profondeur, la Caspienne voit son niveau baisser tous les jours parce que l'évaporation lui enlève plus que ne lui apportent ses affluents. Fort peu profonde est la mer d'Azoff: elle laisse passer ses eaux par le détroit d'Ieni-kaleh, mais son niveau est maintenu toujours le même par l'apport des eaux du Don. Il en est de même pour la mer Noire dont les flots l'afflux de ses tributaires, le Danube, le Dniester et le Dniéper, est tellement considérable que le degré de salinité de cette mer a considérablement baissé et que sa faune, — particulièrement les mollusques — qui dans l'origine était absolument celle de la Méditerranée, s'est sensiblement modifiée et a dû s'adapter graduellement, insensiblement aux conditions du milieu où elle vivait. Ce sont ces changements qu'on peut surprendre sur le fait, on ne s'en aperçoit qu'au bout d'un long espace de temps et en comparant les types transformés avec ceux d'où ils sont dérivés. La création n'est pas arrêtée et ce sont là des faits qui viennent démontrer la justesse des théories de Darwin. En somme, la nature n'agit pas par à coups, mais bien insensiblement. Si la mer Noire est profonde, on ne lui donne pas moins de 2,000 mètres, il n'en est pas de même de la mer de Marmara qui n'en aurait que 1,100. Quant à la

Méditerranée, cette mer intérieure sans rivale dans le monde entier, elle est séparée par des seuils en trois bassins différents; le premier va de la Syrie à la Sicile, le second est au S. de cette île, c'est le plus petit et le moins profond, le troisième comprend toute l'étendue qui sépare la Sicile du détroit de Gibraltar. Ce dernier, comme nous avons eu occasion de le dire, est de formation récente, et, par l'isthme qu'il a remplacé, ont pénétré en Europe bien des animaux africains qu'on n'y rencontre plus, sans parler des peuples primitifs dont les migrations sont enregistrées dans les vieux mythes et les racontars de la fable. Grâce à l'immense apport d'eau douce que versent dans la Méditerranée tant de fleuves importants, on pourrait croire que cette mer est en voie de se dessaler complètement; il n'en est rien, au contraire, sa salure est plus considérable que celle de l'Atlantique. D'une part il existe un courant qui apporte constamment par le détroit de Gibraltar une masse d'eau salée; de l'autre, l'évaporation est considérable sur cette immense mer continentale qui reçoit si souvent la visite des vents secs du Sahara, lesquels se chargent d'eau en passant à sa surface. Quant à la mer Baltique sur une échelle moindre, elle joue dans le N. le rôle de la Méditerranée dans le S. et son influence sur le climat n'est pas moins considérable. Beaucoup moins longue, moins profonde, recevant, toute proportion gardée, encore plus d'eau douce, n'étant soumise qu'à une évaporation excessivement faible, la mer Baltique est en voie de perdre sa salure et dans le golfe de Bothnie l'eau est presque complètement douce. N'étant soumise qu'à une marée presque insensible, n'ayant qu'une salinité médiocre, la Baltique n'offre pas de résistance à la gelée et il n'est pas rare de la voir complètement prise pendant les grands hivers. La mer du Nord a été ces années dernières, le théâtre de nombreuses explorations sous-marines qui nous ont mieux fait connaître sa profondeur, ses courants et les conditions qu'y rencontre la vie animale. Ces expéditions ont eu pour point de départ une cause bizarre, la disparition de certaines espèces de poissons qui fréquentaient jadis les côtes de la Norwège. Le gouvernement, jaloux de connaître les causes d'un fait qui portait une grave atteinte à l'une des industries les plus prospères du pays, a fait procéder par la marine de l'État à des reconnaissances qui, tout en révélant la cause d'un fait particulier, ont profité à la science en général. L'océan Atlantique, dans le voisinage de l'archipel des Feroë que réunit à l'Islande une chaîne sous-marine, a été l'objet de recherches analogues. Personne n'a oublié les voyages d'études du Lightning et du Porcupine qui ont mis en lumière les noms du Dr Carpenter et du professeur Whyvile Thompson. Ces explorations, dont les résultats avaient été si curieux, ont déterminé le gouvernement anglais à procéder à une étude analogue dans toutes les mers du globe et à armer dans ce but le Challenger dont l'état-major scientifique a réuni une telle masse de matériaux et de documents sur la flore et la faune abyssales, sur le relief de la mer et sa lithologie que cette partie de la science en a été absolument renouvelée. Une des particularités les plus curieuses de ces expéditions a été la découverte du point de contact de deux courants, l'un chaud, branche détachée du *Gulfstream*, l'autre froid, qui descendait du pôle ; là, côte à côte, vivent deux flores et deux faunes absolument distinctes, dissemblables et séparées comme par une cloison de verre. L'influence du courant du golfe, quoique sa chaleur soit bien atténuée, se fait encore sentir dans la mer polaire, immense et mystérieux océan, effroi des anciens qui n'est pas encore connu dans toutes ses parties. Si, dès la fin du xvie siècle, la Nouvelle-Zemble, cette prolongation de la chaîne de l'Oural, nous est révélée dans les principaux traits de sa configuration par Wilhelm Barentz, ce n'est que de nos jours qu'on a étudié ou découvert les nombreux archipels voisins de l'Europe, que la mer polaire enserre et cache le plus souvent derrière de terribles banquises ; le Spitzberg, la terre de Giles, de Wiche, l'île de l'Ours et cet archipel considérable, la Terre de François-Joseph, que découvrirent, en 1874, Payer et Weyprecht. Si l'étude des mers qui baignent l'Europe est féconde, celle de son orographie n'apporte pas de renseignements d'une moindre importance sur son climat et sur l'histoire ou le développement des races qui l'ont habitée. Le relief du sol répond parfaitement par sa diversité à la découpure, au *dentellement* des rivages. A part la grande chaîne séparatrice de l'Oural, on ne trouve aucune chaîne de montagnes dans l'E. de l'Europe; toutes les grandes chaînes sont confinées dans le N.-O. ainsi que le S. et leur orientation générale est de l'E. à l'O., circonstance on ne peut plus favorable pour le climat et la végétale ou animale. Les Alpes, les plus hautes montagnes de l'Europe, sont situées juste au milieu de l'espace compris entre l'équateur et le pôle ; elles commencent avec les Alpes Maritimes, les plus basses de toutes et qui se relient aux Apennins, cette arête de l'Italie, puis elles se développent en demi cercle, servant de frontière à la France, traversant la Suisse, le Tyrol et l'Autriche, où leurs derniers éperons s'étalent en éventail. Elles envoient de ci de là, des ramifications importantes et constituent le plus souvent des chaînes parallèles de manière à embrasser, là où elles sont les plus larges une aire de 80 lieues. C'est dans la vallée du Rhône, que se dressent les plus hauts sommets et le mont Blanc qui atteint 5,480 m. Quant aux brèches, elles sont généralement situées au-dessus de 1,400 m. Les Pyrénées qui séparent la France de l'Espagne sont également élevées sans atteindre la hauteur des Alpes. Toute cette chaîne est restée, malgré le grand nombre de touristes qui la visitaient, complètement inconnue au point de vue géographique; et c'est MM. Wallon et Schrader qui en ont donné les premières cartes reposant sur des observations sérieuses. Au reste, on en peut dire à peu près autant de toutes les montagnes de l'Europe, la constitution de clubs à l'imitation du club alpin, a fait considérablement pour la connaissance et l'amour de la montagne. Ajoutons que les montagnes jouent un rôle important dans la constitution d'un climat; elles servent de paravents. C'est aux Karpathes et aux monts de la Bohême que la Hongrie et la Bohême doivent leurs vignobles, aux Alpes que l'Italie doit son climat, aux monts Dofrines que l'hiver est moins âpre à Christiania, qu'à Berlin ou qu'à Varsovie. Des Pyrénées se détache tout un système de chaînes que nous étudierons en détail lorsque nous parlerons de l'Espagne. En Autriche, on rencontre les Karpathes et les monts de la Bohême. En Turquie et en Grèce, les Balkans dont les ramifications sont infinies. Au point de vue hydrographique, l'étude de l'Europe n'est pas moins instructive. Pour obéir à une

loi générale, les cours d'eau suivent la direction que leur imposent les massifs montagneux, c'est ainsi que les Alpes, les monts de Bohême, les Karpathes, les Pyrénées, les montagnes de Norvège et les différentes sierras espagnoles envoient dans des directions imposées d'importants cours d'eau. Il est cependant des contrées qui échappent complètement à cette loi, et nous n'en donnerons pour exemple que l'Asie centrale où nombre de chaînes, pourtant fort importantes, sont coupées par de gros fleuves. L'Europe n'échappe pas à cette anomalie. Avant de se dérouler à travers l'Allemagne, l'Elbe franchit l'Erzgebirge et le Danube perce les Karpathes aux Portes de fer. Les fleuves ont une influence considérable sur le développement des pays qu'ils baignent et, sous ce rapport, l'Europe est admirablement partagée. Si elle ne possède aucun cours d'eau qui puisse lutter avec les Amazones, le Mississipi et le Congo, elle est arrosée par quantité de rivières navigables qui ont permis, avant l'invention des chemins de fer, de faire communiquer avec la mer le centre du continent. Par malheur, les plus importants n'ont pas rendu les services qu'on était en droit d'en attendre : le Volga qui reçoit un si grand nombre d'affluents, qui traverse la plus grande partie de la Russie, se jette dans une mer intérieure, ce qui empêche tous ces *chemins qui marchent*, pour employer l'expression de Pascal, de servir de voie de communication avec l'extérieur. Quant au Danube qui, depuis Ulm, où il devient navigable, reçoit plus de 60 tributaires en état de porter bateau, il est obstrué dans la partie inférieure de son cours par une barrière rocheuse difficile à franchir et, de plus, les alluvions de son embouchure changent continuellement l'état des passes. Un autre avantage qu'on tire des rivières, c'est de pouvoir s'en servir pour féconder un pays. Ce que les Egyptiens ont fait pour le Nil, les Italiens l'ont pratiqué pour le Pô; ils l'ont endigué, rectifié, canalisé afin de pouvoir le saigner à loisir et, grâce à ce système, la Lombardie est devenue une des plus riches pays de production du riz. C'est ce qu'avaient fait jadis les Arabes en Espagne, mais l'indolence et l'indifférence des possesseurs actuels du sol a laissé perdre tous ces beaux travaux par manque d'entretien et la stérilité de la péninsule ibérique est résultée de ce coupable abandon. Le grand nombre des lacs de la Suisse et de la haute Italie, la multitude de nappes d'eau qu'on rencontre dans la Scandinavie et dans le N.-O. de la Russie, les fiords, ces sortes de coupures si longues, si étroites, taillées à pic dans le rivage, les lacs de l'Ecosse, ceux de l'Irlande, tous ces accidents du sol sont généralement représentés comme la caractéristique des pays qui ont été profondément affectés par la période glaciaire. Quant au climat de l'Europe, on peut facilement l'expliquer, si l'on réfléchit à ce que nous avons dit plus haut des traits physiques de ce continent. Toute la partie N.-O. de l'Europe est échauffée par le Gulf-stream, dont les chaudes effluves sont particulièrement sensibles en Irlande et aux Sorlingues, où le laurier rose pousse en pleine terre et sur une partie de notre Bretagne qui jouit d'un climat extrêmement tempéré. Quand on pense que l'Irlande est sous la même température que le Labrador et qu'il existe une différence de climat aussi grande entre ces deux pays, on est profondément étonné. Mais ce n'est pas seulement au Gulf-stream qu'il faut faire honneur de cette anomalie, un courant glacé qui descend de la mer de Baffin, longe les côtes septentrionales de l'Amérique et joue pour cette partie du monde un rôle inverse de celui du Gulf-stream vis-à-vis de l'Europe. Mais plus on s'enfonce dans l'intérieur du continent, plus les vents du S.-O. qui se sont

échauffés au contact de ce fleuve d'eau brûlante perdent de leur chaleur, et plus la température s'abaisse. On doit également remarquer qu'un courant d'eau froide prolonge les côtes du Portugal, c'est pour cela qu'en été la température est moins élevée à Lisbonne que dans le reste du bassin de la Méditerranée. L'humidité de l'atmosphère qui se résout en pluie, provient de l'évaporation de l'Océan. Dans notre continent, elle nous est apportée par les vents du S.-O. ; en thèse générale, la conversion de ces vapeurs invisibles en nuages et en pluies, leur condensation est due à un abaissement de température. Il résulte de ce fait, que, pour les localités situées à égale distance de la source d'humidité, celles où l'écart entre la température locale et celle de la source d'humidité sera le plus grand, recevront la plus grande quantité de pluie. Aussi, dans le N. et dans l'O. de l'Europe, les montagnes forçant l'humidité à s'élever vers des régions plus froides, les pluies sont plus fréquentes que dans l'E. La grande plaine de la Russie que le plateau de Valdaï domine est exposée au vent de l'E., qui, passant sur les monts Ourals, transforme en neige et en glace le peu d'humidité qu'il emporte ou qu'il rencontre dans l'air ambiant. Telles sont les principales causes de la clémence relative du climat de l'Europe occidentale et de la rigueur de celui de l'E. de ce continent. On comprend que nous ne nous arrêtions pas sur certaines causes locales qui viennent modifier le climat, telles que les vents de mistral, le bora qui souffle sur la côte occidentale de la péninsule balkanique, le sirocco, le föhn, etc. Nous ne dirons rien ici de la géographie politique de l'Europe, puisque nous aurons à nous arrêter en détail sur chacune des contrées qui la composent. Rappelons seulement à combien de reprises la carte de ce continent a été remaniée, bouleversée, changements qui durent encore et qui se reproduiront tant que le monde subsistera. Depuis le jour où nos ancêtres se nourrissaient des coquillages de la mer et laissaient sur le rivage ces monceaux de débris de cuisine, depuis le jour où ils chassaient l'auroch, l'ours des cavernes, le tigre et l'*elephas primigenius*, quelles transformations ils ont subies au point de vue physique encore moins qu'au point de vue intellectuel. Le jour où l'homme sut faire jaillir l'étincelle d'un caillou, pouvait-on imaginer les changements que la découverte de la vapeur, les applications de l'électricité allaient apporter aux habitudes, aux mœurs, non seulement des Européens, mais des hommes dans tous les pays, et cependant toutes ces merveilles étaient contenues dans cet éclair d'un instant. Si misérables que fussent ces populations, elles s'élevèrent insensiblement à un niveau plus élevé, grâce aux rapports tous les jours plus fréquents qu'elles entretinrent avec les nations asiatiques où longtemps auparavant, s'étaient développés des centres de civilisation. Et cependant qu'elles étaient encore barbares ces tribus, lorsque César pénétra les armes à la main dans la Gaule, l'Helvétie, la Belgique et la Bretagne ! Puis, après l'éclat passager qu'elles durent à leur initiation aux arts, aux lettres mêmes des Romains, vinrent ces terribles invasions qui emportèrent l'empire et, avec lui, toute espèce de civilisation. Que de siècles il faut à l'Europe replongée dans la barbarie, pour se reprendre, pour regagner le niveau qu'elle avait atteint ! Aux luttes du moyen âge succèdent les guerres religieuses et malgré tant de sang répandu, tant de chefs-d'œuvre détruits, elle monte, elle monte toujours, la civilisation, et avec elle s'améliorent les conditions de l'existence, la moyenne de la vie humaine augmente et la transformation s'opère pour le grand bien de l'humanité.

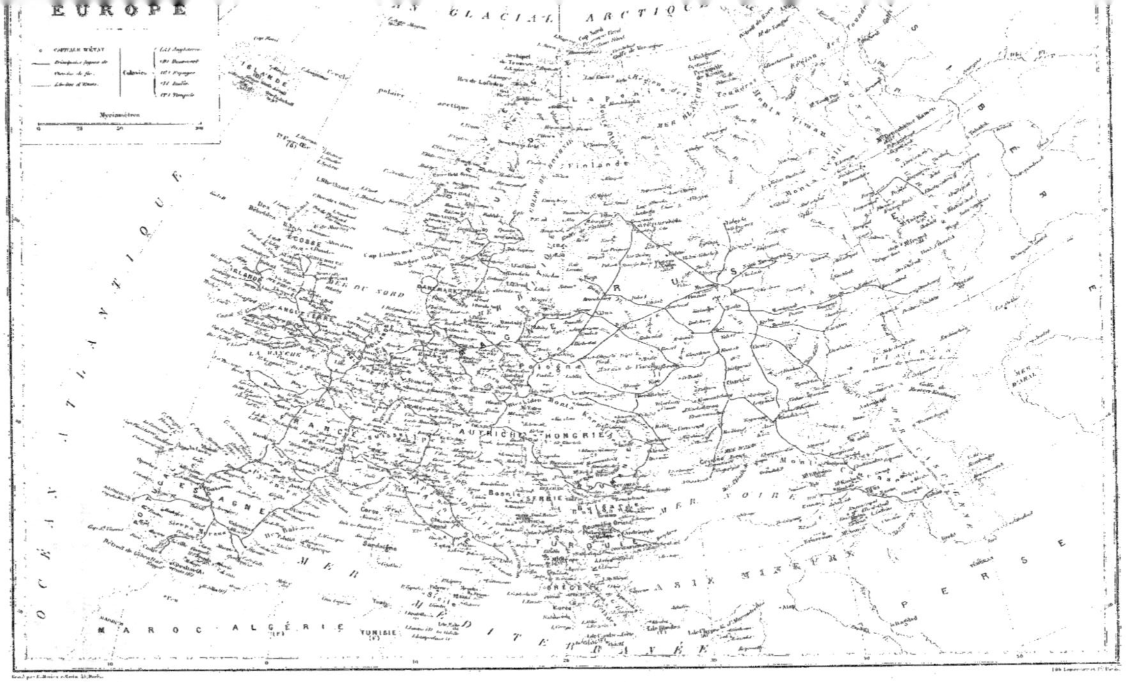

EUROPE
Myriamètres
OCÉAN GLACIAL ARCTIQUE
OCÉAN ATLANTIQUE
MER DU NORD
MER NOIRE
MER MÉDITERRANÉE
ISLANDE
ÉCOSSE
IRLANDE
ANGLETERRE
LA MANCHE
FRANCE
ESPAGNE
AUTRICHE-HONGRIE
RUSSIE
TURQUIE
GRÈCE
SERBIE
Bosnie
Pologne
Finlande
Laponie
ASIE MINEURE
PERSE
SIBÉRIE
MAROC
ALGÉRIE
TUNISIE
Sicile
Sardaigne
Corse
MER D'ARAL
MER BLANCHE

FRANCE PHYSIQUE

A l'extrémité occidentale du continent européen, regardant au N. l'Angleterre, au S. la terre d'Afrique, qui lui offre sur le rivage méditerranéen, les terres fertiles du Tell que domine le double massif de l'Atlas, à l'O. les profondeurs infinies de l'Atlantique sur lequel les hardis marins de la Bretagne et du golfe de Biscaye n'hésitèrent pas à se lancer, durant le Moyen Age, à la poursuite des grands cétacés, la France occupe une admirable position que l'abondance et la sûreté de ses ports, la profondeur de ses estuaires rendent encore plus avantageuse. Exposées aux rudes assauts de l'Atlantique si souvent en furie, les côtes occidentales de la France ont subi et subissent encore de terribles modifications. Elles s'étendaient jadis bien plus loin, mais si le massif granitique de la Bretagne oppose aux vagues déchaînées une résistance obstinée, c'est surtout à partir du golfe du Morbihan que les ravages se sont produits. La topographie maritime des environs de Vannes à l'époque de la conquête romaine ne ressemblait nullement à ce qu'elle est aujourd'hui. Noirmoutier, il n'y a pas longtemps encore était soudée au continent; les marais de la Saintonge et de l'Aunis n'étaient pas si considérables et l'île d'Oléron n'était séparée de la terre que par un chenal qu'un homme pouvait franchir en s'aidant d'un bâton. Quant à l'embouchure de la Gironde, elle est absolument méconnaissable, ainsi qu'en témoignent les cartes topographiques, pourtant si récentes, que nous possédons. Toute une partie de la côte, et notamment la pointe du Médoc, a été emportée; quant au rivage du golfe de Gascogne, il était envahi par les sables qui menaçaient de s'étaler jusqu'au centre du pays, lorsque l'ingénieur Brémontier érigeant en système les tentatives d'Amanieu de Ruat et d'autres propriétaires riverains, trouva le moyen de fixer les dunes par des plantations de pins qui font aujourd'hui la richesse des Landes. Sur la Manche, la transformation des côtes est due à d'autres causes; le golfe de Saint-Malo s'est creusé par l'affaissement du sol, le mont Saint-Michel s'est isolé, les falaises de craie de la côte normande s'éboulent sous l'effort des courants venus de la mer du Nord, les bancs de sable et les dunes de la Flandre et de l'Artois changent continuellement de place, tandis que les alluvions de la Seine modifient tous les jours les contours de son estuaire. Mais nulle part ces dernières modifications ne sont plus sensibles que dans la Méditerranée à l'embouchure du Rhône. Sans rechercher avec MM. Desjardins et Lenthéric l'emplacement des fosses mariennes, ni la profondeur du port d'Arles, on peut rappeler que Louis IX s'est embarqué à Aigues-Mortes, aujourd'hui en pleine terre pour la croisade. Ces côtes, si dentelées, si découpées offrent aux marins quantité de golfes, de baies et de ports naturels que l'industrie de l'homme est encore venue perfectionner. Que si, maintenant, un observateur, placé sur un des sommets du plateau central, pouvait avoir une vue générale de la France, il serait frappé de son peu de relief et des directions variées de ses chaînes de collines et de

montagnes, qui semblent faire l'éventail pour envoyer aux trois mers qui la bordent les eaux de la France, tout en obéissant à une loi générale qui les pousse du S.-O. au N.-E. Du haut des dômes et des volcans éteints du massif central vous voyez se détacher vers le N.-E. la chaîne granitique aux multiples contreforts des monts de la Marche et du Limousin qui envoient à la Loire nombre d'affluents et dont les dernières ondulations après avoir, par les collines du Poitou, rejoint le petit massif granitique de la Vendée, vont en s'abaissant rallier l'embouchure de la Loire. Du soulèvement volcanique du Cantal se détachent de hauts plateaux coupés de vallées étroites et resserrées qu'on appelle des causses ; c'est à travers ces cañons que s'échappent le Lot, l'Aveyron et le Tarn, affluents de la Garonne. Le massif du Cantal est relié par les monts de la Margeride aux montagnes du Gévaudan d'où s'échappent l'Allier et la Loire, séparés l'un de l'autre par la chaîne du Velay et du Forez qui se dirige du S. au N. Entre les dômes et les monts du Forez comme entre ces derniers et les monts du Lyonnais, dans les vallées élargies de l'Allier et de la Loire, s'étendent des plaines fertiles, fonds d'anciens lacs, la Limagne et le Forez. Voilà donc bornés au S. le bassin de la Loire et au N. le bassin de la Garonne. A l'E. de la longue chaîne des Pyrénées, qui s'abaisse par les Albères vers la Méditerranée et par les Aldudes vers l'Océan, chaîne qui sépare la France de l'Espagne, se dirigent vers le N., les Corbières orientales, qui séparent le bassin du Tech de celui de l'Aude, puis les Corbières occidentales se continuant par les Montagnes noires, les Guarrigues et les Cévennes. Ces dernières à leur tour, suivant la même direction prennent successivement les noms de monts du Vivarais, du Lyonnais, du Charolais, du Morvan. Puis, après s'être légèrement infléchies vers le N.-E., des monts Faucilles partent les deux chaînes de l'Argonne qui enserrent entre elles l'étroite vallée de la Meuse ; plus loin, la chaîne se recourbe encore et se dirigeant du N.-O. au S.-E., elle se redresse tout à coup et, sous le nom de Vosges, envoie de nombreux contreforts dans l'Alsace, la Lorraine et jusqu'en Allemagne et en Belgique. Enfin, le long de la frontière de la Suisse, court le Jura qui, sans la trouée qu'y perce le Rhône à sa sortie du lac de Genève, rejoindrait l'épais massif des Alpes dont un grand nombre de contreforts parcourent le Dauphiné et la Provence. Est-il bien utile de citer les collines du Perche et du Maine qui vont rejoindre en Bretagne les monts d'Arrée et les montagnes Noires; les collines du pays de Caux aussi bien que celles de l'Artois valent-elles bien la peine qu'on s'y arrête? Certes, voilà bien des noms de montagnes ; mais, à part les Pyrénées, les monts d'Auvergne, les Cévennes, les Vosges et les Alpes, le niveau de toutes ces chaînes n'est pas bien élevé. En certains endroits ce ne sont à la vérité que des ondulations de terrain qui suffisent à la vérité pour délimiter un champ de drainage. Si la France possède les sources et le cours supérieur de l'Escaut et de la Meuse, elle ne possède en

réalité que quatre grands fleuves : la Seine, la Loire, la Garonne et le Rhône. Chacun de ces fleuves reçoit quantité d'affluents qui arrosent de belles plaines fertiles ou qui enserrent des plateaux renommés pour leur fécondité. Les affluents de la Seine sont, à droite : l'Aube, la Marne et l'Oise, grossie de l'Aisne ; à gauche ce sont : l'Yonne, le Loing et l'Eure. La Loire, qui est fort voisine de la ligne de partage ne reçoit à droite et, encore grossie du Loir et de la Mayenne ; mais sur sa rive gauche, ses tributaires sont : l'Allier, le Cher, l'Indre, la Vienne et la Sèvre. Tandis que la Garonne, qui prend sa source au fond de la disposition de la chaîne des Pyrénées place tout entière au nom de val d'Aran, reçoit à droite le Tarn grossi de l'Aveyron, le Lot et la Dordogne ; elle n'a pour affluents de gauche que le Gers, qui passe à Auch et la Baïse qui arrose Condom. Quant au Rhône, tout le monde sait qu'il prend sa source dans un nœud des Alpes, non loin du Danube et du Rhin, qu'il traverse le lac de Genève et fait une série de détours avant d'arriver à Lyon d'où il pique droit au S. pour tomber dans la Méditerranée. La Saône, grossie du Doubs, semble continuer directement, à partir de Lyon vers le N., le cours du Rhône qui reçoit à gauche l'Isère, la Drôme et la Durance, tandis que son seul affluent de droite est l'Ardèche. Outre ces principaux bassins, il en est un grand nombre de moins importants parmi lesquels nous citerons ceux de la Somme, de la Rille, de l'Orne, de la Rance sur la Manche ; de la Vilaine, de la Charente et de l'Adour sur l'Océan; du Tech, de l'Aude et du Var sur la Méditerranée. Comme bien on pense, nous avons laissé de côté quantité de rivières intéressantes à des titres divers, mais on peut voir que les trois mers qui baignent les côtes de notre patrie sont abondamment arrosées. Cette multitude de cours d'eau est due aux grands massifs montagneux qui, condensant l'humidité des nuages qu'il arrêtent, les font tomber en pluies abondantes qui alimentent des sources innombrables. Une seconde cause en est dans la prédominance des vents d'O. qui, chargés de l'humidité et de la chaleur qu'ils ont empruntée à l'Océan, procurent au climat de la France une douceur qui est favorable au développement de la vie. Encore bien plus considérable était autrefois le nombre de nos rivières, mais le déboisement systématique du pays, le dégazonnement des montagnes ont tari nombre de sources et causent presque tous les ans des inondations terribles qu'il serait facile d'empêcher si l'on s'adonnait avec suite à la reconstitution de nos antiques forêts. Ce n'est pas que nous tenions à ramener cette humidité malsaine qui rappelait les bords de la Tamise ; nous savons trop bien que les terres défrichées ont été livrées à la culture, et que la population, si augmentée depuis l'époque de la conquête romaine, ne trouverait pas à vivre sur un territoire si encombré de bois et de marécages. A part la Loire et l'Allier, tous les cours d'eau qui descendent du massif central courent sur un sol rocheux et imperméable; de plus, comme ils ne sont pas alimentés par la fonte des neiges des glaciers, il en résulte qu'en été ils n'ont qu'un maigre débit et qu'en hiver, il s'étaient au loin dans les campagnes qu'ils ravagent à l'envi. C'est ce qui a fait endiguer la Loire alimentée dans son cours moyen par des affluents venus du plateau central, c'est ce qui cause les inondations de la Garonne qui reçoit du N. ses tributaires descendus de ce cirque immense qui des monts du Limousin, finit aux montagnes Noires. Le Rhône lui, débite une bien plus grande quantité d'eau, puisqu'il ne reçoit à l'O. qu'un affluent insignifiant, l'Ardèche, et que tous ses tributaires viennent des Alpes où les neiges et les glaciers les alimentent constamment. C'est grâce à cela qu'il est toujours navigable même en été, mais les détritus de toute sorte mais surtout les rocs et les cailloux que ses affluents entraînent, lui ont formé un immense delta qui s'accroît tous les jours. Quant à la Seine, son débit est beaucoup plus régulier et la plupart de ses affluents venant de contrées boisées, coulant sur un terrain perméable lui donnent une égalité presque constante. Aussi, depuis surtout que ses rives ont été protégées, que des écluses sagement réparties lui assurent une profondeur suffisante, elle est devenue le siège d'une navigation qui tend tous les jours à prendre une plus considérable importance. Mais à travers les chaînes de montagnes ou de collines qui divisent les bassins, il existe des passages naturels. Bien que leur importance soit aujourd'hui fort diminuée par les moyens mécaniques que nous employons pour forer les tunnels; ils ont autrefois servi de grands chemins aux envahisseurs et, de nos jours ils ont été, presque tous, utilisés pour y faire passer des canaux ou des chemins de fer et parfois les deux en même temps. Sous le rapport des voies de communication, la France est encore fort mal partagée bien que cette question, qui est pour le commerce d'une importance de premier ordre soit depuis quelques années constamment à l'ordre du jour. Nous ne possédons encore que 4,400 kil. de canaux proprement dits, si l'on y ajoute les 7,000 kil. des rivières navigables cela ne fait encore que 11,400 kil. La plupart de ces canaux mettent en communication la France et la Belgique; plusieurs autres relient les bassins du Rhin, du Rhône et de la Loire à celui de la Seine, enfin le canal du Midi permet aux marchandises arrivées par Bordeaux d'atteindre le Rhône sans doubler l'Espagne, sans passer par le détroit de Gibraltar. Quoi qu'il en soit, le nombre des canaux de la France est beaucoup trop restreint et certaines localités en sont complètement déshéritées. C'est ainsi que la Loire, par aucun de ses affluents, se soit mise en communication avec la Garonne et cependant quand on songe que ce sont le plus ordinairement des objets très lourds et fort encombrants qui sont transportés par les canaux : de la houille, des céréales, des vins, des betteraves, etc., on s'étonne que le gouvernement n'ait pas encore mis à exécution le plan que lui présentait M. Krantz pour l'achèvement du réseau de nos voies navigables. La plupart des trouées dont nous parlions ont été aussi utilisées pour le passage des chemins de fer; car, bien souvent, on a commencé par employer les facilités naturelles avant d'avoir recours à des travaux d'art toujours extrêmement coûteux. Cependant chaque fois qu'il fallait allonger le parcours d'une ligne sans profit possible pour les compagnies et au détriment des voyageurs, celles-ci ont préféré attaquer de front les obstacles qu'elles rencontraient. Les travaux de chemins de fer avaient pris, il y a quelques années, un développement considérable sous l'impulsion de M. de Freycinet et cela se comprenait, car notre pays ne possède encore que 30,000 kil. de chemins de fer construits ; alors que, proportionnellement à la superficie, nous sommes dépassés par de petits pays comme la Belgique et le Luxembourg, par l'Angleterre, l'Allemagne, la Suisse et la Hollande; proportionnellement à la population, la différence est encore plus sensible, car, sans parler des pays hors d'Europe, comme les États-Unis, qui ont 33 kil. de chemins de fer par 10,000 hab., en Europe, la France ne vient avec ses 7 kil. pour 10,000 hab. qu'au neuvième rang, c'est-à-dire, après le Luxembourg, la Suède, la Suisse et le Danemark, etc. Et pourtant, s'il est un instrument qui rende au commerce et à l'industrie des services signalés, c'est bien celui-là, ou pour être plus exact, ce devrait être celui-là. Mais, en France, nos tarifs de chemins de fer sont beaucoup trop élevés, trop compliqués et le commerce national n'y rencontre pas les facilités qu'y trouve la concurrence étrangère. C'est incontestablement un des plus importants facteurs dans la crise économique que nous traversons actuellement. Ajoutons que les percées du Simplon et du Saint-Gothard sont destinées à priver nos lignes de la plus grande partie du trafic avec l'Orient, car l'Angleterre, la Belgique et une partie de l'Allemagne ne pouvaient jusqu'ici emprunter d'autres routes pour gagner les ports d'embarquement. Un des résultats de l'établissement des chemins de fer a été l'abolition des barrières qu'opposaient aux voyages, le prix et le temps qu'il fallait y consacrer ; les peuplades sont mieux connus et les conditions économiques de la production s'en sont ressenties. Ce qui est vrai en général, l'est encore plus pour la France ; la création des chemins de fer en amenant un renchérissement général, une plus égale répartition des prix entre toutes les localités en permettant à toutes les productions indigènes d'affluer à Paris, le cœur de la France, a aussi renversé les dernières barrières du provincialisme. Certes les amateurs du pittoresque, des vieux monuments et des anciens costumes y ont perdu ; mais les habitants de la Bretagne, des Cévennes et d'autres contrées jadis aussi difficiles d'accès sont aujourd'hui aussi français que les Briards ou les Champenois. Une étude qu'il serait fort intéressant de faire, en s'aidant de l'Atlas du professeur Heuzé, ce serait celle des productions de la France; ce serait d'étudier chacune d'elles séparément, c'est-à-dire dans ses conditions propres, de juger de l'avantage ou des inconvénients de la culture, puis de comparer ces mêmes conditions avec celles où se fait la même culture à l'étranger, en tenant compte des prix de revient (engrais, main-d'œuvre) et de voir si nous pouvons lutter avantageusement sur nos propres marchés et à l'étranger avec nos concurrents. Ainsi pour le froment dont nous ensemençons 70,000 kil. carr., notre production étant insuffisante pour nos besoins, nous devons importer de la Hongrie, de la Russie méridionale ou des États-Unis ce qui nous manque. L'épreuve est faite pour cette céréale et nous savons qu'il nous est impossible de livrer qualité égale aux blés d'Amérique, à prix égal, malgré les frais considérables de transport qui viennent s'ajouter au prix de la main d'œuvre. Ce sont ces conditions de la lutte, aussi bien d'ailleurs pour l'industrie que pour l'agriculture, qui ont entraîné certains gouvernements à prendre des mesures restrictives, à *protéger* leur propre commerce contre la concurrence étrangère, question d'une importance vitale, mais qui ne paraît pas comporter de solution générale, car une mesure bonne pour telle industrie, gêne la voisine. Avec le froment, la France produit de l'avoine, du seigle, de l'orge, du maïs, des pommes de terre, des betteraves ; en fait de plantes textiles, le lin et le chanvre ; en fait d'oléagineux, le colza, l'œillette, l'olivier ; puis il faut y ajouter le tabac, les mûriers qui ne viennent que dans certains départements du sud de la France et la vigne qui était jadis une des sources les plus considérables du revenu public et dont les produits fameux dans le monde entier, étaient partout recherchés, mais l'oïdium d'abord, le phylloxera ensuite ont considérablement réduit notre production, tout en augmentant les prix dans des conditions désastreuses. Bien des remèdes ont été proposés jusqu'ici, il n'en est que deux dont on ait tiré bon profit : la submersion, mais elle n'est pas praticable partout, le sulfure de carbone, mais, malgré les réductions de prix dont les compagnies du Midi et d'Orléans l'ont fait bénéficier, il est encore d'un prix trop élevé pour nos petits cultivateurs et d'un emploi trop malaisé. En outre, on n'en obtient de bons résultats que si l'on opère sur des étendues considérables, et il aurait fallu obtenir des petits propriétaires qu'ils se syndicassent pour l'employer simultanément. Aussi des pays comme l'Italie et l'Espagne importent aujourd'hui en France des quantités considérables de vins qui servent au coupage, au grand détriment de la renommée de nos produits. Les forêts de la France ont été exploitées à outrance, non seulement celles qui se trouvaient dans les pays de plaine, mais celles même situées en montagne. On a reconnu, de nos jours, l'abus de ces coupes multipliées et l'on reboise partout avec acharnement. Il faut dire que les beaux travaux de l'administration des forêts comme reboisement, les expositions qu'elle a faites dans le but d'en rallier les résultats ont popularisé ses procédés. C'est à ce déboisement qu'il faut attribuer les crues subites de nos grands fleuves et de la Garonne en particulier ; ce sont des faits que personne n'ignore plus ; dans ce cas, l'intérêt général prime l'intérêt particulier, et c'est à l'administration de tenir la main à ce que nos bois ne soient plus ainsi massacrés. Les belles plaines de la Beauce, de l'Orléanais, de la Normandie, etc., ont permis l'élevage de quantité de bœufs, de moutons, de porcs et des races chevalines précieuses. Mais la comparaison que nous avons faite avec les races étrangères nous a amené à des améliorations considérables. Les concours régionaux et les expositions, en permettant à nos éleveurs de juger leurs produits, en les instruisant des méthodes scientifiques d'élevage, ont rendu d'incontestables services à ces différentes industries et, sous ce rapport, nous pouvons lutter à armes égales avec l'étranger.

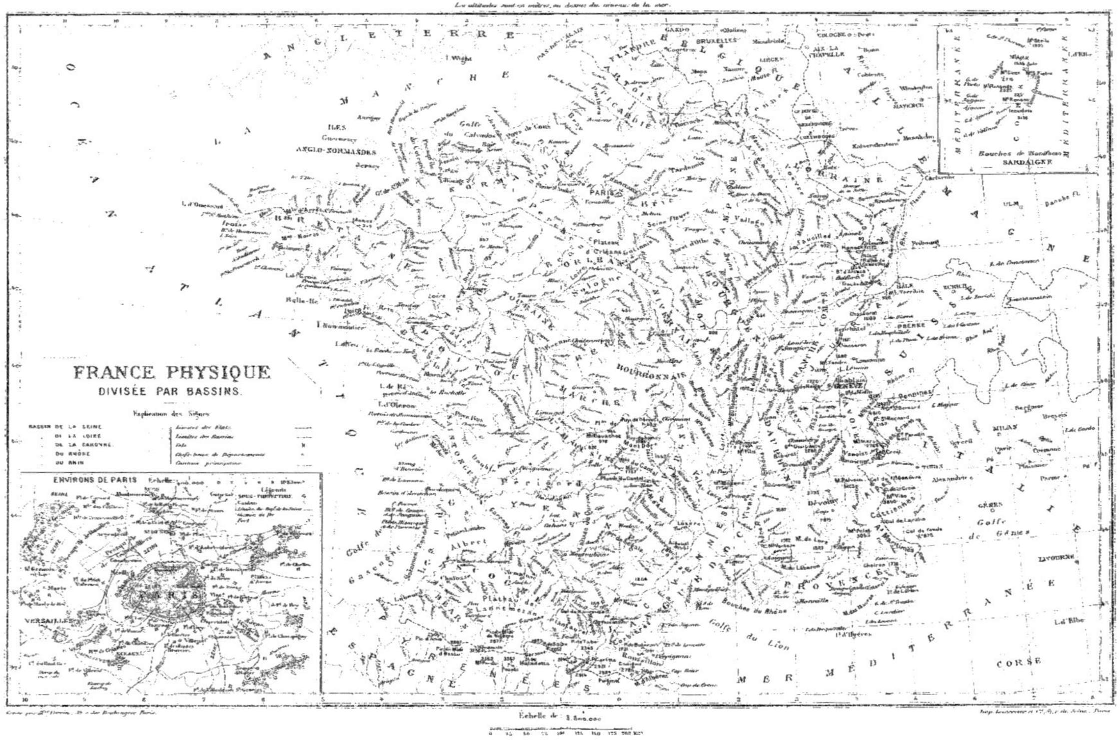

FRANCE PHYSIQUE
DIVISÉE PAR BASSINS.

Explication des Signes.

BASSIN DE LA LOIRE
DE LA SEINE
DE LA GARONNE
DU RHÔNE
DU RHIN

ENVIRONS DE PARIS

MANCHE

OCÉAN ATLANTIQUE

MER MÉDITERRANÉE

CORSE

ANGLETERRE

Golfe de Gascogne

PYRÉNÉES

ESPAGNE

Golfe du Lion

MÉDITERRANÉE

Échelle de 2 kilomètres

FRANCE POLITIQUE

Après avoir parlé sommairement de la topographie de la France, de ses voies de communication naturelles et factices, après avoir énuméré les productions du sol, il est à propos de jeter un coup d'œil sur son industrie. Dans l'Atlas avec texte qu'il vient de publier, M. Foncin adopte comme classifications de l'industrie des divisions qui nous paraissent aussi rationnelles qu'ingénieuses. La première des industries, celle qui a le pas sur toutes les autres, c'est l'industrie alimentaire. Il part de là, pour passer en revue les établissements qui ont pour but la transformation des céréales. Ils sont presque toujours situées au centre ou dans le voisinage des localités où se pratiquent ces cultures; c'est ainsi que la minoterie s'est établie à Corbeil et à Paris, c'est-à-dire à portée de la Beauce et de la Brie, ces deux énormes plaines où se cultive en grand le froment; à Moissac pour les blés du Midi, dans tous nos grands ports pour les céréales qui arrivent de l'étranger: Russie ou Amérique. La fabrication du sucre de betteraves (8,500,000 quintaux), industrie qui doit sa naissance au blocus continental, qui empêchait d'arriver chez nous les sucres de canne de nos colonies, s'est particulièrement cantonnée dans le Nord; tandis que la fabrication de la bière, depuis surtout que l'Alsace nous a été enlevée. C'est dans le Midi et dans le Centre que se fabriquent les vins et Cette a, pour les vins d'Espagne, une réputation européenne; c'est du département du Gers que nous viennent les eaux-de-vie d'Armagnac et dans la Charente que se fabriquent le cognac et la fine-champagne. Mais, si l'étendue plantée en vignes n'est pas inférieure à 20,000 kil. carr.; si la production est encore égale à 30 millions d'hectolitres, elle a jadis été bien supérieure avant que le phylloxera ait commencé ses ravages. Certaines villes ont des réputations spéciales, Chartres et Pithiviers pour leurs pâtés, Reims pour ses biscuits et ses vins de Champagne, Bar, pour ses confitures, etc. Il existe d'ailleurs des cartes spéciales qui donnent tous les produits de nos villes et cette *France gastronomique* ne manque pas d'intérêt. Les industries du vêtement viennent ensuite. Les 40 millions de kil. de laine que nous récoltons en France sont insuffisants pour la fabrication des draps qui nous habillent, aussi fait-on venir d'Allemagne, du Cap et surtout d'Australie, une quantité considérable de laine, cependant les villes qui fabriquent ces étoffes (3,000,000 de broches), sont voisines des lieux de pâturages ou d'engrais; ainsi en Normandie, nous avons Elbeuf et Louviers, Reims en Champagne, Lille et Roubaix en Flandre; il en est de même pour les industries du chanvre et du lin, toutes situées dans le voisinage des lieux de production; le Nord et le Calvados (8,000,000 de broches); enfin la fabrication des étoffes de soie (1 million de broches), a pour centre Lyon et sa banlieue, ce qui tient à ce que les départements du bassin du Rhône, comme le montre l'Atlas de M. Heuzé, sont particulièrement propres — ainsi que la Corse — à l'élevage du ver à soie. Il faut dire que le nombre de ces animaux n'étant pas assez considérable, nous devons importer un grand nombre de cartons de graines (œufs) de ver à soie, que nous faisons venir d'Italie, de Chine et surtout du Japon. Les tapisseries se font à Paris (Gobelins), à Beauvais, à Felletain, à la Savonnerie, à Neuilly; la verrerie, à Baccarat et à Saint-Louis; la cordonnerie surtout à Bordeaux; la ganterie, à Paris, etc. L'industrie du bâtiment a de nombreux centres, ainsi l'on tire aussi bien la pierre à bâtir des environs de Paris, de Senlis, que du département de l'Isère ou de la Lorraine; la Bretagne, fournit ses granits bleus; le Nord et la vallée de la Garonne, produisent avec leur argile des briques; Montchanin et la Bourgogne, des tuiles; les Pyrénées, des marbres, etc. Mais pour fabriquer ou pour extraire tous ces objets, il faut des outils, des machines et pour les transporter des chemins de fer. C'est donc maintenant le tour de la métallurgie. C'est là, une industrie qui s'est singulièrement modifiée et perfectionnée, depuis surtout que l'on s'est mis à employer le fer dans les constructions, et qu'on a même édifié certains bâtiments, halles et marchés, avec ce seul métal. Les procédés de fonte deviennent tous les jours meilleurs et dans la plupart des opérations de cette industrie, les machines, sans remplacer l'homme, lui ont apporté un aide infiniment précieux. Mais pour faire marcher tous ces outils mécaniques, le bois des forêts, devenu cher et d'ailleurs impropre à cet usage, a été avantageusement remplacé par la houille. Aussi s'est-il produit en France, ce que nous avons vu en Angleterre; les grands centres industriels et manufacturiers se sont tous établis dans le voisinage immédiat des pays producteurs de charbon. Le Berry, le Bourbonnais, les Ardennes et la Bourgogne sont d'anciens centres métallurgiques; mais l'activité la plus considérable s'est concentrée dans le bassin houiller du Nord, où nous avons à Tourcoing et à Lille, une agglomération de près de 200,000 ouvriers, là plupart Belges; à Lille, dans les environs et jusqu'à la frontière même, se sont créés des centres manufacturiers, qui n'emploient pas moins de 600,000 ouvriers, de sorte que le département du Nord est aujourd'hui l'un des plus peuplés de la France. Il en a été de même dans tout le bassin houiller de la Loire et du Gard; Saint-Etienne, le Creuzot, Decazeville, Alais sont les plus grands établissements industriels. Mais toutes ces villes, dont quelques-unes font cependant un chiffre si considérable d'affaires et nourrissent une population si importante, que sont-elles auprès de la capitale, de la France, auprès de Paris, si enviée, si calomnié par l'étranger qui continue, malgré tant d'imprécations, à y venir dépenser son argent. C'est que Paris n'est pas seulement une ville artistique où les musées, les monuments publics, les promenades et les places décorées de statues, ornées de parterres de fleurs, les bibliothèques attirent les artistes et les simples curieux; c'est qu'à côté des quartiers luxueux et des palais de toute architecture, des boulevards élégants, des théâtres à la mode, il existe quantité de ruches travailleuses, de cités ouvrières, de fabriques et d'industries de tout genre. Pour tout ce qui touche à l'art, Paris l'a toujours emporté, non seulement sur toutes les villes de France, mais encore sur celles de l'étranger. Les bronzes, la bijouterie, les étoffes d'ameublement, les tapisseries, les jouets, les confections, les modes, voilà ce qui a toujours fait la réputation de Paris. Là, le travail est organisé d'une façon toute particulière, le plus souvent tous ces objets ne sont pas confectionnés dans ces immenses fabriques qu'on voit à Elbeuf, à Roubaix et dans toutes les villes industrielles; les ouvriers travaillent chez eux, en famille, louant la force motrice dont ils ont besoin. C'est là un avantage considérable au point de vue de la morale et de l'économie, et cependant à Paris même et dans son voisinage immédiat, existent aussi de grandes usines; Cail, Durenne, Claparède, sont des noms connus de l'Europe entière; à Pantin, à Courbevoie, à Saint-Denis existent nombre d'industries prospères. Mais nous ne devons pas oublier que cette supériorité si longtemps incontestée, qui est due principalement au goût de nos ouvriers, l'étranger cherche, depuis un certain temps, à nous l'enlever. Nous-mêmes, nous avons fini par constater, grâce aux expositions universelles, combien la distance qui nous séparait de nos rivaux s'était diminuée. Inquiets de cette situation, nous avons songé à faire quelque chose pour conserver notre antique suprématie, nous avons établi des concours, créé des bibliothèques où tous les ouvrages relatifs à la décoration, meubles, sculpture, ciselure, serrurerie, etc., sont mis libéralement à la disposition de nos ouvriers; nous avons ouvert au Trocadéro un musée où sont réunis les moulages de tous plus beaux morceaux de sculpture et d'architecture du monde entier; nous songeons enfin à organiser, en province, des musées commerciaux qui seront d'un profit incontestable pour tous ceux qui s'intéressent au développement de notre commerce et de notre industrie. Mais ce qui fait un tort considérable à notre production, ce sont les grèves qui profitent surtout à nos concurrents. Ajoutons qu'au point de vue industriel, nous ne sommes pas aussi bien doués que certains autres pays. Ce que nous avons de houille et de fer est insuffisant et, sous ce rapport, nous sommes tributaires de l'étranger. La main-d'œuvre est, chez nous, fort chère, ce qui ne permet pas à nos fabricants d'établir leurs produits à aussi bon compte que leurs concurrents; enfin, certains pays comme les Etats-Unis, l'Allemagne et l'Italie ont jugé à propos d'adopter le système protecteur et d'imposer à leur entrée chez eux des droits énormes sur certains produits. Ajoutons qu'amis de la routine, nous n'avons pas transformé notre matériel, ce que n'ont pas manqué de faire tous nos concurrents. En somme, le commerce extérieur de la France est évalué à neuf milliards, soit la moitié de celui de l'Angleterre; sur lesquels trois milliards et demi seulement à l'exportation. On ne sera pas surpris de cette différence entre l'exportation et l'importation, si l'on songe que c'est le cas pour tous les pays de l'Europe, sauf l'Allemagne et l'Autriche-Hongrie. Quant à notre marine marchande, elle est représentée par 350,000 tonnes, vapeur; et 700,000 à voile, soit, si l'on compte qu'une tonne est équivalente comme rapidité de transport à 4 tonnes à voiles en multipliant par 4 nos tonnes vapeur, au chiffre total de 2,400,000 tonnes, ce qui place la France comme puissance maritime au troisième rang, c'est-à-dire après l'Angleterre et les Etats-Unis. Nos principaux ports de commerce sont : Marseille, le Havre, Bordeaux, Dunkerque, Calais, Cette, Rouen, Boulogne, Dieppe, Saint-Nazaire, Nantes, etc., Si l'on a considérablement fait ces dernières années pour l'agrandissement et le meilleur aménagement de nos ports, il reste encore plus à faire. A Dunkerque de nouveaux quais ont été construits et de nouveaux bassins creusés, ainsi qu'à Dieppe. La navigation de la Seine a été et sera encore améliorée, ce qui permettra à un certain nombre de bâtiments d'un faible tirant d'eau de remonter jusqu'à Paris. Les projets qui consistent à faire de cette ville un port de mer sont trop grandioses et trop dispendieux pour que l'on puisse les mettre à exécution en ce moment de crise financière. On sait ce qui a été fait à Marseille, la création des immenses bassins de la Joliette, déjà insuffisants; quant à Bordeaux, il y a longtemps que des projets gigantesques sont à l'étude, ils transformeraient complètement ce port un peu éloigné de l'embouchure de la Gironde et donneraient à cette tête de ligne pour l'Amérique du Sud un développement dont elle a absolument besoin. Il a été également question, ces dernières années, de la création d'un canal maritime qui mettrait en communication le golfe de Gascogne avec la Méditerranée, canal qui serait creusé à 8 m. pour permettre la traversée aux plus gros navires. Il n'y a qu'un seul pays, l'Angleterre, où l'argent soit aussi abondant qu'en France; notre épargne annuelle est évaluée à 3 milliards; par malheur, ceux-là même qui se privent le plus pour économiser sont ceux qui se laissent le plus facilement prendre aux fallacieuses promesses des emprunteurs étrangers. Mais, comme le fait très bien remarquer M. Foncin, « l'argent n'est pas tout, le plus sûr et le meilleur des capitaux c'est l'homme lui-même ». A ce point de vue, la France est considérablement en arrière et sa natalité est bien loin d'égaler celle de l'Allemagne, de l'Angleterre et de tant d'autres pays. Le petit nombre de nos enfants tient sans aucun doute à l'amour du bien-être qui s'est développé chez nous depuis une cinquantaine d'années; il n'en est pas moins vrai que si nous ne trouvons pas le moyen de favoriser les familles nombreuses, soit par une diminution d'impôts, soit par des facilités toutes spéciales accordées pour leur instruction, nous nous trouverons bientôt comme reproduction au dernier rang des puissances européennes. On ne se rend pas assez compte dans le public de l'importance de l'accroissement de la population; non seulement plus un pays est riche en hommes, plus il a de travailleurs, d'émigrants, de colons, plus il a aussi de soldats pour défendre le sol sacré de la patrie, et aujourd'hui que les chances de victoire sont surtout pour les gros bataillons, l'importance de la population est un facteur des plus importants dans les luttes de peuple à peuple. Si nous avons aujourd'hui sur pied de paix une armée de 500,000 hommes qui peut être portée en temps de guerre (territoriale comprise) à 1,800,000, c'est encore plus que l'Allemagne dont les forces ne sont évaluées en temps de guerre qu'à 1,500,000 soldats. Mais il faut dire qu'au point de vue militaire, notre situation est bien loin de valoir ce qu'elle était avant les malheureux événements de 1870. Notre frontière du nord-est s'est singulièrement rapprochée de la capitale, vers laquelle tendent naturellement tous les efforts de l'ennemi; et cette frontière est absolument ouverte puisque l'Allemagne possédant une partie des Vosges, peut facilement les tourner. Nous avons bien établi de Verdun à Nancy, sur les coteaux boisés de la Meuse, tout un système de forts et d'ouvrages détachés; nous avons bien relié Belfort à Epinal par une ligne fortifiée; Besançon, Dijon et Langres à l'ouest, Reims, Laon et la Fère au nord-ouest, sont devenues des positions de haute importance militaire, mais il était impossible de garnir de forteresses la frontière sans interruption, il y a encore ce qu'on appelle des trouées; notamment entre Nancy et Epinal, entre Verdun et Mézières, entre Rocroi et Maubeuge, entre Lille et Bergue; ces trouées sont défendues il est vrai, par des forts, mais qui ne valent pas comme importance ceux de la première ligne et qui, en tout cas, placés en arrière pourraient encore laisser passer un ennemi entreprenant. Cependant, à supposer que l'ennemi ait emporté ou tourné les défenses accumulées, il se trouverait devant le grand camp retranché de Paris dont les fortifications ont été reportées au loin afin d'éviter, ce qui est arrivé en 1870, le bombardement d'une partie des quartiers de la capitale; cette énorme enceinte est desservie par trois lignes circulaires de chemin de fer, l'une à l'intérieur de Paris, la seconde à deux ou trois lieues, la dernière mettant en communication directe entre eux les forts les plus avancés. Le nord-est est certainement le point le plus faible et le plus menacé de nos frontières, aussi, depuis 1874, a-t-on consacré à sa défense des sommes considérables, sans négliger cependant pour cela nos autres frontières qui, plus éloignées de la capitale et garanties par des montagnes à travers lesquelles n'existent qu'un petit nombre de passages facilement défendables, ne présentent pas un danger aussi imminent. Toutefois, ce n'est pas tout que de pourvoir à la défense de ses frontières, il faut encore songer à ses côtes et à ses colonies. Notre flotte compte aujourd'hui 360 bâtiments, dont 59 cuirassés, divisés en gros cuirassés armés d'énormes canons qui serviront à la défense au large de nos côtes, de cuirassés de second rang, pour la défense des colonies, de croiseurs à grande vitesse, le plus souvent cuirassés, qui doivent intercepter les communications et porter le fer et la flamme dans les endroits où on les attend le moins, de canonnières pour la défense des ports, des estuaires aussi bien en France qu'aux colonies, de gardes-côtes armés des canons les plus puissants et n'ayant qu'un faible tirant d'eau, enfin de torpilleurs destinés à faire sauter les navires ennemis. Tous les moyens de notre défense maritime sont accumulés dans cinq grands ports militaires, chefs-lieux d'arrondissements maritimes, ce sont : Toulon qui possède des défenses presque aussi compliquées que Paris, Rochefort situé sur la Charente et dont la rade protégée par l'île d'Aix, est loin d'être sûre; Lorient, qui n'offre qu'un abri, très sûr il est vrai mais excessivement restreint; Brest, qui possède une fort belle rade, mais un port insuffisant et mal protégé; enfin Cherbourg qui demande de nouveaux travaux pour être mis à l'abri des vents et de l'artillerie ennemie à longue portée. Le budget de notre marine est de 200 millions, tandis que celui de la guerre est de 750 millions. Depuis longtemps déjà il était question d'enlever les colonies au ministère de la marine; mais on hésitait beaucoup sur le ministère auquel on devait les rattacher, elles furent même un moment sous la coupe du ministère du commerce; nous croyons qu'elles seront infiniment mieux entre les mains, comme elles sont aujourd'hui, du ministère des affaires étrangères. La séparation est aujourd'hui complète, elles auront un budget spécial, non seulement pour leur administration, mais encore pour leur défense; seulement, la conséquence naturelle de cette séparation est la création et l'organisation forcée d'une armée coloniale, projet depuis longtemps en discussion dans nos assemblées, mais qui n'a pas encore abouti. Le ministre actuel de la marine, l'amiral Aube, est arrivé au pouvoir avec des idées nettes et arrêtées sur le rôle que doit jouer actuellement notre flotte, il n'est pas partisan de ces énormes cuirassés qui coûtent des sommes considérables, et qui sont déjà arriérés lorsqu'ils sont mis à l'eau. D'ailleurs l'invention des torpilleurs, ces bateaux si rapides qu'ils peuvent se glisser jusqu'au milieu d'une flotte ou au centre d'un port, si terribles, que la torpille qu'ils attachent au flanc du bâtiment qu'ils ont choisi peut faire couler ce géant en quelques secondes et anéantir ainsi des millions et un équipage considérable, semble les avoir radicalement condamnés. L'usage qui en a été fait dans notre dernière guerre avec la Chine, a prouvé jusqu'à l'évidence les avantages des torpilleurs, aussi l'amiral Aube est-il décidé à en augmenter le nombre et à étudier en grand tous les services qu'on est en droit d'en attendre dans une lutte contre des cuirassés. En finissant, il ne sera pas sans intérêt de jeter un rapide coup d'œil sur la formation territoriale de la France. La Gaule, n'en était, au moment où César y pénétra, qu'à la forme politique de la tribu, bien que déjà des essais de confédération semblassent indiquer un penchant à la fusion. La conquête romaine mit fin à cette organisation primitive et les invasions successives dont notre sol fut le théâtre ne favorisèrent guère une organisation meilleure. La division du sol en royaumes. Les guerres continuelles ne prirent pas fin avec Charlemagne qui ne fit que mettre la France à l'abri des invasions étrangères. Pendant tout le règne de la Féodalité, l'idée de patrie est inconnue, le sol morcelé en une multitude de petits Etats, vassaux les uns des autres, mais le plus souvent indépendants, ne favorise guère les tentatives de concentration faites par nos souverains. Hugues Capet ne possédait que l'Ile-de-France et l'Orléanais, mais à ce domaine de la couronne vinrent s'adjoindre tour à tour toutes les provinces de la France, œuvre séculaire mais poursuivie malgré les guerres et l'invasion par tous nos souverains. On peut dire qu'avec François Ier, au moment où il confisqua les possessions du connétable de Bourbon, la patrie était définitivement constituée; il ne s'agissait plus que d'agrandir cette entité, d'en reporter au loin les limites, afin d'atteindre les frontières naturelles. Ce fut l'œuvre de ses successeurs. La dernière acquisition que nous ayons faite, est celle de la Savoie et du comté de Nice, des dépendances naturelles du territoire français. Si nous sommes aujourd'hui singulièrement réduits, ce n'est que pour un temps il faut l'espérer; le retour à la France de ces populations restées si françaises de cœur, l'Alsace et la Lorraine, dépend d'une éventualité politique que nous ne cherchons pas, mais que nous saisirons avec empressement lorsqu'elle se présentera.

FRANCE POLITIQUE

GRÈCE

Bien qu'il se soit passablement agrandi depuis sa création (1832), le royaume de Grèce est encore un des plus petits de l'Europe; car il n'a que 64,688 kil. carrés avec une population de deux millions d'hab., c'est-à-dire 31 par kil. carré. La Grèce peut être divisée en trois parties principales, une portion rattachée au continent qui comprend l'Epire, la Thessalie et l'Hellade, la presqu'île de Morée ou Péloponèse, les îles qui comprennent outre Eubée ou Negrepont, l'archipel de la mer Eubée connu sous le nom de Cyclades, ainsi que les îles Ioniennes semées dans la mer de ce nom, depuis l'Epire jusqu'au cap le plus méridional de la Morée. Le caractère distinctif des deux premières de ces régions, c'est leur morcellement par des montagnes en bassins étroits, n'ayant entre eux que des communications difficiles. Cette constitution du sol explique, éclaire d'un jour éclatant toute l'histoire de la Grèce, sa division en petits états, ayant chacun leur régime propre, tenant à leur individualité, toujours en lutte pour chercher à étendre leur suprématie les uns sur les autres et ne se fédérant que lorsque l'ennemi arrivé aux portes de la Grèce menace de mettre fin à ces luttes fratricides en réduisant sous un même joug brutal et barbare toutes ces petites républiques. La grande arête de la Grèce continentale, c'est le Pinde, terminaison de la chaîne des Balkans dont quelques unes, telles que le Karavi et le Boudzikaki, atteignent 2,125 m. Lorsqu'il arrive au Voulgara, le Pinde se divise en deux chaînes dont l'une, les monts Othrys, se termine au golfe de Volo, tandis que la seconde se termine à Missolonghi, après avoir envoyé des contreforts jusqu'au lac Copaïs; c'est non loin de là que se trouve isolé le mont Parnasse aux cîmes désolées; quant à l'Olympe (2,973 m.), il est situé dans la partie de la Thessalie qui appartient encore à la Turquie; l'Ossa et le Pélion sont situés dans la chaîne côtière à l'entrée du golfe de Salonique, et les fameux défilés des Thermopyles se trouvent dans le contrefort du Pinde qui finit au lac Copaïs; tout à fait au fond du canal qui sépare l'Eubée de la Grèce, dans le golfe Maliaque. Enfin, au centre du Péloponèse est le plateau de l'Arcadie, c'est où se détachent cinq chaînes qui forment l'arête de presqu'îles séparées par des golfes, c'est ce qui a fait donner à toute cette contrée le nom de Morée à cause de sa ressemblance avec la feuille du mûrier. Dans la région du Magne se dresse le mont Taygète, encore un de ces sommets dont le nom nous est familier depuis le moment où nous avons commencé d'apprendre la langue d'Homère. Toutes ces montagnes, le sol même de la Grèce et ses îles sont d'origine volcanique. Cette force souterraine se fait encore parfois sentir; nous avons vu, il n'y a pas longtemps encore, une île arriver à la surface de la mer puis disparaître quelques jours après; enfin, tout le monde a entendu parler de la petite île de Santorin qui doit son origine à l'une de ces commotions qui ébranlent encore parfois le sol de la Grèce. Avec cette quantité de montagnes la Grèce ne peut posséder un climat unique, dans le nord il est assez semblable à celui

du centre de l'Europe, tandis que partout ailleurs il se rapproche de celui de l'Afrique. Dans l'Attique les étés sont chauds et les hivers rigoureux; quant aux neiges, qui tombent abondamment pendant l'automne et l'hiver, elles fondent au premier beau jour. L'hydrographie est absolument sans importance, les montagnes sont en général trop rapprochées de la mer et les vallées trop étroites pour que les rivières aient un cours bien long et puissent recevoir des affluents. Il en est cependant un certain nombre que nous énumérerons, non point en raison de leur importance, mais à cause des souvenirs qu'elles évoquent. Ce sont sur la mer Ionienne l'Aspropotamos ou Acheloüs qui descend des montagnes de l'Epire, reçoit les eaux du lac Vrakhori long de dix lieues sur une de large, et Anghelo Castro, et se jette dans la mer par un delta fangeux; sur la Méditerranée, l'Iri ou Eurotas qui arrose Sparte et se jette dans le golfe de Marathonisi; sur la mer Egée, l'Inachos, rivière insignifiante qui passe à Argos et dans le voisinage de laquelle se trouvent les marais de Lerne, repaire de cette hydre légendaire dont Hercule aurait débarrassé le pays, le Céphise grossi de l'Ilissos qui passe dans le voisinage d'Athènes et le Mélas ou Mavropotamos qui se perd dans le lac Copaïs. Ce lac, qui n'a pas moins de 450 kil. carrés dans les basses eaux et 230 au moment de la fonte des neiges, se vide par de nombreux canaux souterrains ou Katavothra qui, passant sous la chaîne côtière, débouchent dans l'Euripe. Si ces canaux sont comblés par des détritus alluvionnaires, le lac déborde au loin et ravage les campagnes voisines. C'était là un accident fréquent dans l'antiquité; on sait que les Grecs entreprirent à plusieurs reprises des travaux importants pour s'opposer à ces inondations et l'on a retrouvé la trace des puits que fit creuser l'ingénieur Cratès à l'époque d'Alexandre pour nettoyer les Katavothra. En somme, pendant l'été ce n'est pas un lac, mais un marais desséché en grande partie et cultivé; qui le serait davantage si les exhalaisons malsaines ne chassaient les habitants enfiévrés. La situation géographique de la Grèce, son voisinage de l'Asie Mineure et toutes ces îles semées sur la mer comme pour marquer les étapes d'une marine encore dans l'enfance et qui n'ose pas se risquer au large, ses golfes profonds, ses ports et les abris de toute sorte qu'ils offraient à la marine, ces avantages naturels semblaient marquer le rôle prépondérant qu'elle devait jouer. Egine dans le golfe d'Athènes, Poros en face de Trezène, Salamine fameuse par la victoire de la flotte grecque commandée par Themistocle sur les Perses, Hydra et Spetzia qui jouèrent un rôle important lors de l'insurrection grecque, Eubée ou Negrepont avec ses montagnes pittoresques garnies de forêts séculaires, avec ses vallées fertiles où bouillonnent des sources thermales, enfin les Cyclades dont les plus importantes sont Audro, Tino, Syra, Paro et Naxia, sans parler de Delos consacrée à Apollon, et de Milo où a été découverte la Vénus, qui fait l'ornement de notre Louvre; telles sont avec les Sporades, les îles principales de l'Ar-

chipel qui appartiennent à la Grèce. Dans la mer Ionienne sont situées les îles du même nom, qui, d'abord possédées par Venise, furent ballottées jusqu'en 1815 entre la France, la Turquie et la Russie. Elles furent à cette date érigées en une république sous le protectorat anglais qui ne leslâcha, malgré l'hostilité avouée et toujours grandissante des habitants contre les fonctionnaires anglais, qu'en 1863, époque où elles furent réunies à la Grèce. Ce sont, au nord, l'île accidentée de Corfou avec ses riches plantations d'orangers et de citronniers, ses vignes, ses oliviers et ses abondantes moissons, la petite île de Paxo, Sainte-Maure ou Leucade aussi fertile que Corfou, Theaki ou Ithaque, la patrie d'Ulysse, Céphalonie, île rocheuse et privée d'eau, Zante, la « fleur du Levant » à la végétation luxuriante, si gaie d'aspect et si riante, enfin, Cérigo jadis consacré au culte de Vénus. Les villes principales de la Grèce sont : Athènes et son port, le Pirée, qui, à lui seul, compte 25,000 hab.; Thèbes, Patras, Sparte, Corinthe, Coron et Modon. Il n'y a rien d'étonnant, après l'énumération que nous avons faite des nombreuses chaînes de montagnes de la Grèce, à ce que ce pays soit riche en minéraux de tout genre. Ce sont les plombs argentifères à Laurion, jadis exploités par les Grecs et dont les rejets sont traités à nouveau par une compagnie française qui continue en même temps les fouilles, le plomb à Siphanto, le cuivre, le zinc, le fer, le manganèse, le pétrole, le soufre à Santorin, les salines à Lamia, à Missolonghi et ailleurs, le marbre à Paros, au Pentélique, etc., la meulière à Milo, l'albatre à Skyros; mais toutes ces richesses ne sont pas encore exploitées comme elles le seront le jour où le réseau des chemins de fer se sera développé. On ne peut dire que la Grèce ne soit un pays agricole, cependant les cinq sixièmes du territoire sont encore occupés par des forêts, des landes et des montagnes stériles et pelées. Malgré tous les progrès que la Grèce a accomplis depuis qu'elle est rentrée en possession d'elle-même, l'agriculture ne s'est pas sensiblement développée, cela qui tient à la fois au défaut de capitaux, au manque de bras, à l'absence des voies de communication et à l'ignorance presque absolue des nouvelles méthodes de culture. Sous ce dernier rapport, il y a considérablement à faire. Outre la plupart des céréales cultivées en Europe, la Grèce produit du lin, du chanvre et du coton, de la garance et du tabac; le mûrier, l'olivier et la vigne constituent pour le pays des richesses fort appréciables, car, si le raisin sert à la fabrication de vins assez estimés, ce sont surtout les raisins dits de Corinthe, bien qu'on les exporte de la Grèce entière, qui rapportent le plus. Il ne faut pas oublier non plus les fruits de l'oranger, du citronnier, du figuier, etc. Enfin les forêts, qui n'occupent pas moins de 540,000 hect., seraient pour la Grèce d'un produit très rémunérateur si elles étaient bien administrées et surtout gardées. Les incendies de forêts sont chose journalière, les pâtres mettent le feu à de vastes espaces pour assurer à leurs brebis de jeunes pousses au printemps, et le plus souvent on met 'e feu à une forêt pour le plaisir de mal faire, et pour se procurer

17

une distraction dont on croit ne pas faire les frais, car on ne sait pas encore qu'appauvrir l'Etat c'est s'appauvrir soi-même. Les pâturages n'étant en Grèce ni nombreux ni plantureux, il est tout naturel que le nombre des bestiaux ne soit pas fort considérable; cependant les chevaux, malgré leur petitesse, ont une réputation d'endurance peu commune; les ânes sont forts et vigoureux, et les chèvres sont répandues partout au grand dommage des plantations et des forêts. Quant à l'industrie, elle a accompli de grands progrès depuis quelques années, et la plupart des fabriques sont mues par la vapeur; ce sont des filatures de soie et de coton, des forges et des fonderies, quelques tanneries et mégisseries, des fabriques d'huile et de savon, des constructions navales pour la marine marchande, des distilleries d'alcools et de liqueurs. Le commerce extérieur est évalué à 200 millions de francs, le mouvement des ports à 8 millions de tonneaux, et le tonnage de la marine indigène à 425,000 tonneaux, chiffre énorme pour une population si peu considérable. Comme nous le disions plus haut, les voies de communication sont encore trop peu nombreuses; on ne compte que 126 kil. de chemins de fer en exploitation, et les routes carrossables, qui n'existaient pas avant l'émancipation, car le pays n'était alors sillonné que de sentiers, ont été tracées et certaines construites avec rapidité; de 1833 à 1882, c'est-à-dire en cinquante ans, on a décidé la création d'un réseau de 3,000 kil. de routes, ce qui ne veut pas dire que toutes soient ouvertes à la circulation, il s'en faut. Mais la Grèce est un pays si tourmenté, l'escalade des montagnes et la traversée de torrents à sec en été, mais énormes, en hiver, ont nécessité tant de travaux d'art qu'il ne faut pas s'étonner de la lenteur qu'on a mise à les faire, d'autant que l'argent fait le plus souvent défaut. L'étranger s'en console en disant que si le pays y perd en prospérité il y gagne en gardant sa physionomie et son pittoresque, c'est un argument qui a sa valeur en ce temps d'uniformité à outrance. Cependant, une entreprise est en cours d'exécution qui doit apporter à la Grèce des revenus assez considérables et qui sera avantageuse pour la marine de tous les peuples, en ce sens qu'elle abrègera la route et qu'elle évitera la navigation dans les parages tempétueux du cap Matapan, c'est le percement de l'isthme de Corinthe. C'est une entreprise ancienne, car on sait que Néron avait commencé des travaux dans ce but et l'on a retrouvé un certain nombre de puits qui avaient été creusés à cette époque. Quant aux Grecs, profitant de la petite dimension de leurs bâtiments, ils avaient, raconte-t-on, installé une sorte de chemin glissant sur lequel leurs navires, tirés à bras, étaient transportés d'une mer à l'autre. C'est en 1855 que ce projet a été repris par M. de Lesseps et, de concert avec le général hongrois Türr, une société s'est fondée dans le but de couper cet isthme et d'y pratiquer un canal de 8 m. de profondeur sur 22 m. de large; les travaux ont été commencés en 1882 et se continuent depuis lors sans rencontrer d'obstacles. La population de la Grèce était évaluée en chiffres ronds à deux millions en 1880; à toutes les invasions qui se sont succédé, à tous les mélanges avec

les Avares, les Slaves, les Albanais et les Turcs, les Grecs ont résisté; ils ont gardé la foi dans leur nationalité et dans leur résurrection alors même qu'ils étaient le plus impitoyablement foulés par les Turcs. Non seulement ils ont conservé leur langue à peu près pure, mais ils l'ont imposée comme leurs mœurs à une partie de leurs vainqueurs dont ils ont fait des Grecs. C'est un exemple de vitalité remarquable. L'instruction primaire est gratuite et obligatoire; la religion, c'est le catholicisme orthodoxe; l'armée compte 30,000 hommes; la marine, deux cuirassés seulement, mais un grand nombre des navires de la marine marchande pourraient être rapidement transformés en bâtiments de guerre, et montés par d'aussi excellents marins que sont les Grecs, ils feraient subir, à n'en pas douter, les plus grands dommages à la flotte qu'ils auraient à combattre. Après leur longue période de gloire et de guerres intestines qui, en les affaiblissant, les firent passer plus facilement sous la domination d'Alexandre, la Grèce subit celle de Rome et fut avec tout l'Empire la proie des barbares : Goths, Huns, Avares, Bulgares, Slaves, Vandales ou Sarrasins. Seul un petit coin du pays, le Magne, région montagneuse et difficile, servit de refuge et de rempart aux descendants des Spartiates et des Messéniens, qui surent défier toutes les attaques et se conserver purs de tout mélange. Si la Grèce même était morte, son esprit, sa langue, sa littérature étaient devenus ceux de l'empire d'Occident. Constantinople avait remplacé Athènes, mais avec un mélange de barbarie que n'avait pas connu la vaillante petite cité. Au Moyen Age, les Croisés français s'établissent en Grèce, ils y introduisent la féodalité, se partagent le territoire et se bâtissent des forteresses; c'est un morcellement général, un émiettement incroyable entre tant de seigneurs jaloux les uns des autres. Cet état de choses dure jusqu'au moment où les Turcs conduits par Bajazet pénètrent en Grèce. A partir de ce moment, ce fut fini, un voile sanglant recouvre toute l'histoire de la Grèce; les persécutions, les exactions, les meurtres, les viols, sont choses ordinaires; et l'on ne peut traiter autrement ces chiens de giaours qui refusent d'embrasser le mahométisme, ou qui, s'ils se font musulmans, conservent fidèlement chez eux les pratiques et le culte catholiques. Il en est bien quelques-uns qui, réfugiés au milieu des montagnes inaccessibles, échappent à la servitude et les armes toujours à la main, peuvent garder un semblant d'indépendance, ce sont eux qui s'allient avec les Vénitiens ou les Génois, avec tous ceux qui combattent le Turc, mais leur nombre est infime, leur existence misérable et le pays presque tout entier subit un joug de fer. Le réveil de l'opinion publique et de l'amour de la patrie, coïncide avec les dernières années du xviiie siècle. Les Grecs croient trouver auprès de l'empereur de Russie, qui pratique leur religion, un protecteur et un défenseur, ils s'adressent à lui et obtiennent de naviguer librement sous pavillon russe. Cette liberté n'était rien, elle devait cependant faciliter singulièrement l'émancipation. Des maisons de commerce se fondent à l'étranger, qui prospèrent et amassent des capitaux qui serviront à la lutte future. Le mouvement est précipité par le courant d'idées libérales jetées aux quatre vents

du globe par la Révolution Française et on commence à espérer des jours meilleurs. L'un des patriotes qui contribuèrent le plus efficacement à propager les idées de révolte contre la Turquie, fut Rhigas qui sut fédérer toutes les villes de la Grèce. La lutte des Souliotes contre Ali, pacha de Janina, fut le signal de la révolte et une fois l'indépendance prononcée à Epidaure, la lutte devint générale. Cette épopée merveilleuse, qui attend encore son Homère, a mis en relief certains noms comme ceux de Miaoulis et de Canaris, ces deux intrépides marins et capitaines de brûlots. Le ravage systématique de la Morée, par Ibrahim-Pacha, la défense héroïque de Missolonghi causèrent dans toute l'Europe une indescriptible émotion. Partout ceux qui faisaient profession d'idées libérales se firent les soutiens de la Grèce, nulle part ce ne fut avec plus d'enthousiasme qu'en France, où poètes et journalistes, orateurs et militaires prêtèrent à l'insurrection le précieux concours de leur ardente sympathie. Quoi qu'il en soit, la Grèce, épuisée par sept ans d'héroïques efforts allait succomber, lorsque l'alliance de la France, de l'Angleterre et de la Russie, par la destruction de la flotte turque à Navarin en 1829, par une expédition qui chassa Ibrahim de la Morée, vint assurer et reconnaître l'indépendance de la Grèce. Ruinée, ravagée, appauvrie de population, mais libre, la Grèce regardait l'avenir avec confiance. Le premier roi de Grèce, après la mort de Capo d'Istria qui périt assassiné en 1831, fut un prince de Bavière, Othon, qui, pour n'avoir pas cédé aux ambitions effrénées de ses sujets lors de la guerre de Crimée et s'être opposé à leurs tentatives d'agrandissement territorial, fut renversé en 1862. Son successeur fut un fils du roi de Danemark, Georges Ier, qui prit le pouvoir dans les circonstances excessivement critiques. Bien que l'Angleterre lui eut cédé les îles Ioniennes, les revendications de la Grèce ne furent pas arrêtées pour cela et lorsque l'île de Crète se révolta contre la Turquie, elle trouva un appui moral et des secours matériels auprès de la Grèce, qui lui expédia de l'argent et des volontaires; et les grandes puissances n'avaient fait entendre à Athènes les conseils de la raison, nul doute qu'un conflit n'eut alors éclaté entre la Grèce et la Turquie. En 1878, lorsqu'une conférence se réunit à Berlin pour discuter les questions intéressant la péninsule des Balkans, la France prit l'initiative d'une demande de rectification de frontières en faveur de la Grèce qui obtint alors les parties méridionales de la Thessalie et de l'Epire. Mais cet agrandissement n'a pas rempli tous les desiderata de la Grèce; elle a profité de l'inqualifiable agression de la Serbie contre la Bulgarie, pour procéder à des armements considérables et essayer de la voie d'intimidation. Il ne paraît pas jusqu'ici que cette politique d'agrandissement quand même, doive rencontrer de l'Europe un favorable accueil. En tout cas, elle cause à la Grèce des dépenses absolument hors de proportion avec son modeste budget de 90 millions, et ce ne devrait pas être pour ses hommes d'Etat l'un des moindres soucis qu'une situation qui tend à grever lourdement l'avenir et à singulièrement augmenter la dette nationale, qui est aujourd'hui de 500 millions.

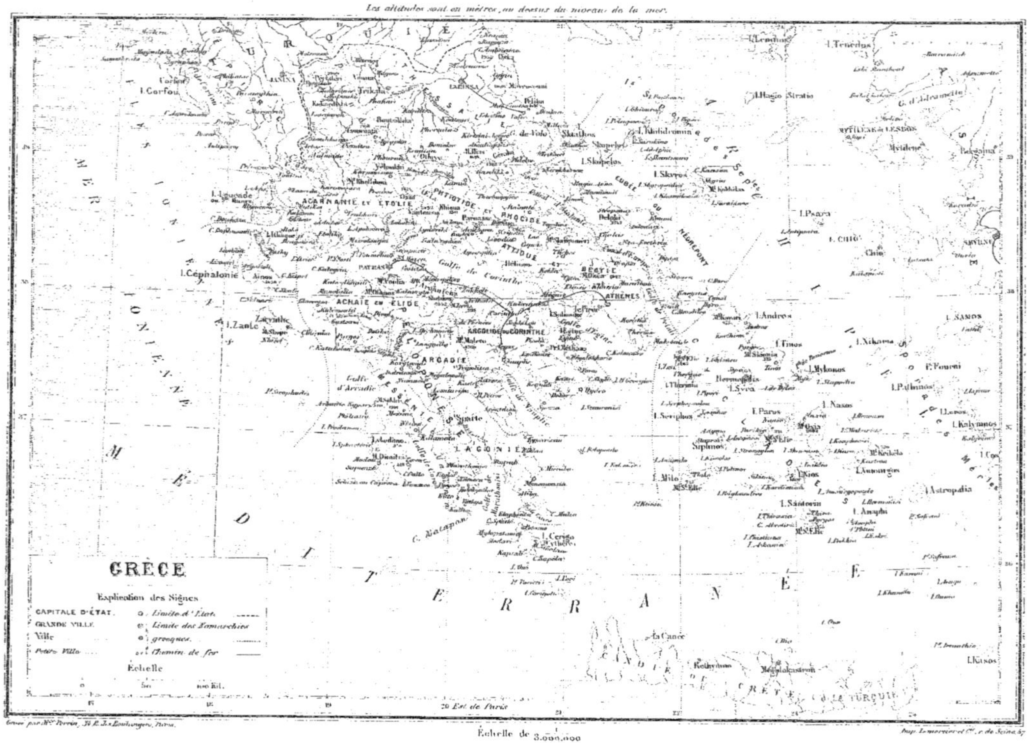

GRÈCE

Explication des Signes

CAPITALE D'ÉTAT
GRANDE VILLE
Ville
Petite Ville
Échelle

Limite d'État
Limite des Démarchies
grecque
Chemin de fer

MER IONIENNE

ÎLES IONIENNES

MER MÉDITERRANÉE

Échelle de 3.000.000

Imp. Lemercier et C.ie r. de Seine 57

ITALIE

L'Italie est placée au centre des trois péninsules qui se détachent de l'Europe pour pénétrer dans la Méditerranée. Avec les îles de Sicile et de Sardaigne, la presqu'île, italiote n'a pas moins de 296,000 kil. carr., c'est-à-dire à peu près les deux tiers de la superficie de la France; mais sa population est bien plus dense, car elle compte 28 millions et demi d'habitants soit 96 par kil., carr., alors que la France n'en compte que 71. L'Italie se partage en deux zones bien distinctes, la plaine et la montagne. Au N., des Alpes à l'Adriatique, s'étale la grande plaine de Lombardie dont l'abondance des eaux a permis de faire l'un des pays de l'Europe les mieux cultivés. Protégée au nord, comme par un mur, par l'immense et épaisse chaîne des Alpes contre les vents du N. et du N.-E. qui sont généralement si froids, la grande plaine de l'Italie septentrionale, qui n'est que de quelques pieds au-dessus du niveau de la mer, paraît avoir été, à une époque géologique récente, une immense extension de la mer Adriatique, golfe qu'ont progressivement et insensiblement comblé les riches dépôts alluvionnaires qu'arrachaient aux montagnes le Pô, ses nombreux affluents et les torrents neigeux qui les alimentent. Le plus grand fleuve de l'Italie, le Pô traverse de part en part cette immense plaine, grossi qu'il est par des tributaires descendus du massif alpestre et des Apennins septentrionaux. Aussi, son cours grossit-il jusqu'à son embouchure. Il emporte avec lui tant de vase et de boue que son lit s'exhausse sans cesse et que le fond de l'Adriatique se remplit à ce point qu'on peut prévoir le moment où le rivage italien touchera celui de l'Istrie. Adria, jadis port fréquenté, est une ville terrestre et les lagunes vénitiennes se comblent tous les jours. Le Pô a d'ailleurs subi dans son cours d'autres transformations que l'étude attentive de la grande carte publiée par l'état-major autrichien fait toucher du doigt; bien des sinuosités ont disparu, des canaux d'irrigation se sont creusés et l'on ne peut aujourd'hui comprendre les travaux d'approche durant le siège des grandes villes qu'il arrose, que si l'on rétablit, si l'on restitue l'ancien état de choses. Les affluents les plus considérables du Pô sont: le Tessin, qui s'échappe du lac Majeur; l'Adda, effluent du lac de Côme; l'Oglio émissaire du lac Iseo et le Mincio, issu du lac de Garde. Il est encore un cours d'eau qui, pour n'être pas encore un affluent du Pô, le deviendra certainement dans un temps donné, c'est l'Etsch ou Adige qui rejoint les lagunes septentrionales du Pô et contribue, comme l'Isonzo, la Brenta et la Piave, qui se jette au fond du golfe de Venise, au comblement de l'Adriatique. Tout le reste de l'Italie, depuis l'endroit où elle se soude aux Alpes, dans le golfe de Gênes, est partagé en deux versants par la chaîne des Apennins qui se prolonge au sud jusqu'au cap Spartivento. A propos de ces montagnes, il est plusieurs remarques intéressantes à faire: d'abord on doit reconnaître que la ligne de partage des eaux ne coïncide pas avec celle des plus hauts sommets. Si la première suit à peu près le milieu de la péninsule, la seconde se rapproche

singulièrement de l'Adriatique qu'elle domine quelquefois presque à pic ou vers laquelle descendent ses pentes rapides et courtes. Il en résulte que les fleuves les plus gros arrosent le versant occidental; ce sont l'Arno qui passe à Florence et se termine à la Maremme, le Tibre, ce fleuve si fameux dans l'histoire de Rome, dont les rives septentrionales, connues sous le nom de Campagne de Rome, ont une réputation si méritée d'insalubrité, et qui débouche dans la mer Tyrrhénienne au milieu des Marais Pontins. Plus au sud, une autre plaine également basse, renommée celle-là pour sa fertilité, est celle de Naples, que les Italiens appellent Campagna felice. Le Volturno, un fleuve qui se jette dans le golfe de Gaëte, marque une rupture dans la chaîne de l'Apennin, et si les montagnes reprennent au delà de ce cours d'eau pour s'étendre jusqu'à Reggio après avoir envoyé un contrefort dans le golfe de Tarente, il n'en est pas moins vrai que la vallée du Volturno offre une route facile pour passer d'une mer à l'autre. Les principaux affluents de l'Adriatique sont: l'Esino, la Potenza, la Pescara, le Sangre et l'Ofanto, dont les vallées s'enfoncent au milieu de la chaîne centrale et ont constitué pour relier les chemins de fer côtiers, des facilités naturelles que les ingénieurs italiens se sont bien gardés de négliger. Sur le versant occidental de l'Italie court, presque parallèlement à la chaîne centrale, une série de hauteurs volcaniques de formation plus récente; ce sont, outre le Vésuve (1,200 m.) dont les éruptions, malheureusement trop fréquentes, ont jadis enseveli les villes d'Herculanum et de Pompéia, puis les champs phlégréens dans les environs de Naples, les lacs de Bolsena et de Bracciano, cratères de volcans éteints et plus au sud dans la mer Tyrrhénienne, les îles Lipari avec leur volcan endormi, mais toujours vivant, le Stromboli (940 m.), et enfin l'Etna (3,300 m.), en Sicile, le plus élevé des volcans européens. Presque tout le reste de cette grande île triangulaire est couvert de montagnes d'une élévation médiocre et non volcanique dont la principale chaîne court sur le rivage septentrional de l'E. à l'O., et semble former au delà de la faille du détroit de Messine le prolongement des Apennins. Quant à l'île de Sardaigne, qui a servi de refuge pendant le premier Empire au souverain du Piémont, elle est, comme on sait, séparée de la Corse par les Bouches de Bonifaccio; presque partout montagneuse, spécialement dans sa partie orientale, sa cime la plus élevée est le mont granitique de Genargentu (1,900 m.). Une plaine assez vaste, appelée le Campidano, s'étend entre les montagnes de la côte orientale et la chaîne occidentale depuis la baie de Cagliari jusqu'à la ville d'Oristano; c'est seulement qu'il a été possible jusqu'ici d'établir un chemin de fer. Des îles qui bordent le rivage occidental de l'Italie, les plus connues sont Ischia et Caprera dans le golfe de Naples; la première ravagée par un récent tremblement de terre, la seconde qui servit de retraite au fameux général Garibaldi, l'un de ceux qui contribuèrent le plus efficacement à la réunion en un seul de tous les États de l'Italie. Citons encore Elbe avec sa

capitale Porto Ferrajo, célèbre comme lieu d'internement de Napoléon Ier en 1814. Si, dans la plaine de la Lombardie, les hivers sont aussi rigoureux que dans les basses plaines de l'Écosse, si les lagunes de Venise gèlent l'hiver, l'été y est en revanche aussi chaud qu'à Rome. Au centre de l'Italie, à partir de Florence, l'hiver est plus clément, avec une égale chaleur estivale; plus on s'enfonce dans le sud, moins est sensible la différence entre les saisons. L'été dans la Campagne de Rome, lorsqu'un épais brouillard s'élève du sol, est presque insupportable; mais à Naples et dans l'Italie méridionale, le ciel est pendant des mois entiers, sans un nuage et l'air est si transparent, que des objets très éloignés paraissent être à portée de la main. Les pentes méridionales des Alpes sont garnies d'une abondante végétation forestière, les châtaigniers escaladent les revers des montagnes jusqu'à 2,500 pieds, puis ce sont des hêtres et des chênes au-dessus desquels s'étagent les pins et enfin ces jolies plantes alpestres et les gras pâturages, qu'interrompent seuls les neiges perpétuelles. Quant aux Apennins, la flore méditerranéenne y prodigue ses lauriers, ses myrtes, ses chênes-lièges auxquels succèdent les arbres forestiers et les pâturages qui ne sont pas recouverts de neiges permanentes. Quant aux rivages maritimes, ils sont enrichis d'une admirable végétation, extrêmement variée où l'on rencontre les oliviers, les aloès, les orangers, les citronniers, les pêchers, les figuiers, les abricotiers, les amandiers et les dattiers; on croirait un verger bien tenu. Quant à la Sicile, sa végétation a un caractère africain très prononcé. Si l'Italie a été longtemps partagée en une multitude de républiques, royaumes ou duchés, on ne peut pas dire pour cela cependant que ces divisions arbitraires répondaient à des différences de race. Si, aux Ligures, aux Ombriens et aux Étrusques, pour remonter aux populations dont nous ayons le plus lointain souvenir, populations qui ont exercé sur le développement de la civilisation une influence considérable, se sont mêlés au S. les Grecs et les Phéniciens, puis les Gaulois, les Cimbres et les Teutons, les Goths, les Lombards, les Allemands, les Arabes, les Espagnols et les Normands, le mélange de ces envahisseurs avec la race indigène, est si bien fait, l'unification est si complète que d'un bout de la péninsule à l'autre, on ne distingue plus guère de différences ethniques. L'italien a survécu à toutes ces causes de corruption, et si l'on constate encore aujourd'hui quelques différences de dialectes absolument analogues à celles que l'on rencontre dans d'autres pays, la langue la plus pure, la langue littéraire, est celle qu'on parle en Toscane, c'est celle de Dante, de Boccace et de tant d'autres auteurs de talent ou de génie. Si l'Allemagne a eu maintes fois à souffrir des incursions de la France, incursions qu'elle lui a d'ailleurs rendues avec usure, l'Italie a longtemps été le théâtre de la furia francese; mais sa division en principautés minuscules et en républiques jalouses les unes des autres, ne lui a pas permis de rendre la pareille à sa désagréable voisine. Pendant une partie du Moyen Age, ce sont les républiques de Gênes et de Venise qui jouent à l'extérieur le rôle prépondérant, qui fondent sur les rivages de la Méditerranée, aussi bien en Corse, qu'en Dalmatie, en Asie Mineur, que sur les bords de la mer Noire, des colonies importantes, qui font avec l'Orient un commerce considérable et apportent par caravanes toutes ces épiceries dont le prix allait considérablement baisser au commencement du xvie siècle, alors que les Portugais seront arrivés dans l'Inde et que les Espagnols auront atteint par le détroit de Magellan les Philippines et les archipels voisins. Ce sont ces mêmes Etats qui ont envoyé dans l'Asie centrale ces pléiades d'ambassadeurs, de négociants et d'explorateurs qui donnent à l'Occident les premières notions exactes sur les vastes empires de l'Orient et sur les révolutions dont ils sont le théâtre. Puis viennent les luttes intestines, l'influence croissante de la papauté, l'intervention toujours sollicitée de la France dans ces guerres fratricides. Que ce soient Charles-VIII, Louis XII, François Ier, Henri IV, Louis XIII, Louis XIV, Louis XV, la République, l'Italie est ce malheureux théâtre sur lequel la France et la maison d'Autriche sont aux prises, elle est longtemps l'enjeu des batailles. Lorsqu'un pays est aussi longtemps ravagé, lorsqu'il sert de passage à des armées considérables qui vivent sur le paysan, il est difficile qu'il puisse se développer, que ses ressources naturelles soient mises en exploitation et que les conditions de l'existence ne se ressentent pas étrangement du défaut de sécurité, de l'incertitude des événements et qu'on n'en soit pas réduit à vivre au jour le jour. Telles sont les conditions défavorables au milieu desquelles s'est si longtemps débattue l'Italie. Au lendemain de l'Empire, alors que ses enfants avaient été entraînés par Napoléon aux quatre coins de l'Europe, alors qu'il avait semé leurs ossements, aussi bien sur les monts espagnols que dans les plaines de la Russie, la situation de l'Italie, telle que l'avait fait le traité de Vienne, était rien moins que réjouissante. L'immortel Stendhal en a tracé un curieux tableau qui, pour être sombre et lugubre, n'en est pas moins d'une vérité frappante, ainsi qu'en témoignent les souvenirs de Massimo d'Azeglio. Puis, peu à peu les événements ont marché, on a longtemps hésité avant de tenter de rejeter au delà des Alpes les Autrichiens si profondément haïs. Le jour où la maison de Savoie s'est mise à la tête du mouvement national, où Charles-Albert n'a craint de risquer son royaume de Piémont, ce jour-là, il a inconsciemment posé sa candidature au royaume d'Italie. L'un de ses partisans les plus acharnés, l'un des patriotes les plus éclairés est ce comte Ratazzi, qui a tant fait pour l'unité de l'Italie. Mais, si ces idées, ces théories avaient rencontré auprès du gouvernement français une faveur que le plus élémentaire tact politique aurait dû, au contraire, faire rejeter de parti pris, si la France a été engagée par son dernier souverain dans une lutte terrible qui avait pour cause le principe des nationalités, il faut avouer que l'Italie s'est montrée peu reconnaissante et pour le souverain qui avait accueilli les idées de ses hommes d'État et pour le peuple qui avait versé pour elle son sang sur les champs de bataille. Il n'y a pas longtemps encore, nous recueillions des preuves de ce mauvais vouloir, de cette jalousie ombrageuse qui a fait autrefois tant de mal, lorsque nous avons étendu notre protectorat sur la Tunisie, cette annexe, ce prolongement de l'Algérie. Il faut

espérer que cette manière de reconnaître les services rendus ne sera bientôt plus de mode au-delà des Alpes et qu'un accord parfait règnera entre les deux nations latines. L'Italie n'y pourra d'ailleurs que gagner, en ce sens que les millions qu'elle consacrerait à la guerre, elle pourra les employer plus utilement au développement intellectuel de ses peuples, à l'amélioration de ses routes, de ses chemins de fer, de ses canaux, en un mot à tous ses besoins matériels et intellectuels. Si jadis l'Italie a produit des grands maîtres dans tous les arts, sculpture, peinture, architecture, musique et poésie, il n'en est pas moins vrai que, pendant une longue période, la plupart de ses habitants sont demeurés étrangers aux premiers principes de l'instruction, que le nombre de ses mendiants, favorisé par le lazzaronisme; que celui de ses brigands dans les Deux-Siciles et jusqu'aux portes de Rome a longtemps été considérable. Depuis son unification, de grands efforts ont été tentés par le gouvernement pour remédier à cet état de choses, et nombre d'établissements religieux, confisqués par le gouvernement, ont été appliqués à l'instruction publique. Il n'existe pas moins de 22 universités en Italie, il est vrai, mais, si l'instruction supérieure, si l'instruction secondaire même ont reçu de grands encouragements, il reste encore terriblement à faire en ce qui touche à l'enseignement primaire. Un pays qui accueille à coups de pierres les médecins qui se dévouent pendant une épidémie de choléra, — et ce sont là des faits qui se sont passés non seulement dans les campagnes, mais à Messine même — est encore considérablement arriéré. La somme de préjugés, de crédulité, de paresse qu'il faut vaincre et supprimer est énorme ; c'est une œuvre longue, difficile et qui demande un dévouement acharné. Des statistiques soigneusement élaborées par les ministères de l'instruction publique et du commerce, il ressort que les progrès sont lents, mais constants dans les différentes branches de revenus. La plus grande partie de la péninsule est propre à la culture (83 p. 100 de l'ensemble); c'est, comme nous l'avons dit, l'immense plaine de la Lombardie et les environs de Naples. Malgré cela, l'Italie ne fournit pas pour ses besoins ; elle a recours à la Russie, à l'Egypte et même à l'Amérique du Nord. Bien que les riz de la Lombardie soient comparables à ce que la Caroline produit de plus beau, la demande est si considérable que l'Italie va acheter jusqu'en Birmanie et dans les autres pays d'extrême Orient des riz qu'elle fait venir dans ses ports et qu'elle expédie ensuite comme nationaux. Certaines classes de la population se nourrissent presque exclusivement de polenta et de macaroni, mets nationaux, qui ont le maïs et l'avoine pour base. Certaines autres consomment le seigle en quantité, aussi, l'ergotisme est-il une maladie commune en Lombardie principalement. Comme nous avons eu plus haut l'occasion de le faire soupçonner, le royaume d'Italie est riche en forêts, particulièrement l'île de Sardaigne, les districts du lac de Come, les territoires de Gênes et de la Toscane méridionale. L'huile d'olives est un des principaux articles d'exportation. Le vin, qu'on fait aujourd'hui beaucoup mieux qu'autrefois, mais qui sert encore, le plus souvent, pour renforcer nos vins français, commence à donner des revenus considérables. Les vins les plus estimés sont ceux de l'Italie méridionale, de Castellamare et de la Sicile, Marsala et Zucco. Les chevaux, les bestiaux, les beurres et les fromages (parmesans) de la Lombardie, les

moutons de la Toscane, les ânes et les mules de la Sicile, les porcs de l'Ombrie, telles sont les principales productions de l'Italie. Ajoutons que la pêche n'emploie pas moins de 6,000 bateaux et de 26,000 marins, dont un certain nombre s'appliquent particulièrement à la récolte du corail et des éponges dans la baie de Naples, à Livourne, sur les côtes des Baléares, de l'Algérie et de Tunisie. Le plus important produit minéral de l'Italie est le soufre ; les solfatares de Sicile sont inépuisables, puis viennent le fer, qu'on trouve particulièrement en Lombardie et en Ligurie, le plomb de la Toscane, le sel marin à Cagliari, les marbres de Carrare, etc., etc. La soie est produite, filée et tissée en Lombardie, les glaces et les mosaïques de Venise, les porcelaines de Milan et de Florence, les chapeaux de paille de Vicence, tels sont les principaux articles des manufactures italiennes. Au point de vue commercial, si l'Italie a longtemps été séparée du reste du continent européen par la chaîne des Alpes, aujourd'hui que celle-ci est percée de tunnels, les grands ports italiens, Gênes, Venise et Brindisi, comme ses grandes villes, Turin, Milan, Florence, Rome, Naples sont en communication directe avec le continent. Son commerce extérieur se fait principalement avec la France, la Grande-Bretagne, l'Autriche et la Suisse. Les principaux ports de mer sont : Gênes, Livourne, Civita-Vecchia, Naples (la seconde ville de l'Italie sous le rapport de l'importance des affaires), Castellamare ; Messine, Palerme et Catane en Sicile ; Brindisi, tête de ligne de l'extrême Orient ; Ancône, Chioggia et Venise sur l'Adriatique. La Spezzia, entre Gênes et Livourne, est l'arsenal maritime de l'Italie, dont la marine militaire, qui compte déjà un nombre si considérable de cuirassés, est l'objet de soins incessants et l'orgueil national. Alexandrie, Mantoue avec Peschiera, Verone et Legnano, qui forment le fameux quadrilatère, sont les principales places fortes à l'intérieur. Nous disions plus haut que l'unification de l'Italie était accomplie ; nous oublions qu'il y existe encore un Etat indépendant, la petite république de Saint-Marin, qui n'a que 24 milles carrés d'étendue et 8,000 hab. A l'Italie se rattache le groupe des îles de Malte, Gozzo et Comino, qui, bien que lui appartenant géographiquement, sont entre les mains de l'Angleterre qui a su y établir un arsenal formidable et en faire une de ses plus sûres étapes sur la route de l'Orient. Le gouvernement italien, jugeant que le moment n'était pas opportun pour réclamer de l'Autriche la cession de certaines provinces italiennes qu'elle détient encore, a tout récemment dérivé d'ailleurs l'opinion publique. C'est pour cela qu'il a un moment jeté les yeux sur la Tunisie ; puis, lorsque nous avons étendu notre protectorat sur cette province, il s'est rejeté sur la Tripolitaine. Une étude attentive des ressources de cette régence lui ayant démontré que les profits de sa possession n'équivaudraient pas aux dangers de son acquisition, le gouvernement italien a dû se rejeter d'un autre côté. C'est ce qui l'a déterminé à s'établir sur la mer Rouge, dans la baie d'Assab, en profitant des événements d'Egypte, à Massaoua ; ports qui permettront sans doute à l'Italie de faire avec l'Abyssinie un certain commerce, si nous ne savons pas la détourner sur notre colonie de Tadjourah, par où passe la route la plus directe et la plus facile.

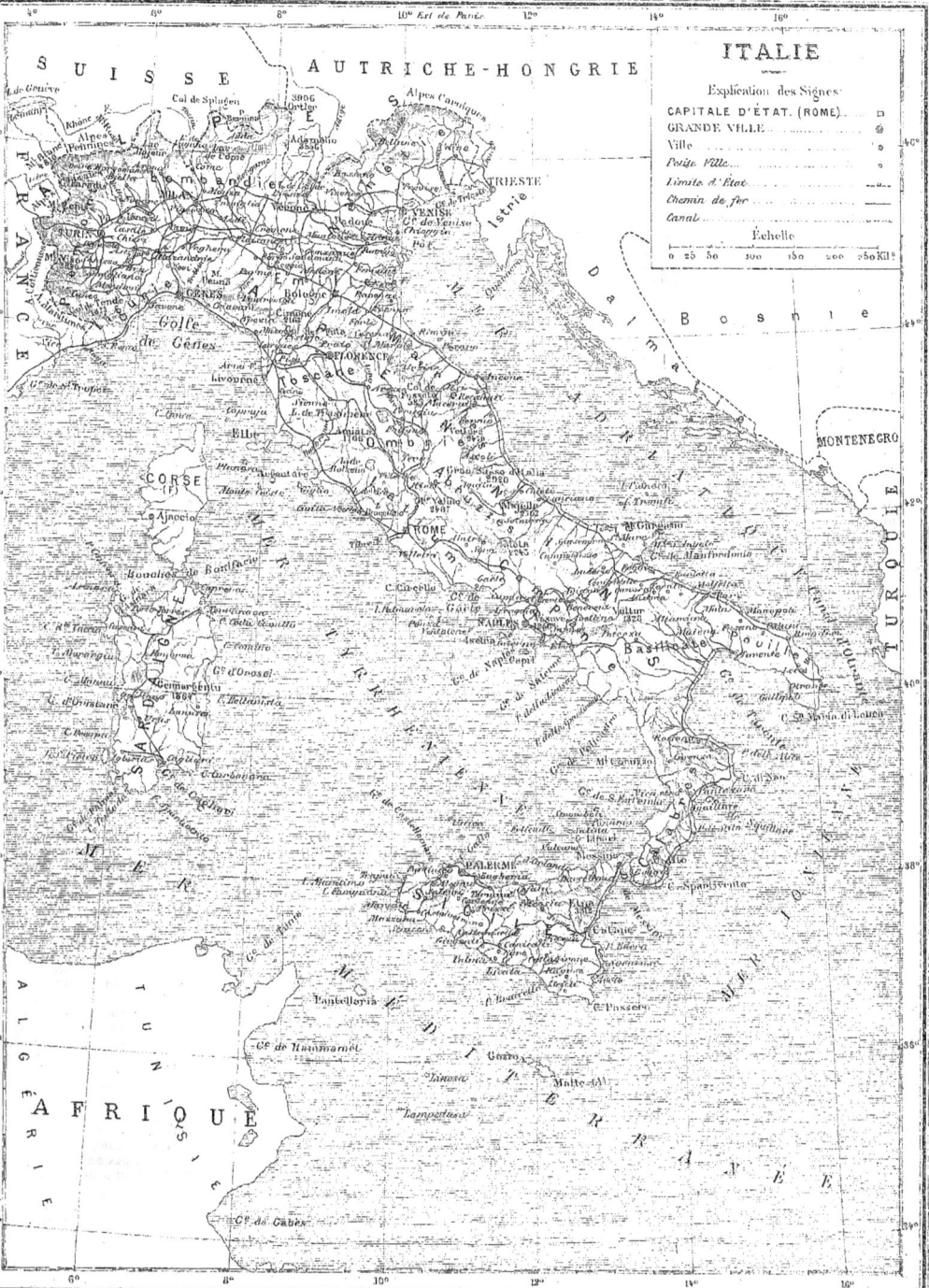

SUISSE

AUTRICHE-HONGRIE

ITALIE

Explication des Signes

CAPITALE D'ÉTAT. (ROME) .... ☐
GRANDE VILLE .... ◉
Ville .... ◎
Petite Ville .... ○
Limite d'État ....
Chemin de fer ....
Canal ....

Échelle

0   25   50   100   150   200   250 Kil.

Col de Splügen
Ortler 3906
Alpes Carniques

TRIESTE

Istrie

FRANCE

TURIN

Lombardie

GÊNES

Golfe de Gênes

Bosnie

Dalmatie

FLORENCE

Livourne

Toscane

Elbe

Ombrie

CORSE
(F)

Ajaccio

ROME

Tibre

NAPLES

Basilicate

MONTENÉGRO

TURQUIE

MER TYRRHÉNIENNE

SARDAIGNE

MER IONIENNE

PALERME

C. Spartivento

MÉDITERRANÉE

Pantellaria

C. de Hammamet

Goro

Malte (A)

AFRIQUE

ALGÉRIE

TUNISIE

Lampedusa

C. de Gabès

vé par Mrs Perrin, R. des Boulangers, 34 - Paris.   Échelle de : 6670.000   Imp. Lemercier et Cie Paris.

OCÉANIE

Assurément, s'il est une partie du monde qui soit intéressante à étudier, c'est bien certainement l'Océanie et cela au double point de vue physique et politique; physique, parce qu'on y rencontre quantité de terres nouvelles, à la naissance, au développement desquelles on assiste, parce qu'il existe en Océanie des vieilles races qui sont en voie de s'éteindre et dont les représentants deviennent de plus en plus rares; politique, parce que l'histoire des établissements de l'Angleterre en Australie est trop récente pour qu'on ait eu le temps de l'oublier et qu'on reste émerveillé des progrès incroyables accomplis par les colons de Port Philipp et leurs descendants depuis moins d'un siècle. Quelle est curieuse à écrire l'histoire de l'Océanie, quel intérêt poignant elle offre! Si le volume consacré à l'Océanie dans l'*Univers pittoresque* est un des meilleurs de cette précieuse collection; si, à certains points de vue, il reste encore à la hauteur de la science, sous le rapport de l'anthropologie, de l'ethnographie, de la linguistique, il est aujourd'hui tellement dépassé qu'il est complètement à refaire. Pour tentante qu'elle soit, ce n'est pas une pareille tâche que nous pourrons entreprendre ici, nous ne pouvons qu'à grands traits, en ne tenant compte que des faits saillants, donner à nos lecteurs une idée de la variété des localités, des mœurs, de l'origine des habitants. Qu'on ait une carte sous les yeux, on sera immédiatement frappé de ce fait que toutes les grandes îles et terres océaniennes sont accumulées et pressées dans l'ouest alors que l'orient est privé d'îles même médiocres et que l'immense solitude du Pacifique n'est troublée que par des îlots rocheux comme l'île de Pâques et des groupes d'îles madréporiques, comme l'archipel Dangereux. Il est facile de voir que les Philippines, Bornéo et les grandes îles de la Sonde ne sont que le prolongement de ces hautes terres asiatiques qui commencent avec le Kamtschatka pour se continuer par le Japon, terres qui n'offrent sur partout un rempart aussi solide aux flots démontés du Pacifique, tandis que les Célèbes, les Moluques et les petites îles de la Sonde, séparées de l'Asie par une faille profonde qui passe par les détroits de Bali, de Macassar et la mer de la Sonde, appartiennent incontestablement au continent australien. L'exploration sous-marine est venue confirmer un fait que l'étude de la géologie, de la flore et de la faune de ces régions avait déjà décelé. Les deux parties asiatique et australienne que l'on porte le nom générique de Malaisie, du nom de la race de leurs habitants, ont cependant un certain nombre de traits communs et l'un des plus curieux est cette abondance de volcans qu'on rencontre aussi bien aux Philippines qu'aux Moluques, à Sumatra, qu'à Java, dans les petites îles de la Sonde à Célèbes où la péninsule de Menado et les îles qui en dépendent en comptent plusieurs. Mais, ce qu'il y a de curieux, c'est que tous ces volcans en activité ou éteints forment une ceinture en dehors de laquelle aucune activité plutonienne n'est constatée; il n'existe pas un volcan à Bornéo dont les montagnes élevées (le pic de Kini-balou à 4,175 m.) sont d'origine granitique et l'on ne trouve pas un cratère ancien ou récent dans les trois autres péninsules de Célèbes. On n'a pas oublié l'éruption du Krakatoa (1883) qui a complètement changé les conditions de navigabilité du détroit de la Sonde et qui a coûté la vie à plus de 30,000 personnes. Bien d'autres éruptions ont bouleversé Java, causant chaque fois des désastres épouvantables, transformant le pays, anéantissant le fruit du travail de plusieurs générations. Que si nous passons maintenant à l'Australie, nous constaterons qu'elle est environnée, au large, par un chapelet de grandes terres qui ont dû, à un moment donné, en faire partie ou qui, à une époque qu'on peut prévoir, y seront réunies. Ce sont, au nord, la Nouvelle-Guinée ou Papouasie, qui n'en est séparée que par le détroit de Torrès où les polypes qui produisent le corail élèvent depuis des siècles une barrière qu'il n'est déjà plus aisé de franchir, la Nouvelle-Calédonie et la Nouvelle-Zélande; au sud, la Tasmanie qu'un étroit chenal, le détroit de Bass, sépare du continent. Entre ces grandes terres existent des archipels plus ou moins considérables tels que les îles de l'Amirauté, la Nouvelle-Irlande et la Nouvelle-Bretagne, que les Allemands ont baptisées du nom d'archipel Bismark, les îles Salomon, l'archipel des Lusiades, les Nouvelles-Hébrides, les Loyalty, Norfolk et les Fidji. C'est cette grande division de l'Océanie qui a reçu de la teinte foncée de ses habitants le nom de Mélanésie. Quant à la Micronésie, ainsi appelée à cause de la petitesse de ses îles, elle se compose des îles Bonin-Sima, voisines du Japon, des archipels des Mariannes, des Pelew, des Carolines, des Marshall, des Mus-graves, des Gilbert et de quantité d'autres îlots dispersés dans le Pacifique. La Polynésie s'étend sur une aire liquide infiniment plus considérable. C'est, au nord, l'archipel Hawaï ou Sandwich, où le grand navigateur anglais Cook trouva la mort, les groupes des Wallis, des Amis, de Samoa ou de Bougainville, de Taïti ou de la Société, des Gambier ou Mangareva, Nouka-Hiva ou Marquises, l'archipel Dangereux ou Pomotou; enfin, séparée de toutes les autres, cette île de Pâques, fameuse par les statues gigantesques que les dessins tant de fois reproduits, qui accompagnent le voyage de Cook, ont rendues populaires. Toutes les îles de l'Océanie, grandes ou petites, sont aujourd'hui occupées ou sur le point de l'être par des nations européennes. Les Espagnols possèdent ce grand archipel des Philippines qu'ils ne connaissent même pas dans toutes ses parties et où l'on rencontre les *negritos*, ces derniers débris d'une race qui a précédé les Malais. Ce n'est qu'après une lutte séculaire contre les sultans indigènes que les Espagnols ont pu consolider leur domination. Les principales de ces îles, Luçon, Mindoro, Panay, Samar, et Mindanao ont été tout dernièrement explorées au point de vue de l'ethnographie et de l'histoire naturelle par le Dr Montano et M. Marche, l'ancien compagnon du marquis de Compiègne sur l'Ogoué. Cet archipel, si l'on y ajoute les Mariannes et les Carolines qui viennent de faire l'objet d'une convention récente avec l'Allemagne, ne comprend pas moins de 6.300,000 individus répartis sur une aire de 300,000 kil. Les indigènes, complètement soumis à l'influence des prêtres, ont adopté presque partout des mœurs qui se rapprochent de celles des Européens. Le sucre, le tabac, le café, le chanvre de Manille sont les principaux produits d'un archipel dont les richesses sont loin d'être toutes exploitées par les indolents Espagnols, car le commerce extérieur ne dépasse pas 200 millions de francs. Manille, la capitale de l'archipel, compte 150,000 habitants; c'est un port de commerce important, voisin d'une grande et pittoresque lagune qu'on appelle le lac de Baye. Cavite, la seconde ville, n'est qu'un port militaire qui laisse, même à ce point de vue, considérablement à désirer. Ajoutons que les Espagnols ont récemment pris possession de l'archipel Soulou ou Jolo, qui était depuis de longues années un véritable repaire de forbans. Au-dessous des possessions espagnoles, s'étendent les colonies hollandaises qui portent le nom générique d'Indes néerlandaises et qui embrassent la plupart des îles de la Malaisie. Cet immense empire colonial est merveilleusement riche, car, à côté des ressources minérales, l'or, le diamant, la houille, sans compter toutes les mines opulentes que nous révèlent les *Annales des mines des Indes néerlandaises*, on trouve les perles, le café, le thé, le riz, le tabac, le camphre et ces épices dont les Hollandais étaient si jaloux, qu'à une certaine époque ils en avaient défendu l'exportation sous peine de mort. Les sultans indigènes, à qui les Hollandais ont laissé leur ombre de pouvoir, sont les intermédiaires entre les indigènes et les Européens. Cet empire colonial, qui fait avec la Hollande un commerce de 700 millions, est l'idéal de la colonie d'exploitation, et ce système a produit de si excellents résultats qu'on ne sait trop lequel admirer le plus de l'habileté des Européens ou de la patience des indigènes qui se laissent si facilement exploiter. Le nombre des Hollandais est absolument ridicule, comparativement à la population indigène qui ne compte pas moins de 27 millions d'individus. L'armée même est presque tout entière malaise, seuls les officiers sont Hollandais; mais le gouvernement est si convaincu de l'obéissance de ses sujets qu'il n'a aucune crainte à cet égard. L'accroissement de la population, qui a doublé en quinze ans à Madoura, prouve éloquemment combien les Malais sont contents de leur sort; combien, depuis si longtemps qu'ils sont asservis, ils ont renoncé à toute idée de résistance, à tout désir d'indépendance. Batavia, la capitale, compte près de 100,000 hab. Citons encore les noms de Sourabaya, de Samarang et d'Amboine, cette dernière cependant bien déchue de son antique prospérité. Certaines de ces îles renferment encore des restes intéressants de l'architecture antérieure à la conquête. Ce sont des îles et des temples entre lesquels celui de Boro Boudour, dans l'île de Java, passe pour un des types les plus réussis de l'architecture hindoue. Des ethnographes ont récemment imposé aux colonies hollandaises le nom d'Insulinde. Que si nous passons maintenant aux colonies anglaises désignées sous le nom générique d'Australasie, nous nous arrêterons d'abord sur la Nouvelle-Hollande, comme on appelait encore au commence-

19

ment du siècle, le continent austral. Fort peu découpée, l'Australie a vingt fois moins le côtes que l'Europe, bien qu'elle soit égale en superficie au six-septièmes de ce continent. Ses principales dentelures sont : au N., la péninsule d'Yorke, le golfe de Carpentarie ; au S., le golfe Spencer, sans compter à l'O. la baie des Chiens-Marins, et, au S., la Tasmanie, qui faisait bien évidemment partie de la grande terre. La constitution géologique, que l'on connaît aujourd'hui fort bien, nous révèle que c'est une terre très ancienne, mais qui n'a pas été, comme les autres continents, soumise à des révolutions qui en aient bouleversé les entrailles et la surface. C'est à ce même caractère de vétusté qu'il faut attribuer la faune et la flore singulières qu'elle possède. A proprement parler, tout l'intérieur de l'Australie ne forme qu'un immense plateau défendu à l'E. par une chaîne de montagnes élevées qui portent les noms de montagnes Bleues, d'Alpes australiennes, qui ont opposé longtemps un sérieux obstacle au développement de la civilisation. Cette plaine intérieure est singulière : là, la roche primitive se montre à nu, plus loin, c'est un sable inculte couvert de *spinifex*, ailleurs, c'est une glaise rouge desséchée et fendue pendant l'été, humide et marécageuse pendant la saison des pluies. Cependant, il existe dans certaines vallées d'admirables terrains propres à l'élève des bestiaux. Les pluies ne peuvent pénétrer dans le sol, restent à la surface, et sont par conséquent incapables d'alimenter des sources. Quant aux fleuves, leur reconnaissance, la recherche de leurs sources, ont donné lieu à des explorations nombreuses, toujours fatigantes et dangereuses, quelquefois mortelles. Il n'y a pas encore beaucoup d'années qu'on est arrivé à se rendre compte de leur bizarre régime, très différent de ce que nous trouvons partout ailleurs. Tous les cours d'eau qui méritent le nom de fleuve prennent leur source sur le versant intérieur des chaînes côtières. Pour la plupart, ils sont, dans leur partie supérieure formés par une série de petits lacs qui se rejoignent dans la saison des pluies, mais qui, le plus souvent, ne fournissent qu'un débit intermittent. Qu'un fleuve ait commencé à couler, on le verra tout à coup, faute de pente, s'épandre au loin, former un immense marécage et ne reprendre son cours qu'après une longue interruption. Il en résulte que pendant l'hivernage les rivières ont une largeur considérable, entretiennent une luxuriante végétation, qui disparaît rapidement sous les feux de l'été, lorsque le fleuve s'est lui-même pour ainsi dire complètement évanoui. Une autre particularité de ces singuliers fleuves, c'est que, pour se jeter à la mer, ils sont comme les rivières de l'Afrique, obligés de se frayer un passage à travers la chaîne côtière. Les plus connus sont le Murray qui, grossi du Murumbidge et du Darling, qui reçoit à son tour le Macquarie, se perd dans une lagune intérieure séparée de la mer par une langue de sable, le Brisbane, la rivière des Cygnes ou Swan River, et sur la côte septentrionale, la Victoria, le Roper et le Flinders, qui, situés dans la zone équatoriale, sont plus gros et peuvent recevoir des caboteurs. Après cette description physique, forcément bien écourtée, il importe de dire quelques mots de la géographie politique de l'Australie. Tout le monde sait qu'avant 1788, ce continent n'avait d'autres habitants qu'une race indigène peu nombreuse qu'on relègue généralement au plus bas de l'échelle humaine et dont les représentants, pourchassés par les colons, ont presque entièrement disparu. C'est afin d'établir une colonie pénitentiaire que sir Arthur Philipp débarqua d'abord dans la baie de la Botanique, puis à Port Jackson où il fonda la ville de Sydney.

Tels furent les très humbles commencements de cet immense empire dont les liens qui l'attachaient à la métropole ont été sagement et successivement relâchés. Peu à peu, la colonisation s'étendit et le continent fut attaqué sur des points divers. En 1836, Melbourne fut fondée par des colons de la Nouvelle-Galles du Sud ; sept ans auparavant la capitaine Stirling s'était établi à l'extrémité sud occidentale sur les bords de la Swan River. Mais ce qui donna un élan considérable à la colonisation, ce fut, en 1842, la découverte de mines de cuivre, et, neuf ans plus tard, de mines d'or qui ont amené par la profusion de ce métal une crise monétaire très aiguë. Aujourd'hui, l'Australie est découpée en six tranches inégales : l'Australie septentrionale, le Queensland, la Nouvelle-Galles du Sud, Victoria, l'Australie méridionale et l'Australie occidentale qui s'administrent elle-mêmes avec deux chambres sous le contrôle d'un gouverneur nommé par la métropole. La population totale dépasse aujourd'hui deux millions et demi, et par sa propre fécondité et par une émigration assez importante, mais qui se répartit fort inégalement dans les diverses colonies. Une remarque qu'on a faite souvent, c'est qu'en Australie, la constitution politique de chaque colonie est adéquate à sa constitution physique. C'est ainsi que dans les pays à pâturages et par conséquent à grandes propriétés, comme le Queensland et Victoria, la constitution est plus aristocratique que dans ceux où les mines et l'industrie dominent, comme la Nouvelle-Galles. De là aussi une politique économique différente, certains pays étant protectionnistes alors que les autres sont libre-échangistes. Mais l'immensité des territoires, la divergence des intérêts, les difficultés inhérentes aux différences des régimes douaniers sont des ferments de discorde, et l'on peut prévoir le jour où, les premières colonies s'étant déjà démembrées pour constituer les nouvelles, celles-ci à leur tour seront forcées de se diviser et d'accorder l'autonomie à certaines parties de leurs territoires, où les conditions de l'existence diffèrent radicalement. Quoi qu'il en soit, malgré sa population clairsemée, l'Australie fait un commerce de deux milliards et demi, et jette dans le monde entier, une profusion que peuvent seuls comprendre ceux qui ont vu à l'œuvre la hardiesse et l'esprit d'entreprise de ses habitants, de la laine, de l'or, du charbon, du cuivre, de l'étain, etc. Cette production excessive a influé d'une manière extrêmement sensible sur le marché européen ; il est difficile, avec notre esprit routinier, de lutter contre des négociants qui recherchent constamment le progrès et appliquent immédiatement à leur industrie les dernières découvertes de la science. A l'Australie proprement dite, il faut ajouter la Tasmanie qui, devenue colonie pénitentiaire au moment où Sydney protesta contre cette plaie, ne s'en est vue délivrée qu'en 1853. Elle aussi jouit d'une constitution qui lui est propre et s'administre elle-même comme ses voisines sous le contrôle de la métropole. A l'E. et au large de l'Australie, s'étendent en arc-de-cercle les deux grandes îles qui constituent la Nouvelle-Zélande, pays qui, grand comme la moitié de la France, compte un demi-million d'habitants, bien qu'il n'y ait encore que quarante-cinq ans que les Anglais s'y sont établis. Le système de colonisation a été tout particulier à la Nouvelle-Zélande. Les progrès étonnants réalisés par cette colonie semblent donner raison au système préconisé par Wakefield. Les indigènes ou Maoris, refoulés, disparaissent tous les jours comme l'ont fait ces animaux si curieux qu'on ne retrouve plus qu'à l'état fossile, les moas ou dinornis. Ce qui a fait la fortune de la Nouvelle-Zélande, c'est, outre

ses mines d'or, ses excellents pâturages et ses terres à blé qui lui permettent depuis longtemps déjà d'approvisionner les marchés de l'Australie. Outre la Nouvelle-Calédonie dont la France a pris possession en 1853 et que nous décrivons avec les colonies françaises, nous n'avons plus en fait de grandes terres voisines de l'Australie qu'à citer la Nouvelle-Guinée ou Papouasie. Les Hollandais en possédaient depuis longtemps mais plus nominalement qu'effectivement, la partie occidentale. Les colons australiens s'en sont adjugé il y a deux ans un respectable morceau et l'an dernier l'Allemagne est venue planter son drapeau sur la partie orientale ainsi que sur les archipels voisins. Si au point de vue de l'histoire naturelle et de l'etnographie, la Nouvelle-Guinée est mieux connue depuis les explorations d'Albertis, de Beccari et de Mikluko-Macklay, au point de vue physique elle réserve plus d'une surprise à ses découvreurs. Déjà les Anglais ont remonté une assez grande rivière, la Fly, qui se jette dans le détroit de Torrès et vu une chaîne de hautes montagnes dont la cime la plus élevée, le mont Owen, n'aurait pas moins de 4,000 m., mais il reste encore terriblement à faire. Nous regretons de voir entre les mains de l'Allemagne l'archipel de la Nouvelle-Irlande et les Lusiades ; ce sont des terres maintes fois explorées par nos marins, mais nous croyons que le climat excessivement humide et malsain de ces localités ne rendra pas facile la tâche des Allemands. Quant à l'archipel des Nouvelles-Hébrides, il a été la fois convoité par les Anglais et les Français ; ces derniers y ont créé des plantations considérables et l'on regretterait de voir des terres fécondées par nos compatriotes passer en des mains étrangères. Les Anglais possèdent encore l'archipel Fidji que Dumont d'Urville, qui l'explora, appelle les îles Viti, et un certain nombre d'îlots épars sur lesquels ils ont créé des dépôts de charbon et des établissements sans importance. Quant aux Américains des États-Unis, ils se sont installés dans l'archipel Samoa ; les Français possèdent enfin les Marquises et l'archipel de Taïti, qui se trouve sur la route directe de Panama en Australie. Déjà le nombre des lignes de paquebots qui parcourent le Pacifique s'est singulièrement augmenté ; la plus importante jusqu'ici est celle de San-Francisco, qui fait escale aux Sandwich, petit royaume indépendant, chrétien, sur lequel M. de Varigny nous a fourni un volume plein de renseignements curieux et intéressants. Que si maintenant on comparait une carte de l'Océanie avec celles que les Brué, les Mentelle et autres géographes du commencement du siècle ont publiées, on serait étonné de voir les différences considérables qu'elles comportent. D'une part, un grand nombre d'îles, d'îlots et d'écueils sont sur les premières fort mal placés ou existent dans des positions où nos navigateurs ne rencontrent qu'une mer sans limite ; sur les secondes figurent des archipels entiers dont on ignorait l'existence ou dont la position était mal connue. Sur ces dernières, enfin, sont indiquées des villes considérables comme Wellington, Dunedin, Auckland, dans la Nouvelle-Zélande, comme Melbourne, qui a 300,000 hab., Adelaïde, qui en compte 40,000 ; Sydney, qui en possède 250,000, etc. Il existe une locution qui dit : « Les morts vont vite » ; nous pouvons dire aujourd'hui : Les vivants vont vite, et l'on ne saurait trop admirer la transformation, ou plutôt la création, de tant de villes, d'établissements industriels, de mines, de docks, de ports, travaux qui ont nourri des milliers d'individus et qui exercent le plus salutaire influence sur le développement matériel et moral de la race humaine.

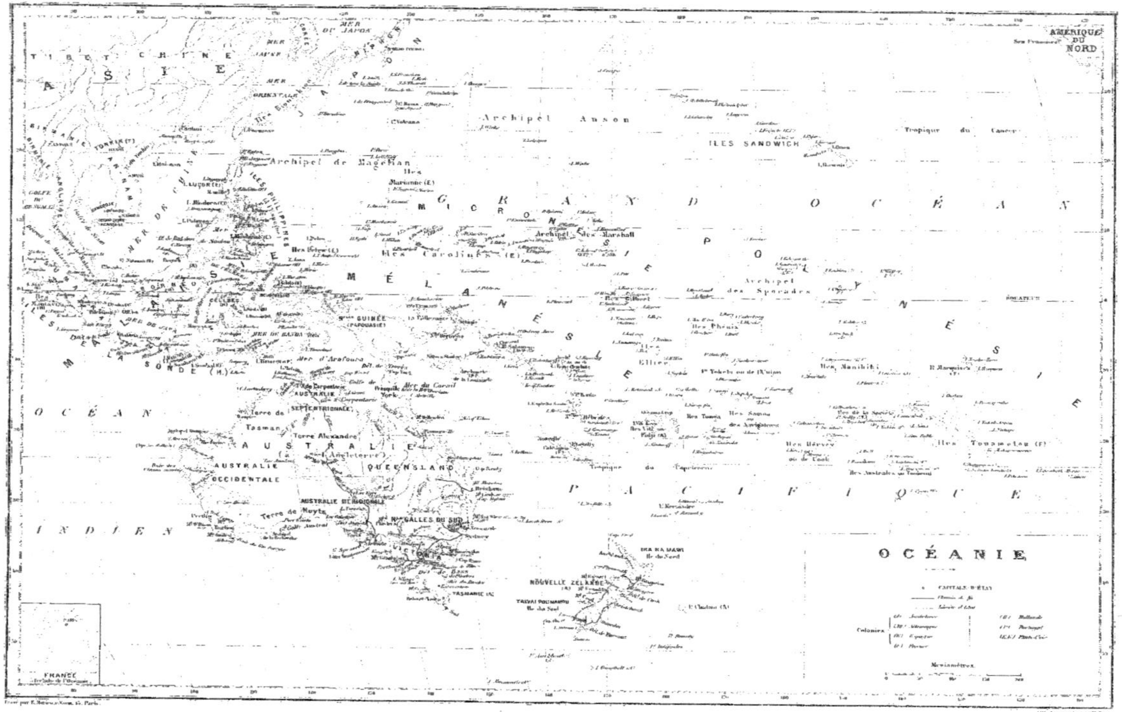

OCÉANIE

AMÉRIQUE DU NORD

OCÉAN PACIFIQUE

Tropique du Cancer

ILES SANDWICH

Archipel Anson

MICRONÉSIE

Archipel de Magellan

Iles Carolines

Archipel Gilbert

Archipel des Marshall

MÉLANÉSIE

POLYNÉSIE

Archipel des Sporades

Iles Viti

Iles Marquises

Iles Toungatabou (?)

Iles Havaï

Tropique du Capricorne

TIBET

CHINE

CORÉE

MER DU JAPON

MER JAUNE

MER DE CHINE

BIRMANIE ANGLAISE

ILES PHILIPPINES

Nlle GUINÉE

SONDE

OCÉAN INDIEN

AUSTRALIE OCCIDENTALE

Terre de Nuyts

Tasmanie

AUSTRALIE MÉRIDIONALE

QUEENSLAND

NOUVELLE-GALLES DU SUD

Terre de Diémen

NOUVELLE-CALÉDONIE

MER DE CORAIL

NOUVELLE-ZÉLANDE

Ile du Nord

Ile du Sud

Détroit de Cook

FRANCE

OCÉAN PACIFIQUE

PAYS-BAS

La Hollande, ainsi qu'on désigne le plus souvent les Pays-Bas, n'est pas, à proprement parler, le véritable nom moderne des Provinces-Unies. Ce n'est le nom que d'une seule province et l'appellation de *Neerland* ou Pays-Bas, serait la seule rationnelle si l'usage contraire n'avait prévalu. Nous ne savons guère, avant que les Romains en aient entendu parler, ce qu'étaient les Pays-Bas. Pour César, c'est une île, l'île des Bataves; couverte par les flots d'une mer furieuse pendant six mois de l'année, l'île des Bataves était inabordable. César fut cependant heureux de conclure un traité d'alliance avec les Bataves qui formaient déjà une puissante confédération, lorsqu'il entreprit la conquête de la Gaule Belgique. Les Bataves, Frisons et Bructères recouvrèrent un moment leur indépendance nationale au moment où l'empire succomba sous les invasions répétées des barbares, mais ils n'en jouirent pas longtemps, car ils furent soumis par Charles Martel, christianisés par Charlemagne, après la mort duquel le pays fut divisé en petits États indépendants. La plus grande partie du pays passe par héritage, au xve siècle, entre les mains de Philippe de Bourgogne, et, après la mort de Charles le Téméraire, arrive par le mariage de sa fille Marie avec Maximilien, entre les mains de la maison d'Autriche. C'est l'époque de splendeur pour les Pays-Bas, car au développement du commerce et de l'industrie va correspondre l'ère des grandes expéditions maritimes, l'établissement de ces puissantes colonies dans les îles aux Épices, qui devaient faire la fortune de la Hollande. La Réforme est accueillie avec faveur dans tout le pays, mais réprimée avec une cruauté impitoyable par le cardinal de Granvelle et le duc d'Albe. La ligue des *Gueux* se forme pour résister aux horribles massacres de l'Inquisition, et de cette opposition légale sort bientôt la révolte générale contre la domination espagnole et la déclaration d'indépendance des sept Provinces-Unies (1579). A partir de cette époque, l'histoire de la Hollande est trop connue pour que nous en rappelions autre chose que ses faits principaux : la lutte héroïque contre Louis XIV, l'avènement au trône d'Angleterre de Guillaume III, le rétablissement du stathoudérat en faveur de Guillaume V, et, au milieu du xviiie siècle, la période de décadence que clot la conquête du pays par les Français, la constitution de la république batave, l'établissement du royaume de Hollande en faveur de Louis Bonaparte en 1810, sa réunion à l'Empire français, dont elle forme les départements : Bouches de la Meuse, Bouches de l'Yssel, Ems occidental et oriental, Frise, Yssel supérieur et Zuyderzée. En 1814, les puissances sont d'accord pour réunir la Hollande à la Belgique et en former un royaume qu'on donne à Guillaume-Frédéric d'Orange. Cette union est dissoute en 1831, et les Pays-Bas forment depuis cette époque, un royaume indépendant. La Hollande, par sa situation toute particulière, a gardé jusqu'ici une physionomie spéciale ; ses marécages de l'embouchure de l'Ems et les marais de Bourtange, en l'isolant de l'Allemagne, l'ont soustraite à l'influence germanique ; de l'autre côté, elle

ne pouvait guère se sentir attirée vers la France dont la séparent les populations flamandes, la race française ne dépassant guère les collines de l'Artois et les montagnes des Ardennes. Cette situation privilégiée a d'ailleurs été favorisée par l'Angleterre qui ne se souciait en aucune façon de voir entre les mains d'une puissance comme la France les bouches de la Meuse, du Rhin et de l'Escaut, c'est ce qui l'avait déterminée à insister pour la création d'un royaume neutre en 1814. Nous avons indiqué ailleurs les causes de la rupture entre la Belgique et la Hollande ; les différences de mœurs, d'aptitudes autant que d'intérêts y avaient contribué puissamment. Presque toute la contrée est plate et basse, les parties les plus voisines des côtes sont même absolument au-dessous de la mer, et l'eau doit être pompée, épuisée au moyen de moulins à vent qui la rejettent dans des canaux qui l'emportent à la mer. A la place du Zuyderzée, s'étendait un grand lac séparé de la mer par une dune de sable. En 1225, l'Océan enflé, passa par dessus cette digue naturelle, pénétra dans le lac, et, en se retirant, emporta la barrière qu'il avait si facilement franchie ; le lac était devenu un golfe, la mer du Sud. Cinq ans plus tard, nouvelle irruption de l'Océan qui, du coup, ne noie pas moins de cent mille hommes ; à la fin du siècle, les bords du Zuyderzée sont envahis, et lorsque, le flot se retire, il emporte, avec les débris de toutes sortes, plus de 80,000 individus. Une pareille situation était intolérable; on ne pouvait rien entreprendre, on était à la merci quotidienne d'un élément furieux; il fallait faire des travaux gigantesques pour empêcher le retour d'événements aussi désastreux. A cette tâche si rude, si coûteuse, qui exige une surveillance continuelle, les Hollandais n'y ont jamais failli et c'est à leur persévérance qu'ils doivent non seulement d'avoir pu conserver le sol qui les porte, mais d'en avoir même reculé les limites aux dépens de la mer. Sur plus de 50 milles, la côte est défendue par une triple muraille de pilotis enfoncés à travers la tourbe jusqu'au sable, l'intervalle qui les sépare est garni d'énormes blocs de granit importés à grands frais de Norvège. Si le pays n'était pas découpé par une série de canaux, les uns ne servant qu'à l'écoulement des eaux et au drainage des terres, les autres plus profonds, transformés en routes intérieures que parcourent des bâtiments d'un fort tonnage, plus des deux cinquièmes du pays seraient sous l'eau. Toute la partie au S. du Zuyderzée, ce golfe de 300,000 hectares, est constituée par les alluvions séculaires du Rhin, de la Meuse et de l'Escaut. A peine a-t-il pénétré en Hollande, que le Rhin se dédouble, la branche de droite ou Leck se subdivise encore et, sous le nom de Vieux Rhin, n'emporte à la mer qu'une très faible partie des eaux du fleuve. Encore ce courant fut-il trop faible au commencement du siècle pour se frayer un passage à travers les sables amoncelés sur le rivage par les vents et les courants et dut-on lui creuser un lit qui lui permit de gagner la mer. Le second bras, le plus au S., a pris le nom de Waal; c'est lui qui emporte à la mer les sept dixièmes du cours du Rhin, et qui recevant dans sa partie tout à fait infé-

rieure la Meuse, voit son embouchure se partager en plusieurs branches, dont certaines même rejoignent le delta de l'Escaut. C'est ce qu'on appelle les embouchures de la Meuse, bien que cette rivière ne soit, à proprement parler, qu'un affluent du Rhin. Entre toutes ces branches, ces estuaires, s'alignent un nombre considérable d'îles de dimensions et de formes diverses, dont Walcheren, Beveland, Schouwen, Tholen, Over, Flakkee, Voorne, Beyerland sont les plus importantes et les plus connues. Derrière ce premier rempart d'îles qui ne sont que des fragments arrachés à la grande terre et qui sont, par conséquent, des dunes ou des marais, s'étend la muraille des digues qui protège l'intérieur du pays. Une fois drainées, les terres basses ou *polders* sont défrichées et se couvrent bientôt de riches moissons, car le sol est riche et humide. Ainsi, partout c'est le même spectacle : un damier dont les cases sont verdoyantes ou dorées suivant la saison, dont les raies séparatives sont formées par les canaux que sillonnent à tout moment de simples voiliers ou de rapides steamers. C'est un spectacle bien curieux, que la rencontre de ces bateaux aux voiles éployées qui voguent au milieu de la campagne, dont les ailes blanches font un singulier contraste au milieu de la verdure des champs de houblon, de tabac, de chanvre ou de lin. Quant aux routes pavées de briques, elles sont gaies avec leur bordure de grands arbres au milieu desquels émerge le clocher de quelque église ou le toit de quelque ferme. Puis ce sont des vergers et des jardins admirablement cultivés où le flegmatique Hollandais, la pipe à la bouche, admire ses légendaires tulipes, ses jacinthes ou ses jonquilles. Un des canaux les plus importants et les plus récemment construits est celui de la Hollande septentrionale. Il permet le passage à de gros navires et, depuis le Helder, s'enfonce pendant plus de quarante milles dans les terres et met Amsterdam en communication directe avec la mer du Nord. Un travail non moins considérable est le drainage de la mer de Harlem, accompli de 1840 à 1853, et dont les 180 kilom. carrés sont occupés aujourd'hui par de gras pâturages et des champs couverts de riches moissons. Mais il est une autre entreprise bien plus gigantesque, qui a reçu dernièrement la sanction du gouvernement, c'est le dessèchement de toute la partie méridionale du Zuyderzée, œuvre colossale et à la veille d'être entreprise. Il ne faudrait pas croire cependant que la Hollande revête partout le même caractère, que partout sa population soit aussi dense. Sur 33,000 kil. carr. de superficie vivent près de 4,000,000 d'hab., soit 125 par kil: carr. Dans toute sa partie orientale, qui confine à l'Allemagne comme dans les provinces, qui touchent à la Campine belge, c'est-à-dire de la Frise, de Groningue, de la Drenthe, de l'Over-Yssel, de la Gueldre, du Brabant et du Limbourg hollandais, il existe de larges espaces sablonneux et d'immenses tourbières. Sous une autre forme, l'industrie et l'activité hollandaises se sont révélées dans l'exploitation de ces terrains misérables. Les tourbières ou *hooge veenen* existent particulièrement sur la frontière de Hanovre et le marais de Bourtange n'est pas autre chose

Ces tourbières sont exploitées de diverses manières : des unes on extrait la tourbe, dans les autres, on la brûle afin d'obtenir des cendres fertiles au milieu desquelles pousse facilement le sarrasin. Mais ces incendies de tourbières durent pendant des semaines et des mois; une fumée âcre et facilement reconnaissable s'en dégage, que les vents d'O. poussent souvent à travers toute l'Allemagne et jusqu'en Hongrie. Quant aux landes, les bruyères et les ajoncs qui les couvrent sont coupés, arrachés; ils sont utilisés comme litière et, après avoir passé par l'étable, ils sont mis en tas et servent d'engrais. C'est ainsi que, par un lent mais continuel progrès, l'étendue des terrains incultes diminue d'année en année, et que le bien-être, sinon la fortune, récompense le travail et la persévérance du cultivateur hollandais. Le climat de la Hollande rappelle beaucoup celui de l'Angleterre, bien que le caractère maritime y soit moins accusé et qu'en raison de l'abondance de ses eaux et de ses canaux, il soit plus humide. Des brouillards épais lui viennent de la mer du Nord, et, pendant l'hiver, il n'est pas rare de voir le pays disparaître sous la neige; les rivières et les canaux profondément gelés présentent une animation anormale, tous les habitants se rendant en patinant à leurs affaires ou au marché. Le caractère de la population se ressent singulièrement et du pays et des difficultés que, depuis des siècles, il a eu à surmonter. Braves, actifs, économes, propres à l'excès, excellents marins et commerçants, tels sont les Hollandais. La vie de famille a longtemps, chez eux, été en honneur, et l'amour du *home*, de ses plaisirs discrets, de ses jouissances paisibles, est un des traits de leur caractère. Passionnés amateurs de bibelots, de livres, de peintures, on rencontre, en Hollande, d'étonnantes collections d'objets de tout genre rapportés au xvie siècle de la Chine et du Japon; si les musées publics sont admirablement riches et particulièrement en tableaux de peintres du pays, les collections particulières, qu'il est si difficile de visiter, sont nombreuses, et certaines renferment des œuvres d'un prix inestimable! Le protestantisme est représenté en Hollande par 60 p. 100 de la population, les juifs par 2 p. 100, le reste est catholique. Sous le rapport de l'instruction, les Hollandais sont arriérés, car, parmi la population rurale adulte, le tiers des femmes et le quart des hommes ne savent ni lire ni écrire. L'enseignement supérieur possède cependant des universités renommées à Leyde, Groningue et Utrecht. L'élevage du bétail, la fabrication du beurre et du fromage sont les principales industries de la contrée, car les pâturages l'emportent en étendue sur les cultures. Quoi qu'il en soit, l'orge, le blé, le seigle, les pommes de terre, le chanvre, la betterave, la chicorée, le tabac et le houblon, sont les principales cultures. La pêche du hareng dans la mer du Nord, qui date du xiie siècle, est encore une des sources les plus puissantes des revenus du pays, la pêche des morues sur le *Dogger-bank*, ainsi que dans les mers de l'Islande, emploie un grand nombre de bateaux et une foule de marins. Les ports de Vlaardingen, de Maasluis et Scheveningen sont les plus engagés dans ce genre d'entreprise. On construit beaucoup en Hollande, non seulement dans les villes, mais en pleine campagne où le nombre des fermes a singulièrement augmenté, où l'on élève constamment des moulins à vent qui servent à moudre la farine ou à épuiser les eaux. Les canaux et les digues nécessitent aussi un entretien continuel sans compter qu'on en édifie chaque jour de nouvelles et

que les travaux publics ont pris un développement qu'on ne voit à ce degré dans aucun autre pays. On ne peut pas dire que la Hollande soit un pays manufacturier, nous n'aurons à citer que les distilleries de gin à Schiedam, les manufactures de laine de Tilburg et de Leyde, et des manufactures de toile et de coton. Le commerce extérieur est considérable puisqu'il s'élève au tiers de celui de la France, à 3 milliards; nulle part on ne rencontre de pays où la proportion entre les chiffres de la population et du commerce soit aussi importante. Le mouvement des ports accuse un total de 8 millions de tonneaux et le commerce avec la France seule dépasse 76 millions. Les villes principales sont: la Haye ou *S'Gravenhage*, qui compte 111,000 hab. et est la résidence de la cour de Hollande; Amsterdam, la Venise du Nord, dont toutes les maisons sont bâties sur pilotis, dont les canaux innombrables servent de rues, dont les habitants se chiffrent par 310,000. C'était jadis le premier port du monde, alors que la Hollande faisait cinq fois plus de commerce que l'Angleterre, c'est encore aujourd'hui l'un des plus importants du globe. Rotterdam (147,000 âmes) est un port de commerce fort considérable. Le Helder, à l'embouchure d'un des détroits qui mettent en communication le Zuiderzée avec la mer, Berg-op-Zoom; Bois-le-Duc, qui s'appelle en hollandais s'Hertzogenbosch, toutes trois villes fortifiées; Maestricht sur la Meuse, Nimègue sur la Waal, Utrecht (68,000 hab.), Deventer sur l'Yssel, Groningue, Leuwarden, Zwolle, Arnheim; Breda fameuse par le traité de 1667 entre l'Angleterre et la Hollande. Les facultés colonisatrices de la Hollande sont merveilleuses; son empire colonial pourtant encore si considérable, n'est rien en comparaison de ce qu'il aurait pu devenir si la fortune avait constamment favorisé ce petit peuple entreprenant. Ce sont les Hollandais qui jetèrent en 1621, dans l'île de Manhattan, les fondements de cette immense cité qu'ils baptisèrent du nom de Nouvelle Amsterdam et qui est devenue depuis cette ville de New-York dont les agrandissements successifs ne se comptent plus. On sait que les Hollandais s'établirent aussi au Brésil et qu'ils avaient presque entièrement conquis cet immense empire lorsqu'ils en furent définitivement chassés au xvie siècle par les habitants. Ils possèdent encore en Amérique, la Guyane dite hollandaise qu'ils conquirent en 1667 sur les Anglais et dont la possession leur fut assurée par la paix de Breda. Surinam, Berbice et Demarari étaient les principales localités de cette colonie de plantation avant que toute la partie connue aujourd'hui sous le nom de Guyane anglaise ait été arrachée aux Hollandais par les traités de 1815. Sur la Guyane hollandaise, le prince Roland Bonaparte a publié, il y a deux ans, un magnifique volume qui nous fournit nombre de renseignements curieux sur l'anthropologie et l'ethnographie des populations indiennes et nègres de ce pays. Dans les Antilles, la Hollande possède outre Curaçao, où l'on cultive la muscade, la canne à sucre et le maïs, où l'on fabrique la liqueur connue sous le nom de Curaçao, les petites îles Aves, Saint-Eustache, Saba et partie de l'île Saint-Martin dont l'autre moitié est occupée par la France. Mais les possessions américaines de la Hollande ne sont pas, à beaucoup près, les plus importantes. En Afrique, elle possède Saint-George de la Mina; elle a été maîtresse de la colonie du Cap de Bonne-Espérance, et les Boers, ces rudes pasteurs, ces chercheurs d'or et de diamants, sont les descendants de colons néerlandais; ils parlent encore un hollandais légèrement corrompu, leurs mœurs se sont longtemps ressenties de leur lieu

d'origine. On n'a pour s'en convaincre qu'à lire les amusants récits de voyage du naturaliste français Levaillant qui parcourut l'Inde, les Hollandais ont succédé aux Portugais; ils s'étaient établis à Ceylan en 1656 et n'en furent chassés par les Anglais qu'en 1795. Au reste, si l'on veut être édifié sur l'importance des établissements hollandais en Asie, on n'a qu'à parcourir l'excellent ouvrage de Valentyn; comme on trouvera des voyages de Barentz à la Nouvelle-Zemble, de Lemaire au détroit qui porte son nom, de Schouten et de Tasman en Océanie, des récits détaillés dans la collection des *Grands Voyages* de Théodore de Bry. Aussitôt qu'ils s'étaient aperçus du déclin de la puissance portugaise en Asie et en Océanie, c'est-à-dire à la fin du xvie siècle, les Hollandais avaient multiplié dans ces régions, les voyages de reconnaissance, prenant les informations auprès des indigènes et tâtant le terrain. La fondation de leur grande compagnie des Indes orientales date de 1602, presque aussitôt commence une politique de modération envers les indigènes excessivement habile et qui concilie de suite aux nouveaux possesseurs la sympathie de populations qui avaient été indignement foulées par les Portugais. Ce ne sont pas en conquérants qu'ils se présentent, ils ne viennent pas faire sonner bien haut leur épée, ils ne sont que de simples commerçants tout occupés du développement à donner à leur trafic. Ils se gardent bien de semer partout des forteresses qui nécessitent de grosses garnisons ruineuses; ils ne s'installent solidement qu'aux débouchés des principales routes de commerce; mais là, ils ne négligent rien, car ils n'entendent pas être dépossédés. En respectant les mœurs, la religion, le gouvernement des peuples chez lesquels ils s'établissent, ils ne les froissent pas; en ne se donnant pas comme des êtres supérieurs, ils ne blessent pas leur amour-propre, en ne cherchant à faire avec eux que des affaires, ils ne leur portent pas ombrage. Telle est la politique constamment suivie par les Hollandais dans l'établissement de leurs comptoirs. Ce n'est que progressivement et lorsqu'ils sont solidement assis dans le pays qu'ils se mêlent aux querelles intestines, font sentir le poids de leurs armes et obtiennent rapidement la soumission de peuplades incapables de lutter contre des hommes aguerris et bien armés. Devenus les caboteurs et, comme on a dit longtemps, les rouliers des mers, entre l'Inde, la Chine, le Japon et l'Océanie, les Hollandais commirent cependant une faute, ce fut de concentrer entre les mains de la Compagnie tout le commerce des épices et de proscrire, sous peine de mort, l'exportation de tout plant, de toute bouture, de toute graine de ces précieuses denrées. C'est alors que s'est faite en grand l'exploitation des peuples de Java, de Sumatra et des autres îles de la Sonde; c'est alors que, d'accord avec les rajahs et les sultans qu'on avait intéressés aux affaires, on tira de ces îles prodigieusement fertiles, ces trésors inépuisables qui portèrent au dernier point la richesse et la puissance de la Hollande. C'est le nerf de la guerre qu'elle avait si abondamment récolté en Océanie qui lui permit de résister à Louis XIV. Les colonies néerlandaises sont aujourd'hui Java, Sumatra, Madoura, Banca, Biliton, Bornéo méridional, Célèbes, Moluques, la Nouvelle-Guinée occidentale, la moitié de Timor, Bali, Lombock, etc., c'est-à-dire un empire colonial plus vaste que celui de la France, et y comprenant même les pays sur lesquels s'étend notre protectorat.

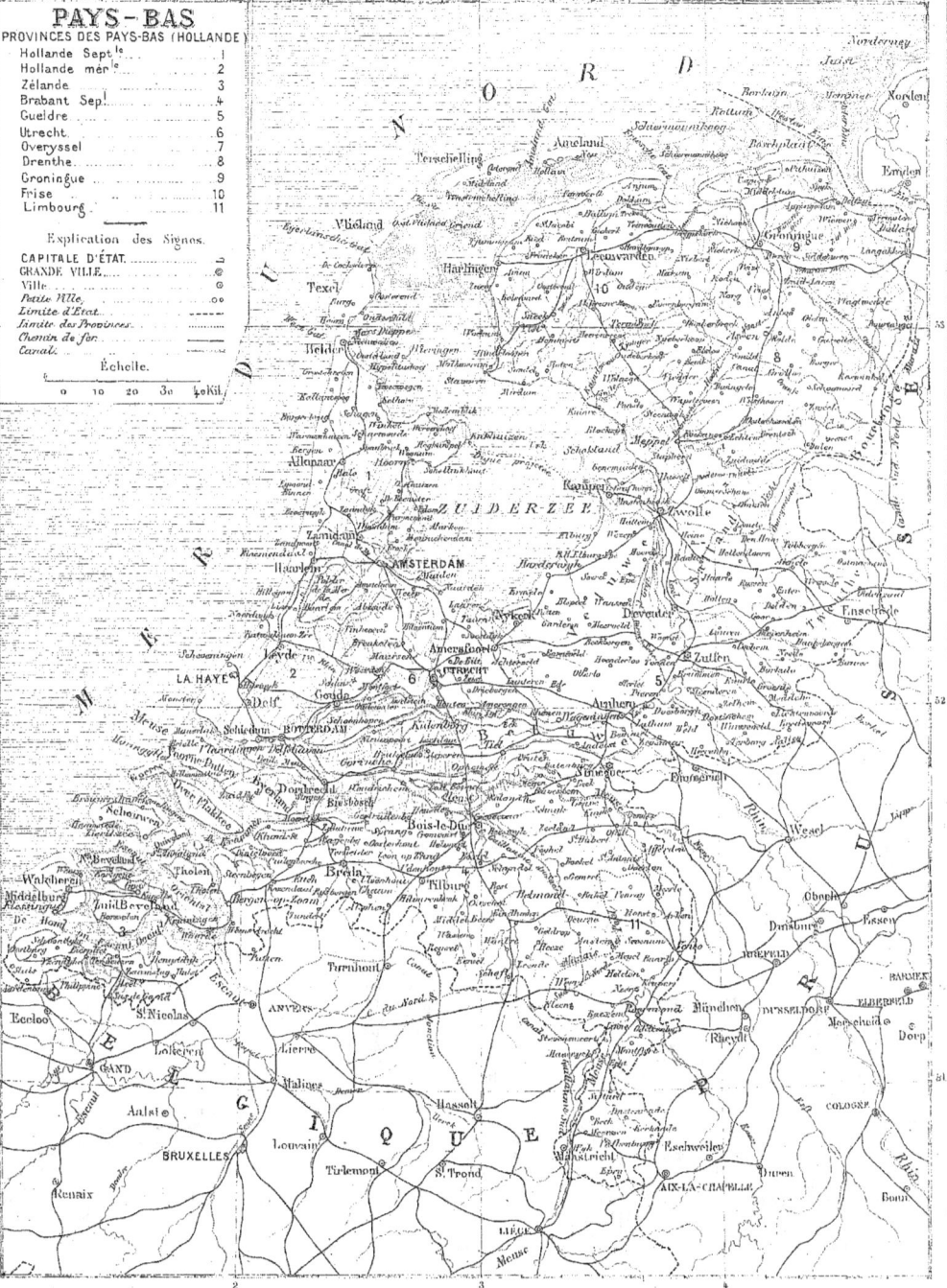

PAYS-BAS

PROVINCES DES PAYS-BAS (HOLLANDE)

Hollande Sept.ᵉ	1
Hollande mér.ᵉ	2
Zélande	3
Brabant Sep.ᵗ	4
Gueldre	5
Utrecht	6
Overyssel	7
Drenthe	8
Groningue	9
Frise	10
Limbourg	11

Explication des Signes.

CAPITALE D'ÉTAT	▣
GRANDE VILLE	◉
Ville	◎
Petite Ville	○○
Limite d'État	–·–·–
Limite des Provinces	··········
Chemin de fer	=========
Canal	—————

Échelle.

0   10   20   30   40 Kil.

ZUIDERZEE

AMSTERDAM

LA HAYE

ROTTERDAM

UTRECHT

Bois-le-Duc

BRUXELLES

AIX-LA-CHAPELLE

COLOGNE

DUSSELDORF

Gravé par Mᵐᵉ Perrin, 84 R. des Boulangers, Paris   Échelle de : 1.480.000   Imp. Lemercier et Cⁱᵉ r. de Seine 57.

RUSSIE

Plus grand que la moitié de l'Europe, ayant dix fois l'étendue de la France, l'empire russe, si l'on ajoute à ses possessions européennes ses possessions asiatiques, embrasse presque le sixième de la terre. Ne nous occupant pour l'instant que de la Russie européenne, nous lui tracerons pour frontières à l'est depuis la mer de Kara, les monts Ourals, qu'elle franchit même en certains points pour couper, par une ligne conventionnelle, les affluents supérieurs du Tobol, rejoindre une chaîne parallèle à l'Oural et arriver à la Caspienne en suivant ce fleuve. Au sud, une frontière diplomatique la sépare de la Perse, en suivant un certain temps le cours de l'Araxe, et de la Turquie d'Asie pour aboutir à la mer Noire au sud de Batoum. A l'est, depuis l'embouchure du Danube, elle suit le cours du Pruth, devient limitrophe des provinces polonaises de l'Autriche, de la Silésie et la Prusse proprement dite jusqu'au dessus de Memel sur la mer Baltique. Cette dernière mer et le golfe de Bothnie, la Tornea et la Tana jusqu'au golfe de Varanger sur l'océan Glacial forment les limites nord orientales de la Russie. Cette immense étendue de territoire offre à tous les points de vue un contraste frappant avec l'Europe occidentale. Au lieu de pays entrecoupés de plaines, de vallées et de montagnes, ce n'est à l'est à l'ouest et du nord au sud qu'une plaine immense, au lieu de cette masse de royaumes, d'empires et de républiques entre lesquelles tout l'Europe occidentale est partagée, ce n'est qu'un seul empire absolument autocratique. Il en est de même pour le climat exclusivement continental, pour les goûts artistiques et pour les mœurs qui rattachent étroitement la Russie à l'Asie. Comme montagnes, la Russie d'Europe ne peut compter que la chaîne de l'Oural qui ne la sépare pas de l'Asie et dont la cime la plus élevée ne dépasse pas 1,636 m. (mont Teulli). N'étant pas continu, mais formé de massifs isolés qui laissent une communication facile entre l'Europe et l'Asie, l'Oural est célèbre par ses mines d'or, d'argent, de platine, de fer, de cuivre, de malachite et de pierres précieuses; il s'abaisse vers le nord et meurt au milieu de la région des toundras. Au sud se dresse la chaîne imposante et massive du Caucase qui s'étend de la mer Noire à la Caspienne. Large ici de 40 kil. et plus loin de 200, cette masse de montagnes occupe une superficie égale aux 4/5 de la France. Le pays qui l'avoisine au nord n'est qu'une steppe bas et sablonneux qu'ont de tout temps parcouru des tribus errantes et adonnées à la vie pastorale; celui du sud est, au contraire, très fertile et très riche ; depuis une longue série de siècles, la civilisation y a fleuri et des empires puissants y ont vécu et y sont morts. Cette immense muraille se subdivise au centre en plusieurs chaînes obliques ou parallèles enfermant entre elles des vallées, des bassins et des cratères. Au centre les montagnes sont granitiques, à l'est et à l'ouest de terrain calcaire, c'est aux extrémités que se rencontrent les sources thermales, les lacs et les sources de naphte et de pétrole. Les massifs les plus connus sont l'Elbrouz, au centre, dont les immenses glaciers et les pics coiffés de neiges éternelles s'élèvent jusqu'à 5,646 m.,

les Kasbek 5,044 m., dans le pays des Ossètes, le plateau d'Arménie et l'Anti-Caucase, le grand et le petit Ararat 5,160 et 3,913 m. Quant aux volcans éteints, ce sont la chaîne d'Akbalkalaki, avec ses cratères d'Aboul et de Samsar, le massif d'Alageuz, le Mainech, le Mourgous, le Kjambil et le Tali Dagh qui enferment et enserrent une belle nappe d'eau deux fois grande comme le lac de Genève, le lac de Goktcha ou Sevanga. Les principales populations du Caucase, qui sont toutes renommées pour leur force, leur élégance et leur beauté, que les Turcs venaient chercher les femmes de leurs harems, sont les Tcherkesses, les Abkhases, les Ossètes, les Khabardes, les Lazes, les Lesghiens et Circassiens qui pendant plus de trente ans ont opposé aux Russes, sous les ordres de leur chef populaire Shamyl, une résistance opiniâtre et meurtrière. Ajoutons à ces montagnes, le plateau granitique de la Finlande, dont les plus hauts sommets ne dépassent guère 700 m., mais où sont semés à profusion les moraines et un nombre incalculable de lacs dont les plus connus sont le Ladoga et le Païjanne, traces incontestées des immenses glaciers qui ont jadis occupé tout le pays. De plus, au centre de la grande plaine de la Russie, s'élève une bosse, un renflement, le plateau de Valdaï qu'on nous représentait autrefois sur les cartes comme une chaîne gigantesque, alors qu'elle ne s'élève pas au dessus de 351 m. Enfin, au sud de la Pologne nous avons le plateau de Sandomir détaché des Karpathes et dans la Crimée une chaîne boisée qui vient de l'Oural. Comme on le voit, toutes ces chaînes ou ramifications de montagnes sont placées dans des coins isolés de la Russie; seul le Valdaï domine l'immense plaine sans limites qu'arrosent quantité de fleuves et de rivières. Ce sont au nord la Kara, petit cours d'eau descendu des revers et des dernières pentes de l'Oural, qui sert de limite à la Russie et à la Sibérie, la Petchora qui descend de l'Oural, décrit d'immenses circuits, reçoit à droite l'Oussa et se termine dans la mer Glaciale par un vaste delta au milieu des toundras glacées, la Mezen qui se jette dans un des golfes de la mer Blanche, la Dvina sortie d'un lac situé près de Vodolga, qui reçoit la Witschegda et la Pisega, l'Ouega émissaire de plusieurs lacs porte comme la Dvina du nord ses eaux à la mer Blanche. Sur la Baltique, nous rencontrons en allant du sud au nord la Vistule qui, venue de la Galicie autrichienne, traverse la Pologne russe et finit à Dantzig en Prusse. Le Niemen qui vient des environs de Minsk est partout navigable ; la Duna ou Dwina du sud descendue du plateau de Valdaï qui se termine dans le golfe de Riga, la Neva, qui, sortie du lac Ladoga, reçoit par ses affluents les eaux des lacs Ilmen, Saïma, passe à Saint-Petersbourg après avoir traversé le lac Ladoga et finit dans le golfe de Finlande juste en face de la forteresse de Kronstadt. Ajoutons que dans le golfe de Bothnie un certain nombre de rivières apportent les eaux de ce dédale des lacs de la Finlande si pittoresques et si étranges. Mais ce ne sont là, à vrai dire, que des fleuves secondaires; les principaux, coulent tous du nord au sud, qu'ils se jettent dans la mer

Noire, la mer d'Azow où la mer Caspienne. On conçoit facilement quelle fut l'importance de ces cours d'eau qui pénètrent jusqu'au cœur du pays, alors que les chemins de fer n'existant pas encore, on ne pouvait parcourir autrement les immenses distances où les routes n'étaient point tracées. L'été, c'était en barque, l'hiver, en traîneau, qu'on remontait ces chemins naturels, car au printemps, l'inondation se répandait dans les campagnes, à l'automne, la baisse des eaux empêchait toute navigation fluviale. Encore aujourd'hui, malgré l'établissement des chemins de fer, le Volga est fréquenté par 22,000 bateaux, les fleuves jouent avec les innombrables canaux qui les unissent tous, un rôle prépondérant dans la vie commerciale de la Russie. Le Volga, qui n'a pas moins de 3,800 kil., prend sa source dans un petit lac situé au pied du plateau de Valdaï, il arrose Tver, Iaroslaw, Kostroma, Nijni-Novgorod, Kasan, Simbirsk, Samara, Saratow, Tsaritsin et se jette dans la Caspienne près d'Astrakan par un énorme delta, au milieu de plaines immenses qui sont situées au dessous du niveau de la Caspienne. Certains de ses affluents, comme l'Oka, la Kama et la Samara, sont de longues et puissantes rivières, dont plusieurs ont un cours de près de 2,000 kil. Nul fleuve n'est aussi poissonneux que le Volga, ses harengs et les œufs de ses esturgeons, caviar, ont une réputation européenne. Large de 4 kil. à Tsaritsin, il se partage en deux branches parallèles, et à Astrakan il coule par 50 bras à travers un inextricable dédale de bancs de sables et d'îles à travers lesquels il est difficile de trouver le véritable chenal qui change d'ailleurs à chaque instant. Gelé pendant trois mois à Astrakan et pendant la moitié de l'année à Kazan, ce fleuve est profond de 42 m., dans sa partie inférieure. Quant à l'Oural, il est loin d'être aussi important ; long de 2,000 kil., il est peu profond, poissonneux, mais n'est guère utilisé par le commerce, la ville principale qu'il arrose est la forteresse d'Orenbourg, tête de ligne des chemins de fer qui sillonneront bientôt toute l'Asie centrale. Le Kouma et le Terek descendu de l'Elbrouz, la Koura qui arrose Tiflis et reçoit l'Araxe sont aussi des affluents russes de la Caspienne. Quant à la mer Noire, le Rion, ancien Phase qui finit à Poti, et l'Ingour qui, sorti lui aussi des glaciers du Caucase central, arrose la Mingrélie, sont fournis par le versant méridional du grande chaîne; le revers septentrional envoie dans la mer d'Azow le Kouban qui, s'il paraît être un été une rivière insignifiante, sait joliment se rattraper dans la saison des pluies, car il mesure alors un kil. de large et se déverse également dans la mer Noire, une embouchure ne lui suffisant plus. Navigable, le Kouban permet aux vapeurs de remonter jusqu'à Wadikavkas, c'est-à-dire jusqu'à la voie ferrée. L'ancien Tanaïs ou Don est un fleuve bizarre et qui paraît véritablement ne savoir dans quel lit il doit se tenir. Après avoir reçu le Voronejo, il semble vouloir devenir un affluent du Volga, tant il songe à le rejoindre, puis, lorsqu'il n'en est plus qu'à 75 lieues, il fait un coude brusque et finit dans les *terres noires*, au fond de la mer d'Azow, après un cours de

2,150 kil. Ses principaux affluents sont le Donetz à droite qui traverse un bassin houiller des plus riches, et le Manytch qui, en temps de crue, verse indifféremment ses eaux dans la Caspienne ou dans la mer Noire. Quant au Borysthène qui porte le nom moderne et moins euphonique de Dniéper, il naît au S. du plateau de Valdai et reçoit nombre d'affluents qui traversent la Volhynie et les marais de Minsk ; il passe à Smolensk, à Kiew et finit à la mer Noire dans un golfe où tombe également le Boug. Comme tous les fleuves de ces régions, il n'est navigable qu'une partie de l'année, soit à cause de la gelée en hiver, soit en raison de la baisse des eaux en été, qui ne permet pas de franchir les chutes, gradins ou rampes qui s'étagent sur 60 verstes de son cours. Quant au Dniester ou Tyras, il vient de Galicie; étroit, profond, rapide, il n'a que 1,500 kil. de cours. Il est inutile de s'arrêter sur cet affluent du Danube, le Pruth qui sépare la Bessarabie de la Moldavie. Telle est la Russie physique; quelques mots de son histoire nous expliqueront son avenir, son état actuel et ses destinées futures. Le pays était, depuis un temps indéfini, entre les mains des tribus slaves, lorsque des Varègues, de race scandinave, l'envahirent, ayant à leur tête Rurik et parvinrent à s'établir dans les environs de Novgorod. Les successeurs de Rurik parvinrent à soumettre à leurs armes une grande partie de la Russie actuelle et établirent à Kieff le siège de leur empire. Ces tribus furent vite converties au christianisme par leur chef Vladimir au xe siècle. Son fils Jaroslav fut le Charlemagne de la Russie, il réunit sous son sceptre la plupart des tribus qui l'habitaient; mais, après sa mort, l'anarchie reprit courage, le désordre fut bientôt à son comble, et l'empire divisé, déchiré, fut envahi et morcelé par les Lithuaniens, les Jagellons et les Mongols. L'espace nous faisant défaut, nous ne pouvons rien dire ici des luttes des successeurs de Jaroslav. Qu'il nous suffise de dire qu'avec Ivan le Terrible, l'œuvre de la réunion sous un même chef se trouva parachevée, car celui-ci sut briser toutes les résistances de la noblesse, mais il n'en fut pas dé mèche de ses successeurs qui compromirent gravement son œuvre. Michel Romanof sut conclure la paix avec la Suède et la Pologne et ouvrir son empire à l'influence occidentale; mais il n'est aucun souverain qui ait laissé dans l'histoire de la Russie trace plus lumineuse que Pierre le Grand. On connaît sa lutte héroïque avec Charles XII, lutte qui se termina par la défaite et la mort de cet aventurier consommé; on sait quelles réformes ce prince fit en Russie, ne s'attachant à aucune considération pour faire triompher ses idées. Passant sur les règnes plus ou moins éphémères, plus ou moins glorieux de ses successeurs qui intervinrent habilement dans les affaires intérieures de l'Allemagne, nous arrivons à Catherine II, qui, sans préjugés et sans mœurs, sut cependant faire entrer la Russie dans le concert des grandes puissances et par ses victoires augmenter encore l'étendue des immenses territoires qu'elle possédait. Ses qualités de souveraine astucieuse, cruelle, mais éminemment politique, contribuèrent à la grandeur de la Russie puis ne sut pas garder la prépondérance si chèrement acquise. Paul Ier, brouillon et bizarre, n'eut guère de suite dans les idées; il rêvait de détruire la puissance anglaise aux Indes, lorsqu'il fut assassiné bien à propos. Son fils Alexandre Ier suivit une

politique radicalement opposée, et loin de se montrer l'allié de Napoléon Ier il essaya d'ameuter contre lui tous les peuples de l'Europe, et malgré les défaites successives qui lui furent infligées, il laissa en mourant l'empire russe singulièrement agrandi : la Finlande, la Galicie orientale, la Bessarabie et nombre de provinces arrachées à la Perse. Mais si son gouvernement avait inauguré une ère libérale et réformatrice, les derniers temps de sa vie furent attristés par une politique de réaction et un retour à l'absolutisme. Son frère Nicolas, qui lui succéda, continua sa politique d'agrandissement et porta principalement ses efforts dans l'E. et le S.-E., il conquit toute la Caucasie, arracha quelques nouvelles provinces à la Perse et poussa une pointe hardie dans la Turkménie où il contraignit le khan de Khiva à reconnaître sa suzeraineté. La politique réactionnaire d'Alexandre Ier fut soutenue avec un acharnement incroyable par Nicolas, pendant les trente années de son règne. Il étouffa, en 1831, une formidable insurrection des Polonais et se montra l'adversaire résolu de toute politique libérale. Les hommes de notre génération n'ont pas oublié la guerre de 1855 contre la Turquie et le siège de Sébastopol où, Anglais, Français, Sardes et Turcs marchèrent côte à côte contre les Russes. Son fils Alexandre II dut inaugurer son règne par la cession de la Bessarabie et des Bouches du Danube; mais il reprit bientôt la marche séculaire de l'empire russe contre Constantinople; seulement il se heurta cette fois à la jalousie de l'Autriche dont l'influence sur la Serbie et la Bosnie fit plus d'une fois échec aux protégés de la Russie. Ce n'est pas d'ailleurs seulement de ce côté qu'Alexandre cherchait à s'agrandir; s'il importait à la Russie de liquider au plus tôt la succession du vieil homme malade, il n'était pas moins important de faire de nouveaux progrès dans l'Asie centrale et de se rapprocher des Indes anglaises, cet objectif alléchant qui n'est pas encore atteint. On se souvient et de la conquête par les Russes du Turkestan et de leurs agrandissements successifs au détriment de la Perse, à laquelle ils viennent d'arracher Saracks. La guerre a failli l'an dernier éclater après l'annexion de l'oasis de Merv et la rectification des frontières entre les possessions russes et l'Afghanistan protégé par l'Angleterre, a donné lieu à des incidents diplomatiques et belliqueux que personne n'a oubliés. Coupée de l'Europe centrale, enfermée par des mers, la Russie ne peut plus s'agrandir qu'en Asie, et encore ce n'est plus qu'autour de la mer Noire qu'elle peut trouver de nouveaux territoires à s'annexer. Elle a cependant agrandi la Sibérie et plus d'une fois elle a essayé d'arracher à la Chine quelques provinces. Asiatique par son origine, la Russie, après s'être faite européenne, est aujourd'hui obligée de tourner encore les yeux sur les régions d'où ses habitants sont partis. Si sa capitale est Saint-Pétersbourg, son centre est placé bien plus loin dans l'E. Son antique capitale Moscou, Varsovie, la capitale décourornée de la Pologne, Odessa, la métropole du commerce des blés, Nijni-Novgorod et Kharkov, célèbres par leurs foires que fréquentent les Allemands comme les peuples de l'Asie centrale, Kiev qui compte tant d'établissements d'instruction, Sébastopol, port militaire sur la mer Noire, Bakou centre d'exploitation du pétrole sur la Caspienne, Riga, port de commerce de la Baltique, et Arkhangel sur la mer Blanche, sont avec les villes que nous avons

déjà citées les centres les plus importants de la Russie d'Europe. Nous avons énuméré déjà les productions minérales si abondantes de l'Oural; le zinc de la Pologne, l'étain, le soufre, l'arsenic de la Finlande, la houille de la Pologne, le lignite dans les environs de Moscou, le sel en Bessarabie et à Ilesk, telles sont les principales ressources minérales de la Russie. L'immense plaine de la Russie est favorable à l'agriculture, aussi y rencontre-t-on en quantité des céréales et des pâturages, tandis que les forêts couvrent encore les deux cinquièmes de la superficie. L'industrie pastorale est florissante et l'on compte par millions les bœufs, vaches, buffles, chevaux, moutons, porcs et rennes de la Russie. Quant à l'industrie proprement dite, elle consiste principalement en métallurgie, fabriques de lainage, de toiles, produits chimiques, cuirs et bois découpés. On estime à près de 5 milliards le commerce extérieur de la Russie et le mouvement de ses nombreux ports à 25,000 entrées et sorties de navires. Depuis une vingtaine d'années, les voies de communication ont pris une extension considérable, les routes s'étendent sur un réseau de 120,000 kil.; nous avons longuement parlé des artères fluviales que réunissent 632 kil. de canaux artificiels, il nous reste à donner la longueur des chemins de fer, 24,475 kil. sans compter ceux de la Finlande, qui, presque tous, ont été construits depuis la guerre de Crimée. Ajoutons que si les chemins de fer de la grande route vers l'Asie s'arrêtent aujourd'hui à Orenbourg, si une petite ligne relie Perm à Iekaterinenbourg et Kamischloff de l'autre côté de l'Oural, ligne qui sera prolongée jusqu'à Tobolsk, les Russes ont commencé sur les bords de la Caspienne un chemin de fer stratégique qui longe la frontière de Perse et se dirige vers Saraks. Déjà le service est ouvert jusqu'à Askhabad, la voie est prête jusqu'à Merv, et de ce point jusqu'à l'Amour-Daria les études sont terminées. Cette ligne, si importante au double point de vue stratégique et commercial, n'aura pas moins de 1,065 kil. Quant aux races qui peuplent cet immense empire, elles peuvent se décomposer en Slaves, Russes et Polonais, en Français, Finlandais, Lapons et Permiens, Roumains, Allemands et Juifs. La plupart des Russes pratiquent la religion grecque orthodoxe, mais le nombre des sectes est incalculable et il en naît tous les jours quelque nouvelle. Le gouvernement russe est obligé de pratiquer une politique de conquête, parce qu'il lui faut distraire l'opinion publique. Ne voulant accomplir aucune réforme intérieure, il a pour adversaire la secte des nihilistes et cependant, entre ces deux opinions extrêmes, il existe plus d'un terrain de conciliation. Le plus grand danger que puisse aujourd'hui courir l'empire des czars ne lui vient pas des aventures où peut l'entraîner son appétit de conquêtes et son désir de supplanter l'Angleterre dans l'Asie centrale. C'est dans son organisation même, dans son régime autocratique qui ne veut faire aucune concession à l'esprit nouveau, n'apporter aucune modification aux errements séculaires, qui se refuse, en un mot, à tout progrès, que résident les plus imminents, les plus immédiats périls. Les revendications sont d'autant plus âpres que la résistance est la plus acharnée, et la lutte entre ces deux partis, l'un qui refuse tout, l'autre qui demande tout, a pris un caractère sauvage et excessif bien fait pour étonner les peuples occidentaux.

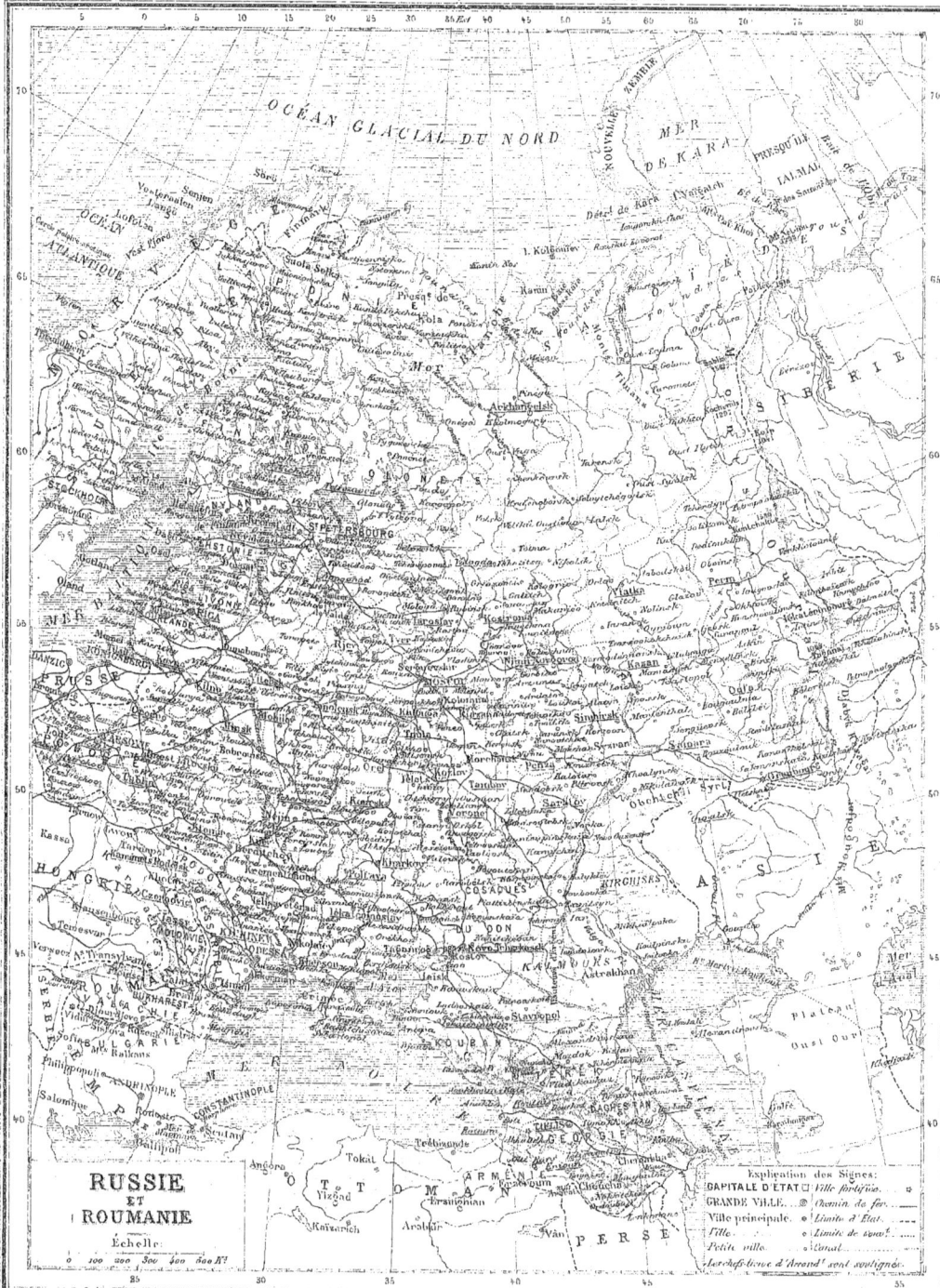

OCÉAN GLACIAL DU NORD

NOUVELLE ZEMBLE

MER DE KARA

PRESQU'ÎLE

SIBÉRIE

OCÉAN ATLANTIQUE

NORVÈGE

LAPONIE

Mer Blanche

Archangelsk

ST PÉTERSBOURG

STOCKHOLM

MER BALTIQUE

Moscou

ESTHONIE

Riga

Perm

Viatka

DANZIG

PRUSSE

Minsk

Mohilev

Penza

Kazan

Samara

ASIE

HONGRIE

Kharkov

COSAQUES

KIRGHISES

Mer d'Aral

Teinesvar

Transylvanie

ODESSA

LE DON

KALMOUKS

Astrakhan

Plateau Oust Our

SERBIE

ROUMANIE

BUCHAREST

KOUBAN

Stavropol

BULGARIE

Mts Balkans

ANDRINOPLE

MER NOIRE

Salonique

CONSTANTINOPLE

Trébizonde

GÉORGIE

TIFLIS

Gallipoli

Angora

OTTOMAN

ARMÉNIE

DAGHESTAN

Tokat

Yizgad

Erzeroum

Kaivarich

Aralsir

Van

PERSE

RUSSIE
ET
ROUMANIE

Échelle:
0 100 200 300 400 500 K!

Explication des Signes:
CAPITALE D'ÉTAT □ Ville fortifiée.
GRANDE VILLE ◉ Chemin de fer.
Ville principale ◎ Limite d'État.
Ville ○ Limite de Gouv!
Petite ville · Canal
Les chefs-lieux d'Arrond! sont soulignés.

Échelle de $\frac{1}{17.500.000}$

Lemercier et Cie Paris

SUÈDE ET NORVÈGE

La péninsule scandinave la plus grande de l'Europe est bornée au N. par la mer Polaire, à l'E. par l'Atlantique, à l'O. par la Baltique et son extrémité septentrionale le golfe de Bothnie; enfin, elle n'est séparée que par des bras de mers étroits, le Skager-Rack, le Cattegat et le Sund, du Danemark, auquel elle était vraisemblablement unie avant que la mer n'eût ouvert ces passages. Quant à sa frontière terrestre, elle est formée par une ligne qui part de l'embouchure de la Tornéa au fond du golfe de Bothnie, traverse la région inhospitalière et lacustre de la Finlande septentrionale, et après avoir tracé d'importants méandres, aboutit au golfe de Varanger, séparant ainsi la Russie septentrionale de la Suède et de la Norvège. Très particulière est la constitution du sol de la péninsule scandinave. Sur l'Atlantique c'est un plateau coupé perpendiculairement au-dessus de la mer, longé presque partout par des archipels d'îles innombrables, miettes arrachées au sol de la Norvège, et découpé par une multitude de fiords, couloirs quelquefois longs de plus de 100 kilomètres dont les murailles à pic, parfois hautes de 300 mètres, ne sont éloignées le plus souvent que d'une centaine de mètres. Les fiords si profonds avec leurs eaux si limpides qu'on en peut voir le fond à une profondeur de 30 mètres, avec leurs murs verticaux, leurs cascades gigantesques, avec leurs glaciers qui descendent jusqu'au bord de l'eau, avec leur sombre bordure des forêts de pins, avec leurs centaines d'îlots rocheux, aux formes pittoresques, comme semés sur la mer prochaine, forment un merveilleux spectacle. L'un des plus larges et des plus profonds est, par 51° de latitude, le Sognefiord, dont la cascade de Wättisfos attire de nombreux touristes. Sur le plateau norvégien qui domine si bien l'Atlantique, ce sont d'immenses forêts de pins et des champs de glace à n'en plus finir. Aucun pays de montagnes en Europe n'égale la Norvège en sauvage et horrifique grandeur. La péninsule scandinave est cinq fois aussi grande que l'Angleterre et plus de dix-huit fois plus que la Suisse. En partant du sud, les principaux archipels sont ceux de Bergen, l'île Hitteran, les Vigten et ces Lofoden qui, comme une longue presqu'île découpée par une série de détroits, font saillie dans l'Atlantique. Les plus importantes sont Hindœ et Langœ. C'est à l'extrémité méridionale de ce groupe qu'est placé le Mael Strom, ce gouffre tourbillonnant, l'effroi des anciens navigateurs. Puis au nord on trouve l'île Senjen, l'archipel de Tromsœ, l'île Scrol et ces Magerœ, habitées par quelques familles lapponnes, et qui sont les terres les plus septentrionales de l'Europe. Le plateau norvégien, si abrupt à l'ouest, s'adoucit et descend par une longue pente jusqu'au rivage de la Baltique. Ce dernier est bas et plat, sablonneux ou formé des détritus qu'apportent les innombrables cours d'eau descendus de la chaîne de partage, qu'on l'appelle monts Dofrines ou Alpes de Norvège; parfois il est coupé de falaises rocheuses ou bordé d'îles pour la plupart fort petites. On doit faire exception cependant pour Gottland, haute terre et terrasse dont les parois sont verticales et pour

Œland plus rapprochée de la côte, qui affecte aussi la forme tabulaire. A mesure qu'on s'approche de la grande plaine de la Scanie, les côtes rocheuses disparaissent, les îles n'existent plus, le rivage est sablonneux et bas. Quand on a doublé le cap Falsterbo, au sud de la Suède, qu'on pénètre dans le Cattégat et le Skager-Rack et jusqu'au beau fiord au fond duquel est bâtie Christiania, les îles rocheuses, les côtes élevées et rompues apparaissent de nouveau. La plus importante rivière de la Norvège est le Glommen qui sort du lac Æræsund et, après un cours d'environ 450 kilomètres, tombe dans le Skager-Rack à Frederickshald. En Suède, non loin du bassin du Glommen, nous rencontrons celui du Klar Elf qui tombe dans le lac Wener, la plus grande nappe d'eau intérieure du pays; son émissaire, qui porte le nom de Gœta, est célèbre par ses rapides pittoresques et ses belles chutes de Rannum et Trôlhatta. Le canal Trôlhatta, creusé en plein granit pour éviter ces chutes, forme par le Wener une voie de communication qui relie entre eux les grands lacs de la Suède méridionale avec le Skager-Rack et la Baltique. Parmi les cours d'eau, qui descendent de la chaîne de partage vers le golfe de Bothnie, nous citerons le Dal formé de deux rivières, le Dal oriental et le Dal occidental, la Liusne, l'Indals qui traverse le grand lac Stor, l'Angerman, une des rivières les plus considérables de la Suède, qui a donné son nom à la province d'Angermanie et qui débouche dans le golfe de Bothnie, près de la ville d'Hernôsand, l'Umea avec deux belles chutes près de son embouchure, la Skelleftea, la Pitea qui descend du Sulitelma, l'une des plus hautes montagnes de la chaîne de partage (1,883 m. de haut), la Lulea et la Tornea. La seule rivière importante qui débouche dans l'océan Glacial est la Tana qui forme sur une partie de son cours la frontière de Russie, et qui tombe au fond du Tana fiord. Toutes les rivières de la Scandinavie sont remarquables par leur volume énorme, comparativement à leur longueur et à l'area qu'elles drainent; cela est dû en partie à la quantité de pluie, mais surtout à la nature de leur lit qui, étant rocheux le plus souvent, ne laisse rien perdre par l'absorption et enfin, parce qu'il n'existe pour ainsi dire pas d'évaporation. Le nombre des lacs de la Suède est considérable et presque tous sont traversés par des rivières; les plus importants sont le Wener, dont nous avons déjà eu occasion de parler, nappe d'eau profondément découpée de près de 3,000 kilomètres carrés, bordé en certains endroits d'une baie d'îlots; peu profond par places, il est balayé par des vents violents qui rendent sa navigation très difficile; le Wetter situé au sud du Wener à plus de 100 lieues de long, ses eaux sont d'un vert admirable et il est profondément encaissé; quant au lac Mœler il est en communication avec la Baltique et Stockholm est construite sur ces bords. Tous ces grands lacs sont réunis entre eux par quantité de canaux extrêmement animés par une navigation d'autant plus active que la Suède ne compte encore que 650 kilomètres de chemins de fer. Le sud de la péninsule

est le plus favorisé à ce point de vue, car la température y étant un peu moins rude que dans le nord, la population y est plus dense. Il faut dire aussi que tous les fleuves de la péninsule sont barrés par des rapides et des cataractes, obstacles qui les rendent pour la plupart impropres à la navigation. Il semblerait à considérer l'orographie aussi bien que l'hydrographie de la péninsule scandinave, qu'elle vient à peine de sortir de la période glaciaire; elle en conserve, du moins, tous les caractères. C'est ainsi que la Baltique gèle presque tous les hivers, et que toute navigation y est interrompue; par les glaces pendant quatre mois de l'année. Il en serait de même des fiords et des ports de la côte occidentale, si une branche du Gulf Stream ne venait réchauffer la mer voisine des rivages et faire de ces localités semées d'îles, de rochers, de bancs de sable, le refuge d'une quantité de poissons qui forment une des ressources les plus importantes du budget norvégien. Il n'en est pas cependant de plus abondantes que les richesses minérales, presque toutes situées en Suède. ce sont des minerais de fer magnétique et hématique, qui, lorsqu'il est mêlé au charbon, fournit un fer excellent pour être converti en acier. Ce sont aussi des minerais de cuivre, de zinc, d'argent, de plomb, de nickel, des pyrites, de manganèse, du cobalt et du graphite. L'aire sur laquelle tous ces métaux sont répandus est loin d'être aussi considérable qu'on pourrait le croire. Il y a deux districts miniers, l'un au nord, l'autre au sud de la Suède, celui-ci, qui s'étend entre le lac Wener et le golfe de Bothnie est sans contredit le plus riche, il a 5,000 milles carrés. Là, se trouvent les mines de fer de Norberg, de Dannemora, de Perseberg, les mines de cuivre de Falum, les mines de plomb argentifère de Sala, les mines de zinc d'Ammeberg, au N. du Wetter. Le second district minier est situé dans la Bothnie septentrionale; on y exploite les mines de fer de Kircurnavara, de Luossavara et Svappavara, mais la plupart de ces mines sont situées dans des contrées où la difficulté d'accès et le manque de voies de communication apportent de grands obstacles à leur exploitation. Dans la province de Jemtland, près de la frontière de la Norvège, on a rencontré des mines de cuivre. Le charbon se trouve près d'Helsingborg en Scanie, où l'on connaît les mines d'Hœganas, de Roddinge et de Strabbarp. Les ressources minérales propres à la Norvège ne sont pas considérables. Outre les mines d'argent de Kongsberg, exploitées sans interruption depuis 1623, époque de leur découverte, les mines de cuivre de Bratoberg, on n'aurait plus rien à citer si l'on n'avait récemment découvert de l'or dans les détritus alluvionnaires de la Tana et d'autres cours d'eau du Finmark. On tire des mines de Suède 800,000 tonnes annuelles, presque toutes extraites des mines de la Dalécarlie. Nous avons dit que jamais les fiords de la côte occidentale ne gelaient à cause de l'influence du courant du golfe; ainsi à Fruholm, la station météorologique la plus septentrionale, 71° de lat., la tempé-

SUÈDE ET NORVÈGE

rature du mois le plus froid, février, est plus élevée que celle de Christiania pourtant située à onze degrés plus bas, et il y a huit degrés et demi de différence entre les températures de Skudesness, sur la côte occidentale et de Stockholm sur l'orientale; la même comparaison pourrait être faite sur d'autres points situés sous les mêmes latitudes, et toujours la température la plus basse serait trouvée sur la Baltique. Ce qui prouve aussi la modération de ce climat, cependant très septentrional, c'est la latitude très élevée où l'on trouve encore des arbres et la possibilité de la culture des céréales. A Hammerfest, par 70° 1/2 N., on trouve des bouleaux à 800 pieds au-dessus de la mer; sur le Sulitelma, il va jusqu'à 1,100 pieds; dans le Finmark, le pin monte à 1,020 pieds. La culture des avoines, la principale culture de céréales de la Norvège, peut se faire jusque par 68° N. et l'orge jusqu'à 70°. On doit aussi remarquer ce fait singulier dans la distribution des arbres forestiers en Scandinavie, c'est que les mêmes espèces se trouvent beaucoup plus haut sur les pentes situées à l'E., que sur celles qui regardent l'Atlantique, bien que le froid soit beaucoup plus vif en Suède qu'en Norvège. Et cependant ce fait qui, au premier abord, paraît inexplicable est dû à une cause toute naturelle. Le versant oriental offrant une pente considérable, les neiges et les pluies y trouvent un écoulement facile, tandis que la Norvège, n'étant en somme qu'un plateau, l'accumulation des neiges y est considérable et séjourne plus longtemps sur le sol. La région alpine de la Scandinavie, surtout celle qui est comprise entre la ligne extrême de la végétation et les neiges, est formée d'énormes plateaux. Elle ne ressemble guère au point de vue de la flore, à la région montagneuse correspondante du centre de l'Europe; car elle n'est le plus souvent couverte que d'un épais tapis de mousse (la mousse à rennes). La faune de la Scandinavie est celle des régions septentrionales, mais elle possède un rongeur, le lemming, qu'on ne rencontre pas ailleurs. Cet animal émigre de temps en temps de l'intérieur vers la Baltique, en troupes énormes, et en suivant toujours une ligne droite sans se laisser arrêter par les lacs ou les montagnes. Nous avons eu l'occasion, en parlant du climat, de dire quelques mots des productions de la péninsule scandinave, il est bon de compléter nos informations. Des forêts de pins et de sapins — les bouleaux et les chênes ne se rencontrent que dans l'extrême S. — couvrent toutes les basses terres, et c'est là si bien une des richesses du pays, qu'on a pris aujourd'hui l'habitude, non seulement en France, mais dans bien d'autres contrées de l'Europe, de faire venir de Norvège toute la menuiserie que nous employons dans nos constructions. Au cap N., si l'on en prend grand soin, on peut encore faire pousser dans des enclos des pommes de terre et des choux. Le seigle ne dépasse pas le 66° degré de latitude. Entre 64° et 65°, est l'extrême limite septentrionale de tous les arbres fruitiers, aussi bien que du lin et du chanvre. Le houblon pousse jusqu'au 62°, mais le 61° passe à juste raison pour la frontière, entre les régions agricoles et forestières de la Scandinavie, toute la partie située au delà étant laissée à sa végétation autochtone. Toute la région au S. est au contraire consacrée à la grande culture, si bien que la production est assez considérable pour fournir à l'exportation de grandes quantités d'avoine, d'orge et de blé. C'est la plaine de la Scanie, à l'extrémité méridionale de la Suède, qui peut être à juste titre qualifiée de grenier de la contrée. Quant aux habitants, ils appartiennent à la famille germanique. Suèves et Goths sont

mêlés à un petit nombre de Finnois et au N. à quelques Lapons. L'ensemble de la population, d'après les documents de 1883, s'élève à 6,510,445 individus, dont 4,603,545 pour la Suède. Les Norvégiens ont une stature médiocre, les cheveux blonds et les yeux bleus, ils sont vigoureux et marins par goût. Ils ont adopté comme langue littéraire le danois; tandis que la vieille langue norse n'est plus employée que dans quelques districts reculés et sur les bords de fiords peu fréquentés. Les Finlandais du Finmark au N. et entre le Glommen et le Klar Elv au S. sont plus foncés que les Norvégiens, bien que n'en différant que fort peu d'aspect général. Ils parlent un dialecte de la famille ouralo-altaïque; quant aux Lapons, qui se nomment eux-mêmes Samoyèdes, ils sont petits, jaunes de peau, lourds, leurs yeux petits et bridés, leur face large et glabre, leur air stupide, les ont fait de tout temps considérer par les Scandinaves comme une race inférieure. Les Suédois appartiennent aussi à la souche germaine, grands et vigoureux, ils sont plus variés de type que leurs voisins. La langue suédoise, étroitement apparentée au norse et au danois, possède un grand nombre de dialectes. La religion dominante est le luthérianisme, mais on compte un certain nombre de sectes dissidentes (méthodistes, baptistes, swedenborgiens, quakers et mormons). Quant à l'instruction publique, elle est extrêmement développée. Au bas de l'échelle, l'instruction primaire est gratuite et obligatoire. Afin d'assurer à la loi une exécution que l'éloignement des écoles aurait pu entraver, on a même créé des écoles ambulantes aux frais des communes. L'enseignement secondaire est donné dans un grand nombre d'établissements bien tenus, et l'instruction supérieure possède en Suède, les facultés d'Upsal et de Lund; en Norvège, celle de Christiania. Ajoutons que les femmes sont admises au grades universitaires et peuvent embrasser à peu près toutes les carrières. L'industrie depuis un quart de siècle a fait de grands progrès dans la péninsule scandinave, où les fabriques emploient aujourd'hui plus de 100,000 ouvriers. Les principales industries sont, outre celles des mines et l'exploitation des forêts, des tanneries, des raffineries, meubles, distilleries d'eau-de-vie, — on distille aujourd'hui jusqu'à la mousse à rennes — toiles, cordages, et tout ce qui touche à la marine; maisons et chalets en bois, dont toutes les pièces sont numérotées, etc. Quant au commerce, il se chiffre par 391 millions de couronnes à l'importation et 369 à l'exportation, et se fait avec le monde entier.

Avant de décrire la constitution politique qui régit les deux royaumes de Suède et de Norvège, il est à propos de jeter un rapide coup d'œil sur l'histoire de la péninsule scandinave, cela nous expliquera des anomalies et des différences qui n'ont pas été sans amener récemment de profonds dissentiments politiques entre les deux États. C'est au IXe siècle environ que s'ouvre l'histoire pour les peuples scandinaves; jusque là, c'est la légende seule qui peut jeter un peu de jour, encore bien hésitant, sur les faits et gestes des descendants des compagnons d'Odin. Une fois christianisés, on voit les Scandinaves sous l'appellation vague de Northmen, hommes du Nord, parcourir sur de frêles esquifs toutes les mers de l'Europe, conquérir l'Angleterre, porter partout le fer et le feu, ravager les côtes d'Allemagne, de France, d'Espagne et d'Italie, s'établir à l'embouchure de la Seine et venir assiéger Paris, menacer Rome et fonder dans les Deux-Siciles un puissant royaume. Ces pillards effrontés, ces intrépides écumeurs de mer, ne se sont pas tous dirigés du côté de l'Europe occidentale et mé-

ridionale, il en est qui ont parcouru les mers mystérieuses du Nord, qui se sont établis aux Feroe, en Islande, au Groenland et qui, si l'on en croit les sagas, ces chansons de geste, ces légendes rimées du nord, ont, les premiers, visité les rivages orientaux de l'Amérique. C'est une intéressante époque de l'histoire des peuples scandinaves; par malheur, les annalistes manquent et l'on ne peut aujourd'hui connaître par le menu toutes les courses aventureuses, toutes les entreprises téméraires de ces vaillants Northmen. Puis, la royauté s'établit séparée dans les deux pays; elle s'étend sur la Suède et la Norvège, au commencement du XIIIe siècle, pour ne former en 1397, avec le Danemark, qu'un seul et même empire. A partir de Gustave Wasa, la Suède fait bande à part, tandis que la Norvège et le Danemark auront une histoire commune jusqu'en 1814. Avec Gustave-Adolphe, la Suède est au premier rang des puissances de l'Europe et le poids de son épée fait pencher le plateau de la balance en faveur des peuples qui ont su gagner son alliance. Cette prospérité, cette grande situation continue sous ses successeurs; seul Charles XII qui, avec ses entreprises gigantesques et ses guerres absolument folles, porte à la prospérité de la Suède, par ses dépenses en hommes et en argent, un coup si rude qu'elle ne put s'en relever. Tour à tour, toutes les provinces qu'elle a su conquérir de l'autre côté de la Baltique lui sont enlevées par la Prusse et la Russie; les dernières qui lui restaient, la Finlande et l'île d'Aland, furent arrachées au dernier représentant de tant de rois, à Gustave IV, qui, déposé par ses sujets, fut obligé de céder le trône à un Français, Bernadotte, qui prit le nom de Charles XIII et se joignit à nos ennemis pour accabler Napoléon. La Norvège, arrachée au Danemark en 1815, fut le prix de cette trahison. La dynastie française, il faut l'avouer, a fait grandement pour la Suède et la Norvège, elle est amie du progrès sous toutes ses formes et nous devons lui témoigner de la reconnaissance pour les sympathies, forcément platoniques, dont elle a fait preuve à notre égard lors de la guerre de Crimée et en 1870, lors de la lutte terrible où nous fûmes si effroyablement vaincus. Depuis 1815, l'union est faite entre les deux royaumes. Le roi commun, qui doit être luthérien, exerce le pouvoir exécutif aidé d'un conseil d'État responsable; il réside à Stockholm, mais doit faire les trois ans un voyage en Norvège; seul le ministre des affaires étrangères est commun aux deux royaumes. Quant au pouvoir exécutif, il est exercé en Suède par un parlement de deux chambres : le landsting ou chambre haute, dont les membres élus pour neuf ans, se peuvent être choisis que dans certaine catégorie de censitaires, et le volksting, composé de membres qui ne sont pas élus non plus par le suffrage universel. Quant à la Norvège, elle ne possède qu'une seule chambre, le storthing, composé de 111 membres, dont l'élection a lieu à deux degrés. Le roi peut exercer un droit de veto sur les décisions de cette assemblée qu'il peut renouveler trois fois tous les trois ans, après quoi on passe outre; ajoutons qu'il n'est pas investi du droit de dissolution. Les opinions sont beaucoup plus avancées en Norvège qu'en Suède, où la noblesse jouit encore de prérogatives spéciales et d'une influence considérable. La plupart des décisions du storthing dans ces dernières années ont été inspirées par ces idées et c'est de là qu'est né le conflit entre le roi et cette assemblée, conflit qui est arrivé à l'état de crise aiguë et qui n'est pas sans vivement préoccuper tous ceux qui ont quelque sympathie pour ce brave et fier peuple scandinave.

Les altitudes sont en mètres, au dessus du niveau de la mer.

SUÈDE ET NORVÈGE
DANEMARK

Échelle:

0   100   200   500 Kil.

Explication des Signes

CAPITALE D'ÉTAT □ GRANDE VILLE ⦿
Villes principales......... ◉
Ville.............. ○
Petite ville............ •
Chemin de fer ....
Canal............
Limite d'État...........
Limite de Province.........

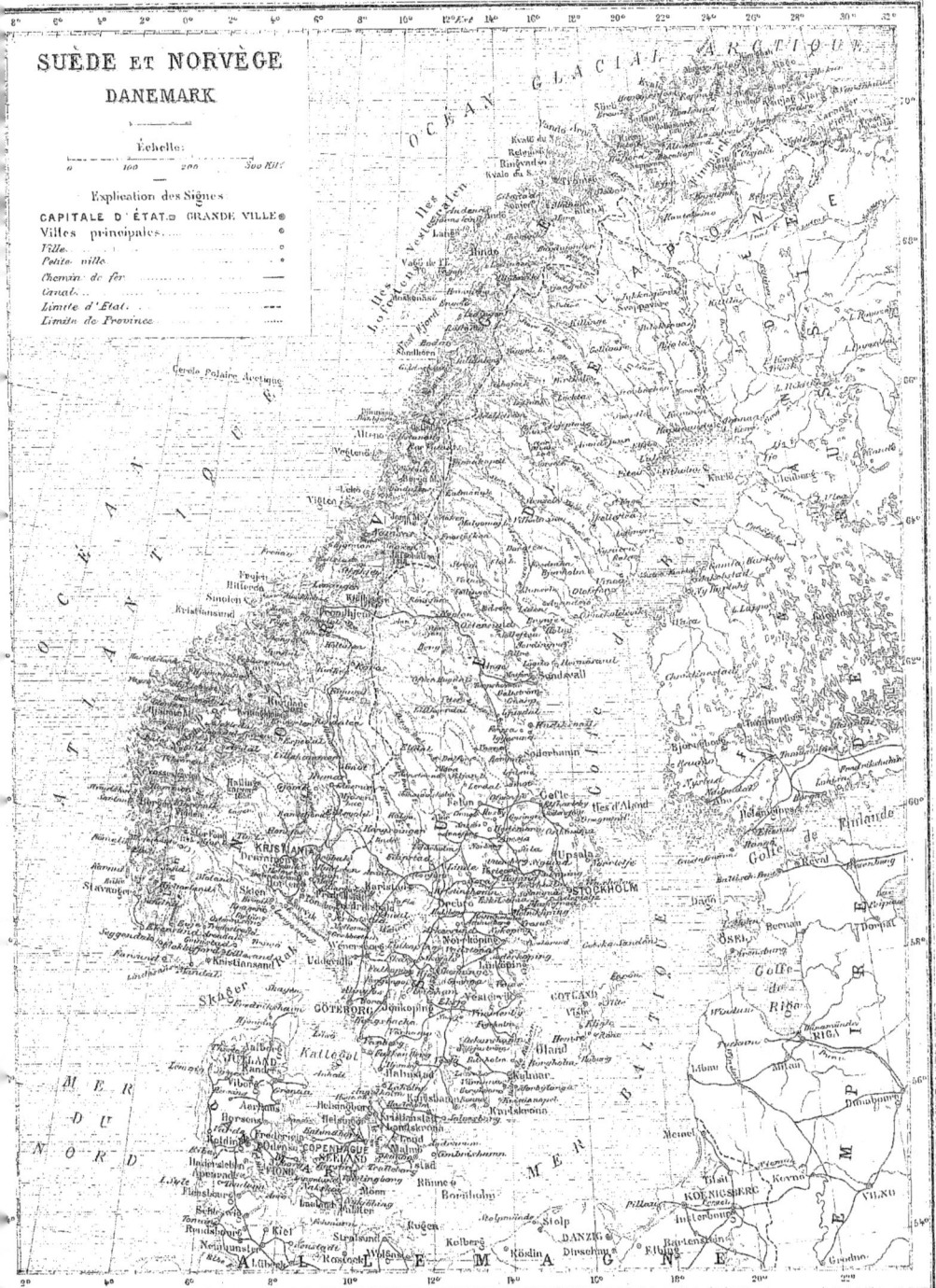

OCÉAN GLACIAL ARCTIQUE

LAPONIE

Cercle Polaire Arctique

OCÉAN

ATLANTIQUE

KRISTIANIA

STOCKHOLM

Golfe de Finlande

Iles d'Aland

MER BALTIQUE

GÖTEBORG

GOTLAND

Golfe de Riga

RIGA

Skager Rak

JUTLAND

Kattegat

COPENHAGUE

SÉELAND

FIONIE

Bornholm

MER DU NORD

EMPIRE

KOENIGSBERG

VILNO

DANZIG

ALLEMAGNE

Kiel

Stralsund

Rostock

Rügen

Échelle de: 1/7.950.000.

SUISSE

Au centre de l'Europe, entre l'Alsace, le grand-duché de Bade, le Würtemberg et la Bavière au nord, l'Autriche à l'est, l'Italie au sud et la France à l'ouest et au sud-ouest, est compris un petit mais vaillant pays, la Suisse, qui doit son nom à l'un des vingt-deux cantons qui la composent. C'est une contrée essentiellement montagneuse; le nœud des grandes chaînes qui parcourent l'Europe, et cette situation a considérablement influé sur son climat, froid sur le Jura et les pentes septentrionales des Alpes, moins rigoureux sur leur revers méridional. Là, sont les terres les plus élevées de l'Europe, aussi, ce qu'il y tombe de pluie et de neige est énorme — Agassiz se rappelle avoir mesuré 17 m. de neige sur certains cols — aussi, ce que les névés, les glaciers, les lacs et les rivières qui y prennent leur source, entraînent d'eau vers la mer est véritablement colossal. Au reste, il n'existe pas en Europe de coin de terre où soit rassemblée plus grande quantité de montagnes gigantesques affectant toutes les formes imaginables, d'une masse plus imposante, où il y ait plus de cascades, de glaciers, de moraines, de torrents impétueux, où se ... un mot, plus éloquemment ... ons de l'eau et de l'humidité par le froid. Ce so... le mont Saint-Gothard, haut lui-même de 2,093 m. avec ses lacs nombreux, ses glaciers énormes d'où sortent le Rhône et les trois branches du Rhin. Et cependant, comme nous avons eu l'occasion de le dire ailleurs, ce massif a été creusé, transpercé entre Airolo et Andermatt, reliant ainsi les deux vallées du Tessin et de la Reuss, rattachant l'Italie à l'Allemagne, formant une voie de communication d'une importance énorme pour l'écoulement des produits de l'Europe centrale vers l'Italie et ses ports d'embarquement pour l'extrême Orient. Du Saint-Gothard se détachent, au sud-ouest, les Alpes Pennines qui se rattachent à des cimes célèbres, le Simplon et le mont Rose, 4,687 m., dont les glaciers les plus voisins oscillent comme hauteur entre 4,000 et 5,000 m. Dans ce massif, il faut citer le Matterhorn et le groupe du Saint-Bernard séparé du mont Blanc par le col de Ferret. Ce dernier, qui appartient à la France, n'a pas moins de 4,810 m., et c'est de là que partent toutes les ramifications des Alpes Françaises de la Savoie, les Alpes Grées qui descendent jusqu'au mont Cenis, les Cottiennes jusqu'au Viso et les Alpes Maritimes qui se rattachent à la rivière de Gênes, à la chaîne italienne des Apennins. Du Saint-Gothard se détache, au-dessus des Alpes Pennines, la chaîne connue sous le nom d'Alpes Bernoises, dont les sommets les plus connus sont: la Jungfrau et la Gemmi; entre ces deux chaînes est compris le canton du Valais. Au nord, le Saint-Gothard envoie les contreforts connus sous les noms d'Alpes d'Uri où se trouvent des sommets moins élevés mais non moins célèbres, le Rigi, le Grütli, le Brunig et Rothhorn; à droite de la vallée de la Reuss, ce sont: les Alpes de Glaris avec des sommets qui dépassent 3,500 m. Enfin, à l'est du Saint-Gothard, nous trouvons les Alpes Lépontiennes ou Helvétiques et les Rhétiques avec les sommets du Rheinwald.

du Splugen, de la Bernina, immense massif, rendez-vous favori des touristes, dont les crêtes dépassent 4,000 m. et, enfin, le Rhæticon, qui sépare les Grisons du Vorarlberg. Quant au Jura, il appartient aussi bien à la France qu'à la Suisse; s'il n'offre plus aux grimpeurs les émotions de la mer de glace, ses défilés ou cluses, ses cirques ou combes, ses vallées fertiles et ses pentes cultivées ou couvertes de forêts, présentent un spectacle moins terrible et moins grandiose, mais plus gai et plus pittoresque que celui des Alpes. Comme elle il eut jadis ses glaciers, mais par bonheur pour nous, ils ont disparu, et les lacs mêmes qui les avaient remplacés dans les parties les plus profondes sont aujourd'hui taris. Nous disions plus haut que nulle région n'était plus riche que les Alpes en eaux vives ou glacées; il n'est donc pas étonnant que presque tous les grands fleuves de l'Europe centrale prennent leur source dans cette région ou soient alimentés par des rivières et des cours d'eau qui en descendent. Quatre versants principaux reçoivent ce considérable afflux d'eau. Sur le versant de la Méditerranée, c'est le Rhône qui prend sa source au mont Furka et qui, après avoir reçu les innombrables affluents engendrés par les glaciers de l'Oberland et du mont Rose, finit par tomber dans le lac de Genève, la plus vaste nappe d'eau de l'Europe occidentale, aux rivages égayés par des bourgades riantes et des châteaux pittoresques. A l'Adriatique, les monts Nufenen envoient le Tessin qui, comme le Rhône, juge à propos de traverser un lac, le lac Majeur, qui n'a pas tout à fait la moitié de la superficie du Léman. Vers la mer Noire descend l'Inn qui, né au Septimer, traverse la Vateline et entre dans le Tyrol où nous n'avons pas à le suivre. Enfin, se rend à la mer du nord le Rhin dont les sources alimentées par des centaines de glaciers forment deux rivières, le Hinter et le Vorder Rhein, qui se réunissent à Coire pour tomber un peu plus loin dans le lac de Constance (Bodensee des Allemands), dont les rives appartiennent au Wurtemberg, à la Bavière, à l'Autriche, au duché de Bade et à la Suisse. A la sortie du lac, le Rhin passe par Schaffouse, franchit la cataracte de Laufen, passe à Bâle et entre alors en Allemagne. Des nombreux affluents du Rhin, qui prennent leur source dans les Alpes, nous ne retiendrons que les noms de l'Aar grossi du torrent du Giessbach, qui forme une des chutes les plus pittoresques de la Suisse, la Reuss qui traverse le lac des Quatre-Cantons, arrose Lucerne et finit à Brugg, et la Limmat qui traverse le lac de Zurich. Quels ont été les premiers habitants de la Suisse, quelles furent leurs mœurs et leur industrie, voilà ce qu'il y a trente-cinq ans seulement, il eût été impossible de dire, voilà ce que nous savons aujourd'hui dans le plus grand détail, grâce aux découvertes multiples accomplies par les archéologues. C'est en 1853, à la suite d'une sécheresse inaccoutumée, que les eaux du lac de Zurich ayant baissé d'une façon insolite, mirent à découvert à Obermeilen quantité de pilotis de chêne et de sapin. On se mit avec empressement à fouiller la vase où ils étaient plantés et l'on y découvrit en

quantité les instruments, les armes, les barques dont ces Proto-Helvètes se servaient. Des fouilles analogues ont été faites dans tous les autres lacs, on connaît aujourd'hui plus de 200 stations lacustres, dont quelques-unes comprenaient 500 huttes, et l'on estime à 100,000 le nombre des individus qui pouvaient se réfugier dans ces villages aquatiques. Soumis par les Romains, qui fondèrent en Suisse quantité de cités, les Helvètes furent impitoyablement foulés par la plupart des tribus barbares qui se jetèrent sur cette partie de l'Europe, Allemands, Burgondes et Ostrogoths. Aussitôt le christianisme introduit, nous voyons la Suisse devenir le lieu d'élection de quantité de religieux qui y fondèrent des monastères nombreux entre lesquels celui de Saint-Gall jeta un éclat tout particulier. Après Charlemagne, la Suisse fut divisée et subdivisée en une multitude de petits états ecclésiastiques ou séculiers, principautés, abbayes ou villes libres qui passaient leur temps à batailler. Au xiiie siècle, nous voyons l'empereur d'Allemagne, Albert Ier, essayer de soumettre à sa tyrannie les trois cantons d'Uri, d'Unterwalden et de Schwytz, ce qui donne lieu à la légende de Guillaume Tell et du serment des trois Suisses. L'alliance de ces trois cantons est l'embryon de celle qui devait plus tard réunir les 22 cantons par un pacte fédératif; leur résistance acharnée et victorieuse, à Morgarten, assura leur indépendance et la conservation de leurs privilèges et franchises, si bien, que nous voyons au xive siècle Lucerne, Zug, Glaris et Berne, se joindre aux confédérés de Brunnen et chercher auprès d'eux une protection contre la tyrannie de la Maison d'Autriche. Vainqueurs à Sempach et à Nœfels, ils conquirent l'Argovie et la Thurgovie et après une lutte intestine à laquelle prirent part les Impériaux et le dauphin Louis, plus tard Louis XI, l'indépendance des cantons fut solennellement reconnue par l'Autriche. Louis XI avait pu apprécier, à la bataille de Saint-Jacques, la fermeté et la bravoure des Suisses; depuis cette époque jusqu'à la Révolution, il fut de mode, à la cour de France, d'avoir à sa solde quelques-unes des bandes qui venaient, à trois reprises, à Granson, à Morat et à Nancy, de mettre en pièces l'brillante chevalerie de Charles le Téméraire Comme infanterie, il n'y eut longtemps pas de meilleures troupes que les Suisses, aussi prirent-ils une part très considérable aux luttes qui ensanglantèrent l'Italie au xve et au commencement du xvie siècle. Pendant ce temps, le nombre des cantons confédérés s'éleva de huit à treize par l'adhésion à la ligue de Soleure, Fribourg, Bâle, Schaffouse et Appenzell. Trois siècles durant, figure dans la géographie et dans l'histoire, ce petit Etat composé de treize cantons alliés et confédérés. Cependant au xvie siècle la prospérité de cette petite république fut gravement compromise par les luttes de la Réforme dont les apôtres le plus écoutés en Suisse furent Zwingle et Calvin; il y eut même scission entre les cantons demeurés catholiques et ceux qui avaient adopté les idées nouvelles, le sang coula à plusieurs reprises, mais si la paix fut officiellement rétablie et la confédération maintenue, ni le calme ni l'union ne regnèrent dans les esprits. Reconnue officiellement par l'Europe au congrès de Munster, la Suisse, qui avait fourni à Louis XIV de nombreux soldats, sentit son amour pour le grand roi se refroidir singulièrement lors de la révocation de l'édit de Nantes. A ce moment, le nombre des émigrés français en Suisse peut être estimé à 60,000; avec eux ils apportaient les industries nouvelles, des méthodes de culture inconnues, et cet afflux de sang nouveau ne fut pas sans influer sur le caractère des habitants, sur leur développement industriel, commercial et intellectuel. Si la Hollande avait été pendant la première moitié du XVIIe siècle, l'officine d'une masse de publications, la plupart dirigées personnellement contre Louis XIV, et le repaire favori de tous les contrefacteurs, la Suisse, et particulièrement Genève, qui est si rapproche de la France, héritèrent de cette productive industrie, qui prit une extension considérable au moment où le parti philosophique, persécuté en France, dut chercher à l'étranger des presses qui lui permissent de lancer à travers le monde ses théories libératrices. Rousseau originaire de Genève, Voltaire réfugié à Ferney, ce dernier surtout, avec ses pamphlets incessants, furent les pourvoyeurs d'une industrie florissante; le commerce de la librairie qui s'est perpétué jusqu'à nos jours, car sous l'Empire, c'est de Genève comme de Bruxelles que nous venaient et les éditions microscopiques des œuvres interdites de Victor Hugo et ces brochures si caustiques, comme les Propos de Labienus, qui allaient frayer la voie à la troisième République. Après l'intervention française en Suisse et l'adjonction de nouveaux cantons, Argovie, Thurgovie, Vaud, Tessin, Saint-Gall, Grisons, le pacte fédératif qui unissait les cantons fut confirmé par le congrès de Vienne de 1815, qui porta définitivement à vingt-deux le nombre des membres de la confédération en leur adjoignant les cantons de Valais, de Neufchatel et de Genève. En même temps la neutralité de la Suisse était solennellement proclamée. Depuis cette époque, la république a traversé quelques crises, en essayant de faire réviser le pacte fédéral qui unissait les cantons, soit même dans des tentatives séparatistes telles que l'essaya la ligue du Sonderbund. Telle est en résumé l'histoire de la Suisse. Liguées par des intérêts communs, les cantons ont fini par oublier une partie de leurs instincts particularistes et se faire à l'idée de patrie. On n'est plus de Soleure ou de Berne, on est Suisse et ce sentiment contribue et contribuera, par la solidarité, à l'affermissement du lien qui unit tous ces petits Etats et au développement de leur prospérité. Il est bien difficile d'établir une distinction, une ligne séparative entre les pays de plaines et les contrées de montagnes. Les cantons où les montagnes sont les moins pressées sont les plus voisins de la France, Argovie, Berne, Fribourg et Vaud; partout ailleurs ce ne sont que vallées et montagnes, glaciers, névés et torrents. Les montagnes de la Suisse ne sont pas aussi riches en minéraux qu'on le pourrait croire; on n'y trouve guère qu'un peu d'anthracite et de houille, de la tourbe et de l'asphalte; mais ce qui a contribué puissamment à faire connaître la Suisse, ce sont ses innombrables sources minérales et thermales, les unes sulfureuses, les autres ferrugineuses, qui, en attirant quantité de malades, ont au loin répandu le renom de la Suisse, cette contrée éminemment pittoresque. Ajoutez à cette courte nomenclature des marbres, de l'albâtre,

du granit et quelques autres minéraux; on voit qu'à ce point de vue, la Suisse passerait difficilement pour un des pays les plus riches de l'Europe. Les terres arables et les vignobles s'étendent sur une surface un peu plus considérable que les pâturages, 792,000 hectares; quelques céréales, froment et maïs, mais en beaucoup trop petite quantité pour suffire à la consommation, des forêts où poussent le sapin, le châtaignier, le noyer, etc., d'ailleurs exploitées jadis à outrance, de sorte que le bois qu'on y coupe est aujourd'hui insuffisant pour la consommation; des pâturages et des prairies cultivées où l'on élève quantité de bestiaux, voilà pour les richesses naturelles de la Suisse. Ajoutons que le lait des innombrables vaches laitières est précieusement recueilli et qu'on en fabrique d'excellents fromages dont la réputation est européenne. D'innombrables espèces de poissons peuplent les lacs et les rivières de la Suisse, saumons, truites, anguilles, ferras, etc., qui apportent un appoint sensible aux objets d'alimentation. Quant aux animaux sauvages, s'ils ont été jadis très communs, ils ont presque complètement disparu et l'on ne trouve plus qu'un petit nombre d'ours et de loups, tandis que les chamois et les bouquetins, tous les jours pourchassés, savent aujourd'hui parfaitement se tenir en dehors de la portée des fusils et se réfugient dans les contrées les plus inaccessibles. Bien que les montagnes, qui la coupent en tous sens, paraissent apporter des obstacles considérables au développement de l'industrie; bien que les tunnels percés à travers les montagnes soient de création toute récente, bien que le défaut presque absolu de combustible et la petite quantité de chemins de fer, ne permettent que la création d'un nombre restreint de fabriques, et un lent écoulement des marchandises, on constate cependant, depuis un certain nombre d'années, la marche régulière et constante en avant de l'industrie suisse qui parvient à fabriquer à des prix impossibles pour nous. Le tissage emploie près de trois millions de broches, la mousseline, la soierie, la tannerie, la papeterie, les chapeaux de paille, les armes, les machines à vapeur de toute sorte, les bois sculptés et découpés, les boîtes à musique, la bijouterie dont le centre est à Genève, l'horlogerie qui est concentrée dans le Jura et produit pour plus de 100 millions par an de pendules et de montres, les orgues, telles sont les principales industries et fabrications de la Suisse. Mais il en est une qui laisse bien loin en arrière toutes les autres, non seulement par les résultats qu'elle obtient déjà, mais encore par ceux qu'elle est en droit d'attendre de la multiplication des chemins de fer, des facilités de tout genre apportées aux voyages et du goût du déplacement qui semble s'être emparé depuis quelques années de l'Europe entière, c'est l'exploitation du voyageur. Pour ceux qui ont fait comme nous leurs délices des Voyages en zigzag de Töpfer et des impressions d'Alexandre Dumas, il est impossible de reconnaître dans la Suisse actuelle ce qu'elle était il y a seulement quarante ans. Des hôtels magnifiques, des restaurants, des buvettes, des cafés, avec tout le confort désirable, sont non seulement installés dans les villes principales, mais encore venus s'établir dans le voisinage, au pied même de toutes les curiosités naturelles que le touriste vient visiter en Suisse. Il ne faudra pas trop nous étonner le jour où l'on nous apprendra la création d'un hôtel à la cime du mont Blanc ou du Cervin. On peut dire que cette exploitation des voyageurs a absolu-

ment gâté tout voyage en Suisse en lui enlevant tout pittoresque ou tout imprévu. Il en est de même pour les ascensions; on les faisait jadis en risquant de se casser les os, il n'en est plus de même aujourd'hui, les passages dangereux ont été garnis de garde-fous et bientôt on étendra devant vous des tapis pour vous empêcher de glisser sur la glace. Sans aller chercher nos informations dans l'amusante fantaisie de Daudet « Tartarin dans les Alpes », nous pouvons regretter qu'une excursion à la mer de glace n'offre pas plus de péril qu'une promenade à Robinson. Tout le monde veut être allé en Suisse et, soyez en persuadé, il n'est personne qui ne revienne avec quelque bel incident de voyage bien émouvant, mais qui n'existe que dans son imagination. On sait qu'un capital de 300 millions est engagé dans cette industrie qui n'occupe pas moins de 20,000 personnes. Au reste voici ce que dit Reclus, le passage est instructif et mérite d'être reproduit : « Aubergistes, portefaix, guides, sonneurs de cor, ouvriers de barrières, garde cascades, portiers de grottes, poseurs de espèce embusquée derrière des haies, tous ceux qui vivent du visiteur étranger, l'exploitent sans la moindre pudeur. Tout se vend, jusqu'au verre d'eau, jusqu'au signe indicateur de la main. On cherche à s'approprier les beaux sites pour en faire payer chèrement la vue et plus d'une cascade est enlaidie par d'affreuses palissades qui la défendent des regards du pauvre. » Il y a quelque chose d'ignoble dans une exploitation aussi effrontée des beautés naturelles d'un pays et c'est un des vilains traits du caractère national. Cependant il ne faut pas rester sur cette mauvaise impression, il vaut mieux admirer la vaillance de ce petit peuple qui a su, avec le concours de l'étranger il est vrai, vaincre les obstacles que lui opposait la nature. Les abominables sentiers où l'on transportait à dos d'hommes ou de mulets toutes les marchandises ont été remplacées en bien des endroits par de belles routes soigneusement entretenues; des ponts en bois, en fer, en maçonnerie ont été jetés sur les fleuves et les torrents et 2,829 kil. de chemins de fer sont exploités. Tous ces travaux, les derniers surtout qui ont nécessité quantité de viaducs, de rampes, de tunnels, n'ont pas été sans coûter des sommes considérables qui, d'ailleurs, ont été amplement compensées par les revenus qui n'ont cessé d'augmenter. C'est ainsi que le percement du Saint-Gothard, commencé en 1872 et terminé en 1882, a considérablement profité à la Suisse. La ligne n'a pas coûté moins de 980,000 francs par kil. il est vrai, mais ce chemin de fer n'a pas transporté moins de 462,000 tonnes de marchandises en 1883, et le profit, tous frais payés, n'a pas été inférieur à six millions. Profitant de la situation centrale qui force les marchandises de l'Autriche et d'une partie de l'Europe orientale à emprunter la ligne de l'Arlberg pour gagner les ports français de l'Atlantique, celles de l'Angleterre et du Nord de l'Europe à passer par le Saint-Gothard pour gagner l'Italie et celles de la France qui devront prendre la route du Simplon, la Suisse est appelée à un avenir économique merveilleux, et l'on doit déjà toute son admiration à un peuple qui sur un territoire en somme peu fertile, encombré de montagnes, sans mines, sans rivages, n'ayant qu'une population de 3 millions d'habitants, a su arriver à ce chiffre énorme de plus d'un milliard de commerce extérieur.

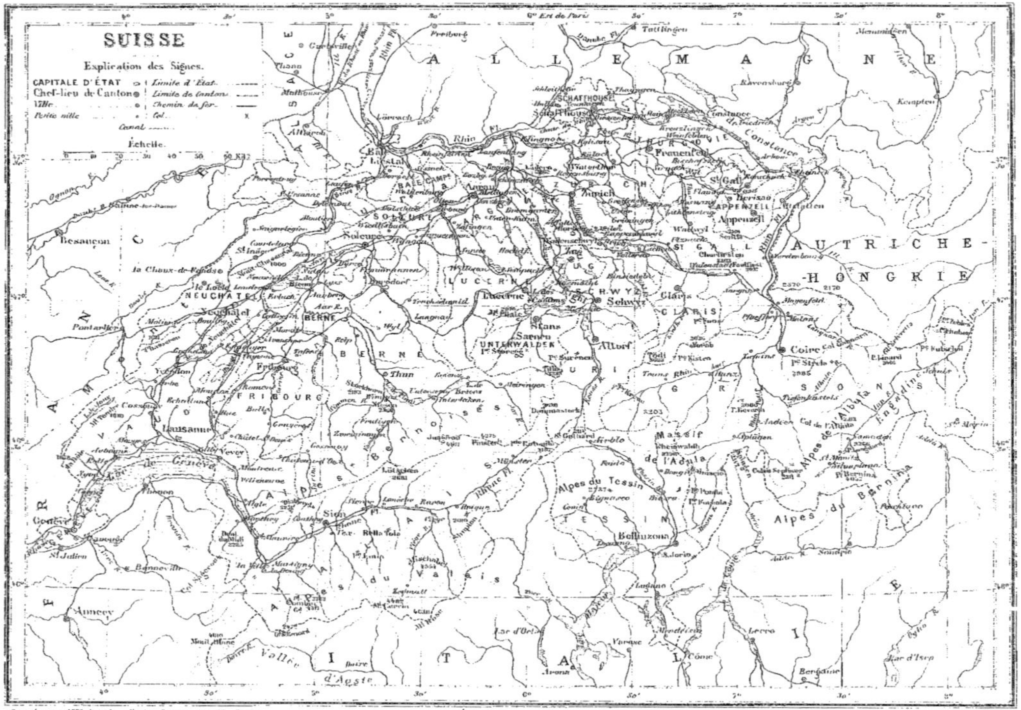

SUISSE

Explication des Signes.

CAPITALE D'ÉTAT
Chef-lieu de Canton
Ville
Partie mille

Échelle de : 1/405.060

ATLAS

DES

DÉPARTEMENTS DE LA FRANCE

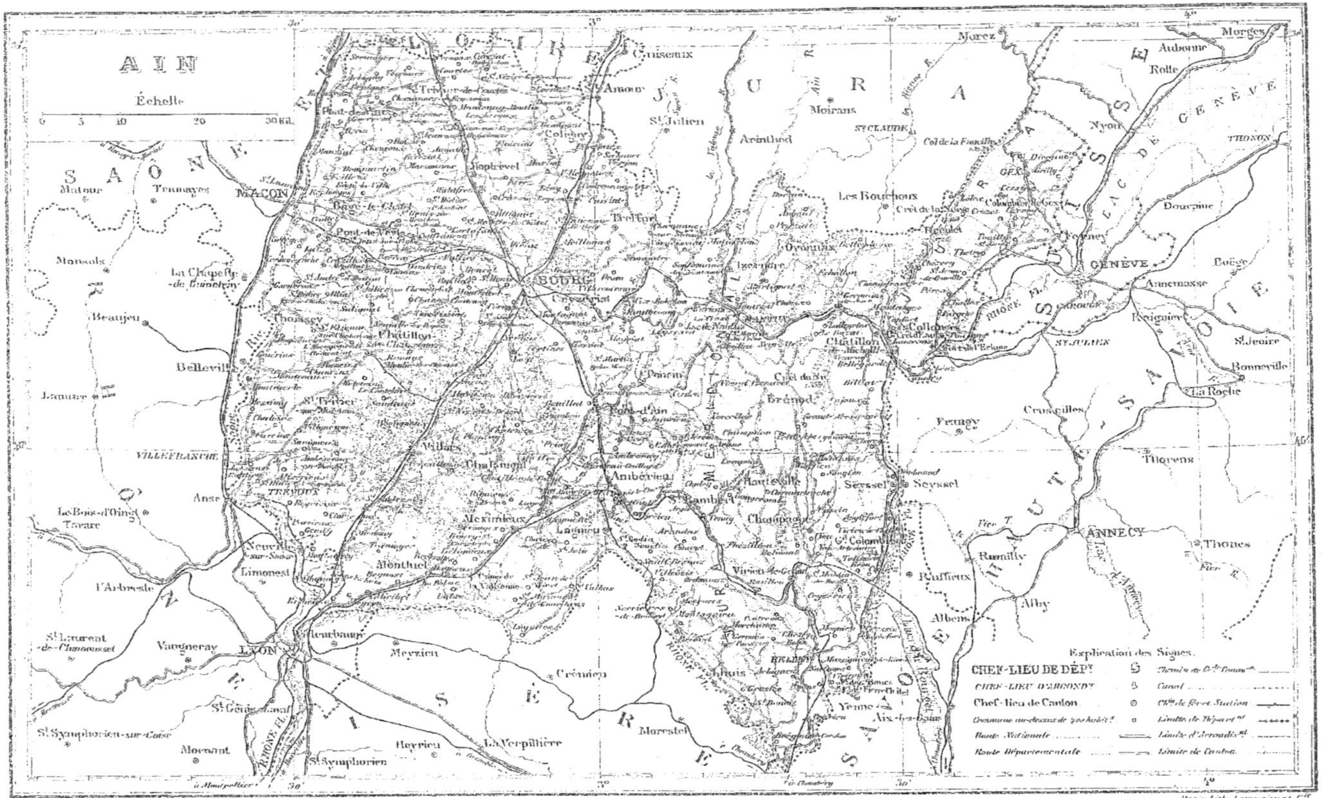

AIN

Échelle

0 5 10 20 30 Kil.

CHEF-LIEU DE DÉP.T
PREF.-LIEU D'ARRON.T
Chef-Lieu de Canton

Explication des Signes.

Routes de 1.re Classe
Canal
Limites de Département
Limites d'Arrondiss.t
Limite de Canton
Route Départementale

AISNE

Echelle :

0   10   20   30   40 Kil.

Explication des Signes.

CHEF-LIEU DE DÉP.ᵗ

CHEF-LIEU D'ARROND.ᵗ

Chef-lieu de Canton

Commune ou hameau de 2.ᵉ ordre

Route Nationale

Route Départementale

Ch.ⁿ de Gr.ᵈᵉ Comm.ⁿ

Canal

Ch.ⁿ de fer et Station

Frontière

Limite de Départ.ᵗ

Limite d'Arrond.ᵗ

Limite de Canton

Forêts

BELGIQUE

CAMBRAY · Landrecies · AVESNES · Trélon
Bertincourt · Marcoing · le Cateau-Cambrésis
PÉRONNE · Roisel · le Catelet · Bohain · Hirson · Signy
Vermand · ST QUENTIN · Guise · VERVINS · Aubenton · Rumigny
Ham · St Simon · Ribemont · Marle · Sains
Guiscard · La Fère · Crécy · Chaumont-Porcien
Noyon · Chauny · LAON · Sissonne · Château-Porcien
Attichy · Coucy-le-Château · Craonne · Neufchâtel · Asfeld
Vic-sur-Aisne · Anizy-le-Château · Vailly
Villers-Cotterets · SOISSONS · Braisne · Fismes · Bourgogne
Betz · Oulchy-le-Ch.ᵗ · Fère-en-Tardenois · Ville-en-Tardenois · REIMS
Neuilly-St-Front
Lizy-sur-Ourcq · CHATEAU-THIERRY · Dormans
Chatel · Condé-en-Brie
la Ferté-sous-Jouarre · Montmirail
Rebais · COULOMMIERS · MARNE
la Ferté-Gaucher · Esternay

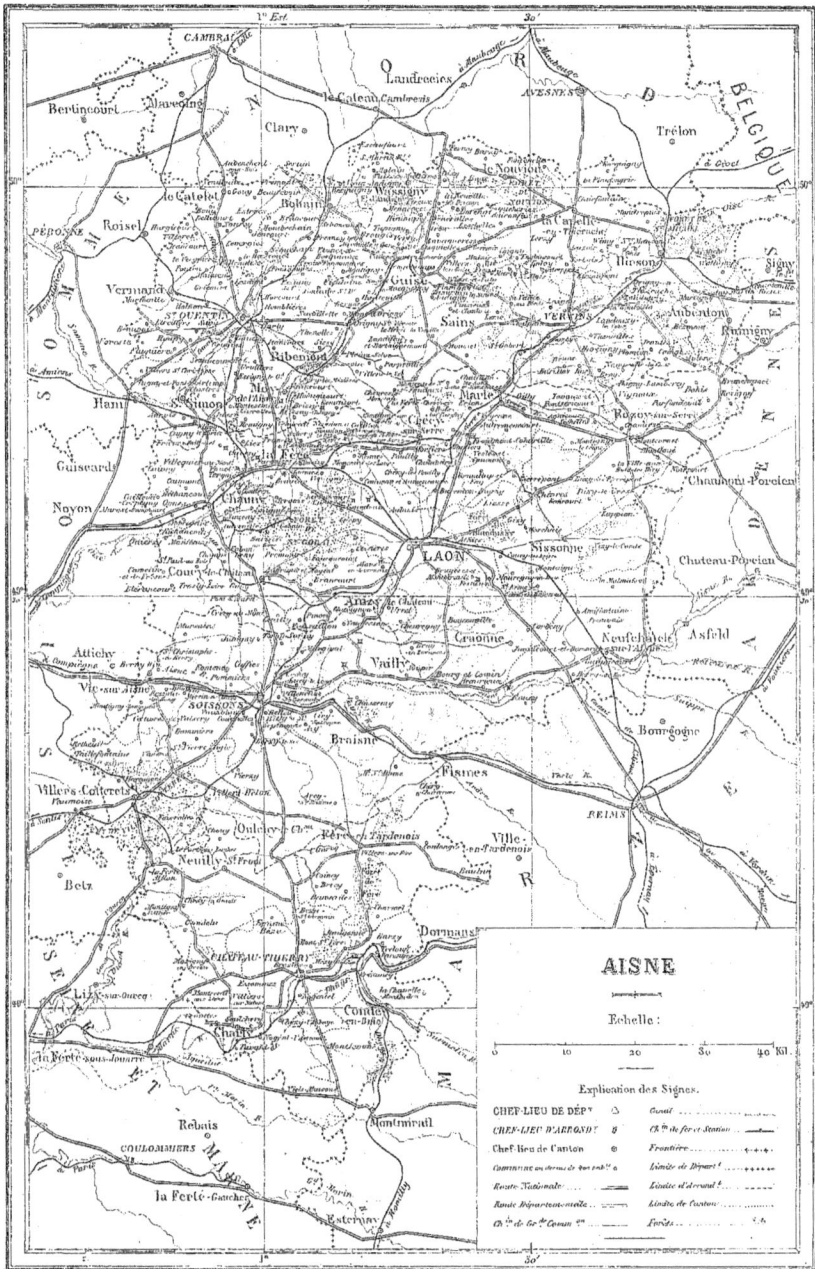

Grav.ᵉ par M.ʳ Perrin, 53, Rue des Boulangers, Paris.

Paris, lith. Lemercier et Comp.ⁱᵉ

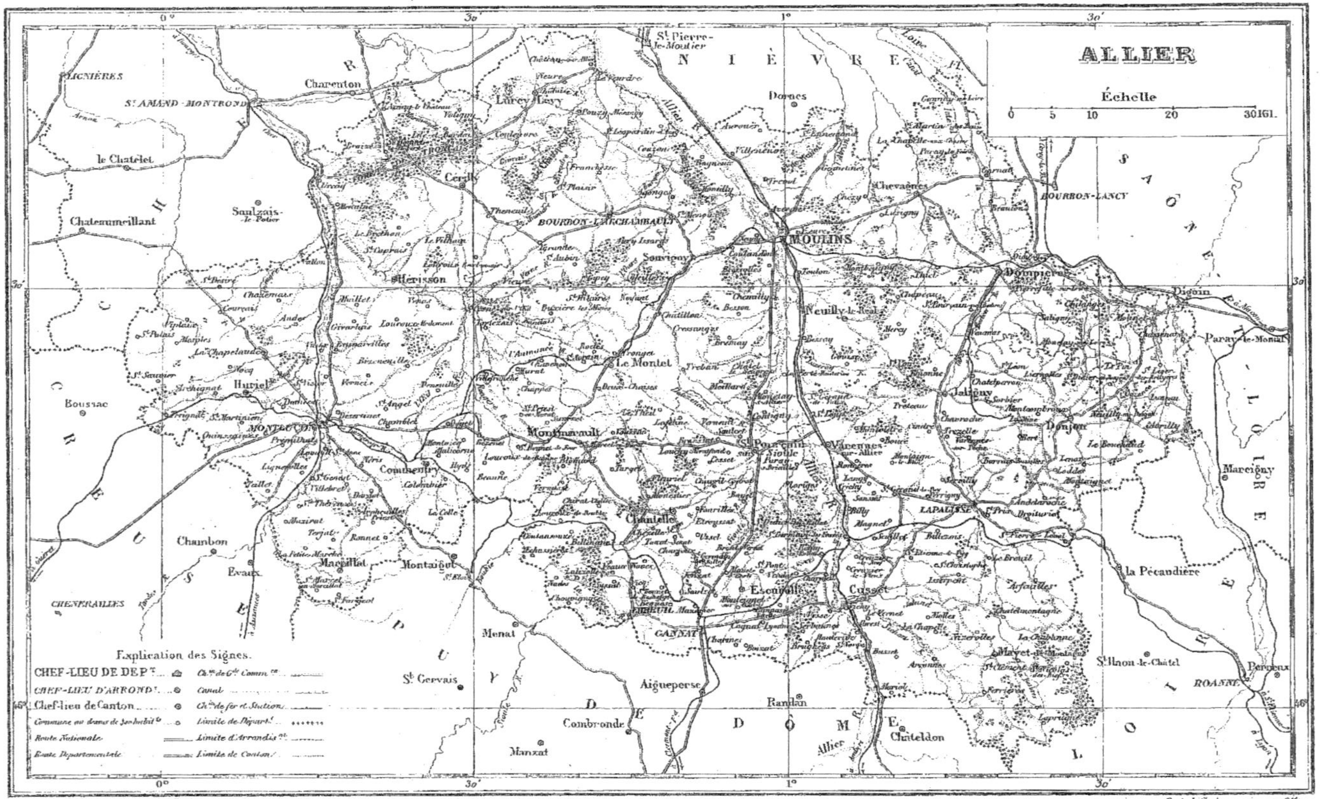

ALLIER

Échelle

0 5 10 20 30 Kil.

Explication des Signes.

CHEF-LIEU DE DEP.t	⊕	Ch.l. de C.on
CHEF-LIEU D'ARROND.t	⊙	Canal
Chef-Lieu de Canton	◉	Ch.in de fer. en exploit.n
Commune ou Bourg de le chef-l.º	○	Limite de Dép.art
Route Nationale		Limite d'Arrondis.t
Route Départementale		Limite de Canton

Grave par E. Morieu, 53, r. Vavin, Paris

Imp. lith. Lemercier et Cie

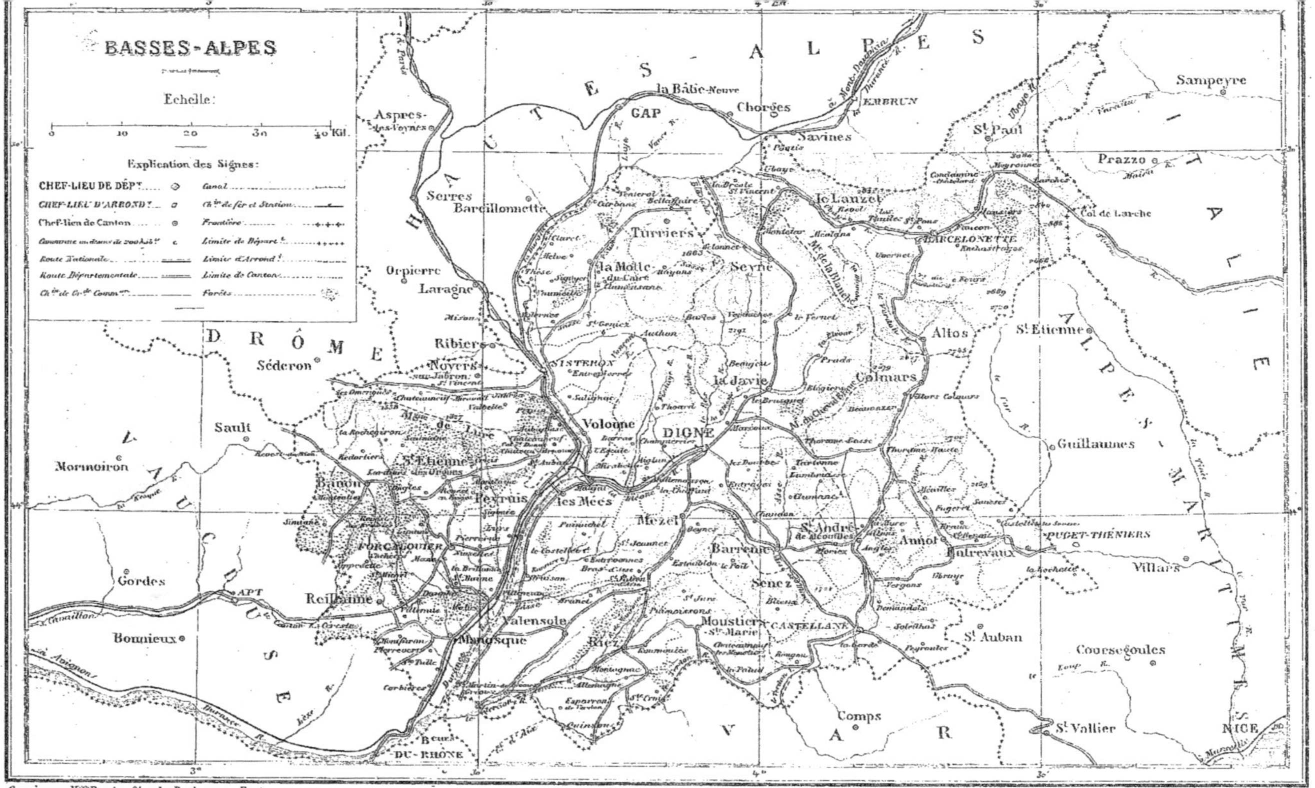

BASSES-ALPES

Échelle:

10   20   30   40 Kil.

Explication des Signes:

CHEF-LIEU DE DÉP.ᵗ .... Gand.
CHEF-LIEU D'ARROND.ᵗ .... Ca.ᵗ 6.ᵉ, fg. et Revision.
Chef-lieu de Canton .... Frontière.
Commune ou Hameau remarq.ᵇˡᵉ ..... Limite de Départ.ᵗ
Route Nationale .... Limite d'Arrond.ᵗ
Route Départementale .... Limite de Canton.
Ca.ᵗ de la G.ᵗᵉ Canau. .... Forêts.

I T A L I E

Sampeyre

Prazzo

Col de Larche

St Paul

BARCELONNETTE

K.BRUN

A L P E S - M A R I T I M E S

St Étienne

Guillaumes

PUGET-THENIERS

Villars

Crosse-Roules

St Vallier

NICE

Allos

Mt de la Blanet

Colmars

St André de Méouilles

CASTELLANE

Moustiers St Marcel

Comps

V A R

St Auban

Barrème

Senez

GAP

la Bâtie-Neuve

Chorges

Savines

Le Lauzet

Seyne

Turriers

La Motte

DIGNE

St Jurson

Volonne

Les Mées

Barcillonnette

Serres

Aspres-sur-Buech

Orpierre

Laragne

Ribiers

Noyers

Sisteron

St Étienne

Forcalquier

Manosque

Reillanne

Rhône

D R Ô M E

Séderon

Sault

V A U C L U S E

Mormoiron

Gordes

Bonnieux

Gravé par M.ʳ Pervée, 34, chez Boulanger, Paris

Paris. Imp. Lemercier et C.ᵉ

HAUTES-ALPES

Échelle.

0   5   10   15   20   25 Kil.

Gravé par E. Barra Paris.

Paris. Lith. Lemercier et Cⁱᵉ

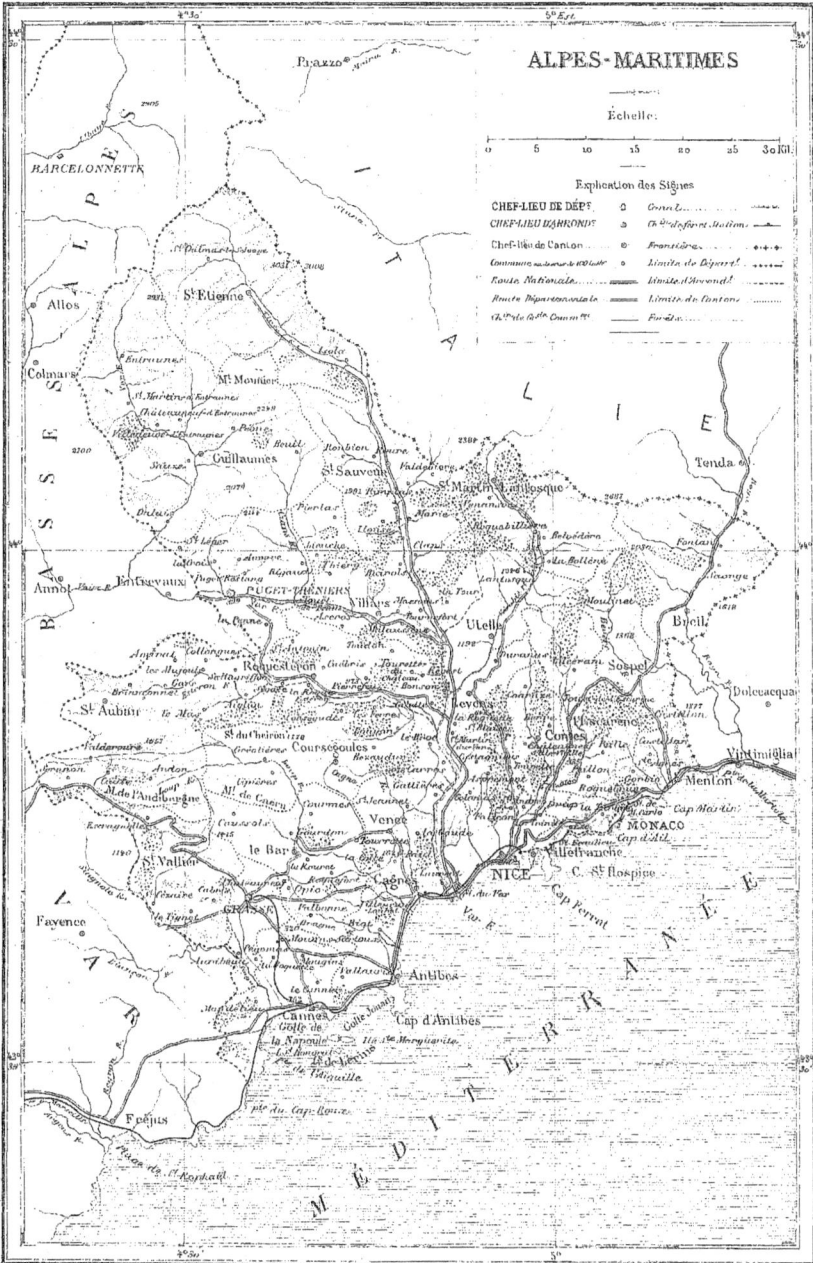

ALPES-MARITIMES

Echelle:

0   5   10   15   20   25   30 Kil.

Explication des Signes

CHEF-LIEU DE DÉPT.   Canal
CHEF-LIEU D'ARRONDT.   Ch. de fer et Station
Chef-lieu de Canton   Frontière
Commune au dessus de 400 habt.   Limite de Départt.
Route Nationale   Limite d'Arrondt.
Route Départementale   Limite de Canton
Ch. Pcle et de Commne.   Forêts

BARCELONNETTE

Praazzo

BASSES ALPES

Allos

Colmars

St Étienne

St Dalmas-le-Selvage

Entraunes

Mt Mounier

St Martin d'Entraunes
Châteauneuf d'Entraunes
Villeneuve d'Entraunes
Péone
Beuil

Guillaumes

Sauze

Roubion

St Sauveur

Valdeblore

St Martin Vésubie

Tenda

Annot

Entrevaux

St Léger

Thiery

PUGET-THENIERS

Villars

Utelle

Breil

Sospel

Dolceacqua

Levens

L'Escarène

Contes

Ventimiglia

St Aubin

St du Cheiron

Coursegoules

Gréolières

Menton

Cap Martin

Bezaudun
Mt de Caery
Courmes

MONACO

Vence

Cap d'Ail

Villefranche

le Bar

St Vallier

NICE

C. St Hospice

Cagnes

GRASSE

Cap Ferrat

Var

Fayence

Antibes

Cannes

Golfe de la Napoule

Cap d'Antibes

Iles Ste Marguerite
I. de Lérins

pte du Cap Roux

Fréjus

MÉDITERRANÉE

Gravé par Mme Perrin, R. des Boulangers, 54, Paris.   Paris, Imp. Lemercier et Cie.

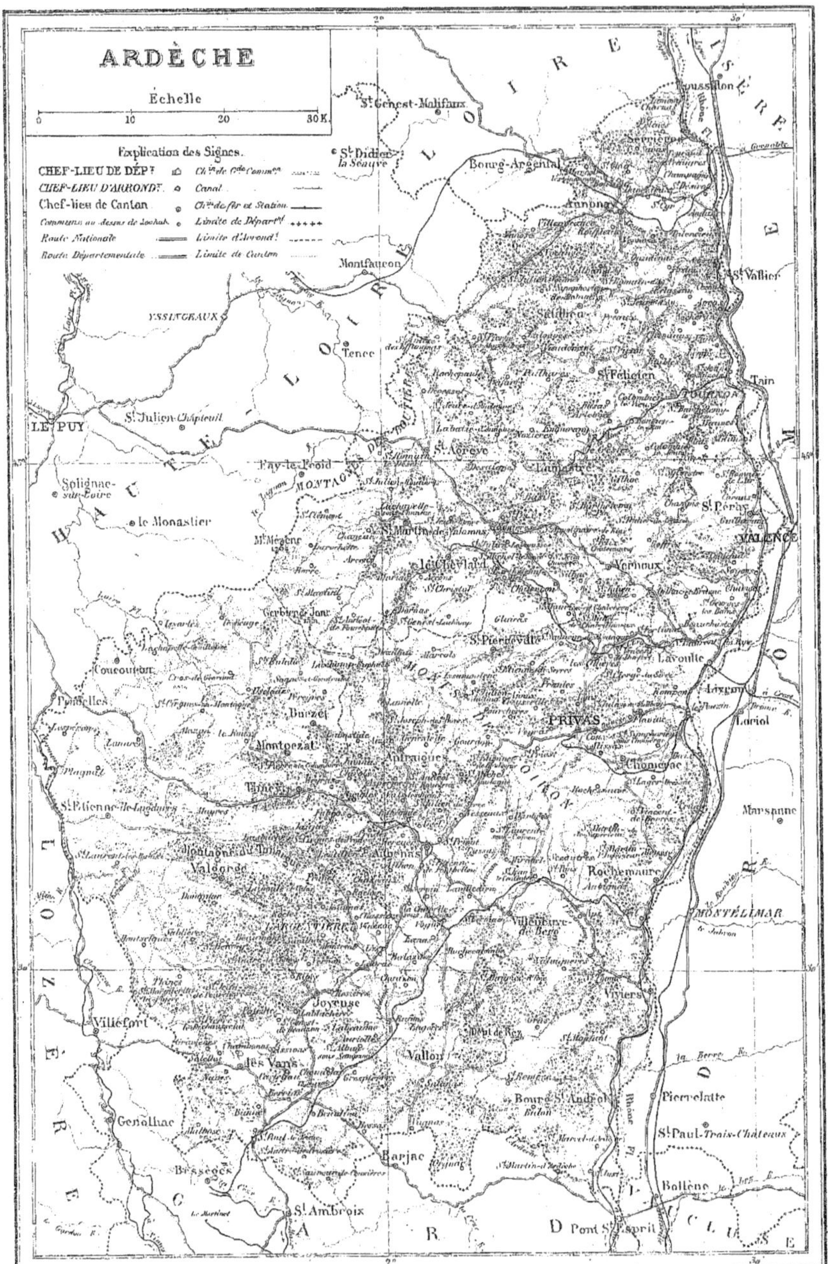

ARDÈCHE

Échelle

0   10   20   30 K.

Explication des Signes.

CHEF-LIEU DE DÉP.ᵗ   Ch.ˡ de C.ᵒⁿ Canton

CHEF-LIEU D'ARROND.ᵗ   Canal

Chef-lieu de Canton   Ch.ⁱⁿ de fer et Station

Commune au dessus de 3000 hab.   Limite de Départ.ᵗ

Route Nationale   Limite d'Arrond.ᵗ

Route Départementale   Limite de Canton

St Genest-Malifaux

St Didier
la Seauve

Bourg-Argental

Annonay

Montfaucon

YSSINGEAUX

Tence

St Félicien

Tain

St Julien-Chapteuil

LE PUY

Fay-le-Froid

St Agrève

Lamastre

St Péray

VALENCE

Solignac-
sur-Loire

le Monastier

M.ᵗ Mézenc

le Cheylard

Vernoux

Gerbier de Jonc

St Pierreville

Lavoulte

Coucouron

Loriol

PRIVAS

Chomérac

Burzet

Montpezat

Antraigues

Marsanne

Thueyts

St Étienne-de-Lugdarès

Rochemaure

Montlaur-sur-l'Eyrieux

Valgorge

MONTÉLIMAR

VILLENEUVE-DE-BERG

Viviers

Joyeuse

Villefort

les Vans

Vallon

Pont de l'Arc

Genolhac

Bourg St Andéol

Pierrelatte

St Paul-Trois-Châteaux

Barjac

Bességes

Bollène

St Ambroix

Pont St Esprit

Gravé par E.Morieu, 45 r.Vivin, Paris.

Paris, Lith. Lemercier et Cᵉ

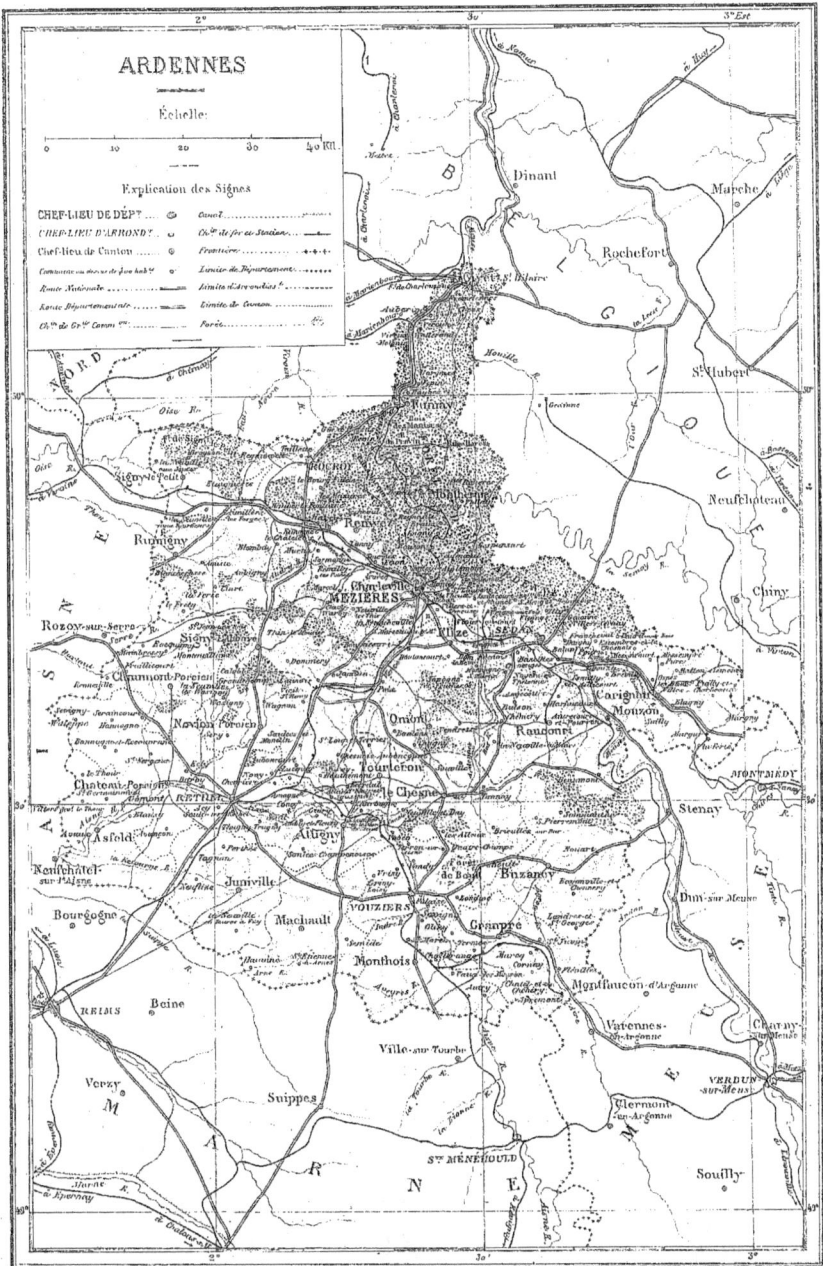

ARDENNES

Échelle:

0   10   20   30   40 Kil.

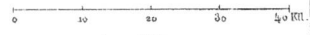

Explication des Signes

CHEF-LIEU DE DÉP.T .... ⊚   Canal ....
CHEF-LIEU D'ARROND.T ..   Ch.in de fer ou Station .....
Chef-lieu de Canton ...... ⊙   Frontière .... -+-+-+-
Commune ou chef.u de Jon hab.t ° Limite de Département......
Route Nationale ....   Limite d'Arrondiss.t ....
Route Départementale ......   Limite de Canton ....
Ch.in de Gr.de Comm.on ....   Forêt .... &c.

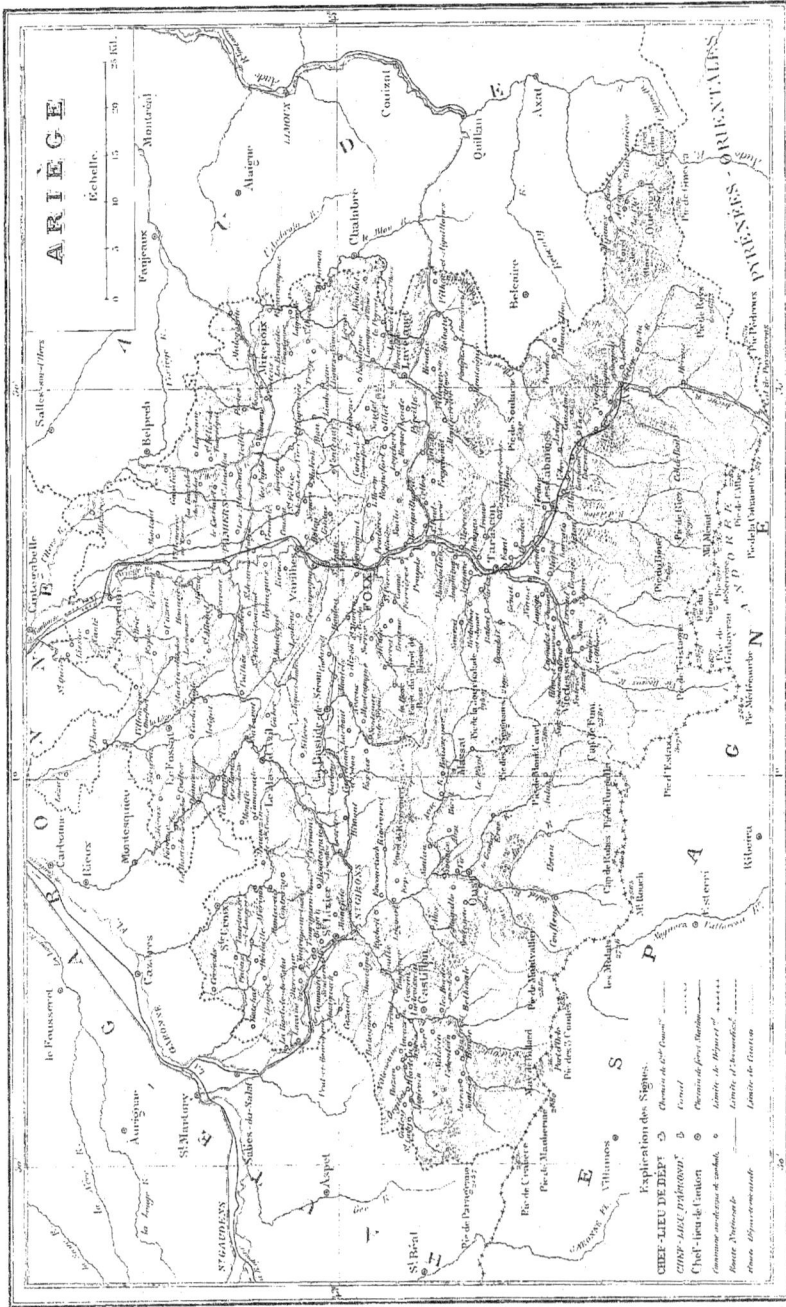

ARIÈGE

Echelle.

0   5   10   15   30   25 Kil.

PYRÉNÉES - ORIENTALES

HAUTE-GARONNE

AUDE

ANDORRE

ESPAGNE

Explication des Signes.

CHEF-LIEU DE DÉP.ᵗ ⊛   Chemin de grde Comm.ᵗⁿ

CHEF-LIEU D'ARROND.ᵗ ◉   Canal

Chef-lieu de Canton ◉   Chemin de fer et Stationᵈⁱ

Commune ombragée et symbol. ○   Limite de Départ.ᵗ

Route Nationale   Limite d'Arrondissᵗ

Route Départementale   Limite de Canton

Corrigé par E.Morieu 3 r. Victor Paris.   Paris Lith.Erhard 12 r.Duguay

Belpech · Mazères · Saverdun · Mirepoix · Lavelanet · Ax · Foix · St.Girons · Castillon · Tarascon · Saint-Lizier · Quillan · Couiza · Belcaire · Ax · Aulus · Massat · Le Mas-d'Azil · Rieux · Montesquieu · Carbonne · Salles-sur-l'Hers · Fanjeaux · Montréal

AUBE

Échelle:

Explication des Signes:

CHEF-LIEU DE DÉP.ᵗ	⊙ Aᵗᵉ Impériale
	○ Canal
CHEF-LIEU D'ARROND.ᵗ	◉ Aᵗᵉ de fer et Stations
Chef-lieu de Canton	○ Limite de Dép.ᵗ
Commune ou lieu de société	● Limite d'Arr.ᵗ
Route Nationale	Limite de Canton
Route Départementale	

Gravé par M.ᵃⁱˢ Perrin, 34, Rue des Boulangers, Paris.

Paris, Lith. Lemercier, et Comp.ⁱᵉ

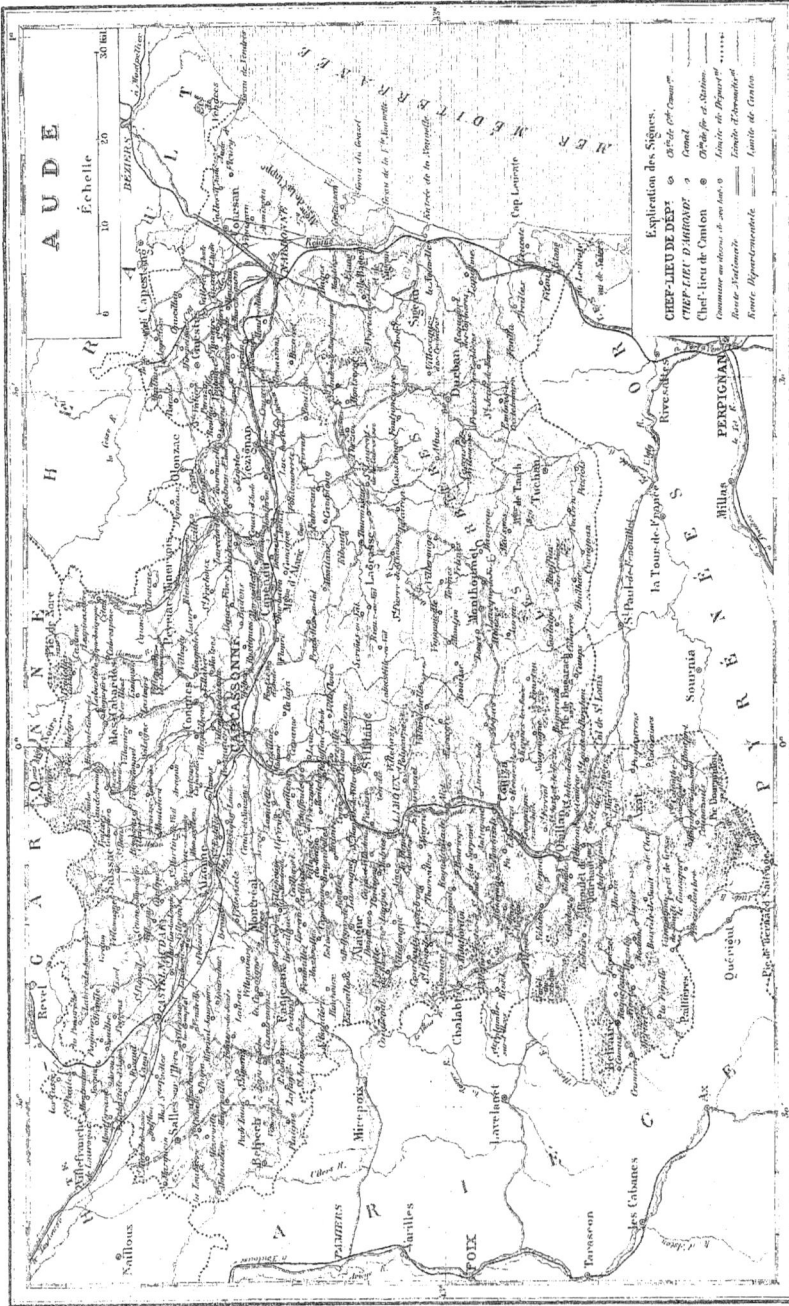

AUDE

Échelle

0 — 10 — 20 — 30 kil

HÉRAULT

MER MÉDITERRANÉE

BÉZIERS

GARONNE

CARCASSONNE

CASTELNAUDARY

Revel

ARIÈGE

PAMIERS

FOIX

PYRÉNÉES

PERPIGNAN

Rivesaltes

Millas

la Tour-de-France

St-Paul-de-Fenouillet

Sournia

Quérigut

Ax

Tarascon

les Cabanes

Chalabre

Belesta

Puivert

Mirepoix

Lavelanet

Bellegarde

Quillan

Limoux

Montolieu

Explication des Signes.

CHEF-LIEU DE DÉP.t	⊙
CHEF-LIEU D'ARROND.t	⊚
Chef-lieu de Canton	⊙
Commune au-dessus de 200 hab.	○
Route Nationale	
Route Départementale	
Ch.te Grde Com.on	
Canal	
Ch.in de fer et Stations	
Limite de Départ.t	
Limite d'Arrond.t	
Limite de Canton	

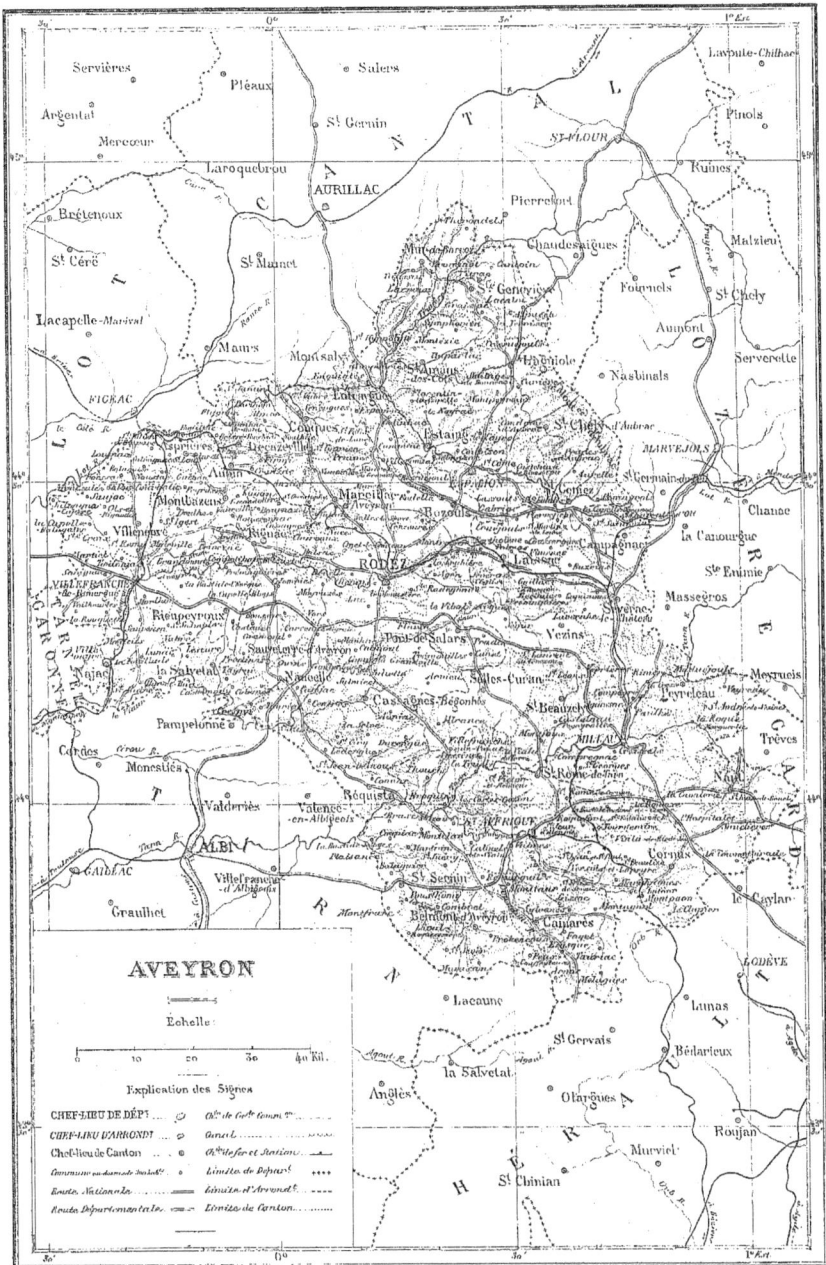

Servières
Salers
Lavoute-Chilhac
Pléaux
Argentat
St Germin
Pinols
Mercœur
ST-FLOUR
Laroquebrou
Ruines
AURILLAC
Pierrefort
Brétenoux
Chaudesaigues
Malzieu
St Céré
St Mamet
Fournels
St Chély
Lacapelle-Marival
Aumont
Serverette
FIGEAC
Mam̄s
Monsalvy
St Amans
Nasbinals
Lottinguen
Estaing
St Chély-d'Aubrac
MARVEJOLS
Capdenac
Decazeville
Aubin
St Germain
Montbazens
Marcillac
St Cômes
Chanac
Villeneuve
Rignac
Bozouls
la Canourgue
RODEZ
Laissac
St Enimie
VILLEFRANCHE
Masségros
Rieupeyroux
Pont-de-Salars
Vézins
la Salvetat
Sales-Curan
Meyrueis
Naucelle
Peyreleau
Pampelonne
Cassagnes-Bégonhès
St Beauzely
Trèves
Cordes
Monestiés
Réquista
MILLAU
Nant
Valdriès
Vabres
St Rome-de-Tarn
ALBI
Vabres
ST-AFFRIQUE
Cornus
le Caylar
GAILLAC
Villefranche-d'Albigeois
St Sernin
Belmont-d'Aveyron
Camarès
LODÈVE
Graulhet
Lunas
AVEYRON
Lacaune
Bédarieux
Échelle
St Gervais
Anglès
la Salvetat
Olargues
Roujan
Explication des Signes
Murviel
St Chinian

CHEF-LIEU DE DÉP^t ...
CHEF-LIEU D'ARROND^t ...
Chef-lieu de Canton ...
Route Nationale ...
Route Départementale ...

0   10   20   30   40 Kil.

MEURTHE-
-ET-MOSELLE

TERRITOIRE DE BELFORT

Echelle

0   2   4   6   8   10 Kil⁵

Explication des Signes

CHEF-LIEU DU TER.ᵉ   Ch.ⁿ de G.ᵗᵉ Commᵘⁿⁱᶜ
CHEF-LIEU D'ARROND.ᵗ   Canal
Chef-lieu de Canton   Chemin de fer
Commune   Frontière
Route Nationale   Limite de départᵗ
Route Dépar.ᵗᵃˡ   Limite de canton

Massevaux

Giromagny

Rougemont

Foutaine

Dannemarie

BELFORT

Héricourt

MONTBELIARD

Audincourt

Delle

S U I S S E

PORRENTRUY

HAUTE-SAONE

HAUTE-ALSACE

BOUCHES-DU-RHÔNE

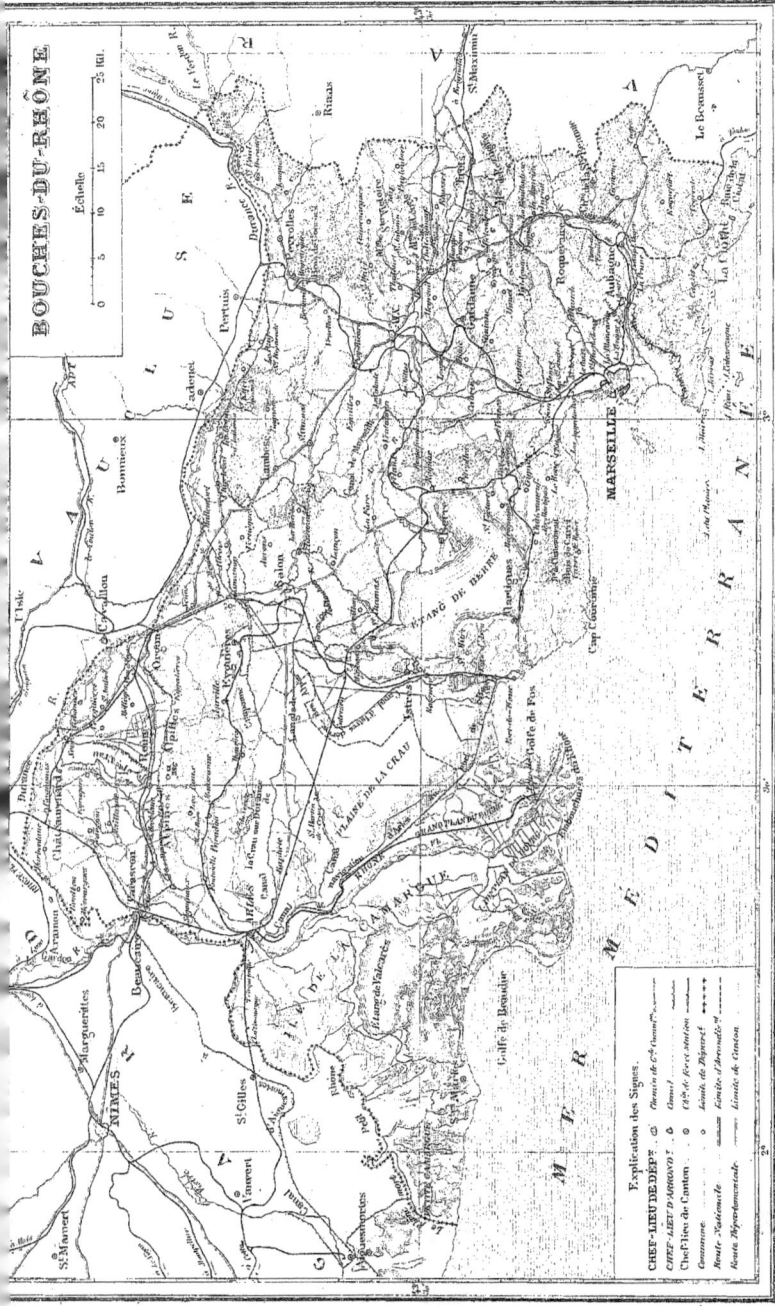

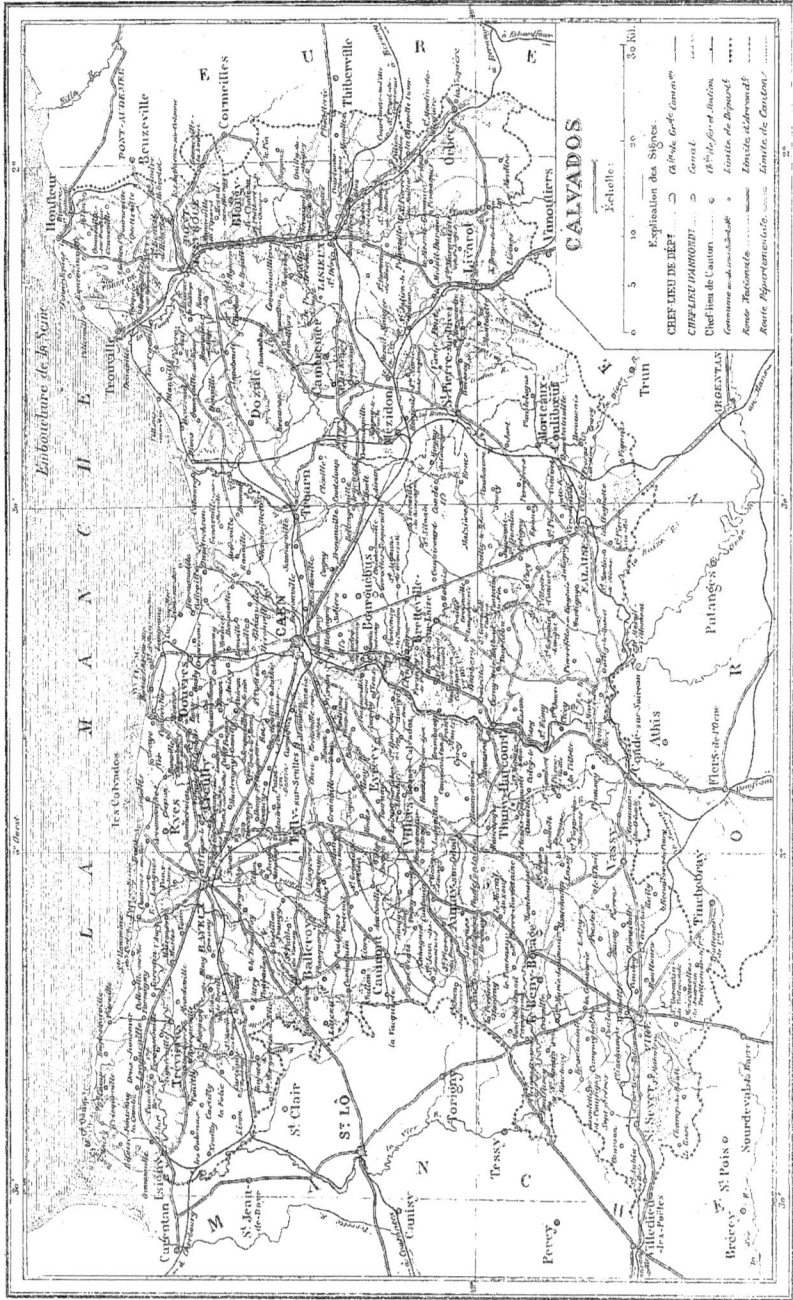

CALVADOS

Échelle:

5   10   20   30 Kil.

Explication des Signes.

CHEF-LIEU DE DÉP.t .... ⊙   Ch.de fer G.de Comm.n
CHEF-LIEU D'ARROND.t .... ◉   Canal
Chef-lieu de Canton .... ◦   Ch.de fer et Station
Commune ou hameau .... •   Limite de Départ.t
                                  Route Nationale
                                  Route Départementale   Limite d'Arrond.t
                                                          Limite de Canton

Imp. Lemercier et C.ie, Paris.

Gravé par M.rs Perrin, R.de Fontanges, 14, Paris.

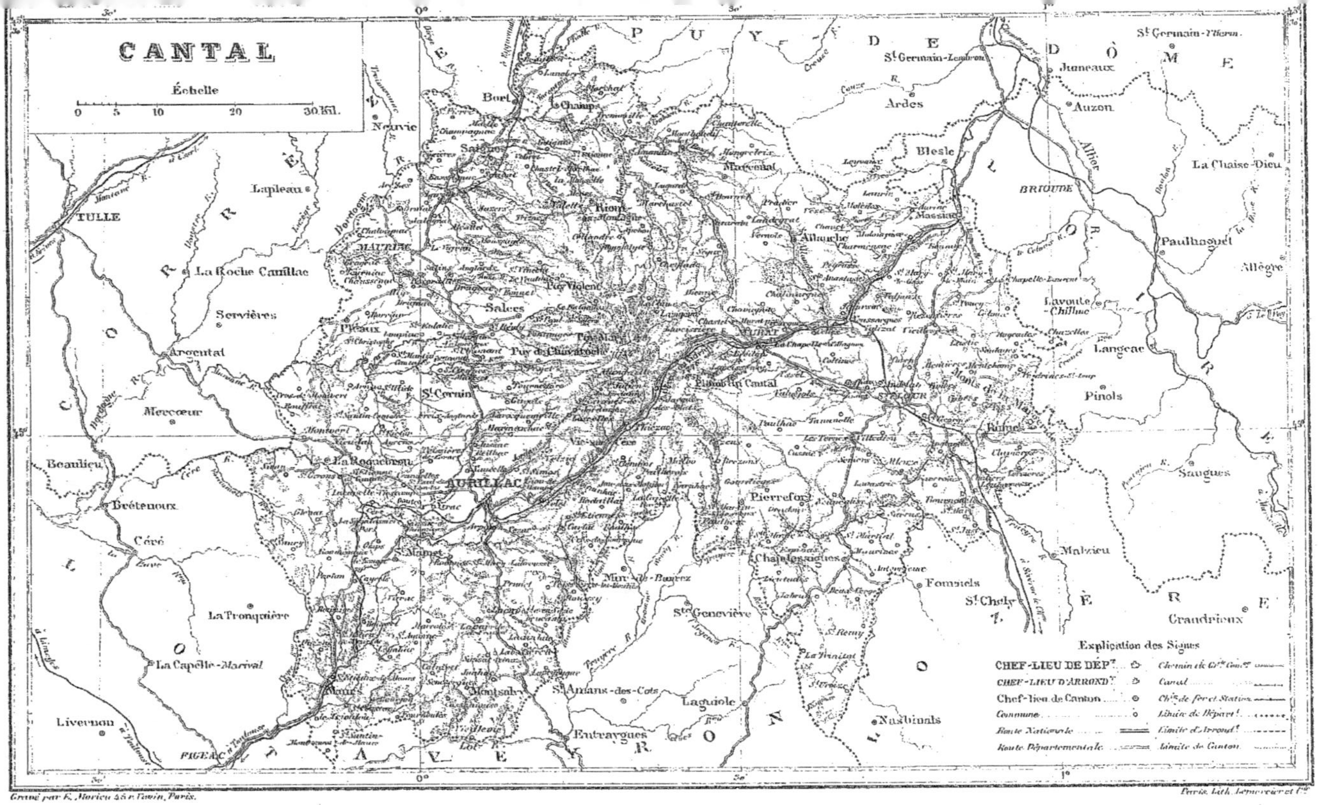

CANTAL

Échelle

0 5 10 20 30 Kil.

TULLE

PUY-DE-DÔME

LOZÈRE

AVEYRON

CORRÈZE

LOT

Grandrieux

Mauriac
Aurillac
St-Flour
Murat

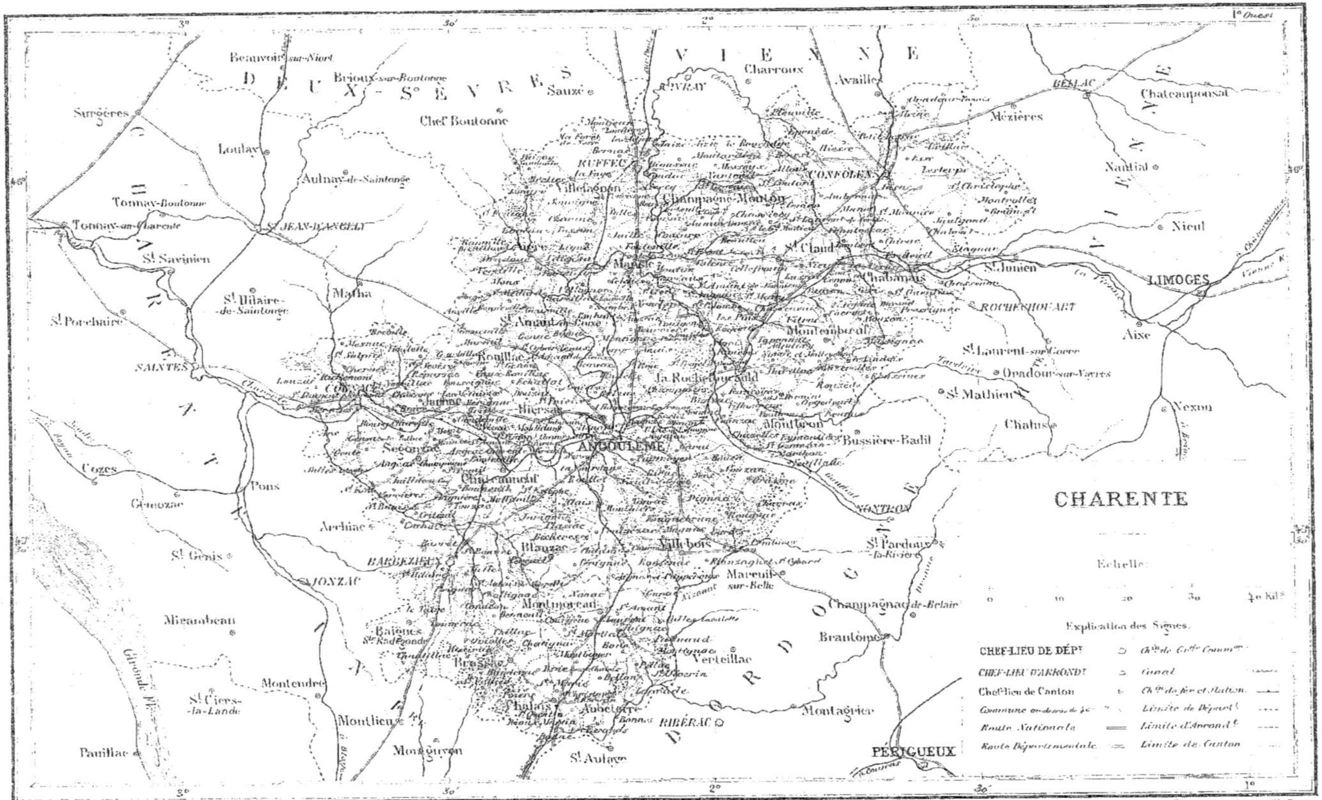

CHARENTE

Explication des Signes

CHEF-LIEU DE DÉP.t
CHEF-LIEU D'ARRON.t
Chef-lieu de Canton
Commune au-dessus de ...
Route Nationale
Route Départementale
Limite de Département
Limite de Canton

Echelle

PÉRIGUEUX

Imp. comernon et C.ie Paris

Gravé par M.rs Perrin, R. des Boulangers 34, Paris

CHARENTE-INFÉRIEURE

Échelle

0   5   10   20   30   40   50 Kil.

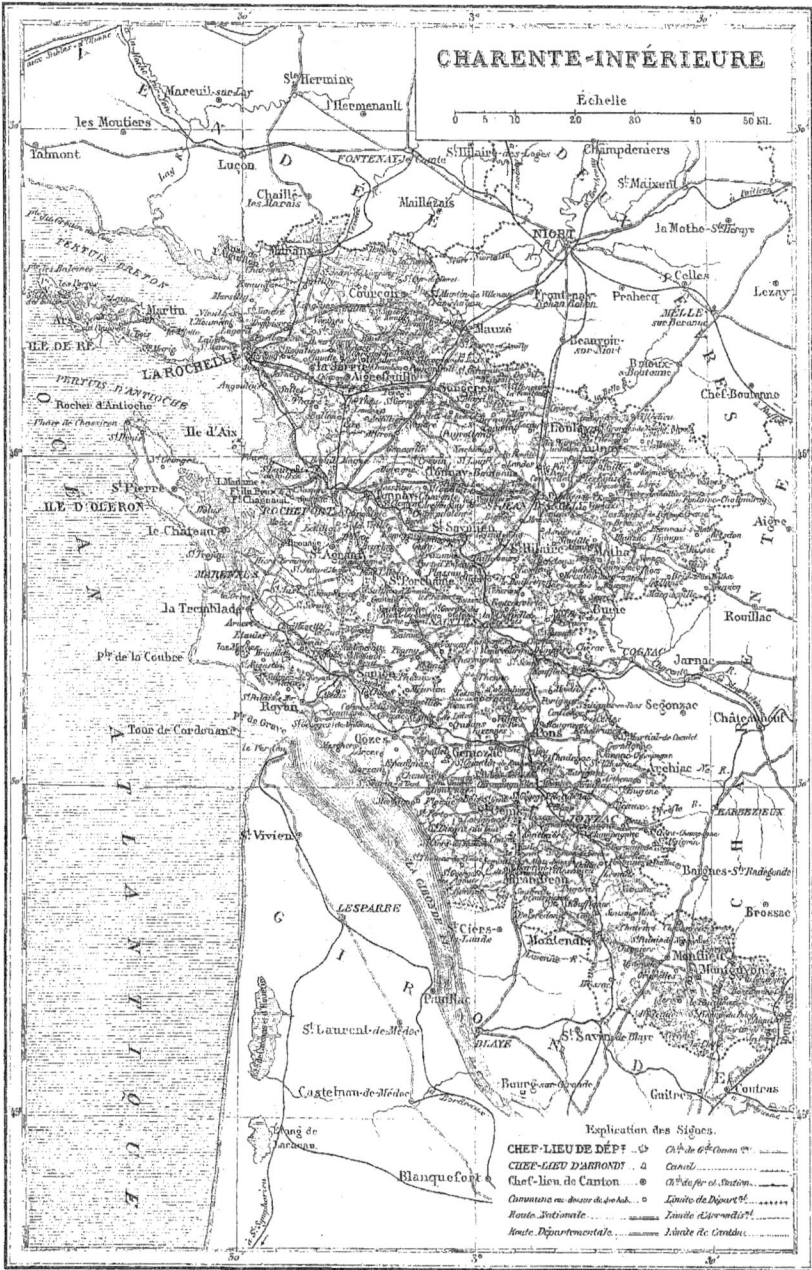

Explication des Signes.

CHEF-LIEU DE DÉP.t	◎	Ch.f de 6.te Canon	◦
CHEF-LIEU D'ARROND.t	▲	Canal	
Chef-lieu de Canton	●	Ch.in de fer et Station	
Commune au dessus de 4.m hab.	◦	Limite de Départ.t	
Route Nationale		Limite d'Arrond.t	
Route Départementale		Limite de Canton	

Gravé par E. Morieu, 45 r. Vinin., Paris.

Paris, Lith. Lemercier et C.ie

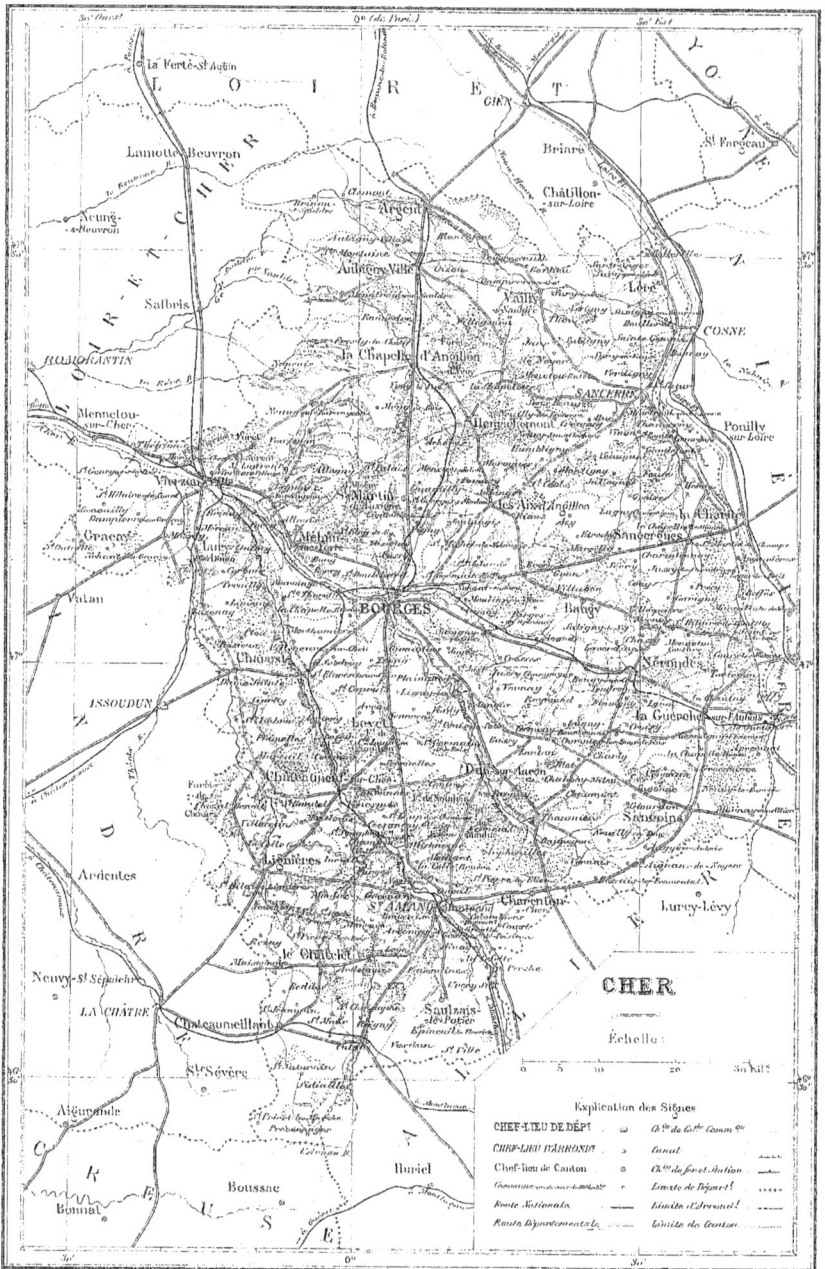

CHER.

Échelle :

0   5   10   20   30 Kil.

Explication des Signes

CHEF-LIEU DE DÉP.t   Ch.^{lieu} du C.^{on} Comm.
CHEF-LIEU D'ARROND.t   Canal
Chef-lieu de Canton   Ch.ⁱⁿ de fer et Station
Commune   Limite de Départ.t
Route Nationale   Limite d'Arrond.t
Route Départementale   Limite de Canton

CORRÈZE

Échelle

0 5 10 15 20 25 30 KIl.

Explication des Signes.

CHEF-LIEU DE DEPT	Cte de. Cte Comme
CHEF-LIEU D'ARROND.t	Canal
Chef-Lieu de Canton	Ch.n de fer et Station
	Limite de Départ.t
Route Nationale	Limite d'Arrond.t
Route Départementale	Limite de Canton

CORSE

Échelle:

0   5   10   20   30   4d Kil.

Explication des Signes

CHEF-LIEU DE DÉP.ᵗ   ▣   *Ch.ʰᵉ de Arrᵗ Croisée* ...

CHEF-LIEU D'ARRONDᵗ   ♦   *Canal* ...

Chef-lieu de Canton   ◉   *Ch.ⁱⁿ de fer et Station* ...

Commune ai dessus de 2 mbab.ᵗˢ ◦   *Limite d'Arrond.ᵗ* ...

Route Nationale ......   *Limite de Canton* ...

Route Départementale ... *Forêts* ...

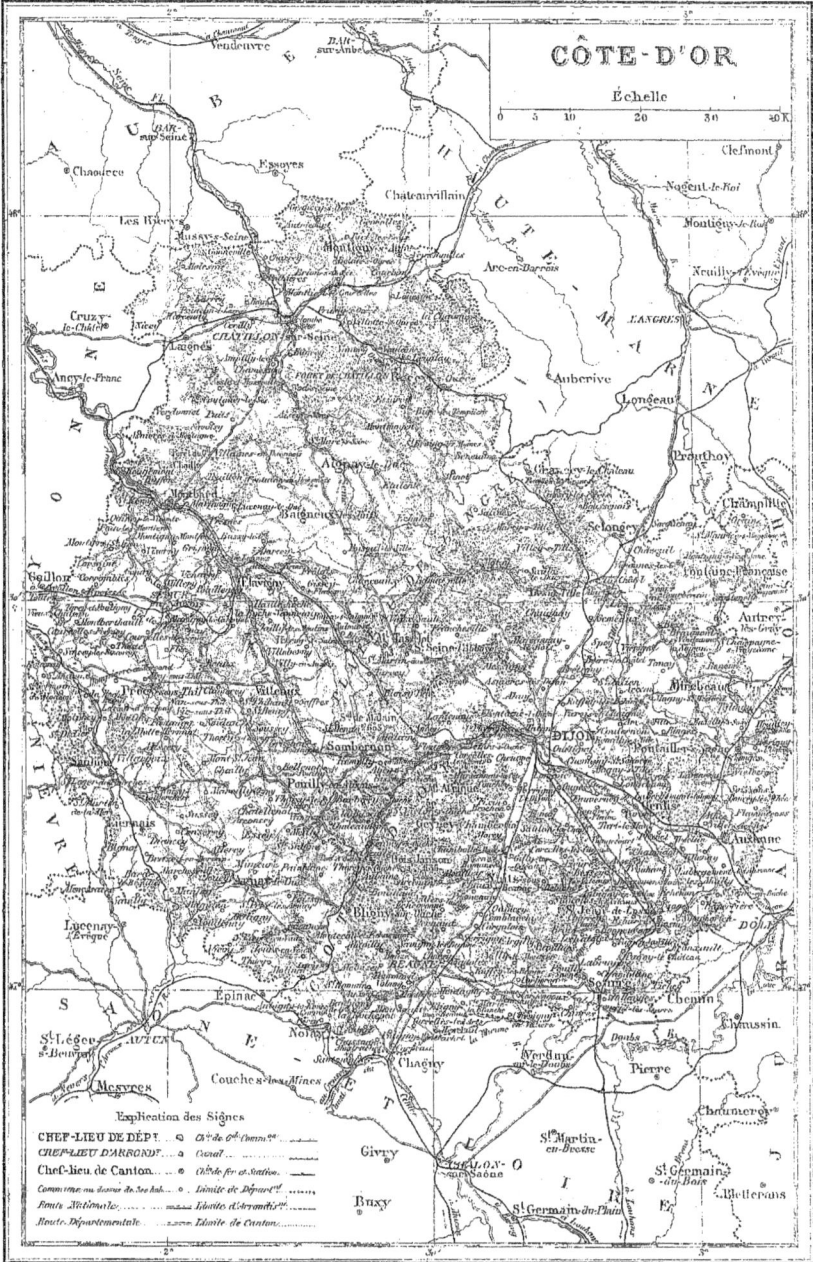

CÔTE-D'OR

Échelle

0   5   10   20   30   40 K.

Chaource
Vendeuvre
Bar-sur-Aube
Clefmont
Essoyes
Châteauvillain
Nogent-le-Roi
Montigny-le-Roi
Les Riceys
Mussy-s-Seine
Neuilly-l'Évêque
Cruzy-le-Châtel
Nicey
CHÂTILLON-sur-Seine
Laignes
Auberive
Ancy-le-Franc
Longeau
Prauthoy
Champlitte
Aignay-le-Duc
Grancey-le-Château
Selongey
Vitteaux-la-Française
Guillon
Flavigny
Autrey
Is-s-Tille
Mirebeau
Semur
Vitteaux
Venarey
DIJON
Pontailler
Saulieu
Sombernon
Pouilly-en-Auxois
Auxonne
Liernais
DÔLE
Arnay-le-Duc
Seurre
Chemin
Lucenay-l'Évêque
Épinac
Verdun-sur-le-Doubs
Pierre
St-Léger-s-Beuvray
AUTUN
Nolay
Chagny
Chaumergy
Mesvres
Couches-les-Mines
CHÂLON-sur-Saône
St-Martin-en-Bresse
Givry
St-Germain-du-Bois
Buxy
St-Germain-du-Plain
Pellerans

Explication des Signes

CHEF-LIEU DE DÉP.ᵗ .... ⊙   Ch.ⁱⁿ de G.ᵈᵉ Comm.ᶜᵃᵗⁱᵒⁿ _____
CHEF-LIEU D'ARROND.ᵗ ...... a   Canal .... _____
Chef-lieu de Canton .... ⊙   Ch.ⁱⁿ de fer et Station _____
Commune au dessus de 500 hab. ... ⊙   Limite de Départ.ᵗ _____
Route Nationale .... _____ Limite d'Arrond.ᵗ _____
Route Départementale ...... _____ Limite de Canton _____

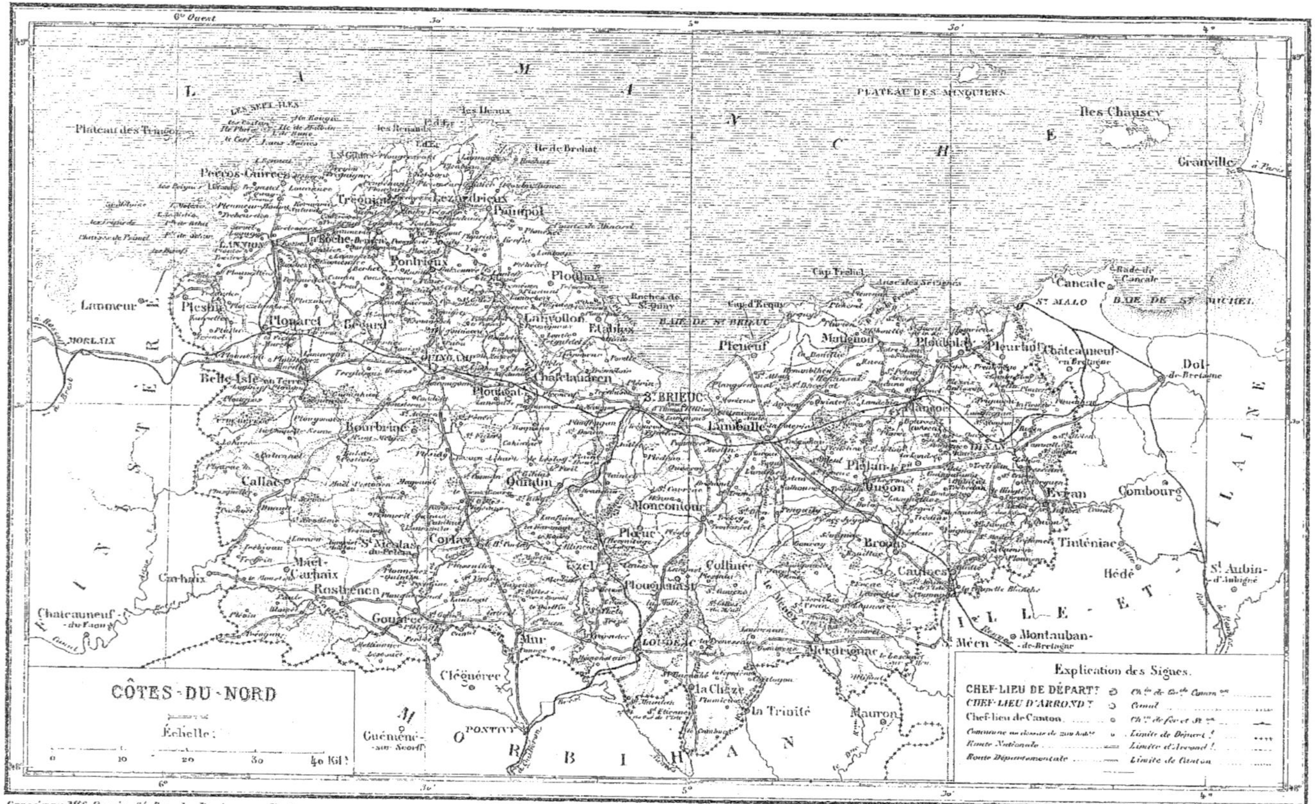

CÔTES-DU-NORD

Échelle:

40 Kil.

Gravé par M.ᵐᵉ Fortin, 34 Rue des Boulangers, Paris.

Paris, Lith. Lemercier, et Camp.ᵉ

Explication des Sièges.

CHEF-LIEU DE DÉPART.ᵗ	⊙
CHEF-LIEU D'ARROND.ᵗ	⊙
Chef-lieu de Canton.	○
Commune ou hameau de 2.ᵉ ordre	○
Route Nationale.	
Route Départementale.	

Plateau des Sticquiers.

MANCHE

ILLE-ET-VILAINE

MORBIHAN

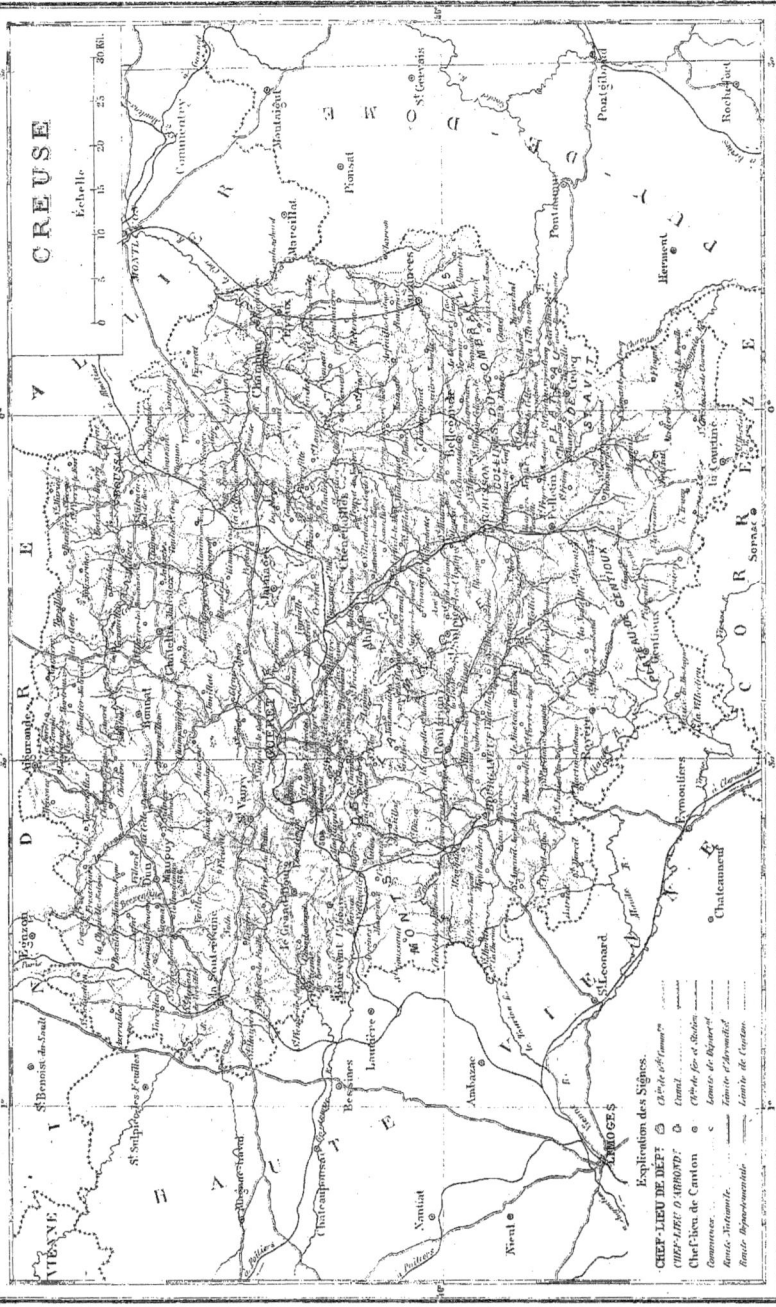

CREUSE

Échelle.

0 5 10 15 20 25 30 Kil.

Gravé par E. Morieu, 35 r. Guin. Paris.

Explication des Signes.

CHEF-LIEU DE DEP.t
CHEF-LIEU D'ARROND.t
Chef-lieu de Canton
Commune
Route Nationale
Route Départementale

Côte d'Arrond.t
Canal
Ch.in de fer et Station
Limite de Départ.t
Limite d'Arrond.t
Limite de Canton

Paris, Lith. Lemercier et C.ie

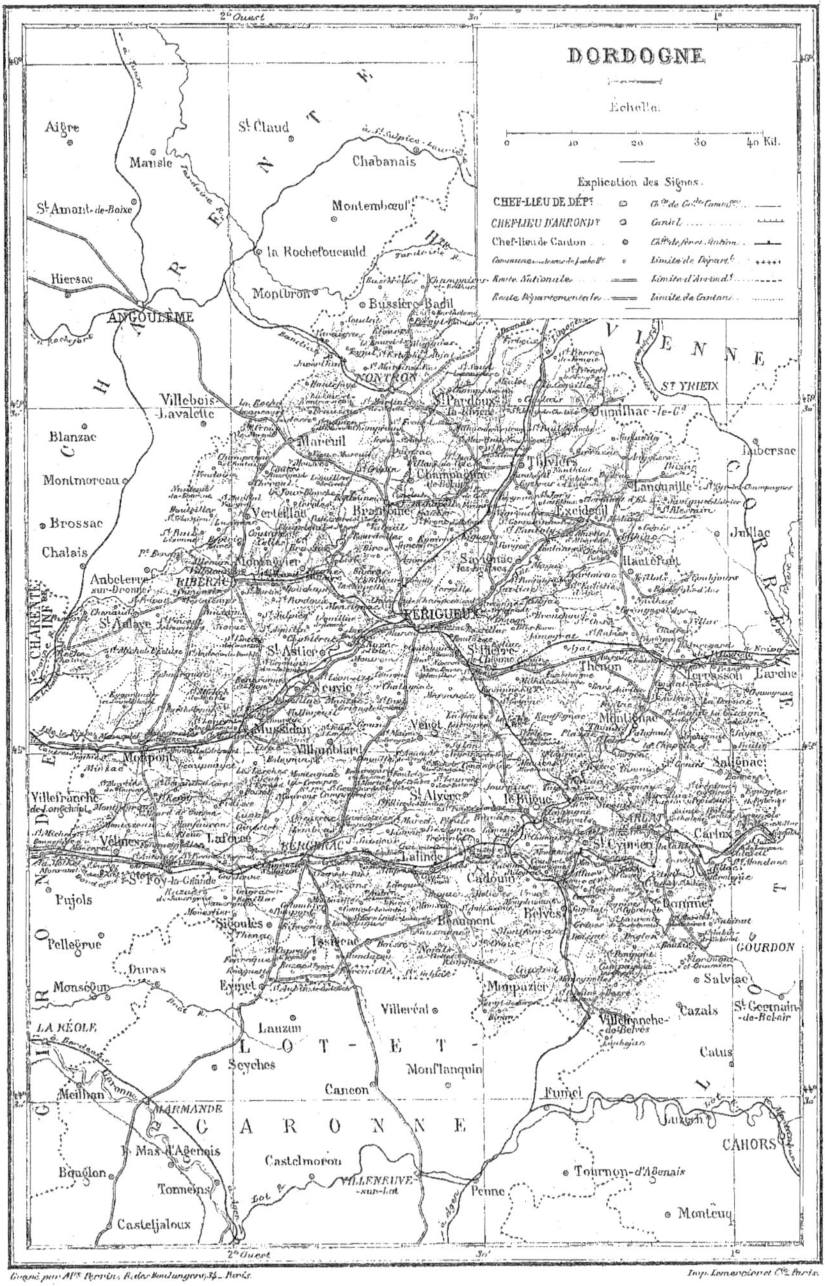

DORDOGNE

Echelle.

| 0 | 10 | 20 | 30 | 40 Kil. |

Explication des Signes.

CHEF-LIEU DE DÉP.?
CHEF-LIEU D'ARROND.?
Chef-lieu de Canton
Communes, hameaux, lieux habité
Route Nationale
Route Départementale

Ch. de Fer de Gr.de Commun.?
Canal
Ch. de Fer, Stat.?
Limite de Départ.?
Limite d'Arrond.?
Limite de Canton

Aigre
St Claud
Mansle
Chabanais
St Amant-de-Boixe
Montemboeuf
la Rochefoucauld
Hiersac
Montbron
ANGOULÊME
Bussière-Badil
NONTRON
VIENNE
ST YRIEIX
Villebois-Lavalette
Mareuil
Dussac-le-Gd
Tubersac
Blanzac
Thiviers
Montmoreau
Champagnac
Lanouaille
Brossac
Vertillac
Brantôme
Excideuil
Juillac
Chalais
Hautefort
Anberterre-sur-Dronne
RIBÉRAC
PÉRIGUEUX
St Astier
St Pierre
Terrasson
Larche
St Aulaye
Neuvic
Thenon
Mussidan
Vergt
Montignac
Salignac
Montpont
Villamblard
Neuvic
le Bugue
Villefranche-de-Lonchapt
Alvés
St Cyprien
Carlux
Vélines
Lalouse
BERGERAC
Lalinde
Domme
St Foy-la-Grande
Cadouin
GOURDON
Pujols
Sigoulès
Beaumont
Belvès
Pellegrue
Issigeac
Salviac
Duras
Monpazier
Cazals
St Germain-du-Belair
Monségur
Eymet
Villeréal
Villefranche-de-Belvès
LA RÉOLE
Lauzun
Catus
Meilhan
Seyches
Cancon
Monflanquin
Fumel
MARMANDE
CAHORS
LOT-ET-GARONNE
Bouglon
B. Mas-d'Agenais
Castelmoron
Tournon-d'Agenais
Tonneins
VILLENEUVE-sur-Lot
Penne
Monteu
Casteljaloux

CHARENTE
VÉZÈRE
CHARENTE INF.re
LOT
GERS

Gravé par Alx. Perrin, R. des Boulangers, 34 - Paris.
Imp. Lemercier et Cie Paris.

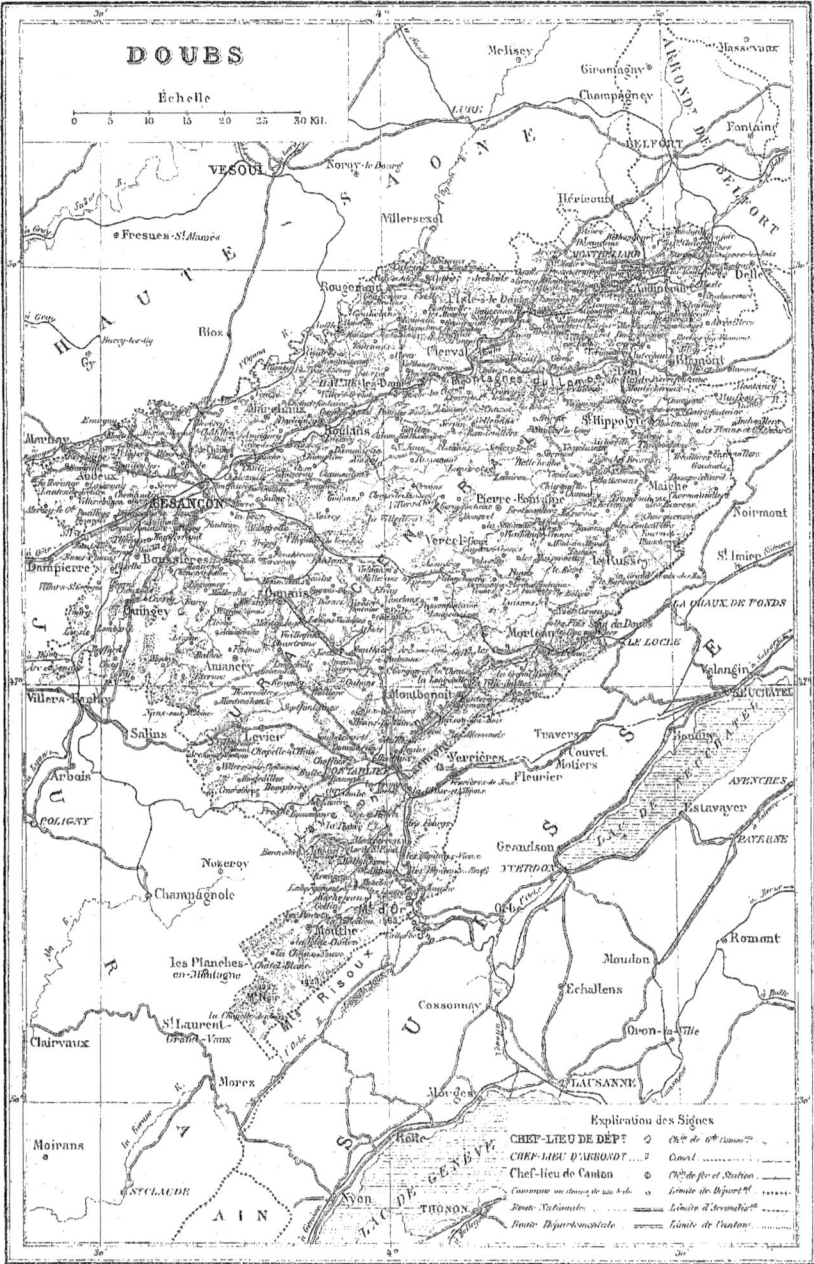

DOUBS

Échelle

0 5 10 15 20 25 30 Kil.

VESOUL

BESANÇON

MONTBÉLIARD

BELFORT

Explication des Signes

CHEF-LIEU DE DÉP.t	Ch.ef de C.on Cant.on
CHEF-LIEU D'ARROND.t	Canal
Chef-lieu de Canton	Ch.in de fer et Station
Commune ou chef-lieu de can.le	Limite de Départ.t
Route Nationale	Limite d'Arrond.t
Route Départementale	Limite de Canton

DRÔME

Échelle :

0 10 20 30 40 Kil.

Explication des Signes :

CHEF-LIEU DE DÉP.ᵗ .....
CHEF-LIEU D'ARROND.ᵗ .....
Chef-lieu de Canton .....
Commune au-dessus de 2000 h .....
Route Nationale .....
Route Départementale .....

Ch.ˡⁱᵉᵘ de C.ᵗᵉ de Comm.ⁿᵉ .....
Canal .....
Ch.ⁱⁿ de fer et Station .....
Limite de Dépar.ᵗ .....
Limite d'Arrond.ᵗ .....
Limite de Canton .....

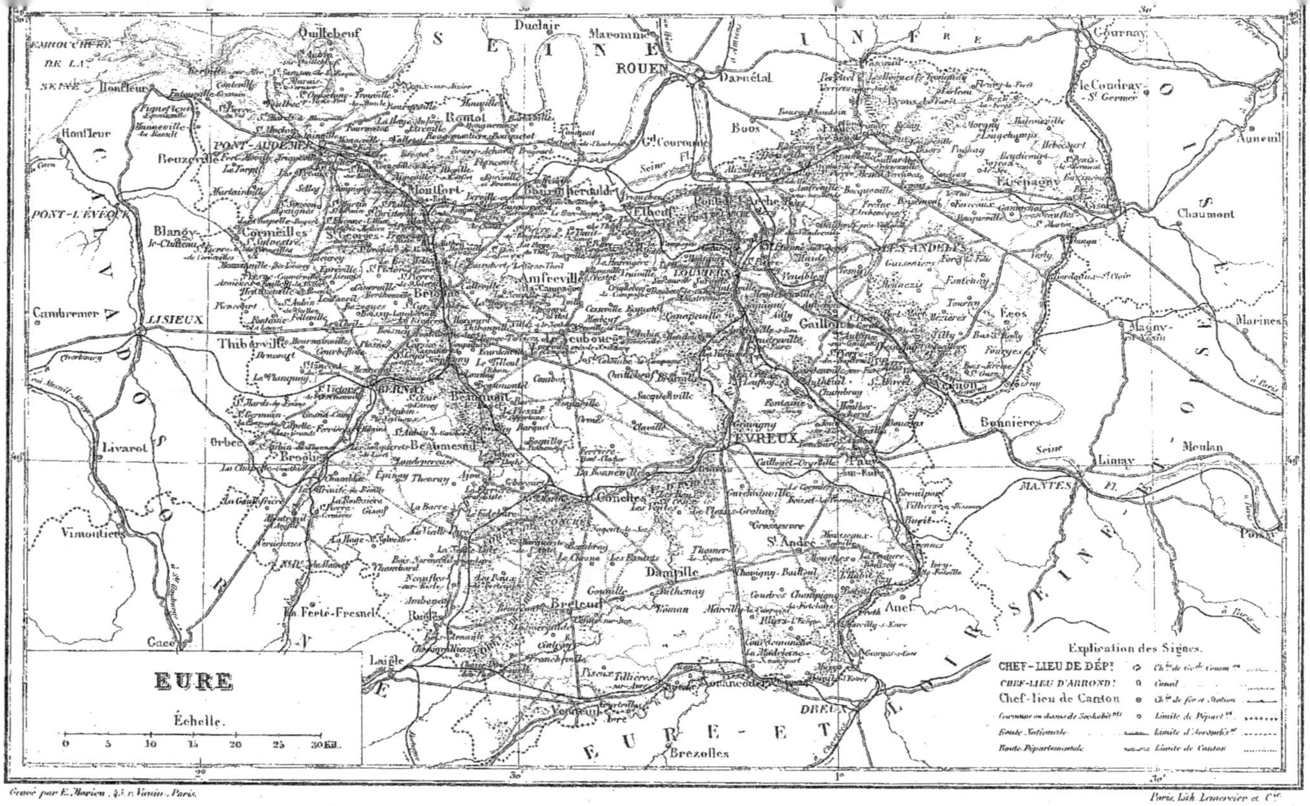

EURE

Échelle.

0   5   10   15   20   25   30 Kil.

Gravé par E. Morieu, 3, r. Gerin, Paris.

Paris, Lith Lemercier et C.ⁱᵉ

Explication des Signes.

CHEF-LIEU DE DÉP.ᵗ
CHEF-LIEU D'ARRON.ᵗ
Chef-lieu de Canton
Ch.in de fer & Station
Canal
St.ⁿ de fer & Station
Limite de Départ.ᵗ
Limite d'Arrond.ᵗ
Limite de Canton
Route Nationale
Route Départementale
Commune ou chef-lieu de Canton

ROUEN
ÉVREUX
LISIEUX
PONT-AUDEMER
PONT-L'ÉVÊQUE
Honfleur
Quilleboeuf
Duclair
Mayenne
Darnétal
Gournay
Auneuil
Chaumont
Magny
Mantes
Meulan
Bonnières
Vernon
Louviers
Gaillon
Pacy
Damville
Conches
Breteuil
Verneuil
Rugles
L'Aigle
La Ferté-Frênel
Orbec
Thiberville
Lisieux
Livarot
Vimoutiers
Cormeilles
Beuzeville
Routot
Bourgtheroulde
St-André
Brezolles
Nonancourt
Ivry
Bueil
Pont-de-l'Arche
Andelys

Départements limitrophes

SEINE-INFÉRIEURE
OISE
SEINE-ET-OISE
EURE-ET-LOIR
ORNE
CALVADOS

EURE-ET-LOIR

Échelle :

Explication des Signes

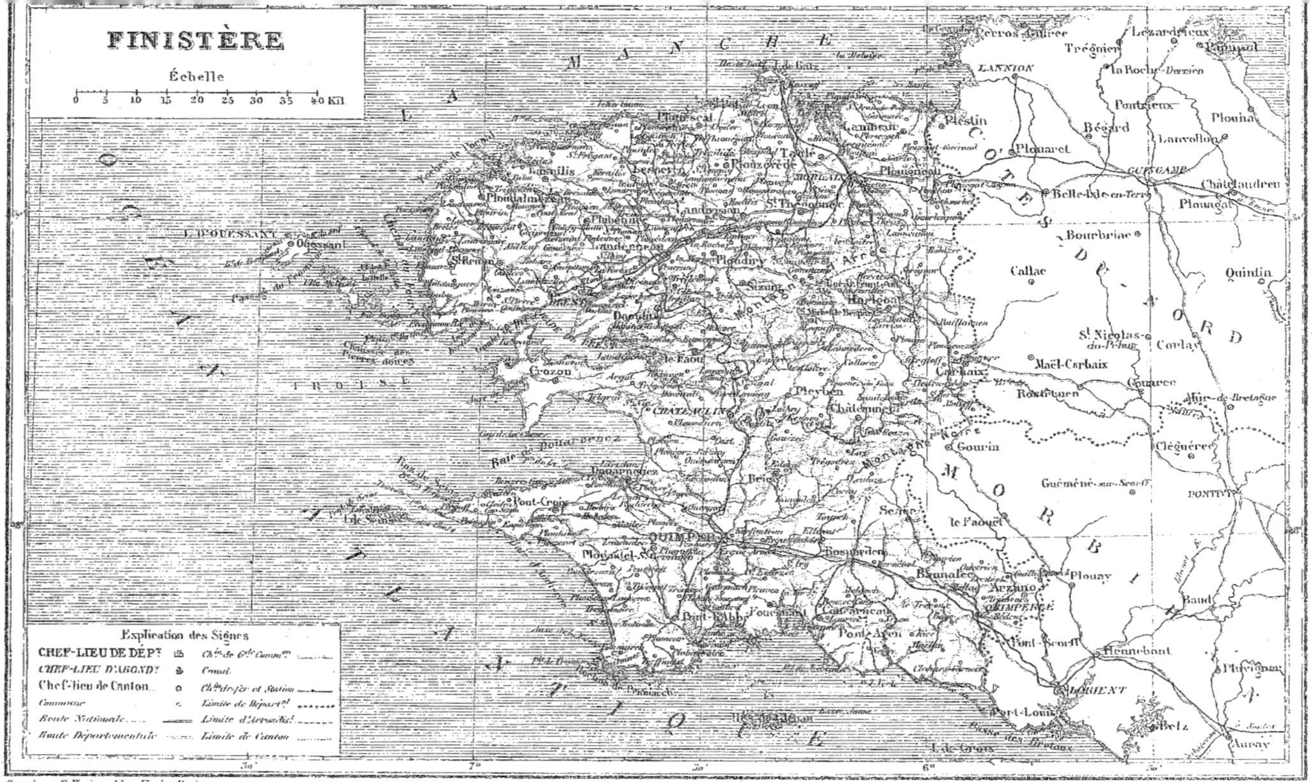

FINISTÈRE

Échelle

0 5 10 15 20 25 30 35 40 KIL

Gravé par E. Bourier, 43, r. Tiers-Henn.

Paris, Lith. Monrocq et Cie

Explication des Signes

CHEF-LIEU DE DEPT   Ch.-lx. de Canton   Canal
CHEF-LIEU D'ARROND.   Rel. de Fer et Station
Chef-Lieu de Canton.   Ch. de Fer et Station
Commune   Limite de Dépar.t
Route Nationale.   Limite d'Arrond.t
Route Départementale.   Limite de Canton

OCÉAN ATLANTIQUE

MANCHE

CÔTES-DU-NORD

MORBIHAN

Quintin

Ouessant

Brest

Quimper

Morlaix

Châteaulin

Landerneau

Carhaix

Callac

Gourin

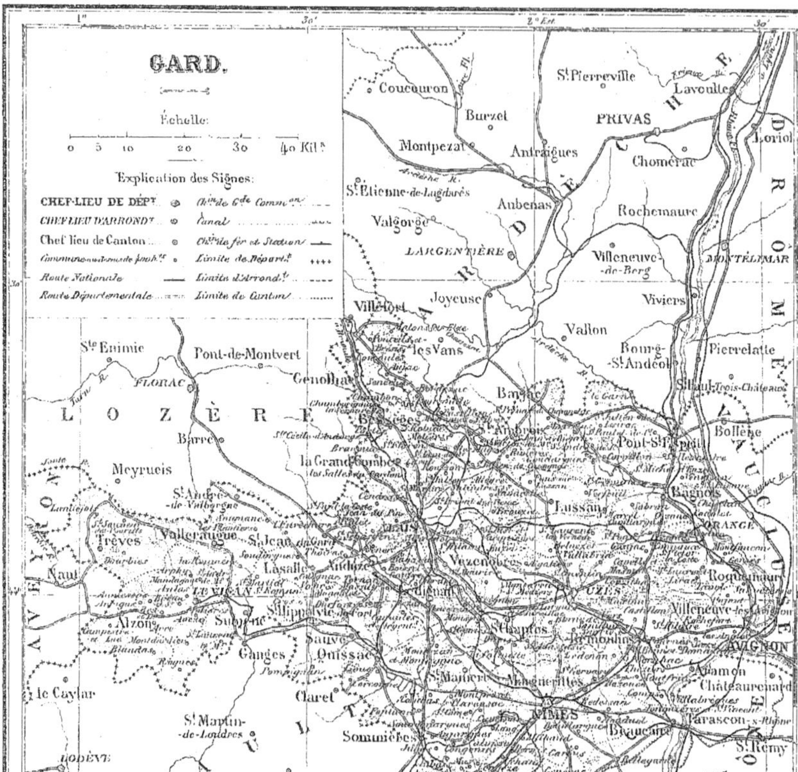

GARD.

Échelle:

0 5 10   20   30   40 Kil.

Explication des Signes:

CHEF-LIEU DE DÉP.t
CHEF-LIEU D'ARROND.t
Chef lieu de Canton
Commune au dessous de 600 h.t
Route Nationale
Route Départementale

Ch.l de 600 Comm.on
Canal
Ch.in de fer et Station
Limite de Dépar.t
Limite d'Arrond.t
Limite de Canton

Coucouron · St Pierreville · Lavoulte
Burzet · PRIVAS · Loriol
Montpezat · Antraigues · Chomérac
St Étienne-de-Lugdarés · Aubenas · Rochemaure
Valgorge · Villeneuve-de-Berg · MONTÉLIMAR
LARGENTIÈRE
Joyeuse · Vallon · Viviers
Villefort · les Vans · Bourg-St Andéol · Pierrelatte
St.e Énimie · Pont-de-Montvert · Genolhac · St Haut-Trois-Châteaux
FLORAC · Bagnac · le Garde · Bollène
Barre · Béssèges · Pont-St Esprit
la Grand Combe · St Ambroix · Bagnols
Meyrueis · les Salles du Gardon · ORANGE
St André-de-Valborgne · Tuissan ·
Trèves · Vallerangue · St Jean du Gard · Vezenobres · UZÈS · Roquemaure
Naut · Anduze · Villeneuve-les-Avignon
St Hippolyte · St Chaptes · Remoulins · AVIGNON
Ganges · Quissac · Marguerittes · Aramon · Châteaurenard
Claret · NIMES · Beaucaire · Tarascon · St Remy
St Martin-de-Londres · Sommières · Vauvert · ARLES
les Matelles · Castries · St Gilles
LODÈVE · Lunel · ILE DE
Gignac · Maugio · Aiguesmortes · CAMARGUE
Clermont-de-l'Hérault · MONTPELLIER
Roujan · Frontignan · Maire
Pézenas · Montagnac
Sérignan · Florensac · Mèze · Cette
Marseillan · Agde

MER
MÉDITERRANÉE

LOZÈRE · AVEYRON · HÉRAULT · ARDÈCHE · VAUCLUSE · DRÔME · RHÔNE

Gravé par M.me Perrin, Rue des Boulangers, 34.

Imp. Lemercier et C.ie Paris.

HAUTE-GARONNE

Échelle

0   5   10   20   30   40   50 Kil.

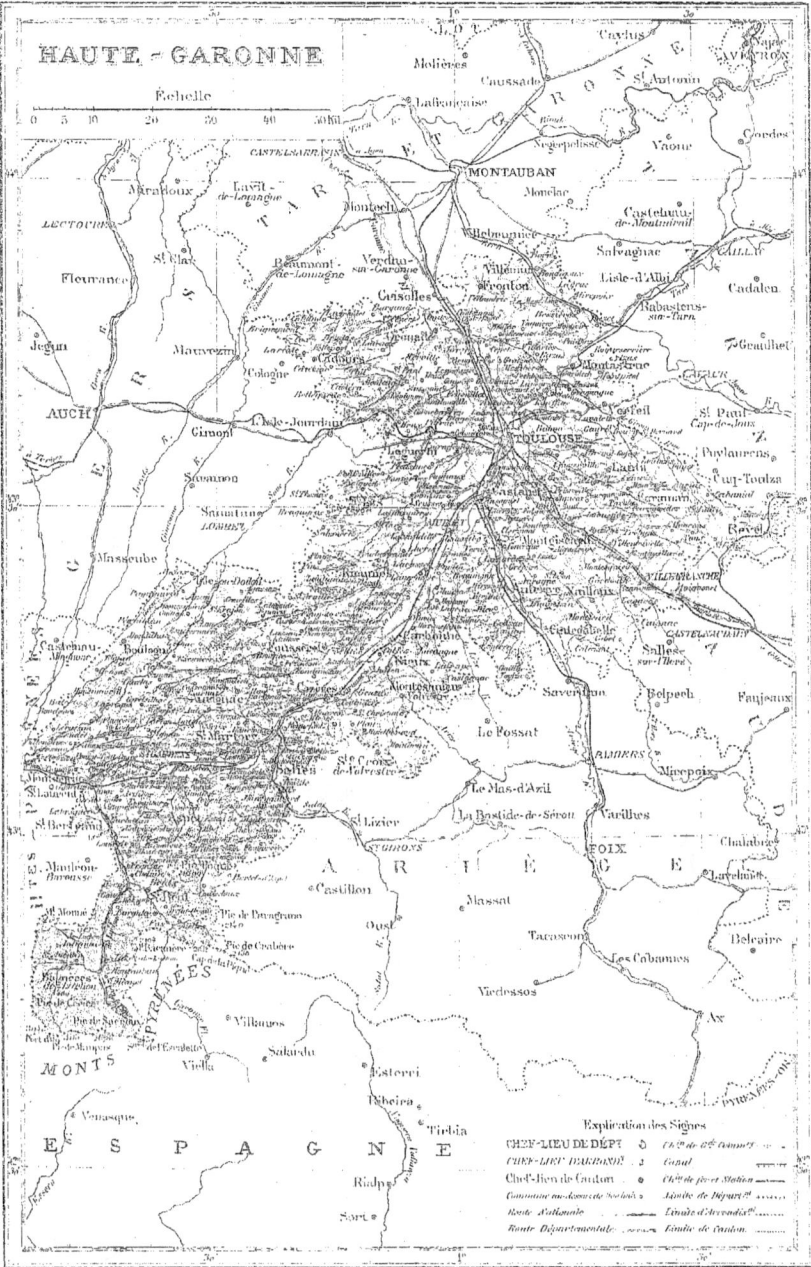

LOT

Caylus

Molières

Caussade

St Antonin

Najac

AVEYRON

Lafrançaise

Négrepelisse

Vaour

Cordes

CASTELSARRASIN

MONTAUBAN

Miradoux

Lavit-de-Lomagne

Montech

Monclar

Castelnau-de-Montmiral

CAILLAC

LECTOURE

St Clar

Beaumont-de-Lomagne

Verdun-sur-Garonne

Hebrognac

Salvagnac

Lisle-d'Albi

Cadalen

Fleurance

Grisolles

Villemur

Fronton

Rabastens-sur-Tarn

Graulhet

Jegun

Mauvezin

Cologne

Montastruc

CATEUR

AUCH

L'Isle-Jourdain

Cadours

St Paul-Cap-de-Joux

GERS

Gimont

TOULOUSE

Verfeil

Samatan

Leguevin

Lanta

Puylaurens

Cuq-Toulza

LOMBEZ

MUERT

Castanet

Caraman

Montgiscard

VILLEFRANCHE

Revel

Masseube

Rieumes

Nailloux

Montesquieu

CASTELNAUDARY

Castelnau

Boulogne

Rieux

Cintegabelle

Salles-sur-l'Hers

Cazères

Nailloux

Saverdun

Belpech

Fanjeaux

Aurignac

Montesquieu

Le Fossat

St Martory

PAMIERS

Ste Croix-de-Volvestre

Mirepoix

St Gaudens

Salies

Le Mas-d'Azil

St Béat

St Lizier

La Bastide-de-Sérou

Varilhes

Chalabre

ST GIRONS

FOIX

Lavelanet

Mauléon-Barousse

ARIÈGE

Castillon

Massat

Tarascon

Belcaire

Oust

Pic de Burgarach

Pic de Crabère

Les Cabannes

Vicdessos

Ax

Luchon

Villénos

Sakada

Esterri

PYRÉNÉES OR.

MONTS

Viella

Tsheira

Tirbia

PYRÉNÉES

Venasque

Riaps

ESPAGNE

Sort

Explication des Signes

CHEF-LIEU DE DÉPT

CHEF-LIEU D'ARROND.

Chef-lieu de Canton

Commune ou Hameau ou Section

Route Nationale

Route Départementale

Ch. de f.r.e Communs

Canal

Ch. de f.r et Station

Limite de Départ.

Limite d'Arrondis.t

Limite de Canton

Gravé par E. Morieu, 45 r. Vavin - Paris.

Paris. Lith. Lemercier et Cie

GERS

Échelle

0   5   10   20   30 Kil.ᵉˢ

Explication des Signes.

CHEF-LIEU DE DÉP.ᵗ   ◉   C.ᵉˢ de 1.ᵉʳ Cl.se de Canton

CHEF-LIEU D'ARROND.ᵗ   ⊙   Canal

   Chef-lieu de Canton   ◉   R.ᵗᵉ de 1.ᵉʳᵉ de Départ.ⁿ

Commune au-dessus de 700 h.ᵗˢ   Limite du Départ.ˡ

   Route Nationale   Limite d'Arrond.ᵗ

   Route Départementale   Limite de Canton

Gravé par M.ᵉ Perrot, R. des Boulangers, 34, Paris.

Imp. Lemercier et C.ᵉ Paris.

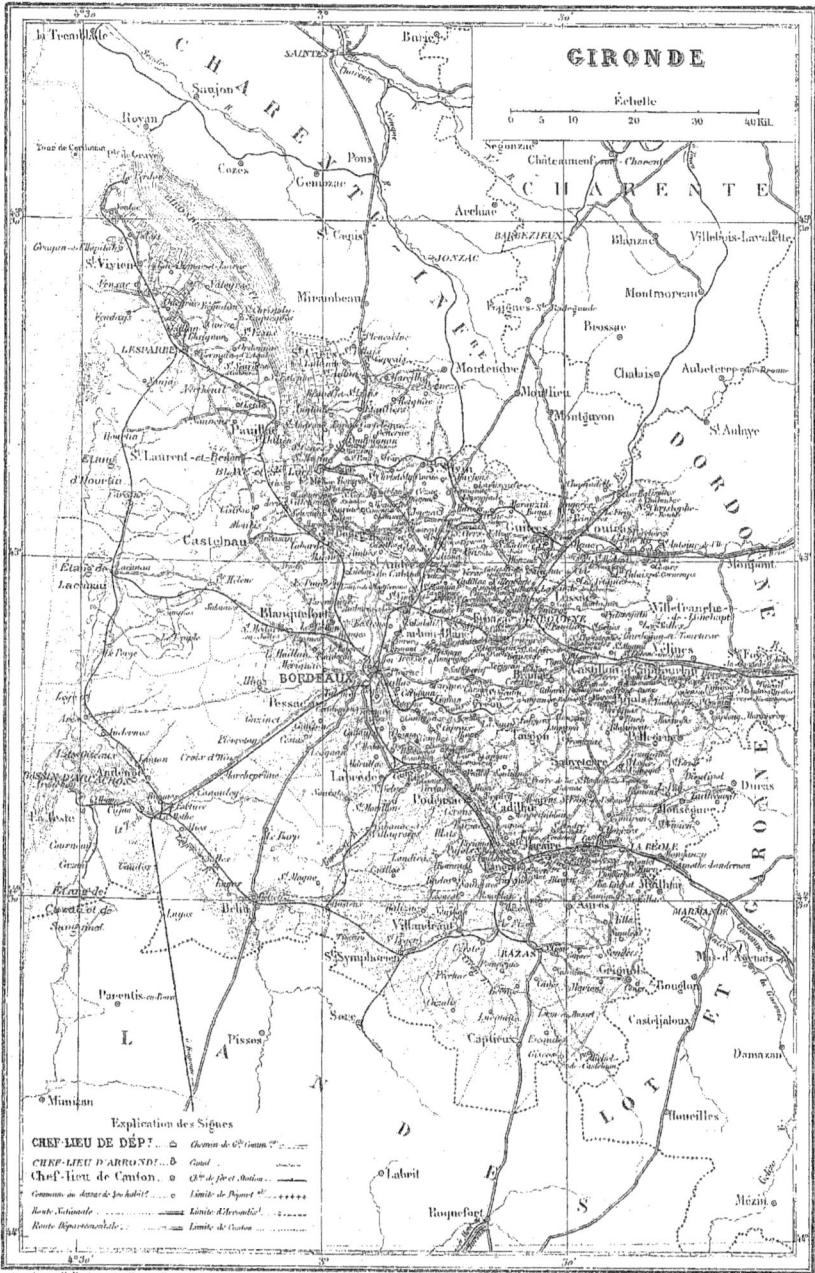

GIRONDE

Échelle

0   5   10   20   30   40 KIL.

Explication des Signes

CHEF-LIEU DE DÉP.^t
CHEF-LIEU D'ARROND.^t
Chef-lieu de Canton.
Commune ou dessus de 500 habit.^{ts}
Route Nationale
Route Départementale

Chemin de G.^{de} C.^{on}
Canal
Ch.ⁱⁿ de fer et Station
Limite de Départ.^t
Limite d'Arrond.^t
Limite de Canton

Dressé par E. Moreau, 45 r. Vivien, Paris.

Paris, Lith. Lemercier et Cie

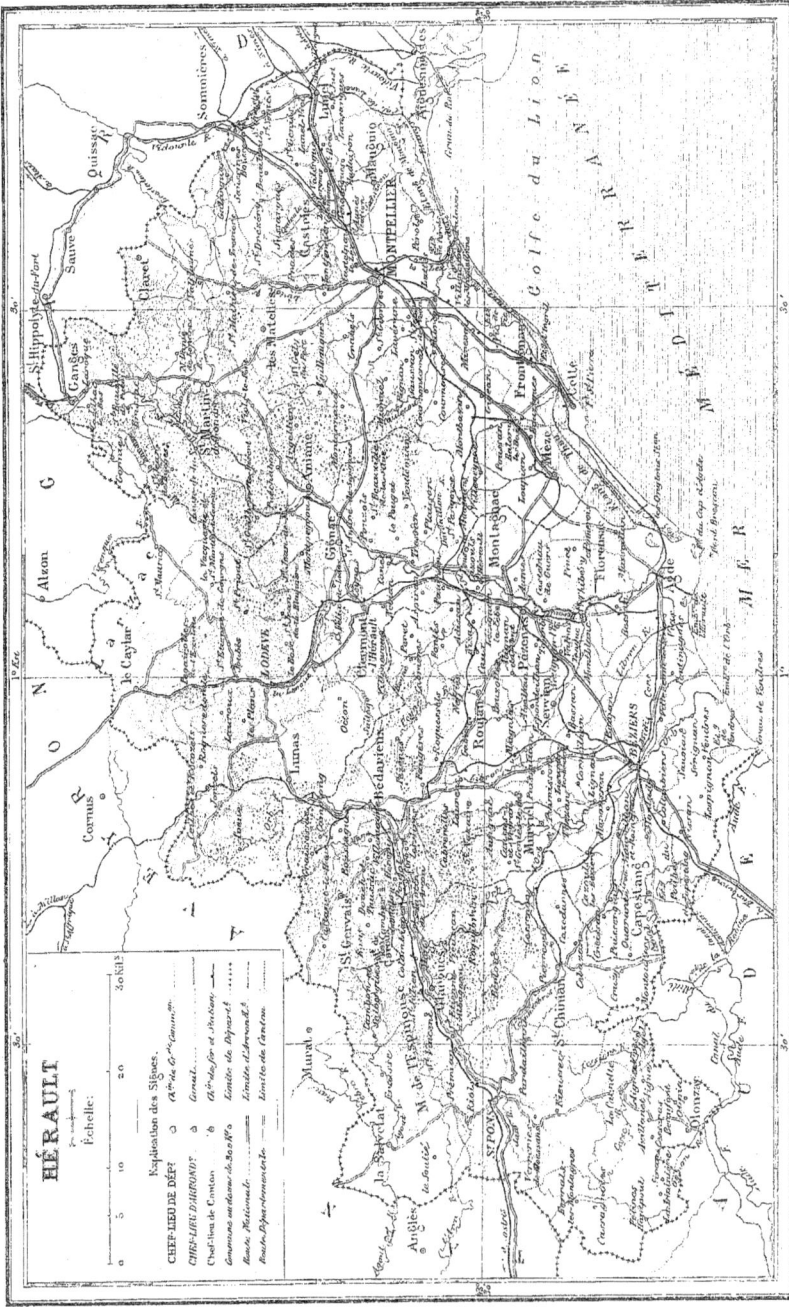

HÉRAULT

Échelle:

| 0 | 5 | 10 | 20 | 30 KIL.S |

Explication des Signes.

CHEF-LIEU DE DÉP.T   ◉   Ch.mⁱⁿ de fer G.ˡ Commun.

CHEF-LIEU D'ARROND.T   ◉   Canal.....................

Chef-lieu de Canton   ◦   Ch.mⁱⁿ de fer et Stations ——

Communes ordinaires de 30 à N.ᵒˢ   Limite de Départ.t ••••••

Route Nationale ══════   Limite d'Arrond.t ──────

Route Départementale ══════   Limite de Canton ──────

G   A   R   D

MONTPELLIER

Somnières

Lunel

St Hippolyte-du-Fort

Ganges

Sauve

Claret

St Martin

Gignac

Clermont l'Hérault

LODÈVE

Lunas

Bédarieux

Roujan

Montagnac

Agde

BÉZIERS

Florensac

Pézenas

Servian

Le Caylar

Alzon

Cornus

A   V   E   Y   R   O   N

Murat

St Gervais

St Pons

M.gⁿᵉ de l'Espinouse

St Chinian

Capestang

St Foy

A   U   D   E

Frontignan

Cette

Golfe du Lion

M É D I T E R R A N É E

M E R

ILLE-ET-VILAINE

Échelle

0   5   10   15   20   25   30 Kil.

LA MANCHE

MAINE

CALVADOS

CÔTES-DU-NORD

MORBIHAN

MAINE-ET-LOIRE

INFÉRIEURE

Grauville
Villedieu
la Haye-Pesnel
S.t Sever
Sartilly
S.t Pois
Baie de S.t Michel
AVRANCHES
Ducey
Juvigny
Cancale
Mont S.t Michel
Ducey
Isigny
Dinard-S.t...
S.t MALO
Pontorson
S.t Hilaire-du-Harcouet
S.t James
Montauban
Dol
MONT FOUGÈRES
Plancoët
Combourg
FOUGÈRES
Plélan-le-P.t
DINAN
Évran
Tinténiac
Antrain
Louvigné-du-Désert
Landivy
Broons
Bécherel
Caulnes
S.t Aubin
Cantin
S.t Méen
Montauban
Liffré
MONTFORT
RENNES
VITRÉ
Montfort
Mordelle
Châteaubourg
Plélan
Châteaugiron
la Guerche
Guichen
Janzé
Guer
Maure
Retiers
de Sel
S.t Aignan-sur-Roë
Bain
Pipriac
la Coëtilly
Rougé
MAINE-ET-LOIRE
Pouancé
Allaire
Redon
CHÂTEAUBRIANT
S.t Nicolas-de-Redon
Derval
Guémené-Penfao
la Vilaine
Nozay
S.t Gildas-des-Bois

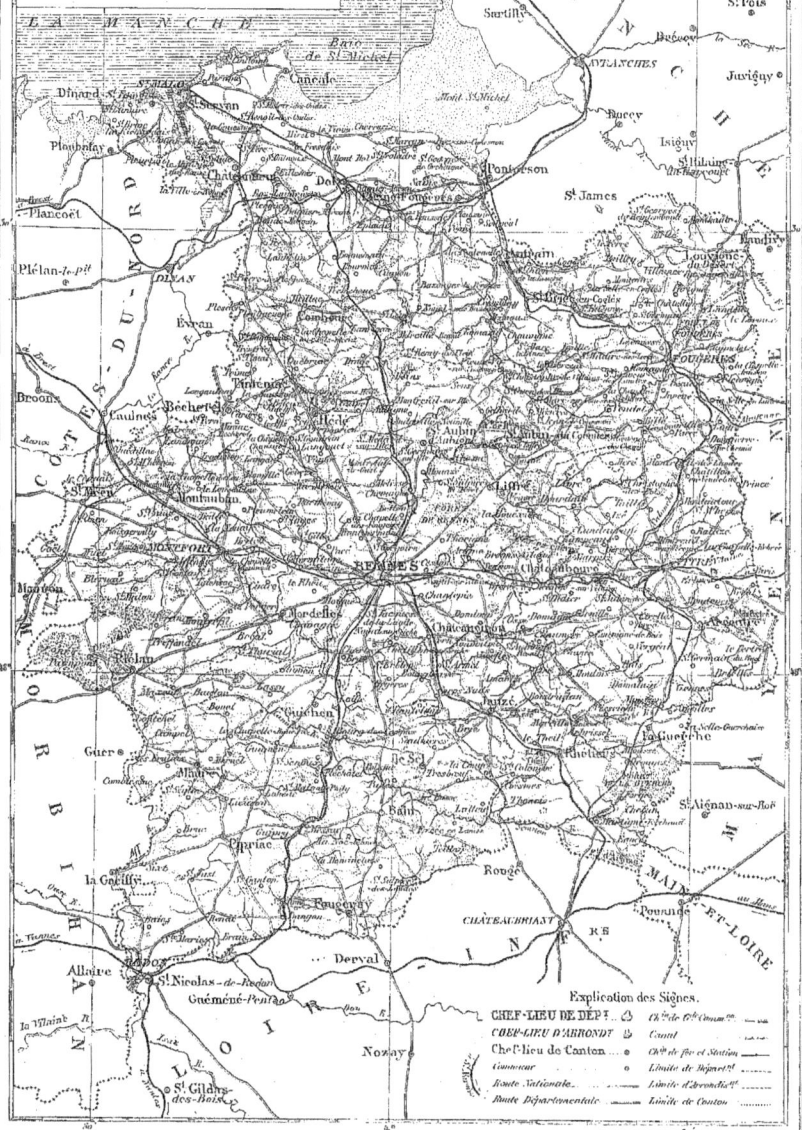

Explication des Signes.

CHEF-LIEU DE DÉP.t
CHEF-LIEU D'ARROND.t
Chef-lieu de Canton
Commune
Route Nationale
Route Départementale

Ch.n de fer Constr.on
Canal
Ch.n de fer et Station
Limite de Départ.t
Limite d'arrond.t
Limite de Canton

Gravé par E. Morieu, 55 r. Simon, Paris.   Paris, Lith. Lemercier et C.ie

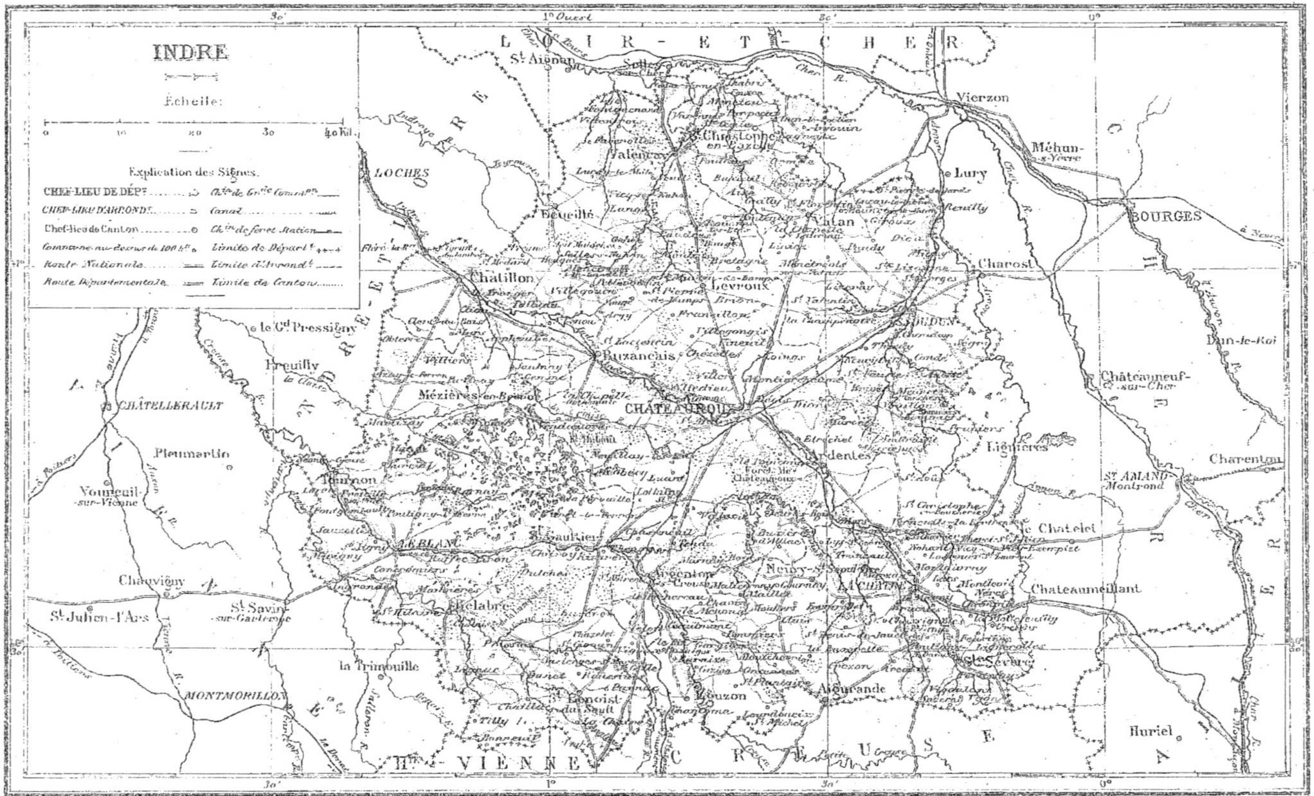

INDRE

Échelle:

Explication des Signes:

CHEF-LIEU DE DÉPᵀ
CHEF-LIEU D'ARRONDᵀ
Chef-lieu de Canton
Commune au-dessus de 1000 h.
Route Nationale
Route Départementale

Gravé par M^{ll}ᵉ Perrin, R. des Boulangers, 19, Paris.

LOCHES

BOURGES

Vierzon
Méhun-sur-Yèvre

St AMAND
Montrond

Charenton

Huriel

Châteauneuf-sur-Cher

Châteaumeillant

Châtelet

Lignières

Lury

Charost

CHATEAUROUX

Levroux

Châtillon

Vatan

St Août

CHÂTELLERAULT

MONTMORILLON

la Trimouille

St Savin-sur-Gartempe

Chauvigny

St Julien-l'Ars

Pleumartin

Vouneuil-sur-Vienne

H^{tᵉ} VIENNE

LOIR-ET-CHER

CHER

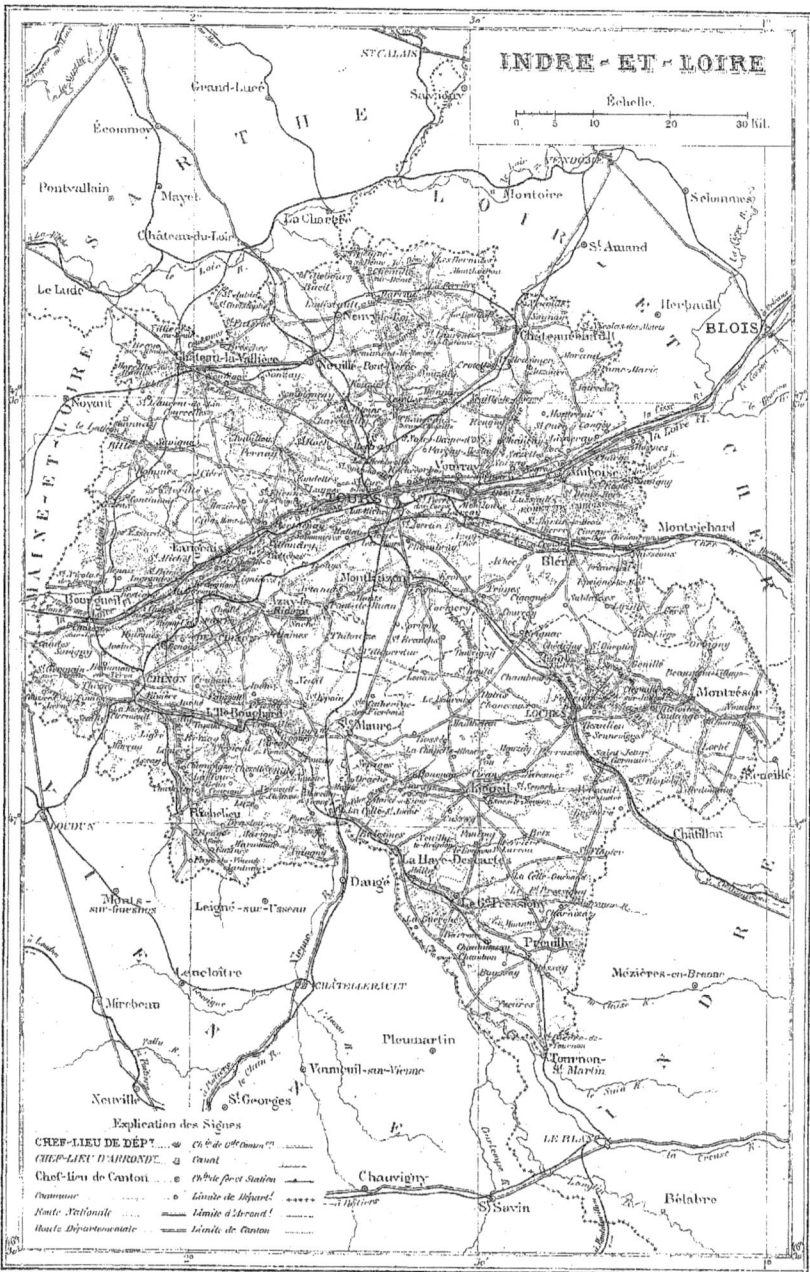

Échelle.

0   5   10   20   30 Kil.

BLOIS

Explication des Signes

CHEF-LIEU DE DÉP.ᵗ	Ch.ˡⁱᵉᵘ de C.ᵗᵉ Canton
CHEF-LIEU D'ARROND.ᵗ	Canal
Chef-Lieu de Canton	Ch.ˡⁱᵉᵘ foret Station
Commune	Limite de Départ.ᵗ
Route Nationale	Limite d'Arrond.ᵗ
Route Départementale	Limite de Canton

Gravé par E. Morieu, 35 r. Racin. Paris.

Paris, Lith. Lemercier et C.ⁱᵉ

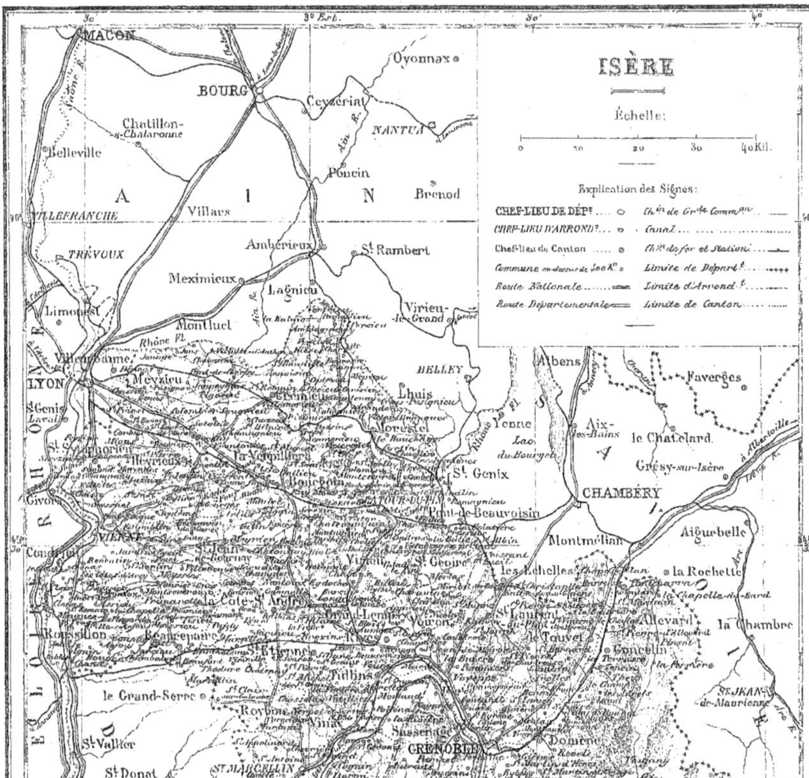

ISÈRE

Échelle:

0   10   20   30   40 Kil.

Explication des Signes:

CHEF-LIEU DE DÉP.ᵗ	⊙	Ch.ᶠ de Gᵉˢ Commᵘⁿ	○
CHEF-LIEU D'ARROND.ᵗ	◉	Canal	
Chef-lieu de Canton	⊚	Ch.ⁱⁿ de fer et Stations	
Commune au-dessus de 500 h.ᵗˢ	○	Limite de Départ.ᵗ	
Route Nationale		Limite d'Arrond.ᵗ	
Route Départementale		Limite de Canton	

MACON · BOURG · Oyonnax · Ceyserieu · NANTUA

Chatillon-s-Chalaronne · Belleville · Poncin · Brenod

A   I   N

VILLEFRANCHE · Villars

TRÉVOUX · Ambérieux · St Rambert

Meximieux · Lagnieu · Virieu-le-Grand

Montluel

Rhône Pl.

Villeurbanne · Meyzieu · BELLEY · Albens · Faverges

LYON · Lhuis

St Genis · Morestel · Yenne · Aix-les-Bains · le Chatelard

St Symphorien · la Verpillère · St Genix · Lac du Bourget · Grésy-sur-Isère

Heyrieux · Bourgoin · LA TOUR-DU-PIN · CHAMBÉRY

Vienne · Pont-de-Beauvoisin · Montmélian · Aiguebelle

Bourgoin · les Echelles · la Rochette · la Chapelle-du-Bard

la Côte-St-André · Virieu · St Geoire · St Laurent · Allevard · la Chambre

Roussillon · Beaurepaire · Voiron · le Touvet · Goncelin

St Etienne · Tullins · SE MAURIENNE

le Grand-Serre · ST MARCELLIN · GRENOBLE · Domène

St Vallier · Roybon · Vinay · Sassenage · Vizille

St Donat · Villard-de-Lans · Uriage · le Bourg-d'Oisans · la Grave

Tain · Pont-en-Royans · Vif

TOURNON · Romans · le Bourg-de-Péage · Mens

St-Péray · St-Jean-en-Royans · Menglon · St-Firmin

VALENCE · la Chapelle-en-Vercors · Monestier-de-Clermont · la Mure · Corps

Chabeuil · Valbonnais

Lavoulte · Clelle · St-Firmin

Loriol · Crest · DIE · St-Etienne-en-Dévoluy · St-Bonnet

Saillans · Châtillon-en-Diois · Drac

Marsanne · Bourdeaux · Luc-en-Diois · la Bâtie-Neuve

MONTÉLIMAR · Aspres-s-Buech · GAP

Dieu-le-Fit · Veynes · Tallard

Grignan · la Motte-Chalançon · Serres · Barcillonnette

Gravé par M.ˡˡᵉ Perrin, R. des Boulangers, 34.

Paris.Imp. Lemercier et C.ⁱᵉ

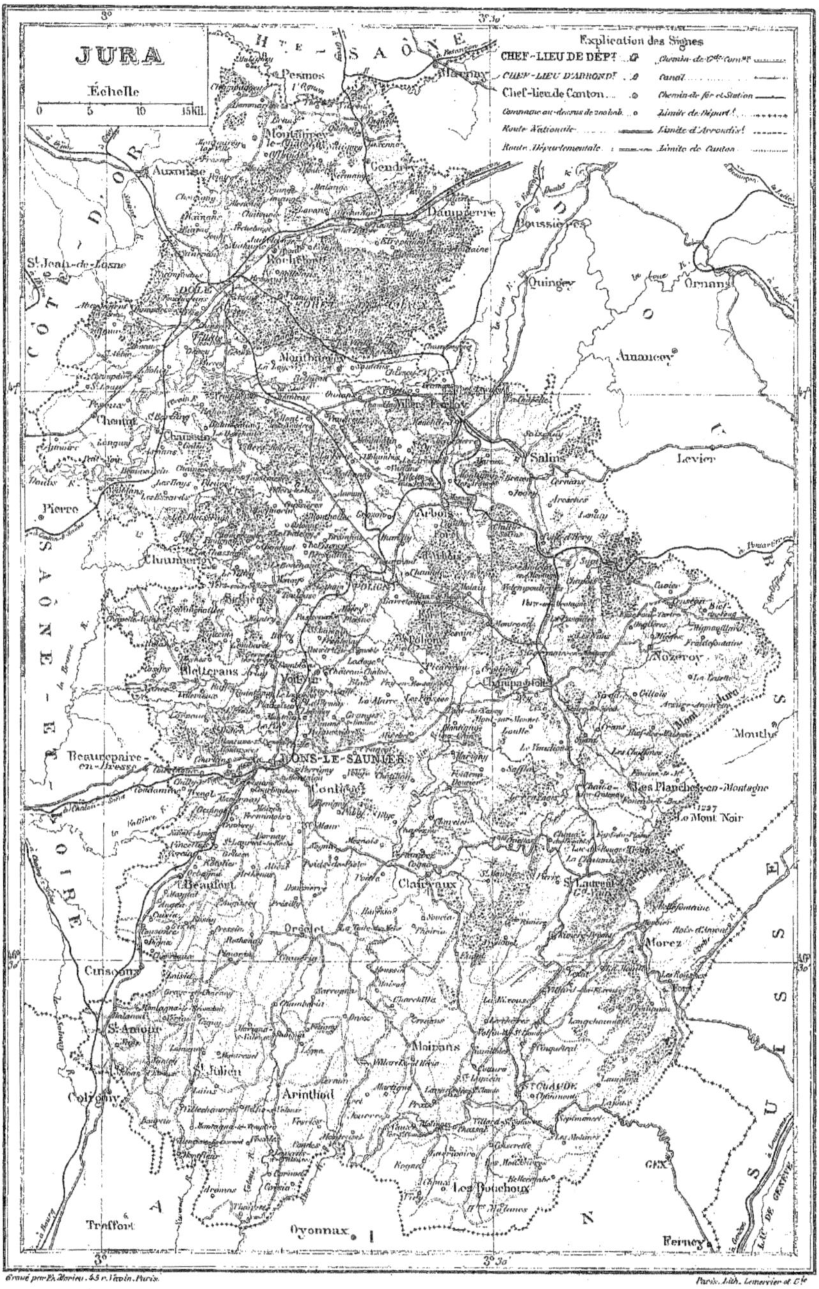

JURA

Echelle

0   5   10   15 kil.

Explication des Signes

CHEF-LIEU DE DÉP.ᵗ
CHEF-LIEU D'ARROND.ᵗ
Chef-lieu de Canton
Commune au-dessus de 2000 hab.
Route Nationale
Route Départementale

Chemin de Gᵈᵉ Com.ᵗ
Canal
Chemin de fer et Station
Limite de Départ.ᵗ
Limite d'Arrondi.ᵗ
Limite de Canton

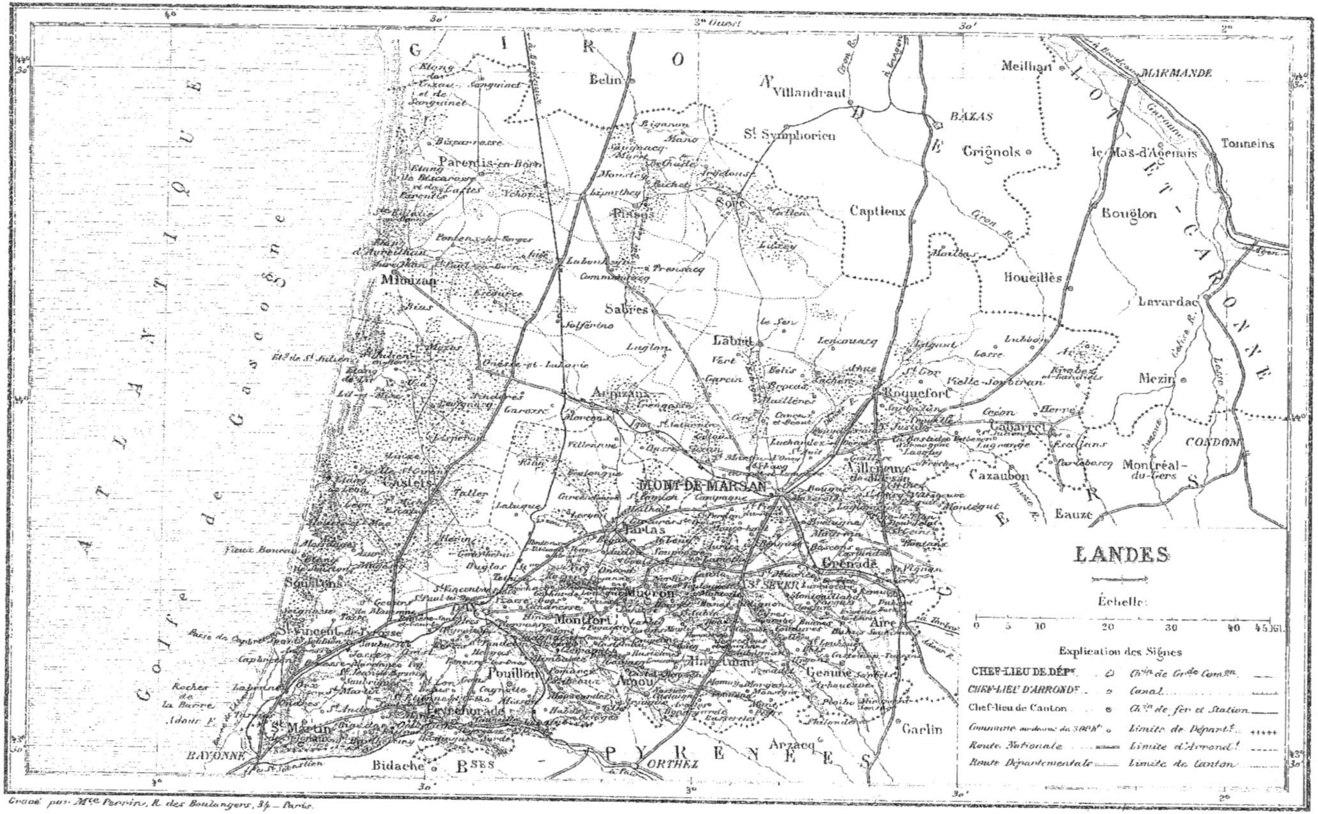

LANDES

Échelle:

Explication des Signes

CHEF-LIEU DE DÉP.t   ●   B.ce de Gie Gen.le

CHEF-LIEU D'ARROND.t   ○   Canal.

Chef-lieu de Canton   ⊙   Ch.n de fer et Station.

                            Commune moins de 1000 h.   Limite de Départ.t
                            Route Nationale   Limite d'Arrond.t
                            Route Départementale   Limite de Canton

Gravé par M.me Pareira, R. des Boulangers, 34, Paris.

Imp. Lemercier et C.ie Paris

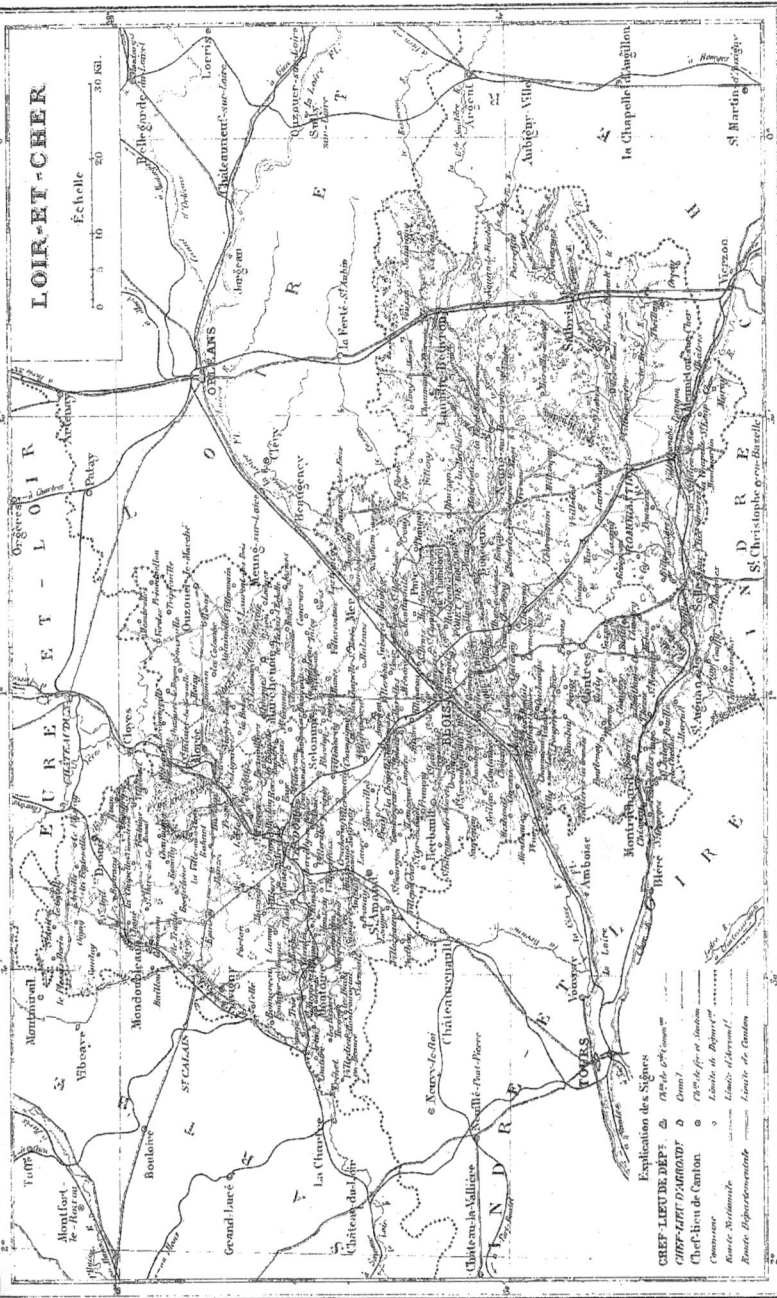

LOIR-ET-CHER

Échelle

0 5 10 20 30 Kil.

Explication des Signes

CHEF-LIEU DE DÉP.t
CHEF-LIEU D'ARROND.t
Chef-lieu de Canton
Commune
Route Nationale
Route Départementale

Ch.in de f.er en station
Ch.in de f.er et station
Limite de Départ.t
Limite d'Arrond.t
Limite de Canton

Gravé par E.Morieu, 33, r. Férou, Paris.

Paris, Libi. Larousse et Cie.

Explication des Signes.

CHEF-LIEU DE DÉP.ᵗ   ⊙   Ch.ᵉⁿ de Gr.ᵈᵉ Commⁿⁱᶜᵃᵗⁱᵒⁿ
CHEF-LIEU D'ARRON.ᵗ   ⊙   Canal
Chef-lieu de Canton   ◎   Ch.ⁱⁿ de fer et Station
Commune au-dessus de 3000 h.ˢ   Limite de Départ.ᵗ
Route Nationale   Limite d'Arrond.ᵗ
Route Départementale   Limite de Canton

SAÔNE-ET-LOIRE

ALLIER

Donjon

la Clayette
Semur-en-Brionnais
Chauffailles
Monsols
Belmont
Beaujeu
Belleville

la Pacaudière
la Croze
Charlieu

RHÔNE

St-Haon-le-Châtel
ROANNE
Perreux
Thizy
Lamure
VILLEFRANCHE

Ampleuis

St-Just-en-Chevalet
St-Symphorien
Tarare
le Bois-d'Oingt

Noirétable
St-Germain-Laval
Néronde
l'Arbresle
Limonest

Boën
St-Laurent-de-Chamousset
Vaugneray

St-Georges-en-Couzan
St-Symphorien-sur-Coise
Mornant

MONTBRISON
Civors

PUY-DE-DÔME

Calmier
Rive-de-Gier

AMBERT

St-Héand
St-Jean-Soleymieux
Rambert
St-Chamond
Condrieu

Vivarois
St-Bonnet-le-Château
le Chambon-Feugerolles
St-ÉTIENNE
Pélussin

Arlanc

la Chaise-Dieu
Craponne
St-Genest-Malifaux
Serrières

HAUTE-LOIRE

St-Didier-la-Séauve
Bourg-Argental
Annonay

LOIRE

ARDÈCHE

Montfaucon

Échelle

0   10   20   30 Kil.

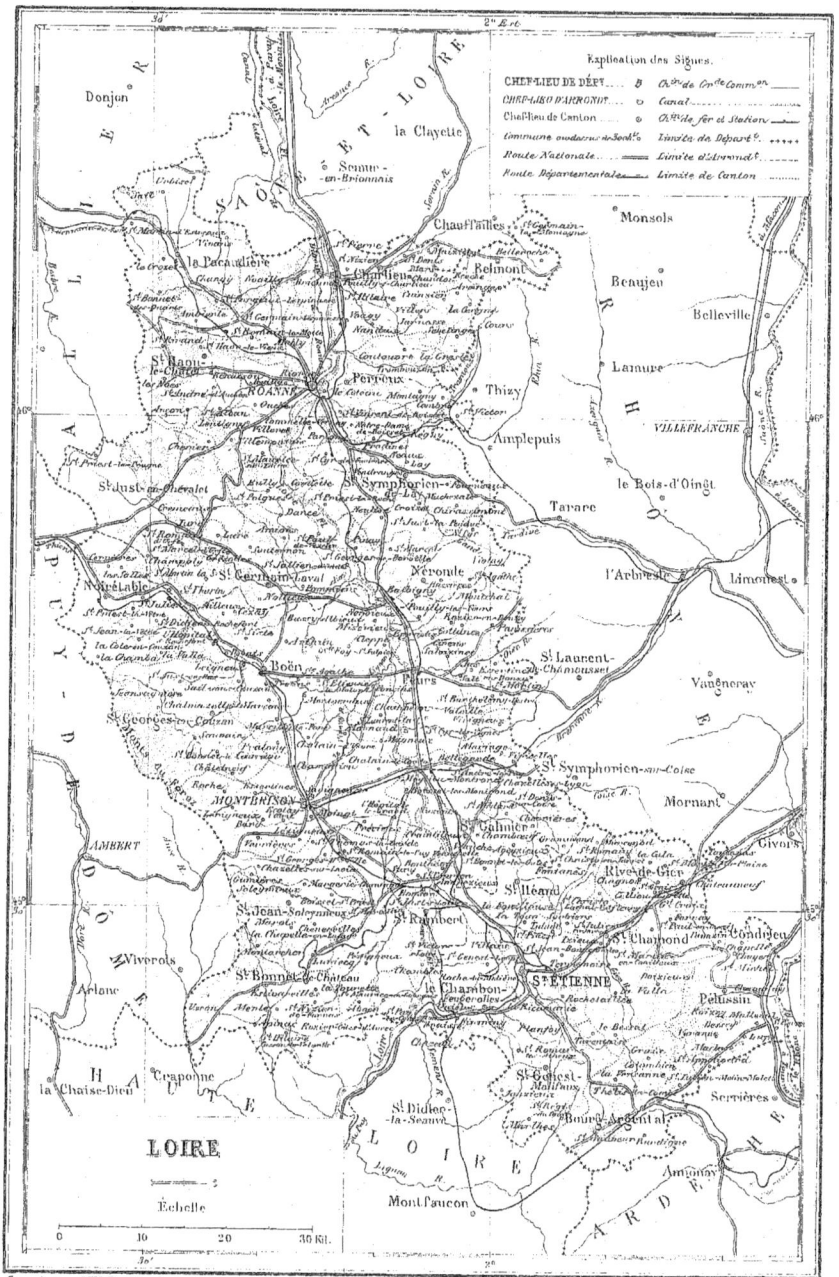

Grav.ᵗ par M.ᵐᵉ Perrin R. des Boulangers, 34.— Paris.   Imp. Lemercier et C.ⁱᵉ Paris.

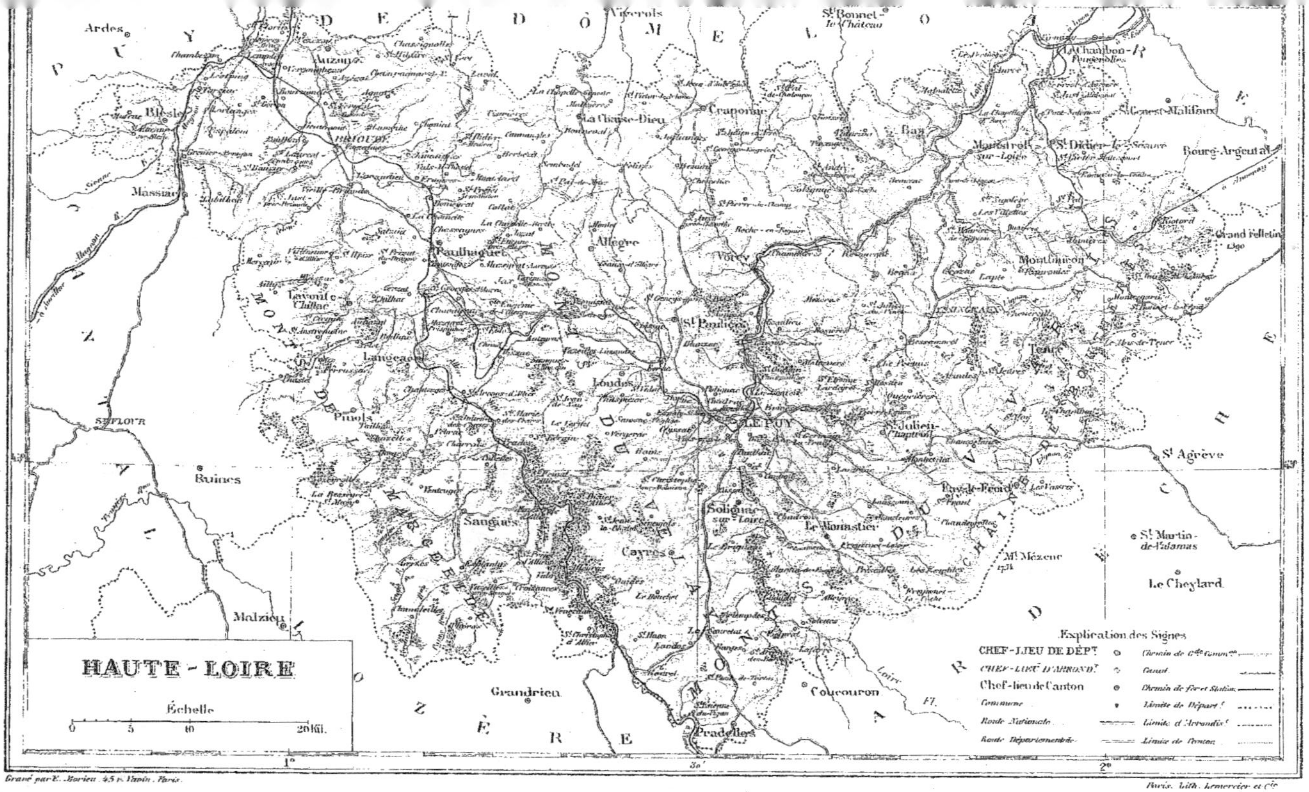

HAUTE-LOIRE

Échelle

Explication des Signes.

CHEF-LIEU DE DÉP.ᵗ
CHEF-LIEU D'ARROND.ᵗ
Chef-lieu de canton

Chemin de fer en activité
Canal
Chemin de fer en construction
Limite de Départ.ᵗ
Commune
Route Nationale
Limite d'Arrondiss.ᵗ
Route Départementale
Limite de Canton

Gravé par E. Barbier 35.r. Hautefeuille Paris.

Paris, Lith. Lemercier et Cⁱᵉ

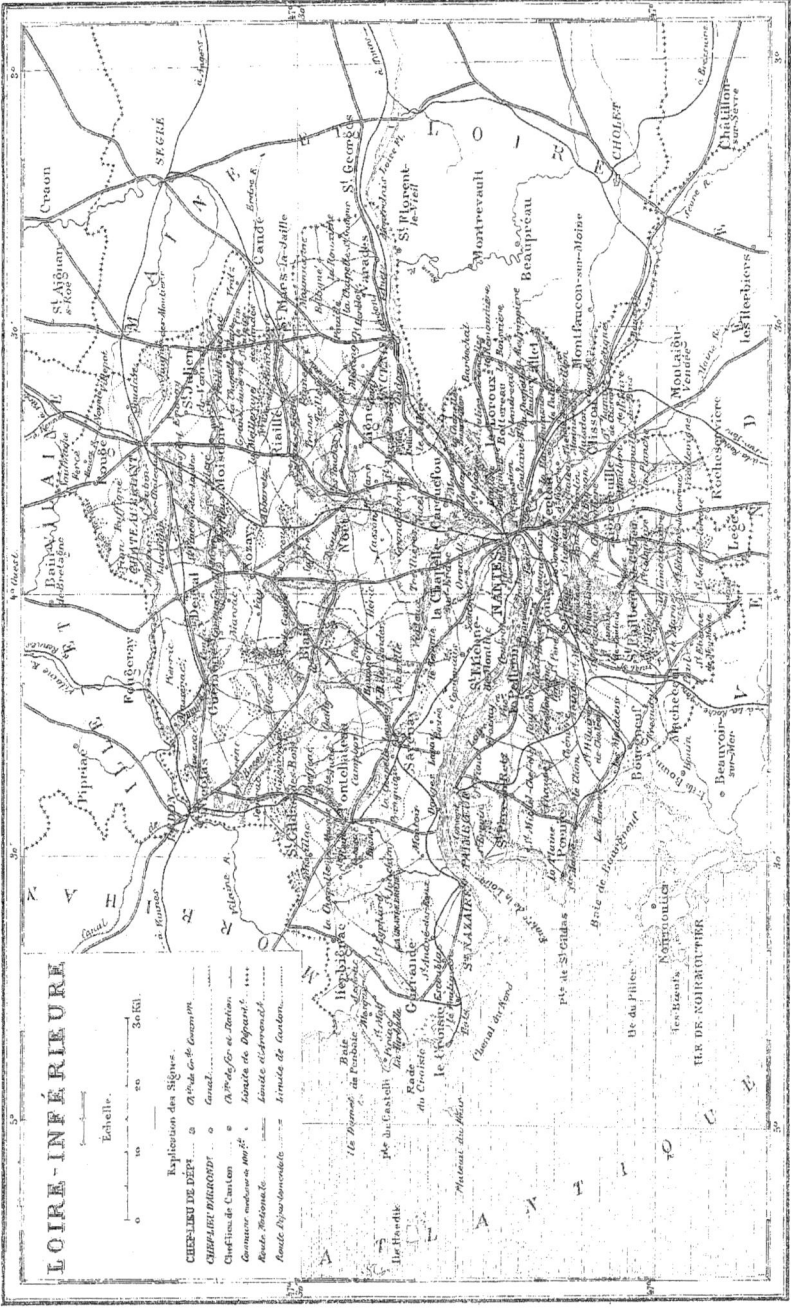

LOIRE-INFÉRIEURE

Echelle.

0   10   20   30 Kil.

Explication des Signes.

CHEF-LIEU DE DÉPt ...... ⊚   A. de Fer de Communn ....
CHEF-LIEU D'ARROND .... ⊙   Canal ....
Chefs-lieux de Canton .. ○   A. de Fer en station ....
Communes au-dessus de 500 h. •   Limite de Départt ....
Route Nationale ....   Limite d'Arrond. ....
Route Départementale ....   Limite de Canton ....

Gravé par MM Perrin, R. des Boulangers, 34 Paris

OCÉAN ATLANTIQUE

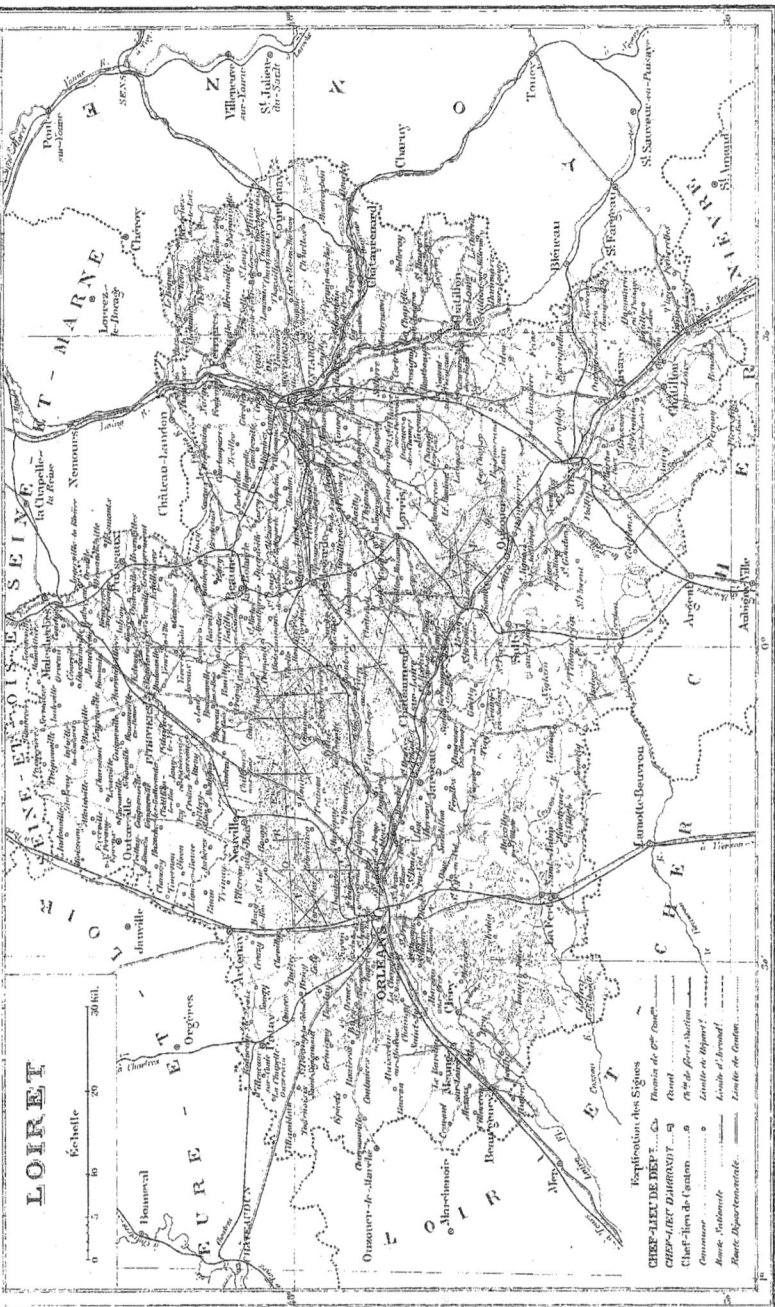

LOIRET

Échelle

0   5   10   20   30 Kil.

Explication des Signes

CHEF-LIEU DE DÉP.T		Chemin de G.de Com.on	
CHEF-LIEU D'ARR.ONDT		Canal	
Chef-lieu de Canton		R.te de Grde Section	
Commune		Limite de Départ.t	
Route Nationale		Limite d'Arrond.t	
Route Départementale		Limite de Canton	

Gravé par E. Morieu, 15, r. Racine, Paris.

Paris. Lith. Lemercier et C.ie

SEINE-ET-MARNE

NIÈVRE

CHER

LOIR-ET-CHER

EURE-ET-LOIR

Orléans

LOT

Échelle:

0   10   20   30 Kil.

Explication des Signes.

CHEF-LIEU DE DÉP.ᵗ .... ○   Ch.⁰ᵉ de Grde Commⁿⁱᶜᵃᵗⁱᵒⁿ
CHEF-LIEU D'ARROND.ᵗ .. ◉   Canal
Chef-lieu de Canton ....   Ch.ⁱⁿ de fer & Station
Commune au-dessus de 2000 h. ●   Limite d'arrondⁱ .....
Route Nationale _____   Limite de Département _____
Route Départementale _____   Limite de Canton ......

Grave par M.ᵉ Perrin, R. des Boulangers, 34, Paris.

Imp. Lemercier et C.ⁱᵉ Paris.

LOT-ET-GARONNE

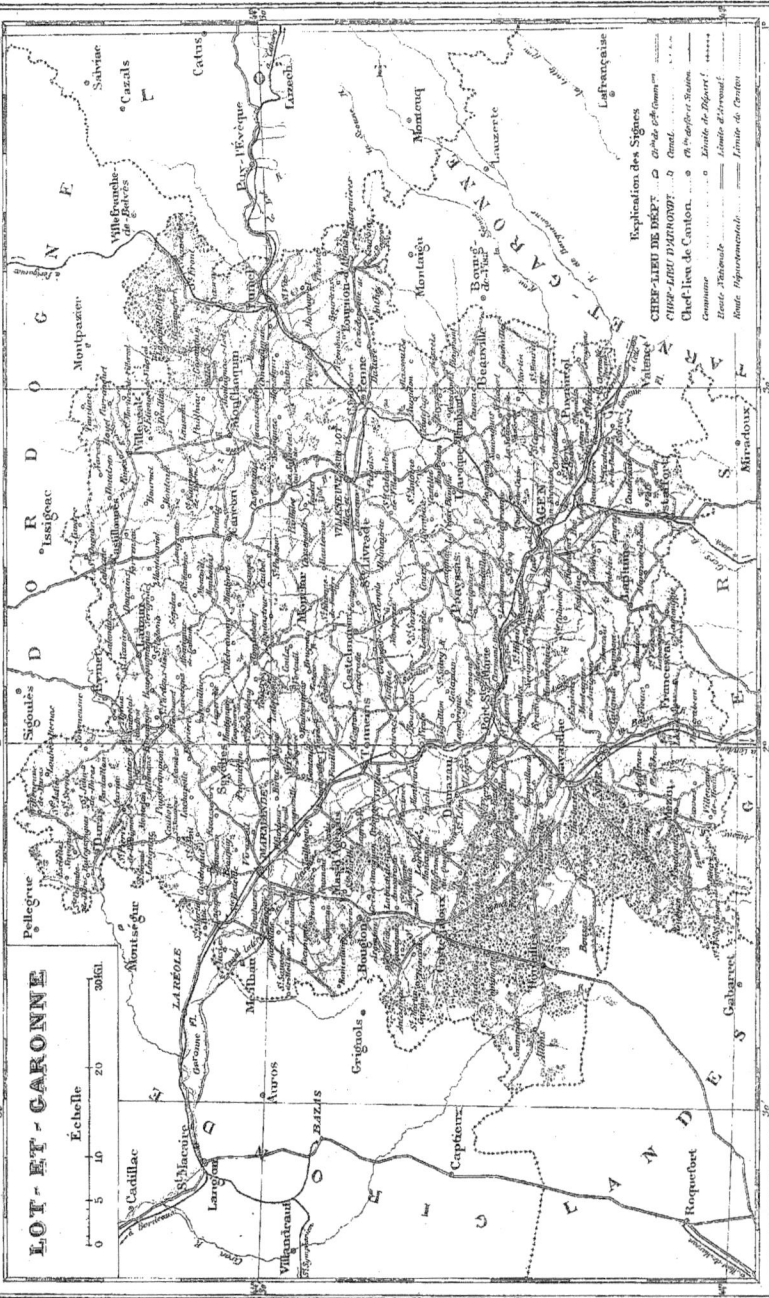

Échelle

0   5   10   20   30 Kil.

Explication des Signes

CHEF-LIEU DE DÉP.T	⊙ Ch.-lieu d'Arrond.t
CHEF-LIEU D'ARROND.T	⊙ Canal.
Chef-lieu de Canton.	○ Ch.n de fer et Station.
Commune.	○ Limite de Départ.t
Route Nationale.	Limite d'Arrond.t
Route Départementale.	Limite de Canton

Gravé par E. Morieu, 45, r. Pavée, Paris.

Paris, Lith. Lemercier et C.ie

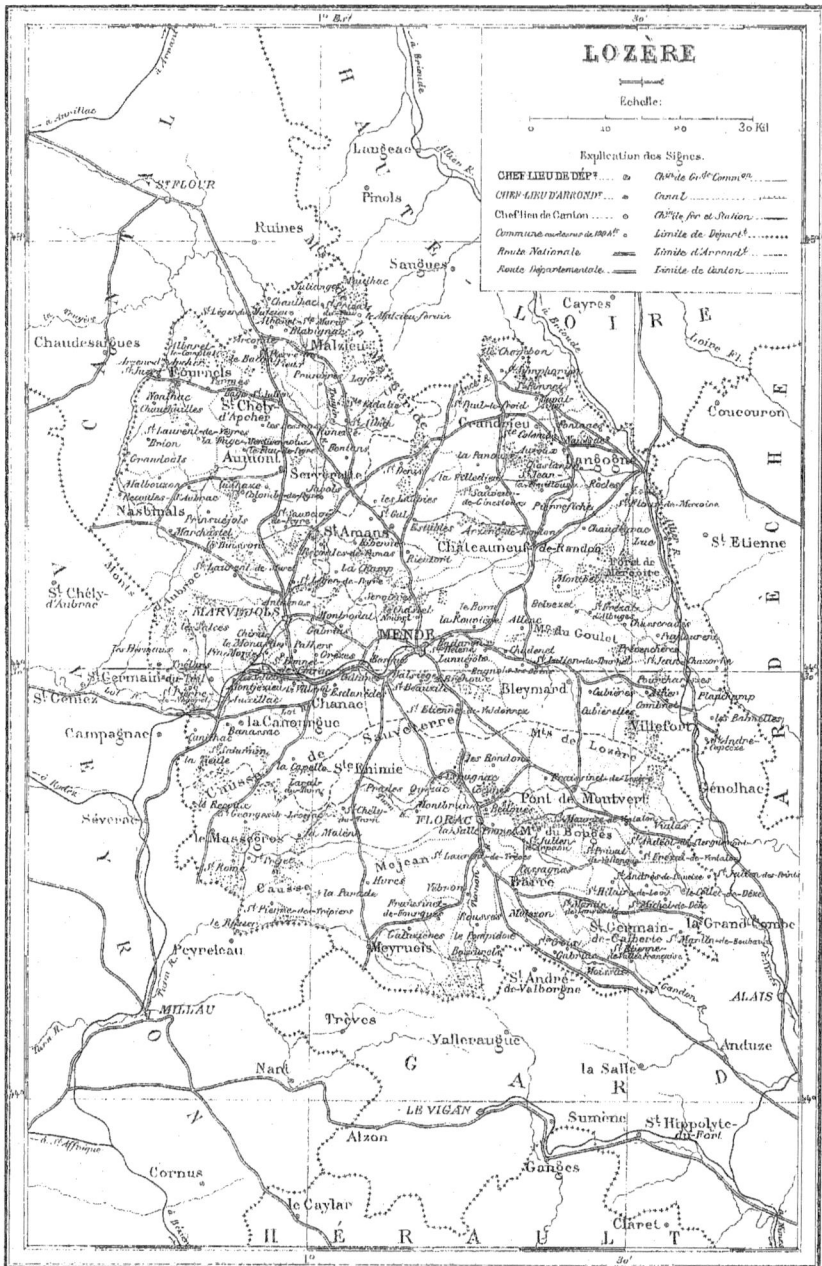

LOZÈRE

Echelle:

0   10   20   30 Kil

Explication des Signes.

CHEF LIEU DE DÉP.t ⊙
CHEF-LIEU D'ARROND.t ◉
Chef-lieu de Canton ○
Commune au dessous de 1000 h.t •
Route Nationale
Route Départementale

Ch.in de Gr.de Common.
Canal
Ch.in de fer et Station
Limite de Départ.t
Limite d'Arrond.t
Limite de canton

Gravé par M.rs Perrin, R. des Boulangers, 34, Paris.   Imp. Lemercier et C.ie Paris.

MAINE - ET - LOIRE

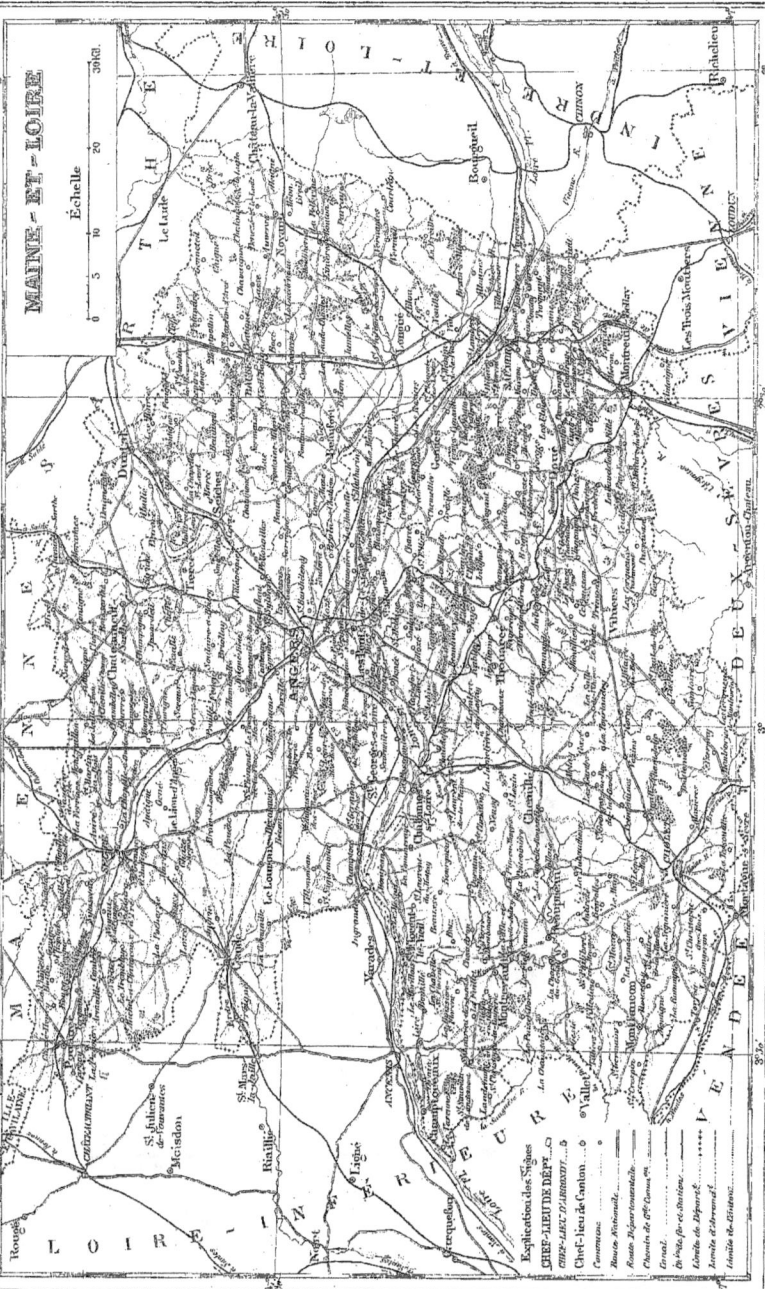

Échelle

0 5 10 20 30 Kil.

Explication des Signes

CHEF-LIEU DE DÉP.t
CHEF-LIEU D'ARRON.t
Chef-lieu de Canton
Commune
Route Nationale
Route Départementale
Chemin de fer et Stations
Canal
Ch.in de fer et Stations
Limite de Département
Limite d'Arrond.t
Limite de Canton

Gravé par E. Morieu, 45 r. Vivien. Paris.

Paris, lith. Lemercier et Cie.

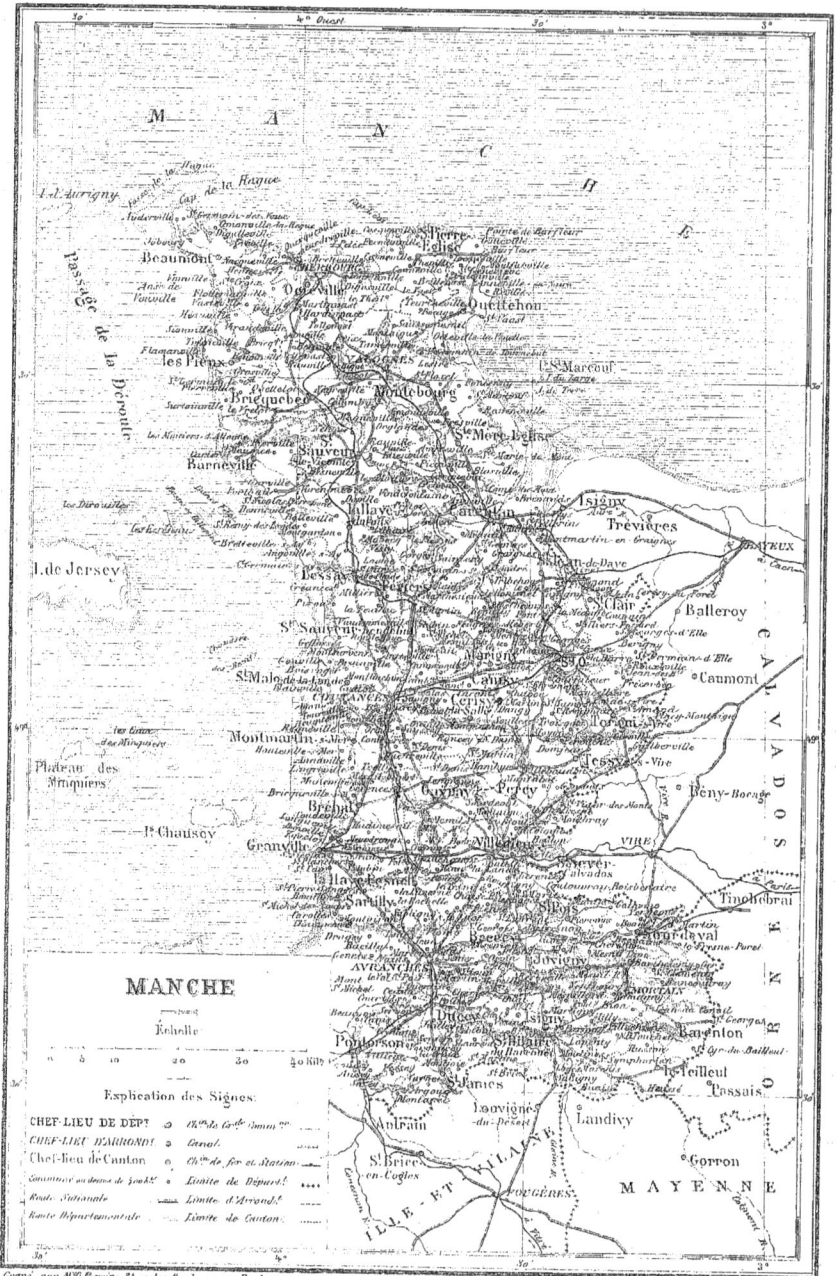

MANCHE

Échelle

0   5   10   20   30   40 Kilᵐ

Explication des Signes:

CHEF-LIEU DE DÉP.ᵗ   ◉   Ch.ˡⁱᵉᵘ de C.ᵗᵉ de 8ᵐⁱⁿᵉ ᵉᵗᶜ

CHEF-LIEU D'ARROND.ᵗ   ◉   Canal.

Chef-lieu de Canton   ◉   Ch.ⁱⁿ de fer et Station

Commune ou drame de 5 mkᵗ   ●   Limite de Dépᵗ

Route Nationale   Limite d'Arrond.ᵗ

Route Départementale   Limite de Canton

Gravé par M.ʳ Perrin, 31, r. des Boulangers, Paris.

Imp. Lemercier et Cⁱᵉ Paris.

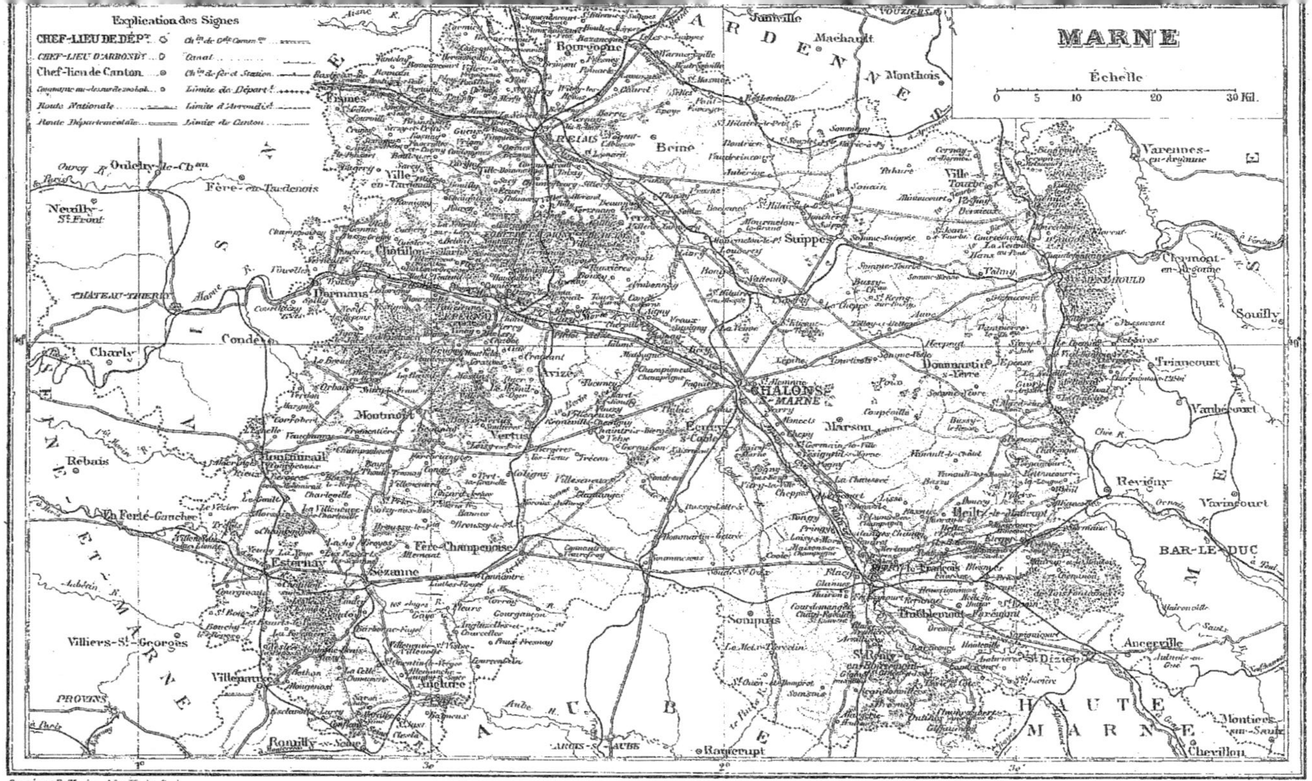

MARNE

Échelle

0 5 10 20 30 Kil.

Explication des Signes

CHEF-LIEU DE DÉP.t
CHEF-LIEU D'ARRON.t
Chef-Lieu de Canton
Route Nationale
Route Départementale

Ch.in de fer d'intérêt g.l
Canal
Ch.in de fer d'intérêt local
Limite du Départ.t
Limite de Canton

Paris Lith. Lemercier et C.ie

Gravé par E. Morieu, édit. Vanier, Paris.

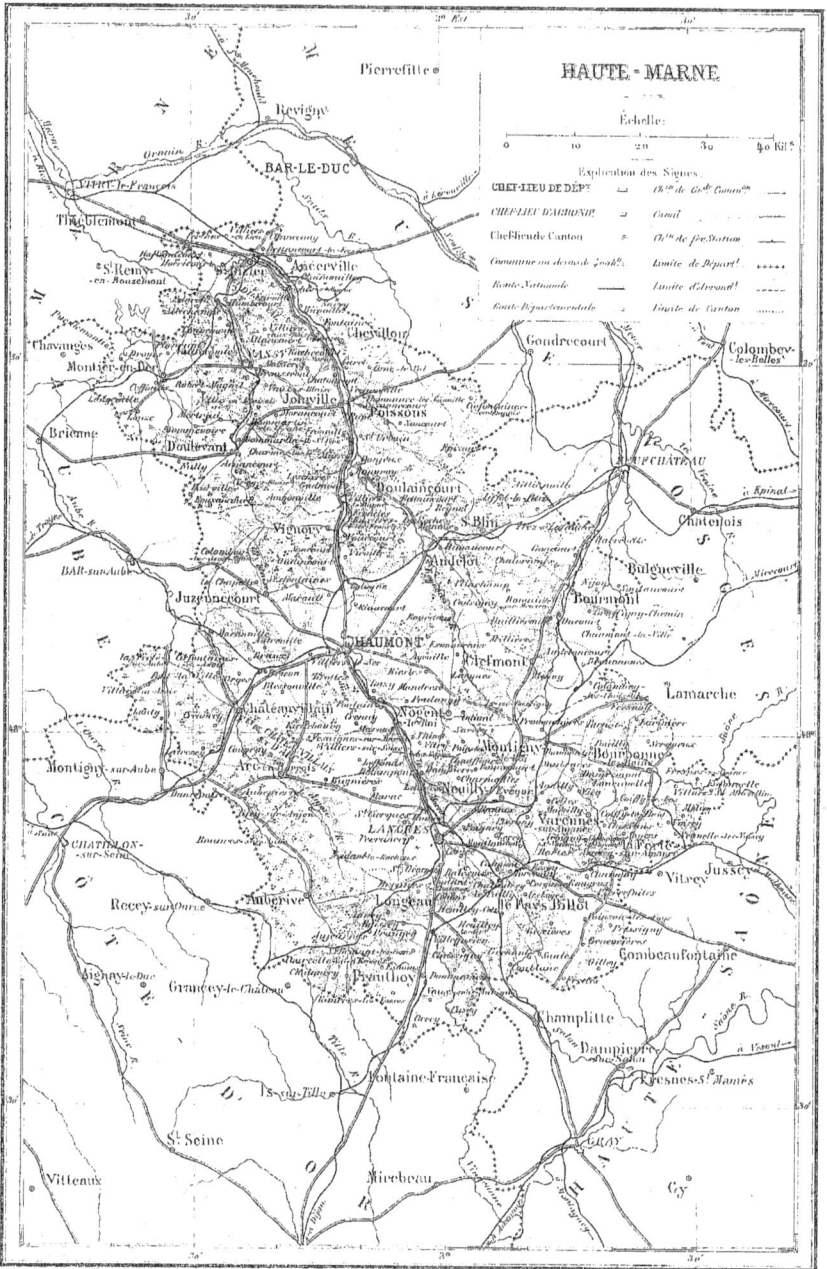

HAUTE-MARNE

Échelle:

0   10   20   30   40 Kil.

Explication des Signes

CHEF-LIEU DE DÉP.ᵗ		Ch.ˡⁱᵉᵘ de Cᵗᵉ Canton
CHEF-LIEU D'ARROND.ᵗ		Canal
Chef-lieu de Canton		Ch.ⁱⁿ de fᵉʳ Station
Commune au-dessus de 3000h.ᵗˢ		Limite de Départ.ᵗ
Route Nationale		Limite d'Arrond.ᵗ
Route Départementale		Limite de Canton

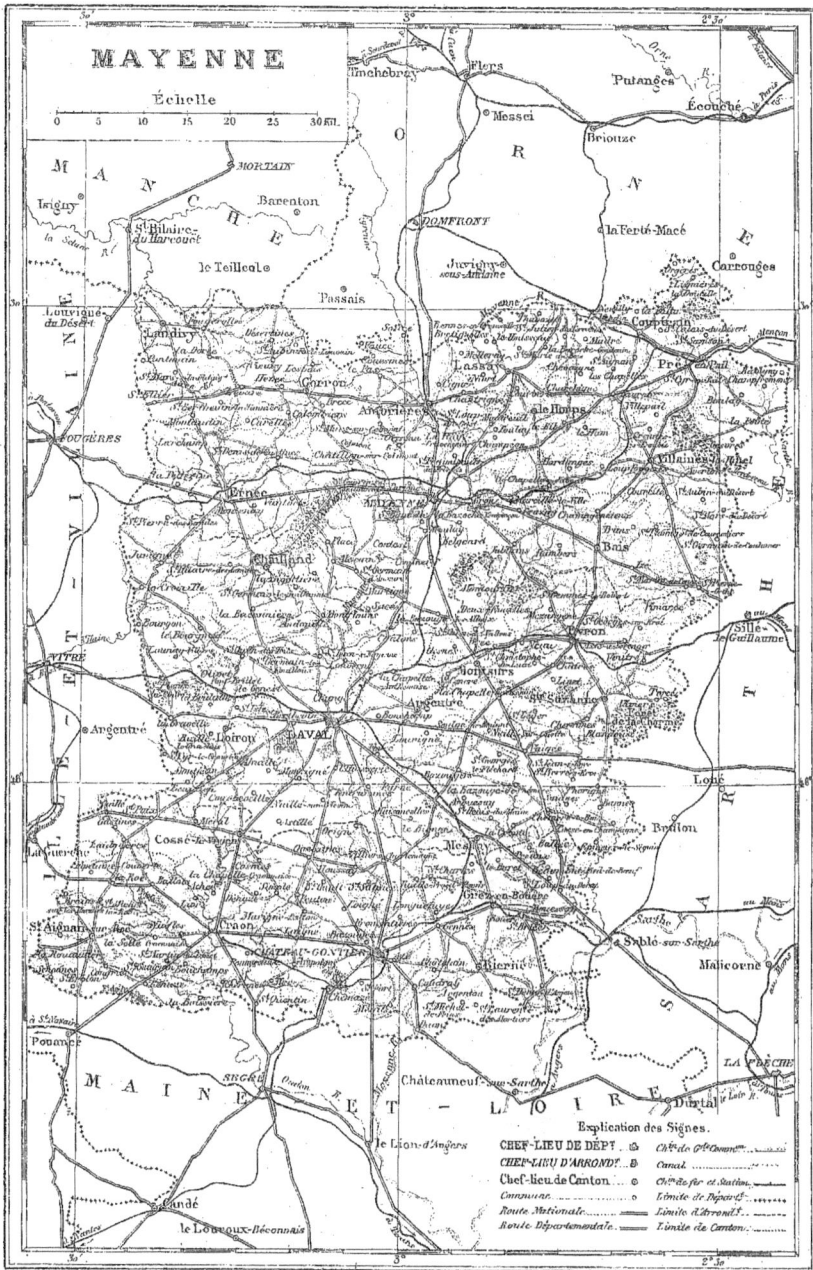

MAYENNE

Échelle

0 — 5 — 10 — 15 — 20 — 25 — 30 Kil.

Explication des Signes.

CHEF-LIEU DE DÉP.t	Ch.x de G.de Commune
CHEF-LIEU D'ARRONDt	Canal
Chef-lieu de Canton	Ch.in de fer et Station
Commune	Limite de Dép.t
Route Nationale	Limite d'Arrond.t
Route Départementale	Limite de Canton

Isigny · St-Hilaire-du-Harcourt · le Teilleul · MORTAIN · Barenton · Passais · DOMFRONT · Juvigny-sous-Andaine · la Ferté-Macé · Carrouges · Tinchebray · Flers · Messei · Briouze · Putanges · Écouché

Louvigné-du-Désert · Landivy · Gorron · Ambrières · Lassay · le Horps · Pré-en-Pail · Couptrain · Villaines-la-Juhel

FOUGÈRES · Ernée · Chailland · MAYENNE · Bais · Sillé-le-Guillaume

VITRÉ · Argentré · LAVAL · Montsûrs · Évron · Ste-Suzanne · Loué

ARGENTRÉ · Meslay · Brée-en-Bouère · Brûlon · Sablé-sur-Sarthe · Malicorne

La Guerche · Cossé-le-Vivien · Craon · St-Aignan · CHÂTEAU-GONTIER · Bierné · Grez-en-Bouère

Pouancé · Candé · le Louroux-Béconnais · Segré · Châteauneuf-sur-Sarthe · Durtal · Le Lion-d'Angers

MANCHE · ORNE · MAINE-ET-LOIRE · ILLE-ET-VILAINE · SARTHE · LA FLÈCHE

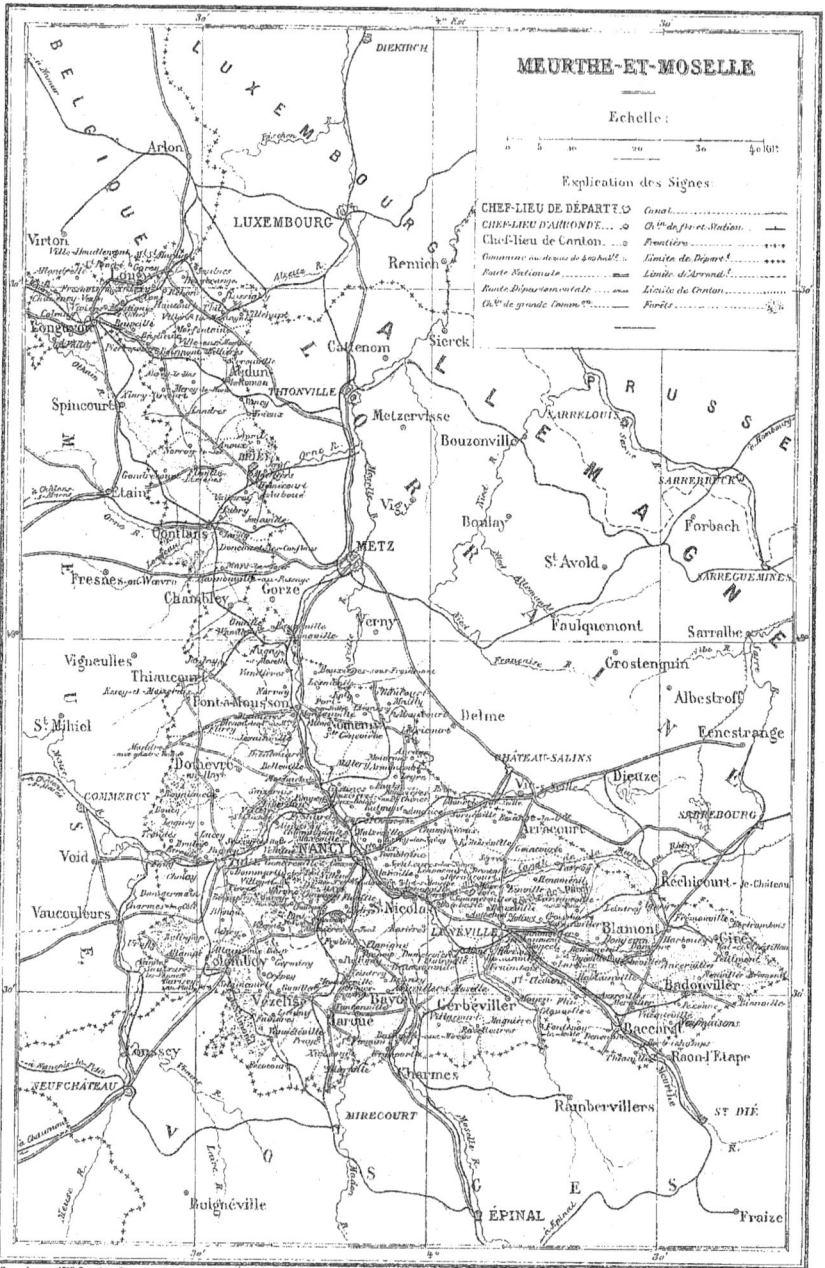

MEURTHE-ET-MOSELLE

Echelle :

0 5 10 20 30 40 Kil.

Explication des Signes

CHEF-LIEU DE DÉPART.ᵗ ⊚
CHEF-LIEU D'ARRONDᵗ... ⊙
Chef-lieu de Canton... ⊙
Commune au dessus de 500 hab.ᵗˢ
Route Nationale
Route Départementale
Ch.ⁿ de grande Common.ⁿ

Canal
Ch.ⁿ de fer et Station
Frontière
Limite de Départ.ᵗ
Limite d'Arrond.ᵗ
Limite de Canton
Forêts

BELGIQUE — LUXEMBOURG — ALLEMAGNE — PRUSSE

DIEKIRCH
Arlon
LUXEMBOURG
Remich
Virton
Longwy
Audun
Longuyon
Spincourt
Cattenom
Sierck
THIONVILLE
Metzervisse
Bouzonville
SARRELOUIS
SARREBOURG
Étain
Vigy
Boulay
St Avold
Forbach
SARREGUEMINES
Conflans
METZ
Fresnes-en-Woëvre
Gorze
St Avold
Faulquemont
Sarralbe
Chambley
Verny
Vigneulles
Thiaucourt
Grostenquin
Albestroff
St Mihiel
Pont-à-Mousson
Delme
Fénestrange
COMMERCY
Domèvre
CHÂTEAU-SALINS
Dieuze
Void
NANCY
Arracourt
Vic-sur-Seille
SARREBOURG
Vaucouleurs
St Nicolas
Réchicourt-le-Château
LUNÉVILLE
Blamont
Cirey
Colombey
Badonviller
Vézelise
Saint-Dié
Gerbéviller
Baccarat
Haroue
Charmes
Raon-l'Étape
Colombey
Bayon
Toussey
Charmes
NEUFCHÂTEAU
Rambervillers
ST DIÉ
MIRECOURT
Guignéville
ÉPINAL
Fraize

Gravé par M.ᵐᵉ Perrin, 34, rue des Boulangers, Paris.
Imp. Lemercier et Cⁱᵉ, Paris.

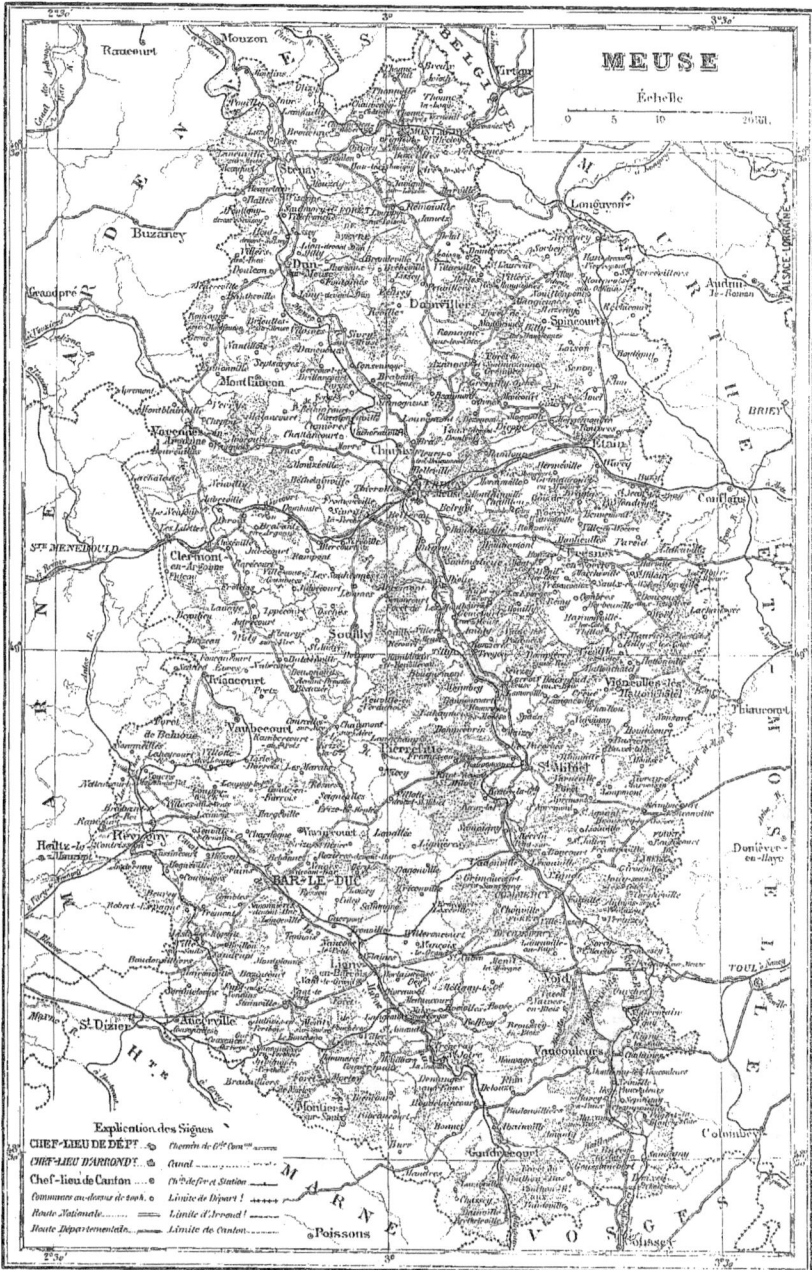

MEUSE

Échelle

0   5   10   20 Kil.

Explication des Signes

CHEF-LIEU DE DÉP.ᵗ ⊕   Chemin de fᵉʳ Conᶜᵗⁱᵒⁿ en cours
CHEF-LIEU D'ARROND.ᵗ ⊕   Canal
Chef-lieu de Canton ⊙   Ch.ᵈᵉ de fᵉʳ et Station
Communes au-dessus de 100 h. ○   Limite de Départ.ᵗ
Route Nationale   Limite d'Arrond.ᵗ
Route Départementale   Limite de Canton

○ Poissons

Gravé par E. Morieu, 45 r. Buci - Paris.   Paris, Lith. Lemercier et Cⁱᵉ

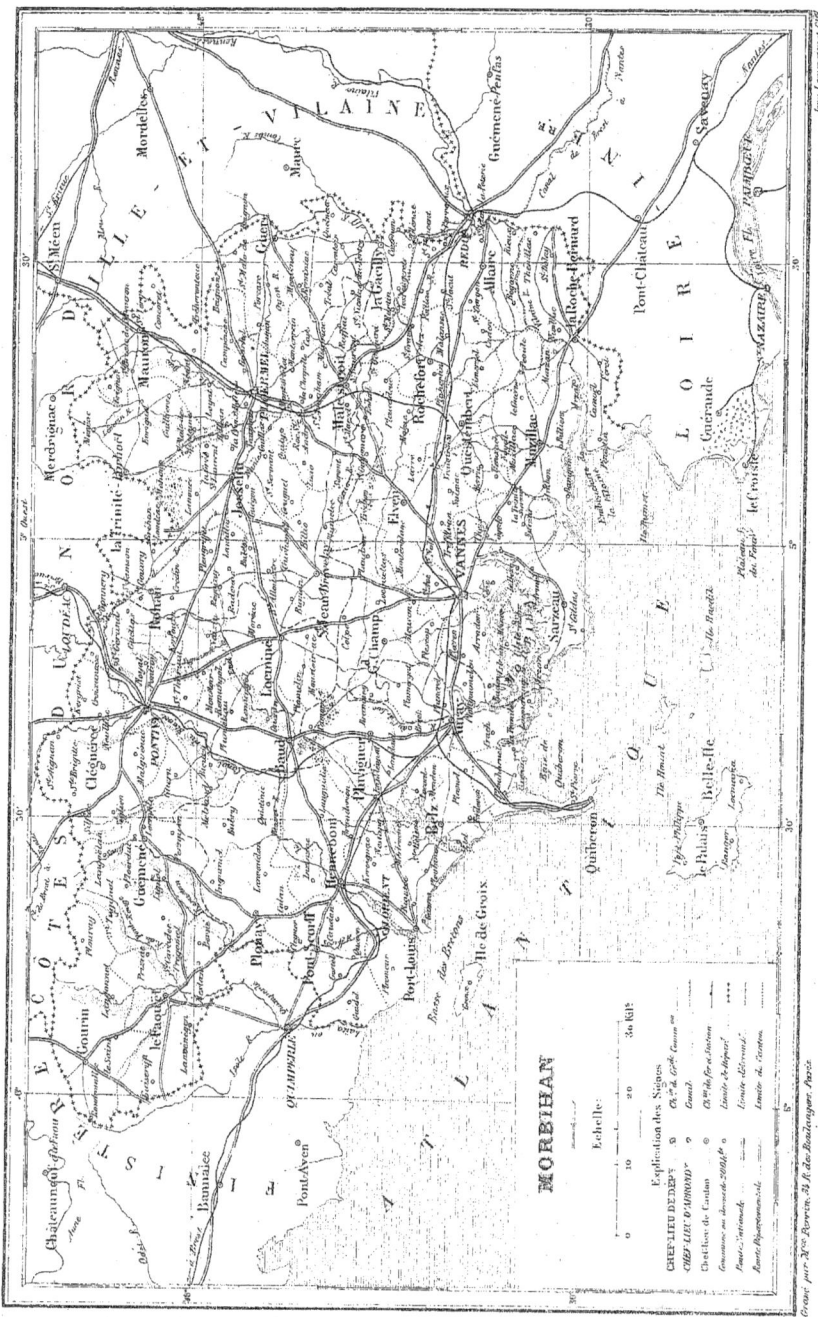

MORBIHAN

Echelle:

| 0 | 10 | 20 | 30 Kil⁵ |

Explication des Signes

CHEF-LIEU DE DEP.ᵗ	◎	Ch.⁻ᶠ de C.ᵗᵉ Comm.ᵃˡ
CHEF-LIEU D'ARROND.ᵗ	⊙	Canal
Chef-lieu de Canton	⊙	Ch.⁻ᶠ de fer & Station
Commune au dessous 2000 h.	○	Limite de Départ.ᵗ
Route nationale		Limite d'Arrond.ᵗ
Route Départementale		Limite de Canton

Grave par M.ᵐᵉ Perrin, 51 R. du Boulanger, Paris

Imp. Lemercier et Cᵉ

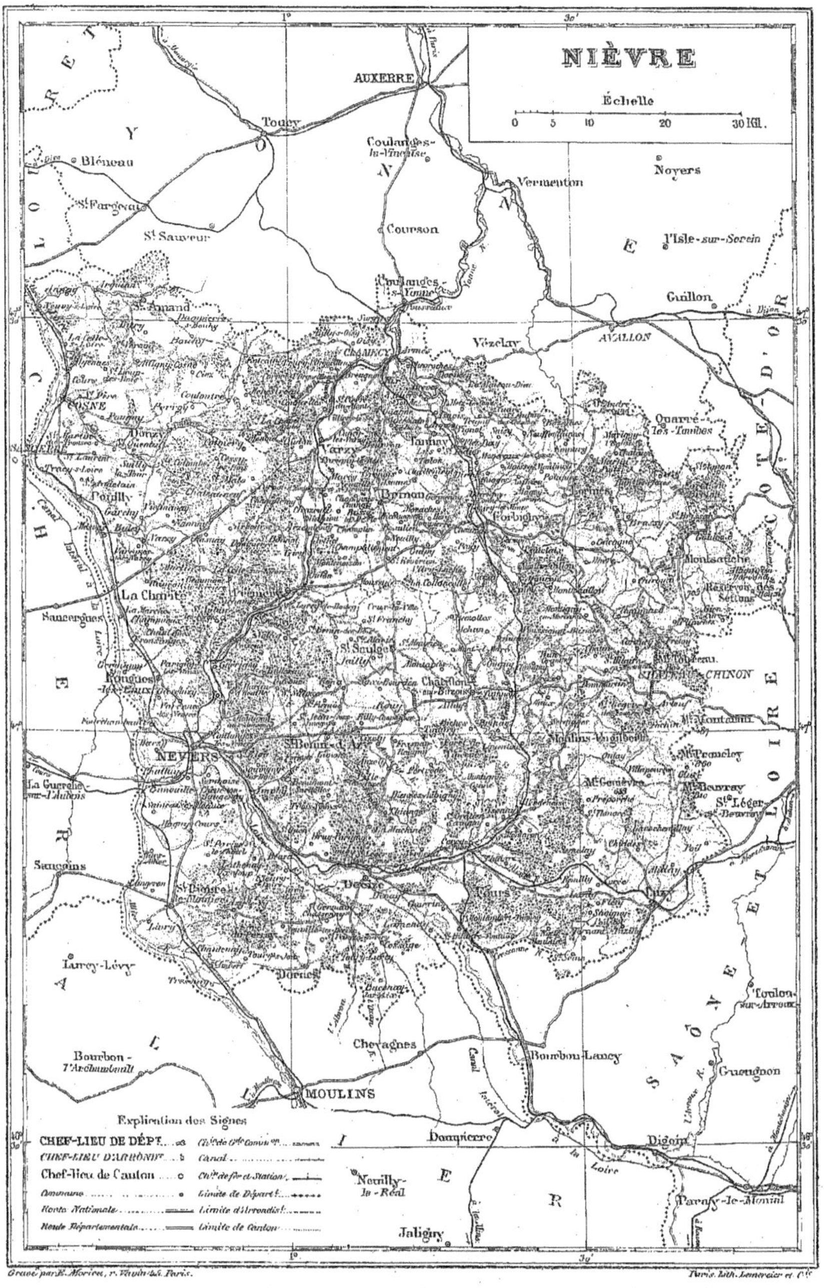

NIÈVRE

Echelle

0   5   10   20   30 Kil.

Explication des Signes

CHEF-LIEU DE DÉP¹	Ch⁻lieu d'Canton⁻⁽ᵉ⁾	
CHEF-LIEU D'ARROND¹	Canal	
Chef-lieu de Canton	Ch⁻de fer et Station	
Commune	Limite de Départ¹	
Route Nationale	Limite d'Arrondis¹	
Route Départementale	Limite de Canton	

Neuilly-
le-Réal

Gravé par E. Morieu, r. Vaugirard 45. Paris.   Paris Lith. Lemercier et C.ⁱᵉ

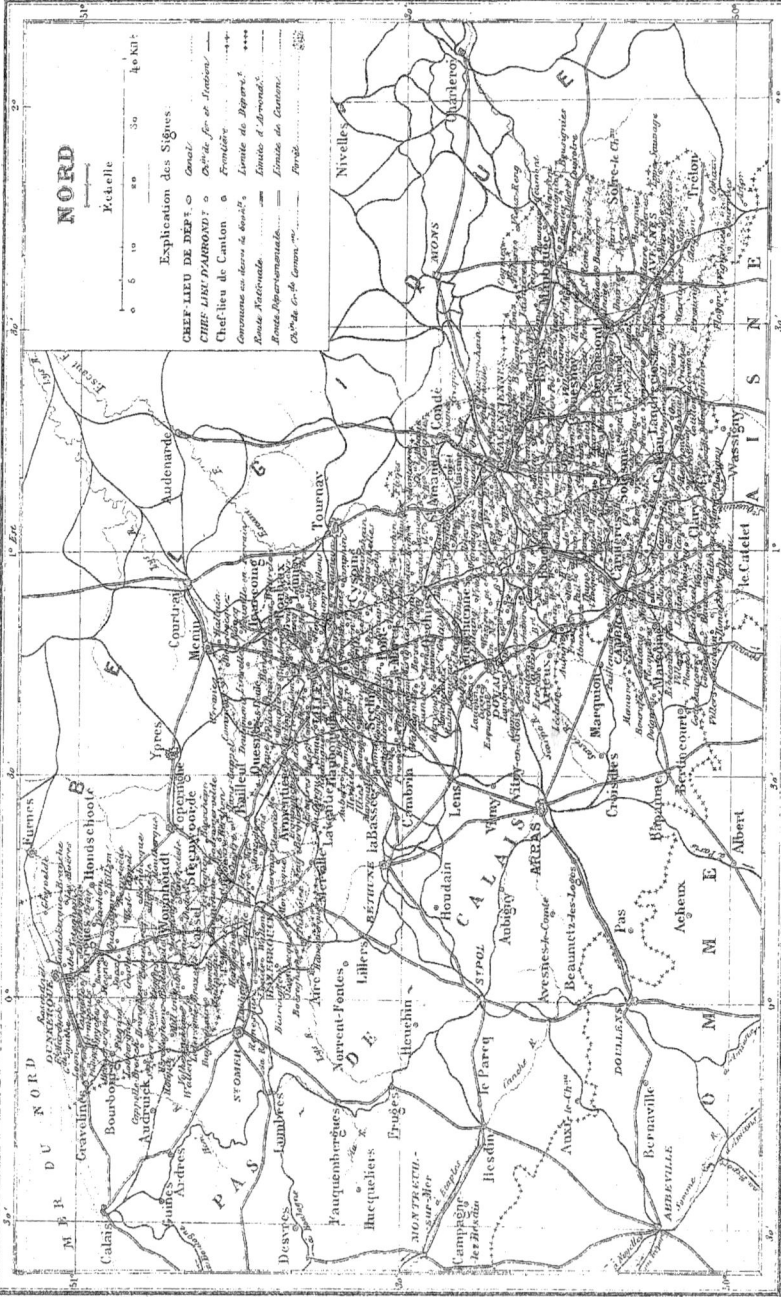

NORD

Échelle

0   5   10   20   30   40 Kil.

Explication des Signes.

CHEF-LIEU DE DÉP.ᵗ ⊙   Canal
CHEF-LIEU D'ARROND.ᵗ ⊚   Ch.ᵐⁱⁿ de fer et Stations
Chef-lieu de Canton ⊙   Frontière
Commune ou chevx de canton ° Limite de Départ.ᵗ
Route Nationale   Limite d'Arrond.ᵗ
Route Départementale   Limite de Canton
Ch.ᵐⁱⁿ Gᵈᵉ Comm.ⁿⁱ   Forêt

Imp. Lemercier et Cⁱᵉ Paris
Gravé par: M.ʳˢ Perrin Rue des Beaux-Arts, 14, Paris

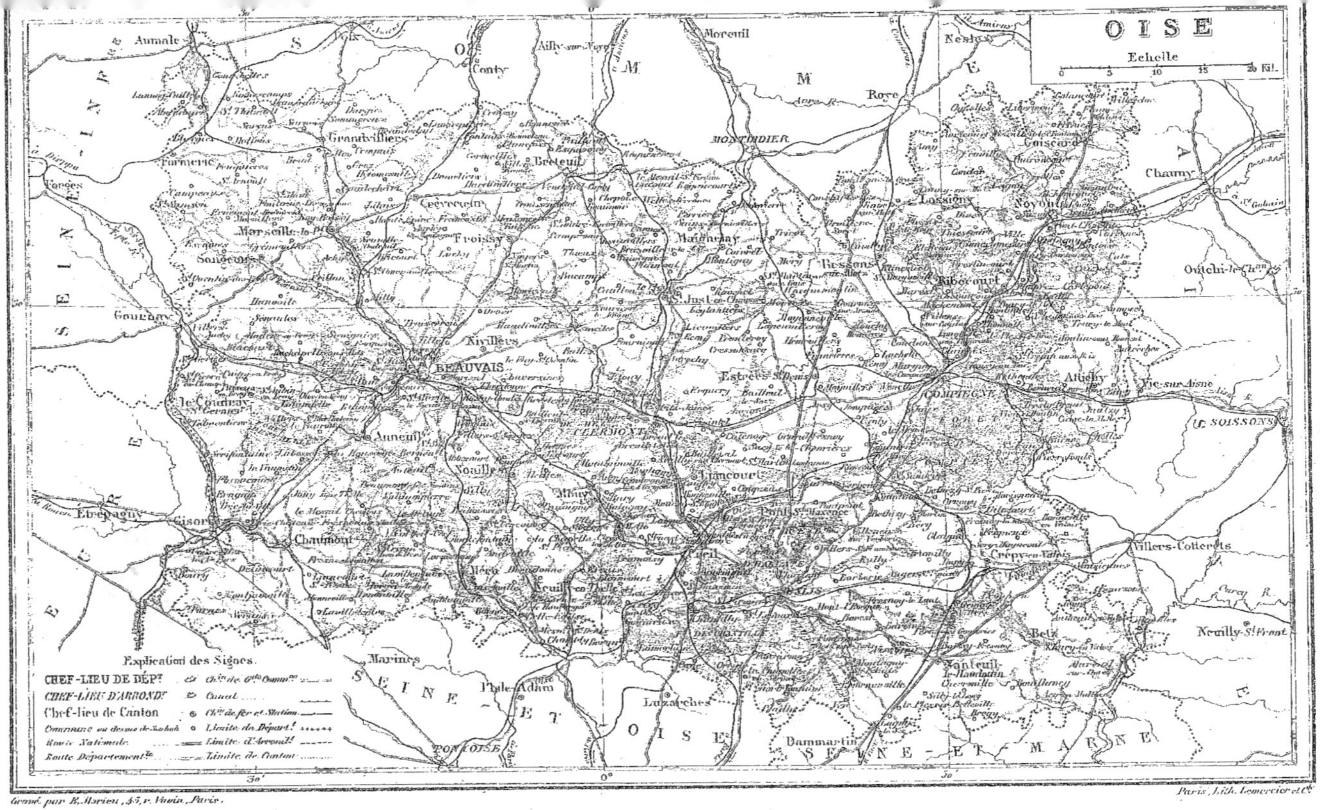

OISE

Echelle

CHEF-LIEU DE DEP.ᵗ
CHEF-LIEU D'ARROND.ᵗ
Chef-lieu de Canton
Commune ou thance de colonkeh
Route Nationale
Route Départementale

Explication des Signes.

Gravé par R. Hausson, 43, r. Monge, Paris.

Paris, Lith. Lemercier et Cⁱᵉ

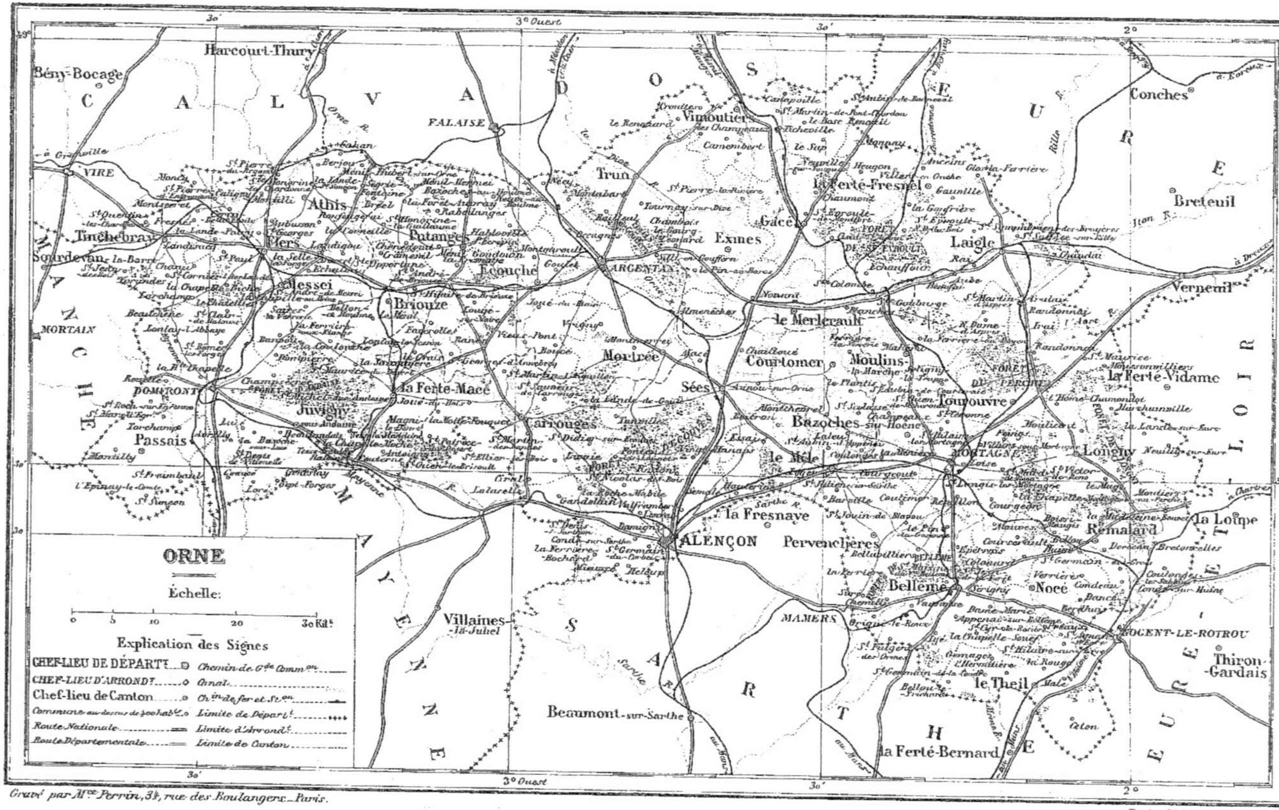

ORNE

Échelle:

Explication des Signes

CHEF-LIEU DE DÉPART.
CHEF-LIEU D'ARRONDt.
Chef-lieu de Canton
Commune ou hameau de peu d'importance
Route Nationale
Route Départementale

Chemin de Gde Comon.
Oruel.
Ch. d'intérêt et. D.m.
Limite de Départt.
Limite d'Arrondt.
Limite de Canton

Gravé par Mme Perrin, 31, rue des Boulangers, Paris.

Paris. Lith. Lemercier et Cie.

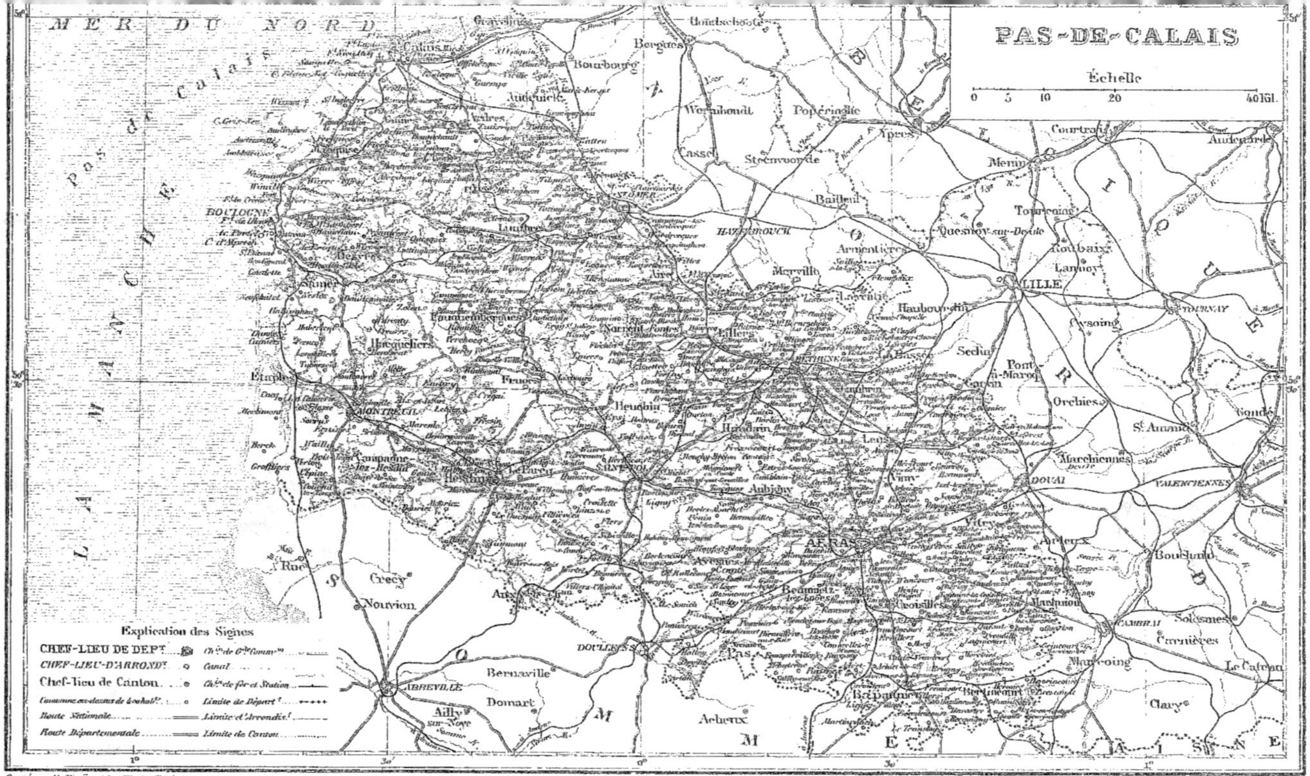

PAS-DE-CALAIS

Échelle

0   5   10   20   40 Kil.

MER DU NORD

Pas de Calais

LA MANCHE

BELGIQUE

NORD

SOMME

Explication des Signes

CHEF-LIEU DE DEPT	⊛	Ch. l. de Canton
CHEF-LIEU D'ARRONDT	○	Canal
Chef-lieu de Canton	⊙	Chemin de fer et Station
Commune seulement de Canton	○	Limite de Départ.
Route Nationale		Limite de Arrondt.
Route Départementale		Limite de Canton

Harel Lith. Lemercier et Cie

Grové par E. Morieu, chez Vuson, Paris

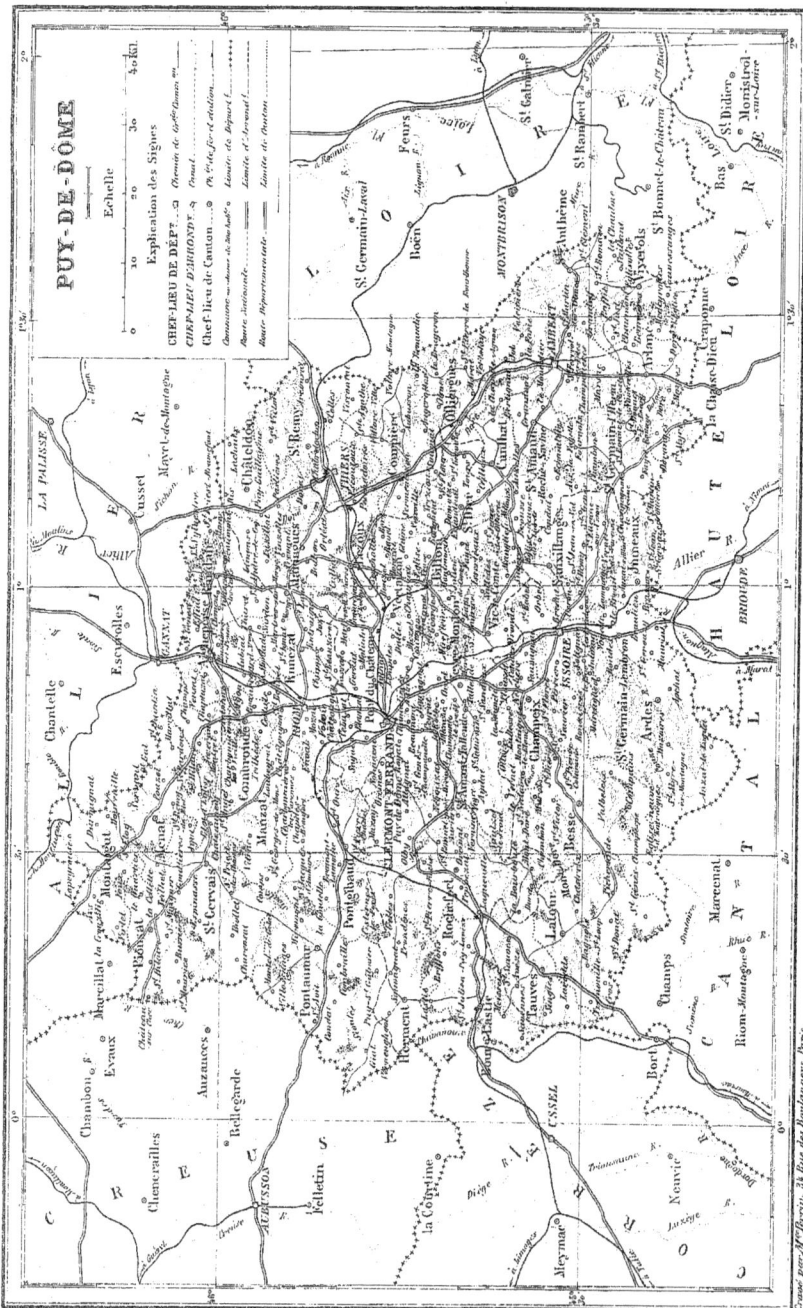

PUY-DE-DÔME

Échelle

0   10   20   30   40 Kil.

Explication des Signes

CHEF-LIEU DE DÉP.ᵗ .... ◉   Chemin de fer
CHEF-LIEU D'ARRONDᵗ ..... ◉   Canal
Chef-lieu de Canton ..... ◉   Ch. de fer et station
Commune, hmeau de Sᵗ ½ ½ ... ◦   Limite de Départᵗ
Route Nationale ....   Limite d'Arrondᵗ
Route Départementale ......   Limite de Canton

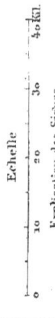

Gravé par Mᵐᵉ Borris, 34 Rue des Boulangers, Paris

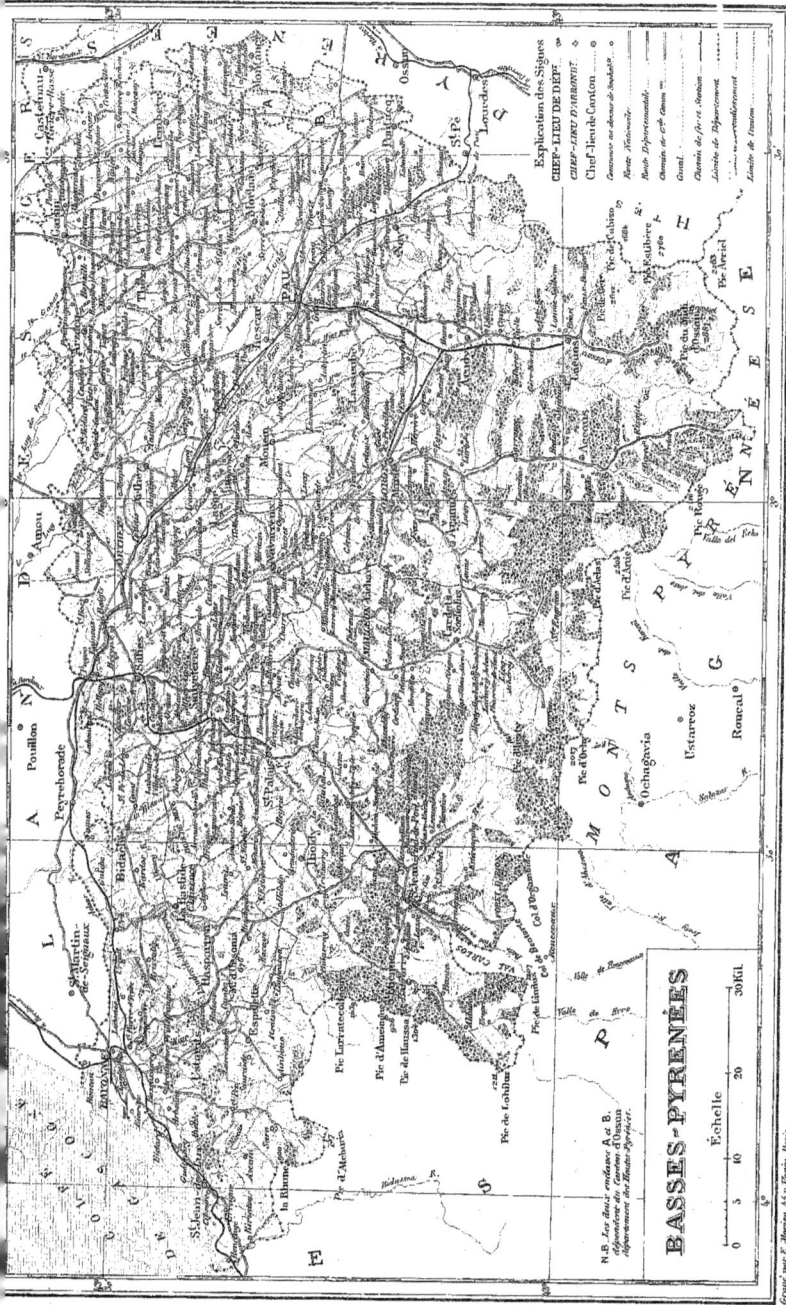

BASSES-PYRÉNÉES

Explication des Signes

CHEF-LIEU DE DEPᵗ
CHEF-LIEU D'ARRONDᵗ
Chef-lieu de Canton
Commune au-dessus de 5000 hᵗˢ
Route Nationale
Route Départementale
Chemin de fer et Station
Canal
Limite de Département
Limite de Canton

Échelle

0   5   10   20   30 Kil.

N.B. Les Baux évaluées A et B.
dépendent du Canton d'Ossau
département des Hautes-Pyrénées.

Gravé par E. Morieu, 33 r. Paris. Paris.

Paris, Édit. Lemercier et Cie

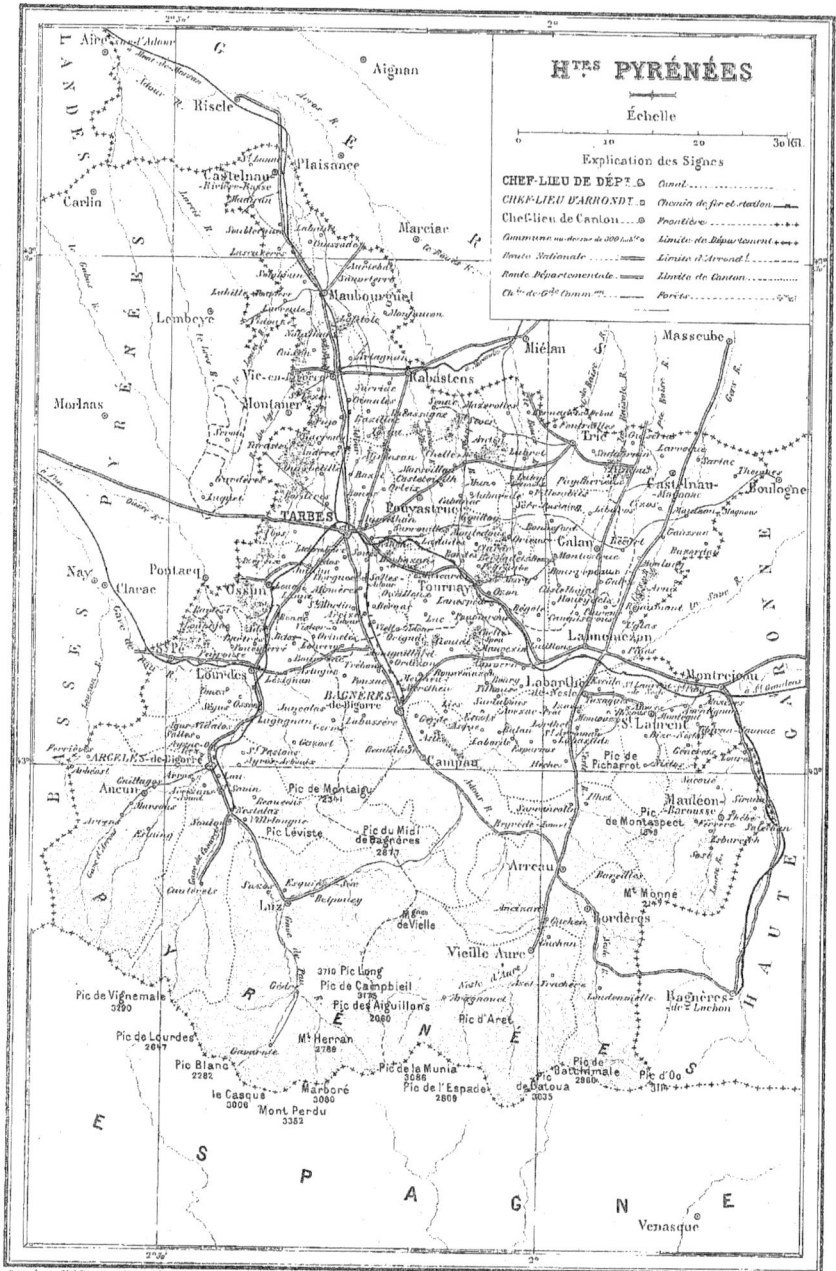

Hⁱᵉˢ PYRÉNÉES

Échelle

Explication des Signes

CHEF-LIEU DE DÉPⁱ
CHEF-LIEU D'ARRONDⁱ
Chef-lieu de Canton
Commune au dessus de 500 hab.ᵗˢ
Route Nationale
Route Départementale
Chⁿ de Gⁱᵉ Commⁿᵉ

Canal
Chemin de fer et station
Frontière
Limite de Département
Limite d'Arrondⁱ
Limite de Canton
Forêts

Gravé par Mᵈᵉ Perrin, 34 Rue des Boulangers, Paris.

Paris, Lith Lemercier et Compⁱᵉ.

PYRÉNÉES-ORIENTALES

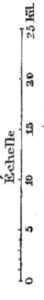

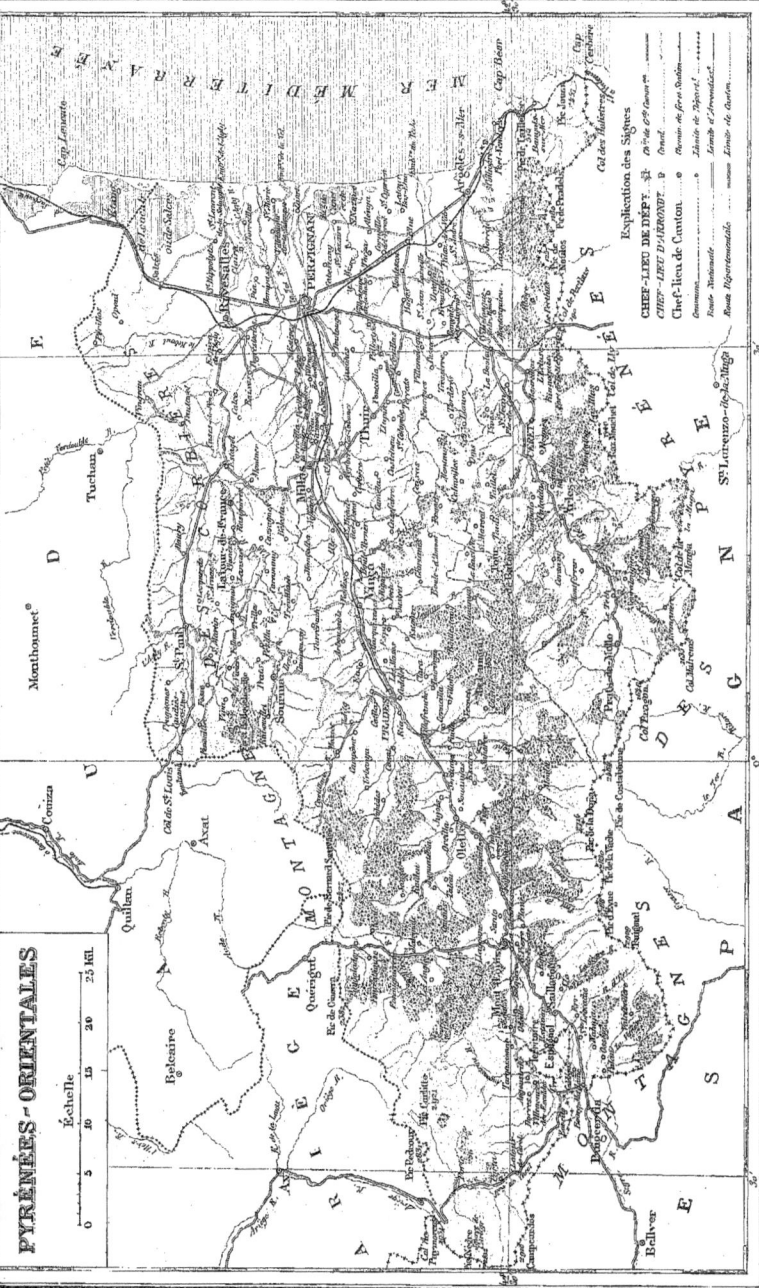

Échelle

0 5 10 15 20 25 Kil.

MER MÉDITERRANÉE

Explication des Signes

CHEF-LIEU DE DÉPT.	Ville de 6e classe	
CHEF-LIEU D'ARRONDT.	Grand	
Chef-lieu de Canton	Chemin de fer et Station	
Commune	Limite de Département	
Route Nationale	Limite d'Arrondissement	
Route Départementale	Limite de Canton	

Gravé par E. Morieu, 55 r. Vieille Paris.

Paris, Lith. Lemercier et Cie.

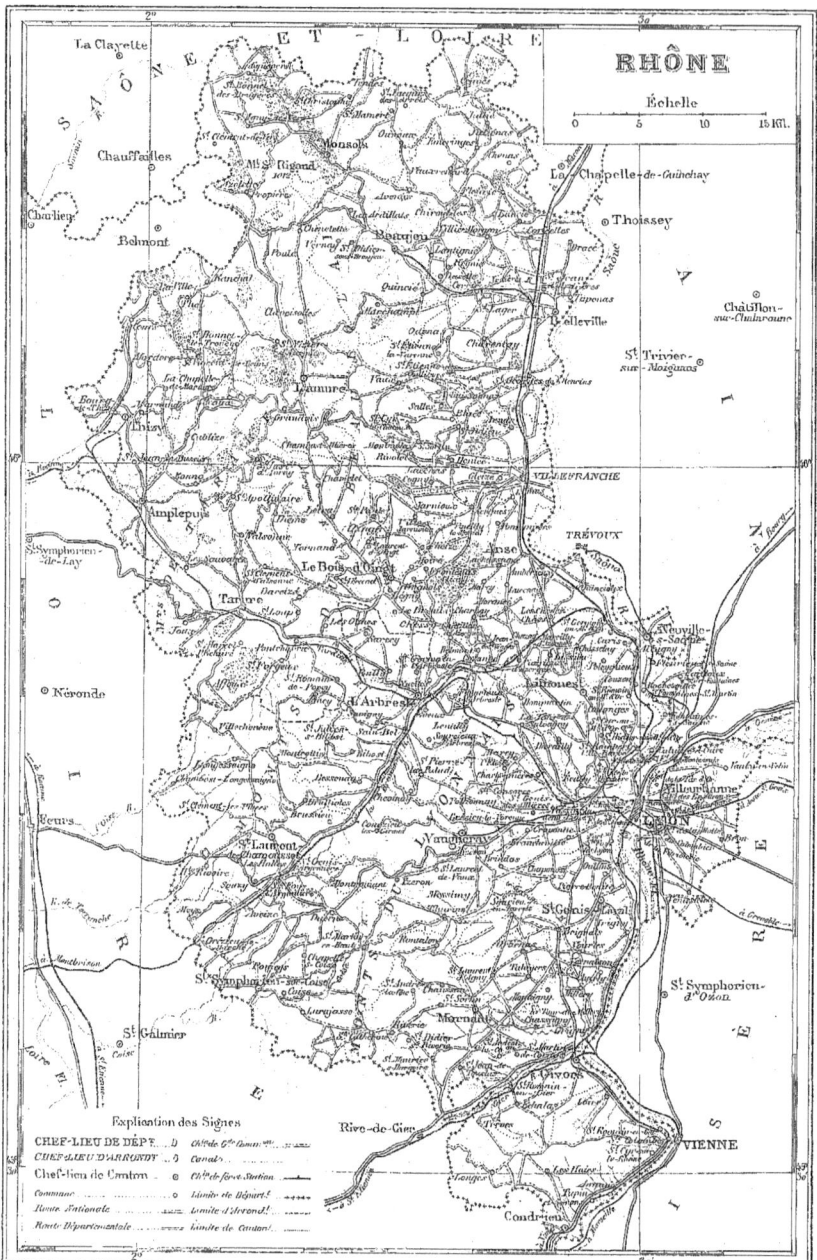

RHÔNE

Échelle

0 5 10 15 Kil.

SAÔNE-ET-LOIRE

La Clayette

Chauffailles

Charlieu

Belmont

Monsols

Mt St Rigaud

La Chapelle-de-Guinchay

Thoissey

Châtillon-sur-Chalaronne

St Trivier-sur-Moignans

Beaujeu

Belleville

Quincié

Lamure

Villefranche

TRÉVOUX

Ampuis

St Symphorien-de-Lay

Anse

Le Bois-d'Oingt

Tarare

Neuville-s-Saône

Néronde

Limonest

L'Arbresle

Caluire

LYON

Violaÿ

Villeurbanne

Feurs

St Chamond-les-Thiers

Brussieu

L'Oranjereau

St Laurent

St Genis-Laval

St Symphorien-d'Ozon

St Galmier

St Symphorien-sur-Coise

Mornant

Givors

Rive-de-Gier

VIENNE

Condrieu

ISÈRE

LOIRE

Explication des Signes

CHEF-LIEU DE DÉP.t .... ⊡   Ch.f de Cl.on Com.ne ......
CHEF-LIEU D'ARROND.t .... ◎   Canal ....
Chef-lieu de Canton .... ⊚   Ch.f de fer & Station ......
Commune .... ○   Limite de Départ.t ......
Route Nationale ....   Limite d'Arrond.t ......
Route Départementale ......   Limite de Canton ......

Gravé par E. Morieu, 45. r.Vivien. Paris.   Paris, Lith. Lemercier & C.ie

HAUTE-SAÔNE

Échelle :

Explication des Signes :

CHEF-LIEU DE DÉP.ᵗ .... ⊙ *Gray* ....

CHEF-LIEU D'ARROND.ᵗ ... ⊙

Chef-Lieu de Canton .... ⊙

Route Nationale ....

Routes Départementales ...

Ch. de fer & Gᵉˢ de Com.ⁿ ...

SAÔNE-ET-LOIRE

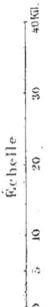

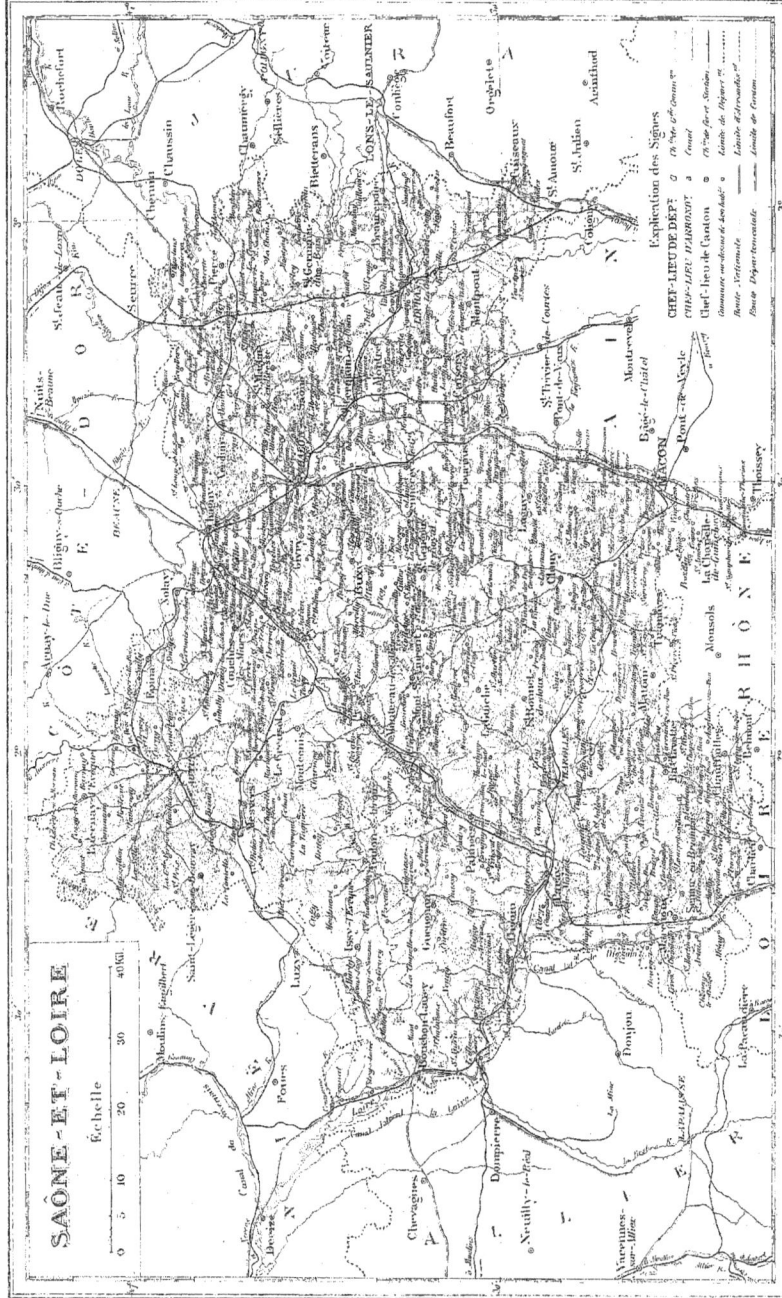

Échelle

0   5   10   20   30   40 Kil.

Explication des Signes

CHEF-LIEU DE DEPT	Ch.⁻ᵉ ᵈᵉ C.ᵒⁿ
CHEF-LIEU D'ARROND.ᵗ	Canal
Chef-lieu de Canton	Ch.⁻ⁱⁿ de Fer et Station
Commune ou dépend.ᵗᵉ de hameau	Limite de Départ.ᵗ
Route Nationale	Limite d'Arrondiss.ᵗ
Route Départ.⁻tale	Limite de Canton

Gravé par E. Morieu, 45 r. Bertin, Paris.

Paris, Lith. Lemercier et Cie.

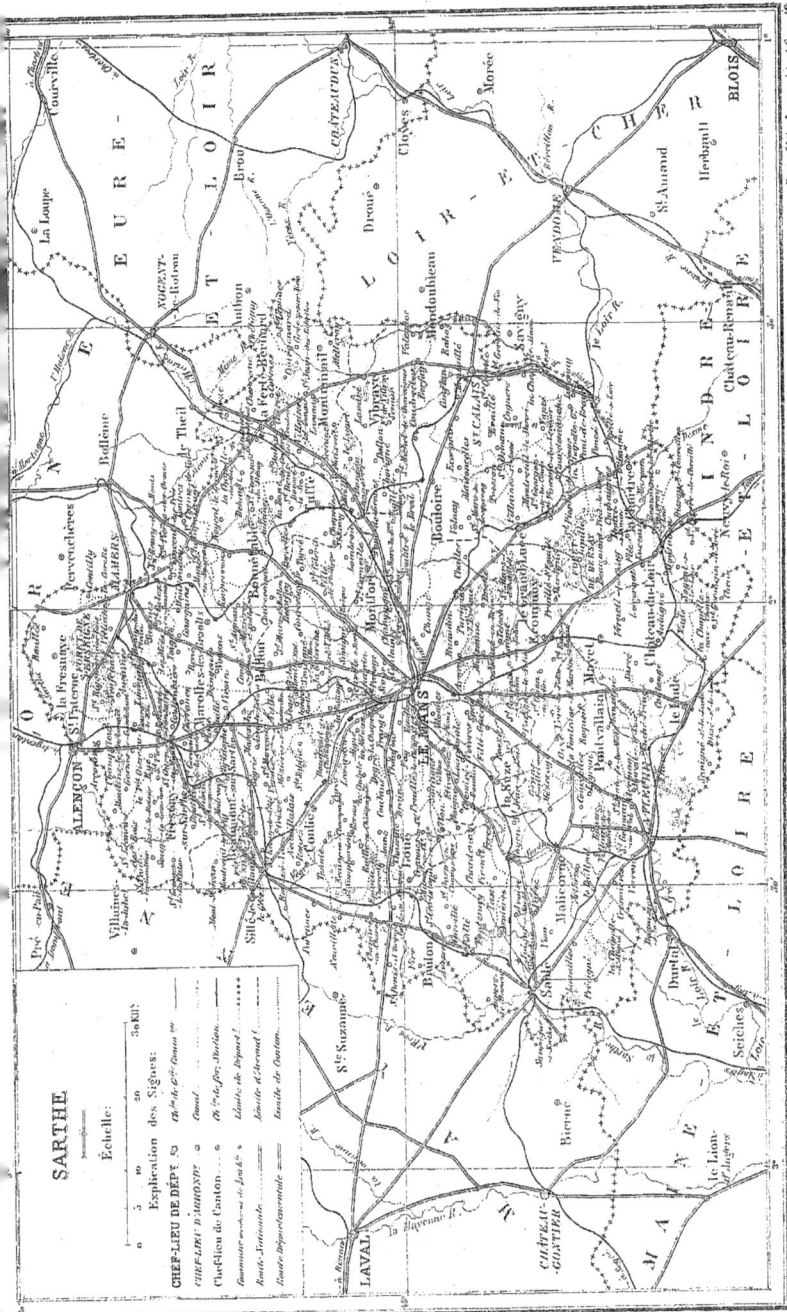

SARTHE

Échelle:

0   5   10   20   30 Kil.

Explication des Signes:

CHEF-LIEU DE DEP.t
CHEF-LIEU D'ARROND.t
Chef-Lieu du Canton
Route Nationale
Route Départementale

Ch.in de f.er G.de Comm.on
Canal
Ch.in de f.er d'Intérêt
Limite de Départ.t
Limite d'Arrond.t
Limite de Canton

EURE-ET-LOIR

LOIR-ET-CHER

INDRE-ET-LOIRE

ORNE

MAYENNE

MAINE-ET-LOIRE

BLOIS

CHÂTEAUDUN

VENDÔME

ALENÇON

LAVAL

CHÂTEAU-GONTIER

LE MANS

La Loupe
Tourville
Courville
Brou
Cloyes
Morée
Droue
St.Amand
Herbault
Château-Renault
Mondoubleau
La Ferté-Bernard
Montmirail
Vibraye
St.Calais
Bessé
Château-du-Loir
Vaas
Le Lude
Pontvallain
Mayet
Mamers
Bellême
Le Theil
Bonnétable
Ballon
Beaumont
Conlie
Sillé-le-Guillaume
Ste.Suzanne
Villaines-la-Juhel
Pré-en-Pail
St.Paterne
La Fresnaye
Fresnay
Marolles-les-Braults
Montfort
Parigné-l'Évêque
Écommoy
La Flèche
Sablé
Malicorne
Brûlon
Loué
La Suze
Bouloire
Savigné-l'Évêque
Bonnétable

Paris, Lith. Lemercier et Comp.e

Gravé par A.me Perron, 28 Rue des Boulangers, Paris

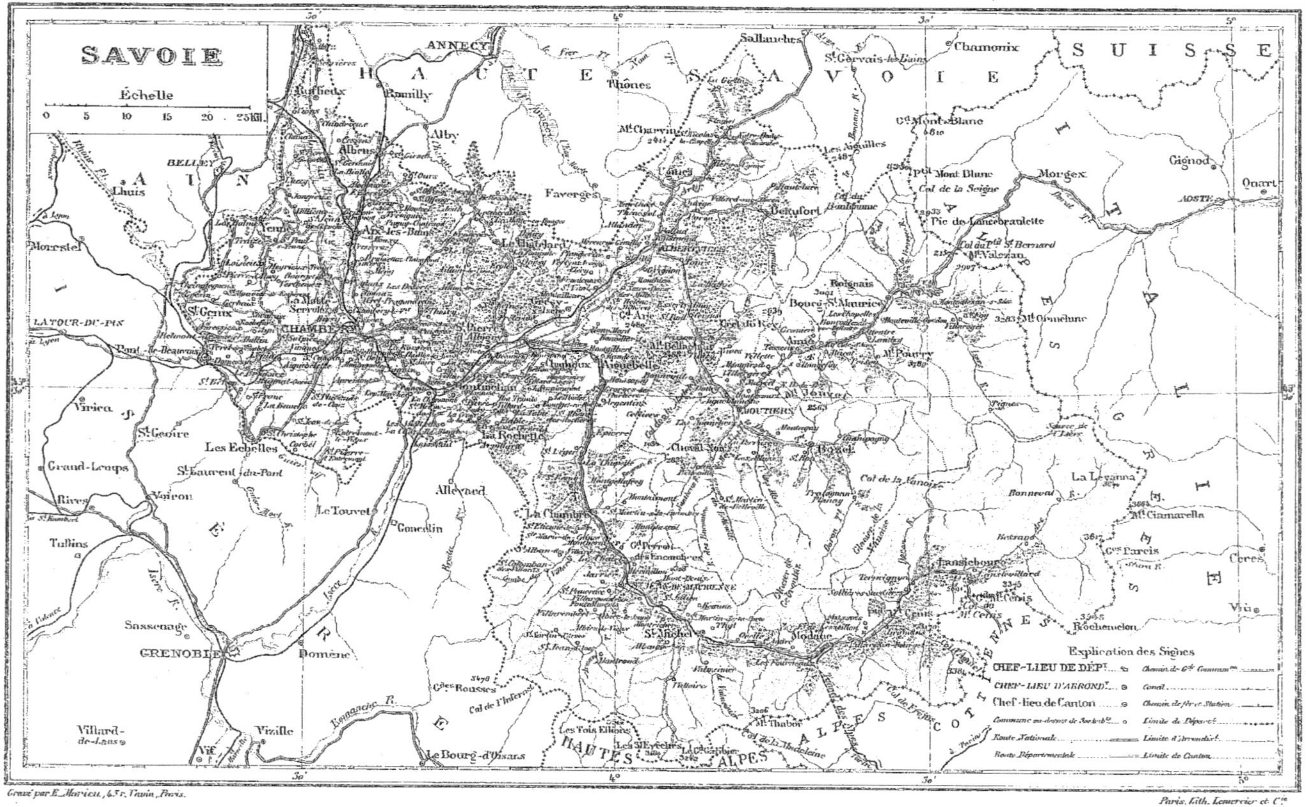

SAVOIE
Échelle
0 5 10 15 20 25 Kil.
HAUTE SAVOIE
SUISSE
ITALIE
AIN
ISÈRE
HAUTES ALPES
ALPES COTTIENNES
ALPES GRÉES
ANNECY
Sallanches
St Gervais-les-Bains
Chamonix
Thônes
Rumilly
Alby
Faverges
Ugines
Beaufort
Albertville
Moutiers
Bourg-St Maurice
Aime
Bozel
Chambéry
Aix-les-Bains
Yenne
Le Châtelard
Montmélian
La Rochette
St Pierre d'Albigny
Aiguebelle
St Genix
Pont-de-Beauvoisin
Les Échelles
La Chambre
St Jean-de-Maurienne
St Michel
Modane
Lanslebourg
Grenoble
Morestel
Voiron
Tullins
Rives
Vizille
Le Bourg-d'Oisans
Allevard
Le Touvet
Goncelin
Domène
Sassenage
Villard-de-Lans
Vif
Belley
Lhuis
La Tour-du-Pin
Virieu
Grand-Lemps
St Geoire
St Laurent-du-Pont
Morgex
Aoste
Gignod
Quart
Cérès
Viù
Mont Blanc
Col de la Seigne
Col du Petit St Bernard
Col du Mont Cenis
Col de la Vanoise
Col de Fréjus
Mt Thabor
La Levanna
Mt Ciamarella
Rochemelon
Explication des Signes
Chef-lieu de Dépt.
Chef-lieu d'Arrondt.
Chef-lieu de Canton
Commune au-dessous de 2000 hab.
Route Nationale
Route Départementale
Limite de Départt.
Limite d'Arrondt.
Limite de Canton
Gravé par E. Morieu, 45 r. Vavin, Paris.
Paris, Lith. Lemercier et Cie

HAUTE - SAVOIE

Échelle:

0 5 10 20 30 Kil:t

Explication des Signes

CHEF LIEU DE DÉP.t	Canal.
CHEF-LIEU D'ARROND.t	Ch.in de fer et Stations
Ch.f Lieu de Canton	Frontière
Commune ou Hameau de Sucb.t	Limite de Dép.t
Route Nationale	Limite d'Arrond.t
Route Départementale	limite de Canton
Ch.in ou G.de Comm.n	Gués

Gravé par M.r Ferrü, 35 rue des Boulangers, Paris.

Paris. Lith. Lemercier et Comp.ie

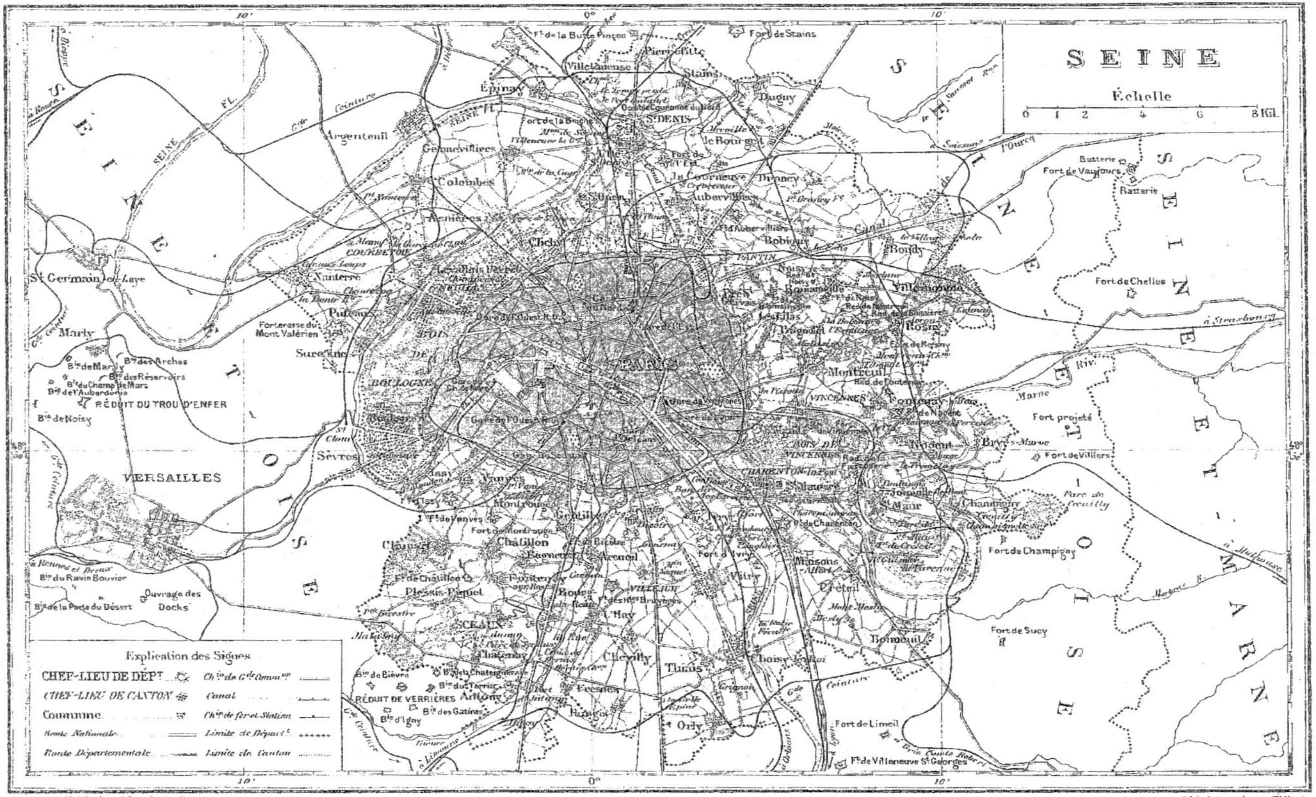

Gravé par E. Morieu, 45 r. Vavin, Paris.

Lith. Lemercier et Cie Paris.

SEINE-ET-MARNE

Échelle

0   5   10   20   30 Kil.

Explication des Signes

CHEF-LIEU DE DÉP.^t		Ch.^x de 6.me Classe
CHEF-LIEU D'ARROND.^t		Canal
Chef-lieu de Canton		Ch.ⁱⁿ de fer et Station
Commune ou Succ.^{le} de Justice		Limite de Départ.^t
Route Nationale		Limite d'Arrondis.^t
Route Départementale		Limite de Canton

Gravé par E. Morieu, r. Cavin 45. Paris.

Paris, Lith. Lemercier et Cie

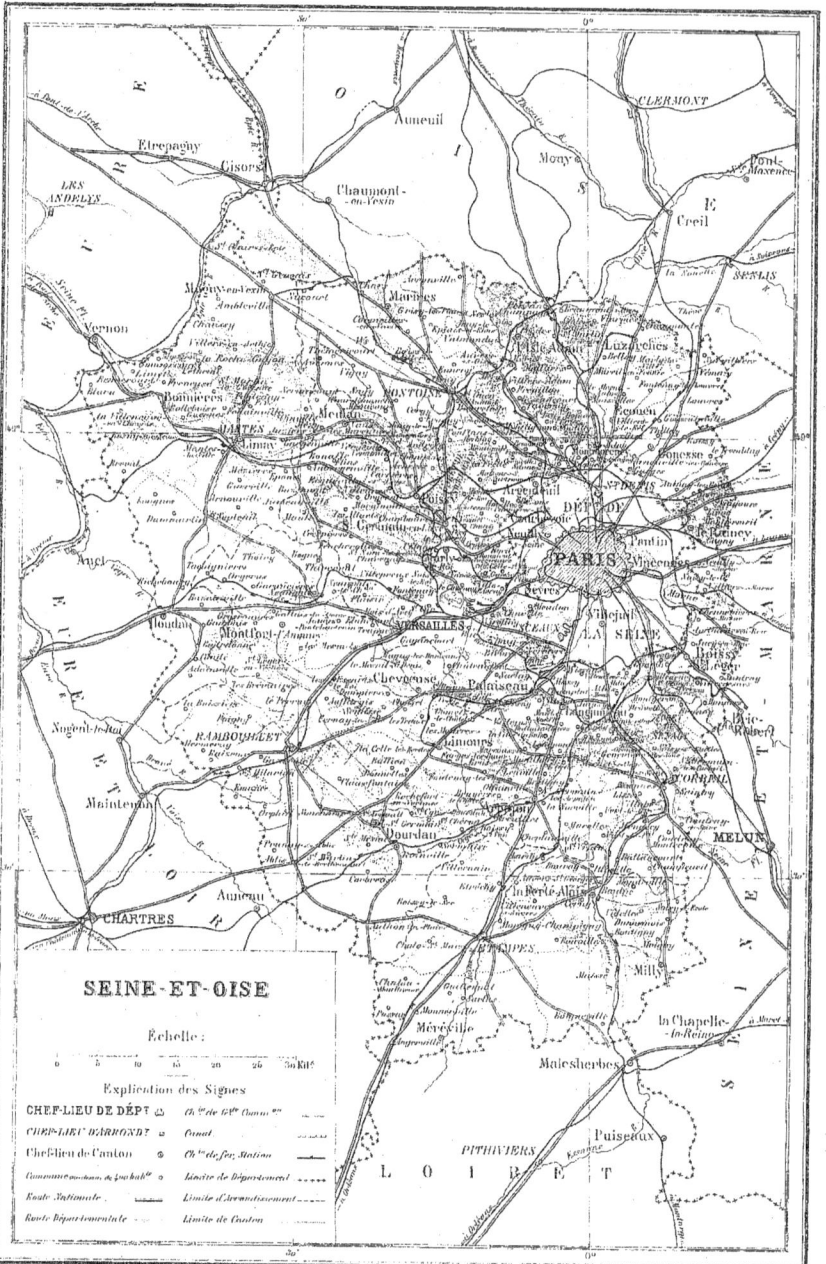

SEINE-ET-OISE

Échelle :

0   5   10   15   20   25   30 Kil.

Explication des Signes

CHEF-LIEU DE DÉP.ᵗ
CHEF-LIEU D'ARROND.ᵗ
Chef-lieu de Canton
Commune ordin.ᵉ de 500 hab.ᵗˢ
Route Nationale
Route Départementale

Ch.⁽ⁿ⁾ de f.⁽ʳ⁾ Chemin ⁽ᵉⁿ⁾
Canal
Ch.⁽ⁿ⁾ de fer Station
Limite de Département
Limite d'Arrondissement
Limite de Canton

Grave par M.ᵉ Perrin, 36 Rue des Boulangers, Paris.

Paris Lith. Lemervier et Comp.ᵉ

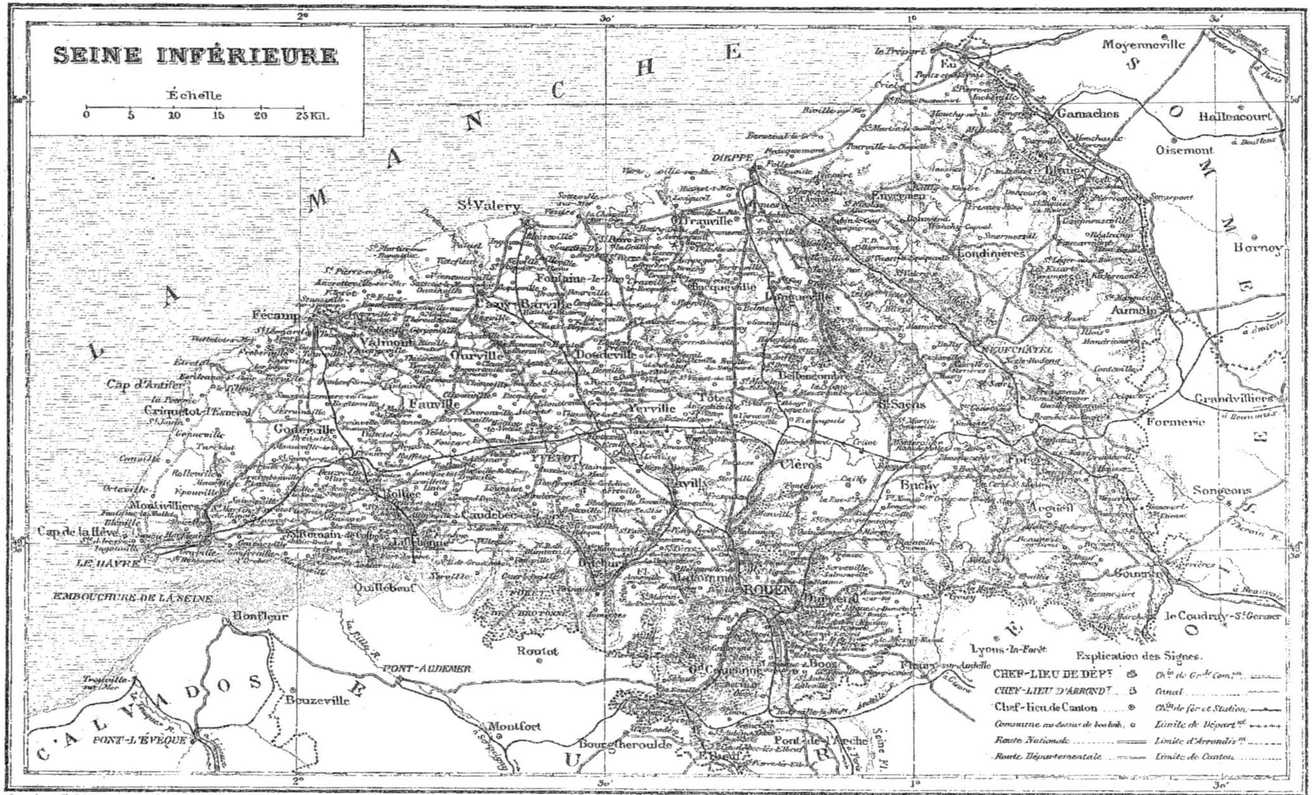

SEINE INFÉRIEURE

Échelle

0 5 10 15 20 25 Kil.

Explication des Signes.

CHEF-LIEU DE DÉP.ᵗ   C.ⁱᵉⁿ de C.ᵉ M.ᵉ Comm.ᵗᵉ
CHEF-LIEU D'ARROND.ᵗ   Canal
Chef-lieu de Canton   Ch.ᵐⁱⁿ de fer et Station
Commune ou ch.f de hmlt. Limite de Départ.ᵗ
                       Limite d'Arrond.ᵗ
Routes Nationales   Limite de Canton.
Route Départementale

Gravé par E. Morieu, 16 r. Visvin. Paris.

Paris lith. Lemercier et C.ⁱᵉ

DEUX-SÈVRES

Échelle

0   5   10   20   30 Kil.

Explication des Signes

CHEF-LIEU DE DÉP.t ... Chemin de Gde Commn.
CHEF-LIEU D'ARROND.t ... Canal
Chef-lieu de Canton ... Chemin de Fer et Station
Commune ... Limite de Départ.t
Route Nationale ... Limite d'Arrondissemt.
Route Départementale ... Limite de Canton

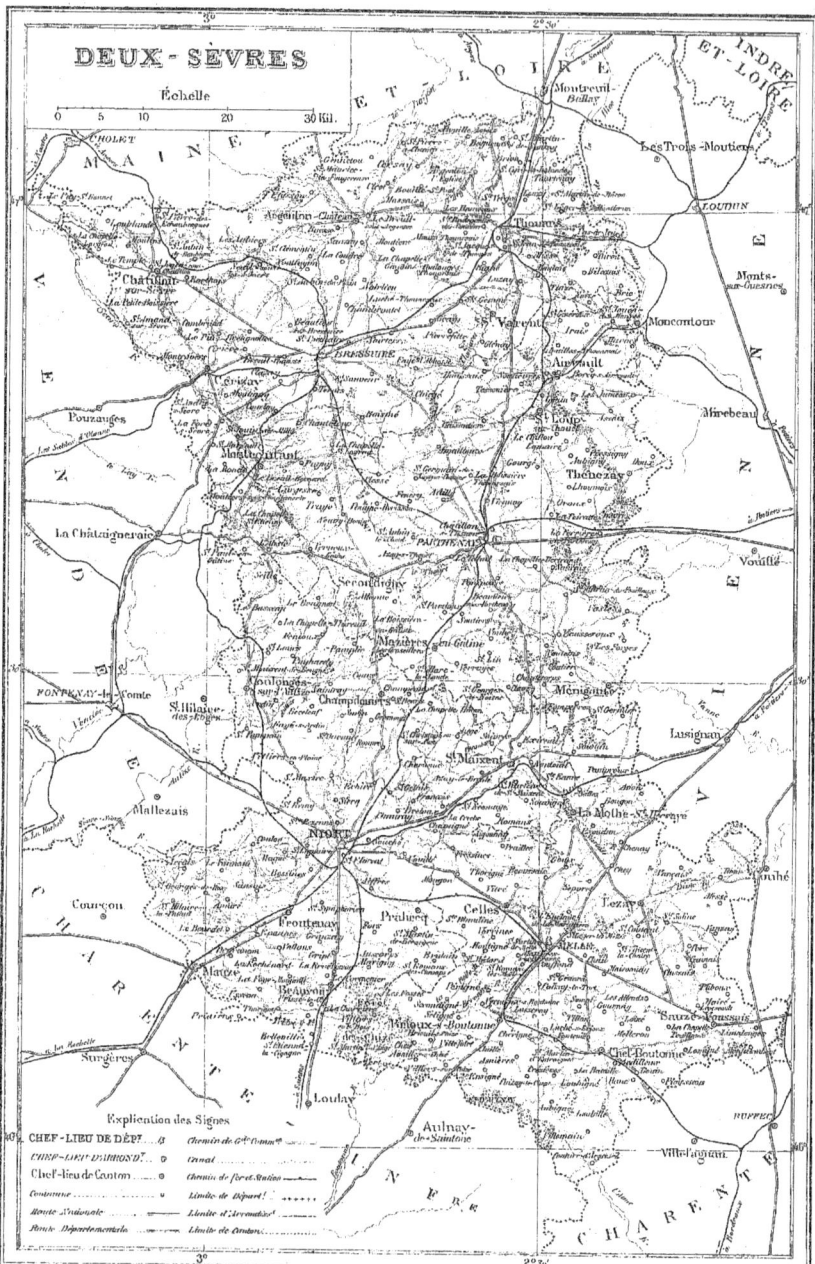

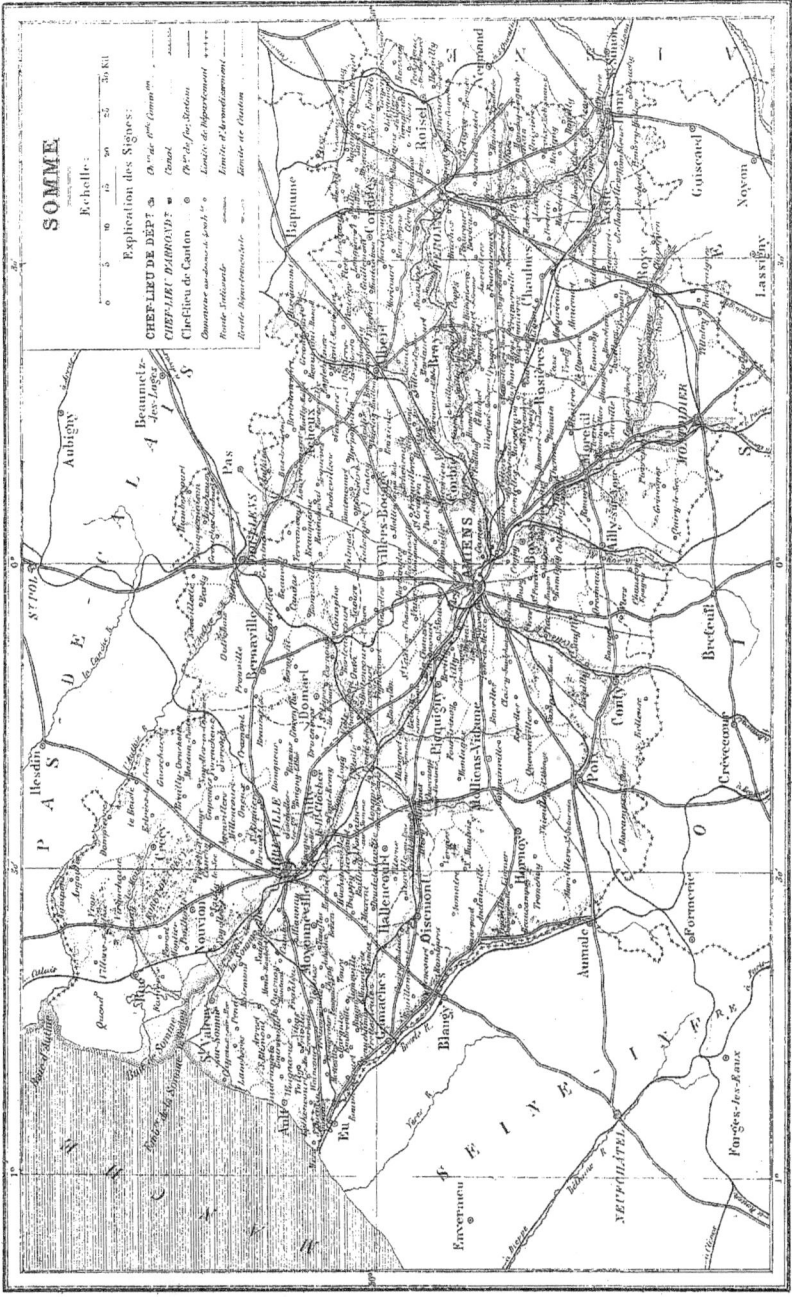

SOMME

Echelle :

Explication des Signes :

CHEF-LIEU DE DÉP.ᵗ

CHEF-LIEU D'ARROND.ᵗ

Chef-lieu de Canton

Commune ou dépend. de Canton

Route Nationale

Route Départementale

Ch.ⁿ de Gr.ᵈᵉ Comm.ⁿ

Canal

Ch.ⁿ de fer Stations

Limite de Département

Limite d'Arrondissement

Limite de Canton

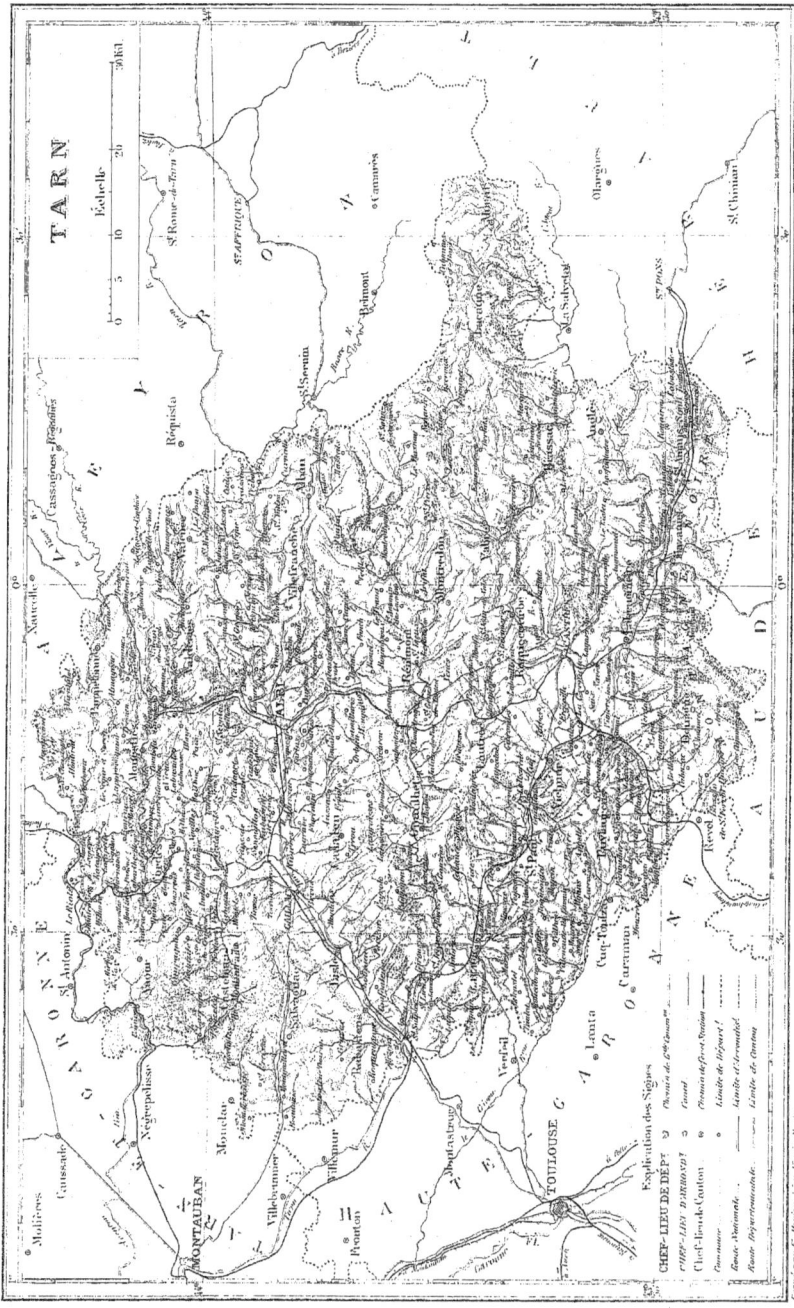

TARN

Échelle

0   5   10   20   30 Kil

Explication des Signes

CHEF-LIEU DE DÉP.t

CHEF-LIEU D'ARROND.t

Chef-lieu de Canton

Commune

Route Nationale.

Route Départementale.

Chemin de Gr.de Comm.n

Canal

Chemin de Fer et Station

Limite de Département

Limite de Canton

Imp. Lith. Lemercier et Cie Paris.

Gravé par E. Morieu 35, r. Vivien Paris.

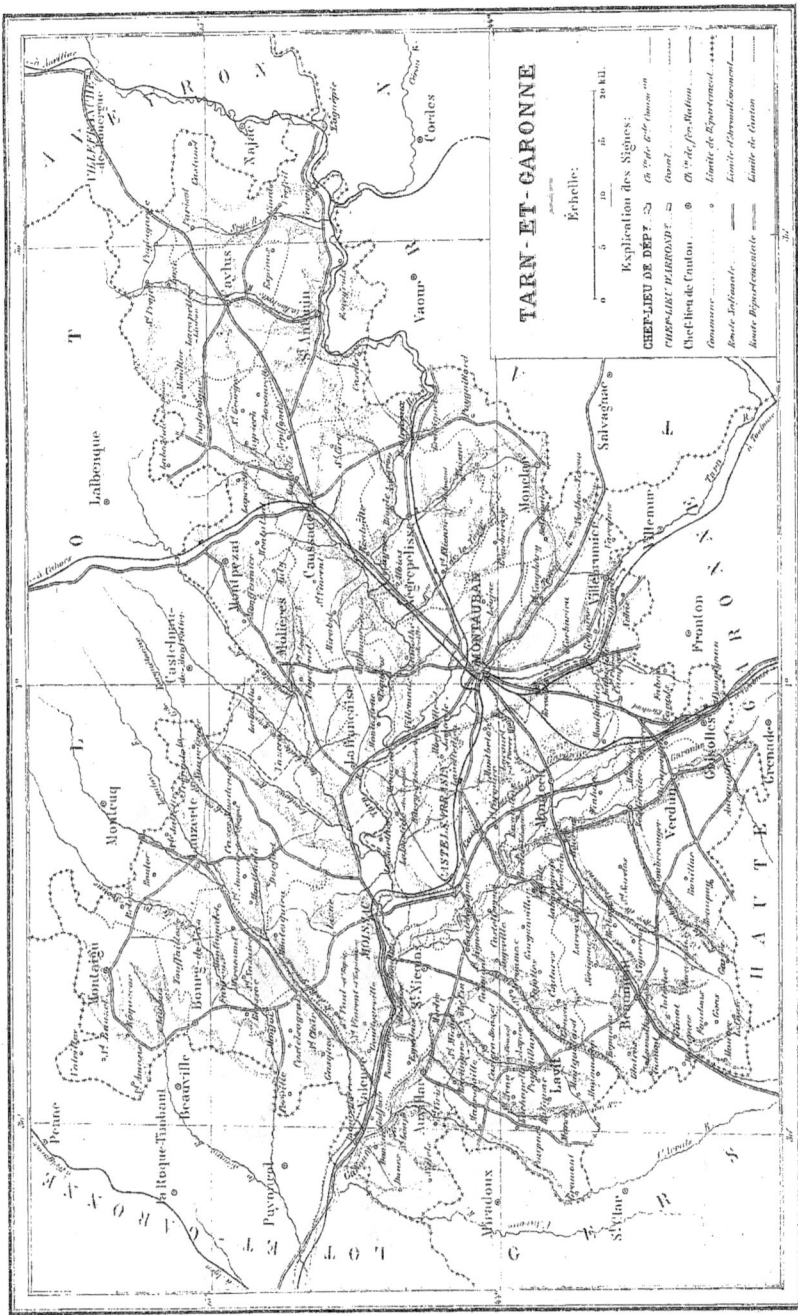

TARN-ET-GARONNE

Échelle:

Explication des Signes:

CHEF-LIEU DE DÉP.
CHEF-LIEU D'ARROND.
Chef-lieu de Canton
Commune

Route Nationale
Route Départementale

Ch.de f.g.te classe en exion
Ouvert
Ch.de f.en station
Limite de Département
Limite d'arrondissement
Limite de canton

Imp. Lith. Lemercier et Compagnie

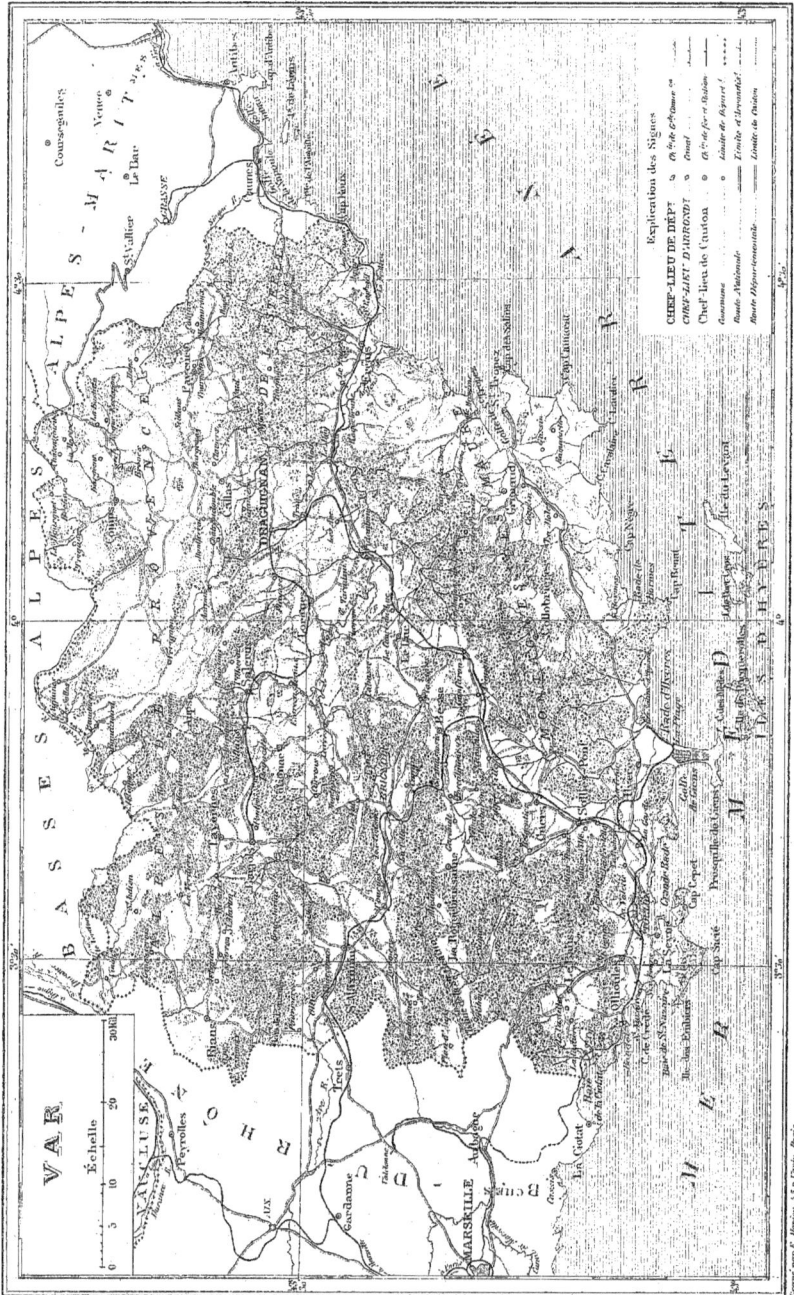

VAR

Échelle

0   5   10   20   30 kil.

Explication des Signes

CHEF-LIEU DE DÉP.t

CHEF-LIEU D'ARRON.t

Chef-lieu de Canton

Ch.te de f.er et Station

Canal

Route Nationale

Route Départementale

Limite de l'Arrond.t

Limite du Canton

BASSES ALPES

ALPES - MARITIMES

VAUCLUSE

RHONE - DU - BOUCHES

MER

Courségoules

Venne

Le Tour

St Vallier

Coursegoules

MARSEILLE

Gardanne

Aubagne

Peyrolles

La Ciotat

Trets

Cap Sicié

Presqu'Ile de Giens

Iles d'HYÈRES

Ile du Levant

Port Cros

Île de Porquerolles

Rade d'Hyères

Golfe de Fréjus

Grave par E.Morieu, 45 r.d'Enfer, Paris.

Imp.r Lith. Lemercier et C.ie.

VAUCLUSE

Échelle

0   5   10   20   30 Kil.

Explication des Signes

CHEF-LIEU DE DÉPT .... △	Ch.ⁿ de Gr.ᵈᵉ Comm.ᵗⁿ ....
CHEF-LIEU D'ARROND.ᵗ ...... ☐	Canal ....
Chef-lieu de Canton .... ◉	Ch.ⁿ de fer et Station ....
Commune .... ○	Limite de Dépt ....
Route Nationale	Limite d'Arrond.ᵗ ....
Route Départementale	Limite de Canton ....

Saillans

ARDÈCHE

DRÔME

Rochemaure

MONTÉLIMAR

Dieu-le-fit

Viviers

Crignan

Pierrelatte

Valréas

NYONS

Bollène

le Buis

Hᵗᵉˢ ALPES

Orpierre

Vaison

Séderon

Mondragon

Malaucène   Mt Ventoux

ORANGE

Beaumes

Sault

BASSES-

CARPENTRAS

Mormoiron

Banon

Roquemaure

GARD

ALPES

Villeneuve
les Avignon

Pernes

AVIGNON

Isle

Gordes

Reillanne

Aramon

APT

Châteaurenard

l'Isle

Tarascon

Bonnieux

Luberon

Beaucaire

Orgon

Montagne

St Remy

Cadenet

Eyguières

Pertuis

ARLES

Lambesc

Peyrolles

Rians

Salon

BOUCHE - DU - RHÔNE

VAR

Istres

AIX

Rhône

Berre

Étang de Berre

Gardanne

Martigues

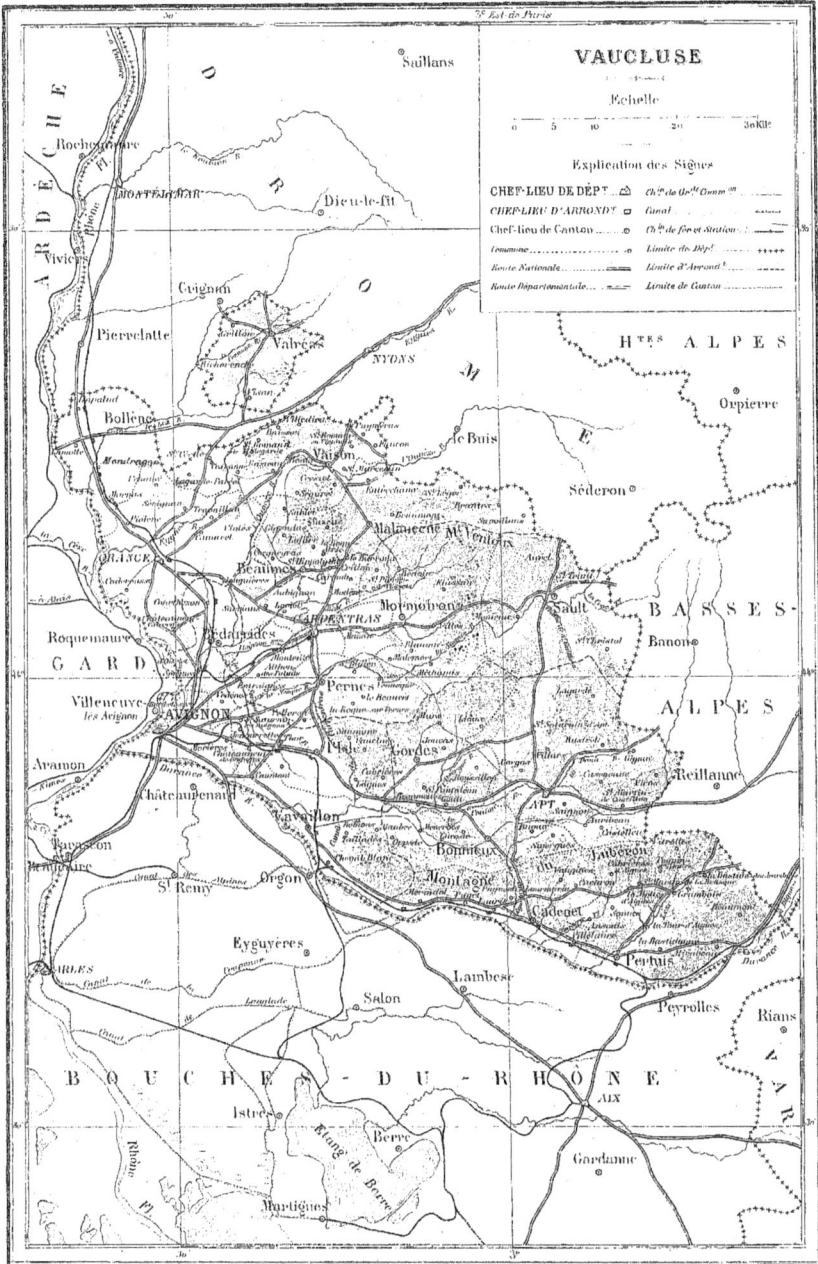

Gravé par M.ᵉ Perrin, 34, Rue des Boulangers, Paris.   Paris, lith. Lemercier et Comp.ᵉ

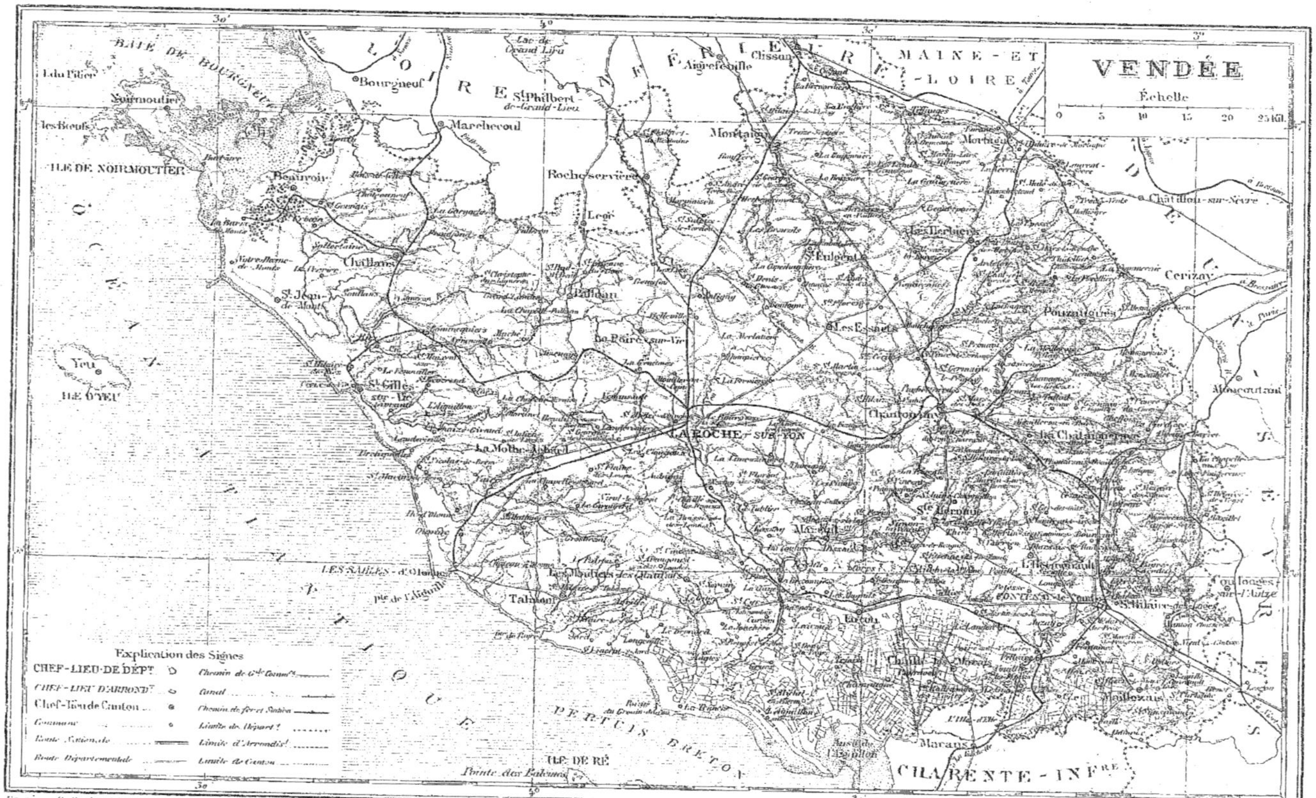

VENDÉE

Échelle

CHARENTE-INF^{re}

DEUX-SÈVRES

MAINE-ET-LOIRE

LOIRE-INF^{re}

OCÉAN ATLANTIQUE

BAIE DE BOURGNEUF

ILE DE NOIRMOUTIER

ILE D'YEU

ILE DE RÉ

PERTUIS BRETON

Explication des Signes

CHEF-LIEU DE DÉP^t
CHEF-LIEU D'ARROND^t
Chef-lieu de Canton
Commune
Route Nationale
Route Départementale

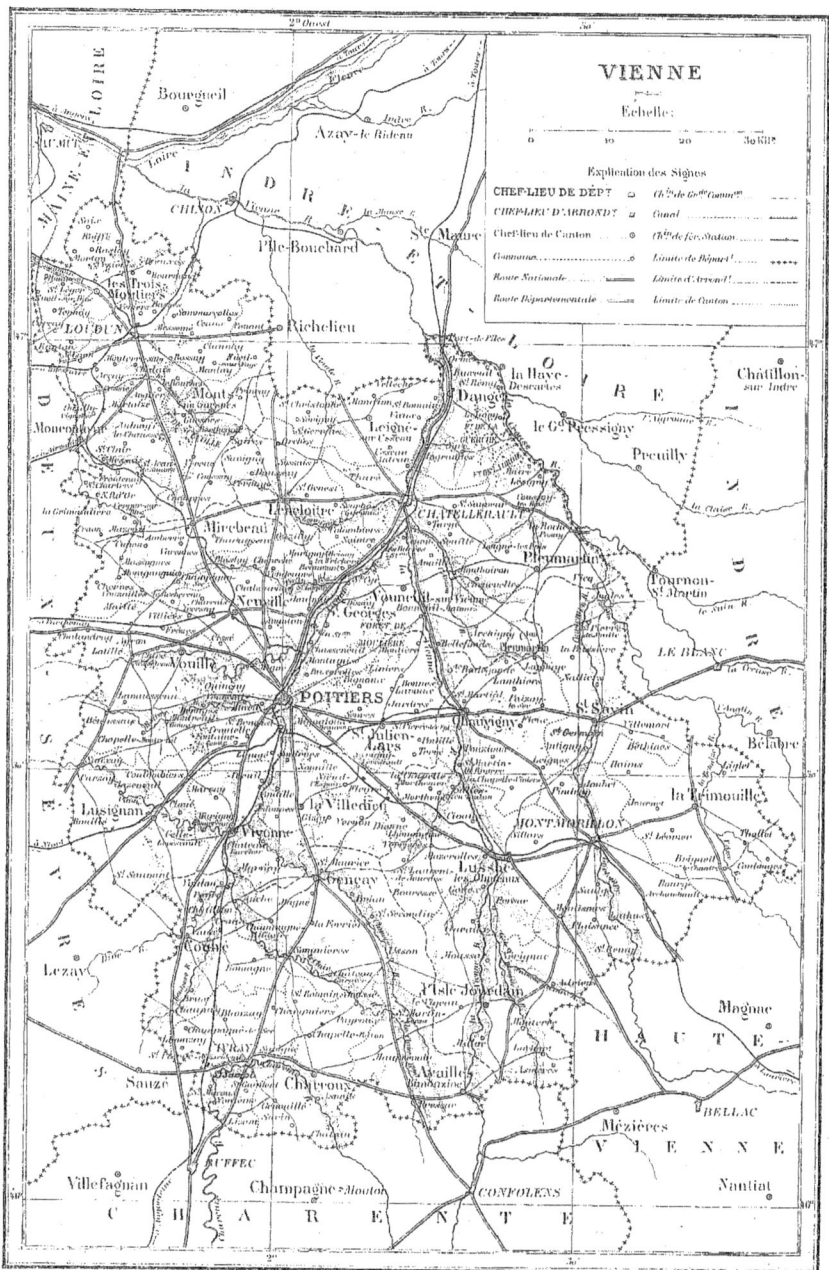

VIENNE

Échelle:

0   10   20   30 Kil?

Explication des Signes

CHEF-LIEU DE DÉP.T .... Ch.Lu de C.ton Canton ....
CHEF-LIEU D'ARROND.T .... Canal ....
Chef-Lieu de Canton .... Ch.in de fer, Station ....
Commune .... Limite de Départ.t ....
Route Nationale .... Limite d'Arrond.t ....
Route Départementale .... Limite de Canton ....

POITIERS

CHATELLERAULT

LOUDUN

MONTMORILLON

CIVRAY

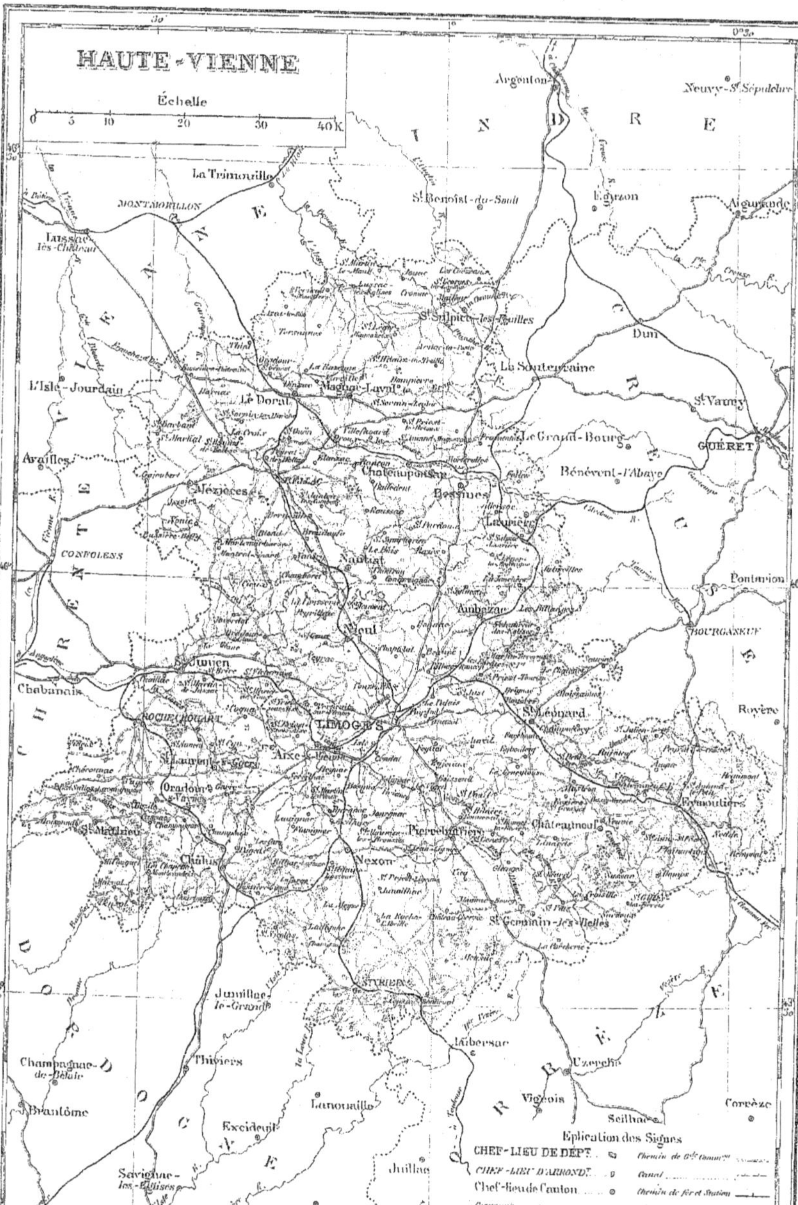

HAUTE-VIENNE

Échelle

0   5   10   20   30   40 K

I N D R E

Argenton
Neuvy-St-Sépulcre
La Trémouille
MONTMORILLON
St-Benoist-du-Sault
Eguzon
Aigurande
Lussac-lès-Château
L'Isle-Jourdain
St-Sulpice-les-Feuilles
La Souterraine
Dun
St-Vaury
GUÉRET
Le Dorat
Magnac-Laval
Availles
Le Grand-Bourg
Bénévent-l'Abaye
Châteauponsac
Mézières
CONFOLENS
Bessines
Le Dorat
Laurière
Nantiat
Ambazac
Pontarion
BOURGANEUF
Nieul
Chabanais
St-Junien
ROCHECHOUART
LIMOGES
St-Léonard
Royère
Aixe-sur-
Eymoutiers
Châteauneuf
St-Mathieu
Pierre-Buffière
Châlus
Nexon
St-Germain-les-Belles
Jumilhac-le-Grand
ST-YRIEIX
Thiviers
Jabersac
Uzerche
Champagnac-de-Bélair
Vigeois
Corrèze
Brantôme
Lanouaille
Seilhac
Excideuil
Savignac-les-Eglises
Juillac
Hautefort
Avez

Eplication des Signes

CHEF-LIEU DE DÉPT.
CHEF-LIEU D'ARROND.
Chef-lieu de Canton
Commune
Route Nationale
Route Départementale

Chemin de Gde Communicon
Canal
Chemin de Fer et Station
Limite de Départt
Limite d'Arrondissst
Limite de Canton

Gravé par E. Morieu, 45, r. Vavin, Paris.

Paris, Lith. Lemercier et Cie

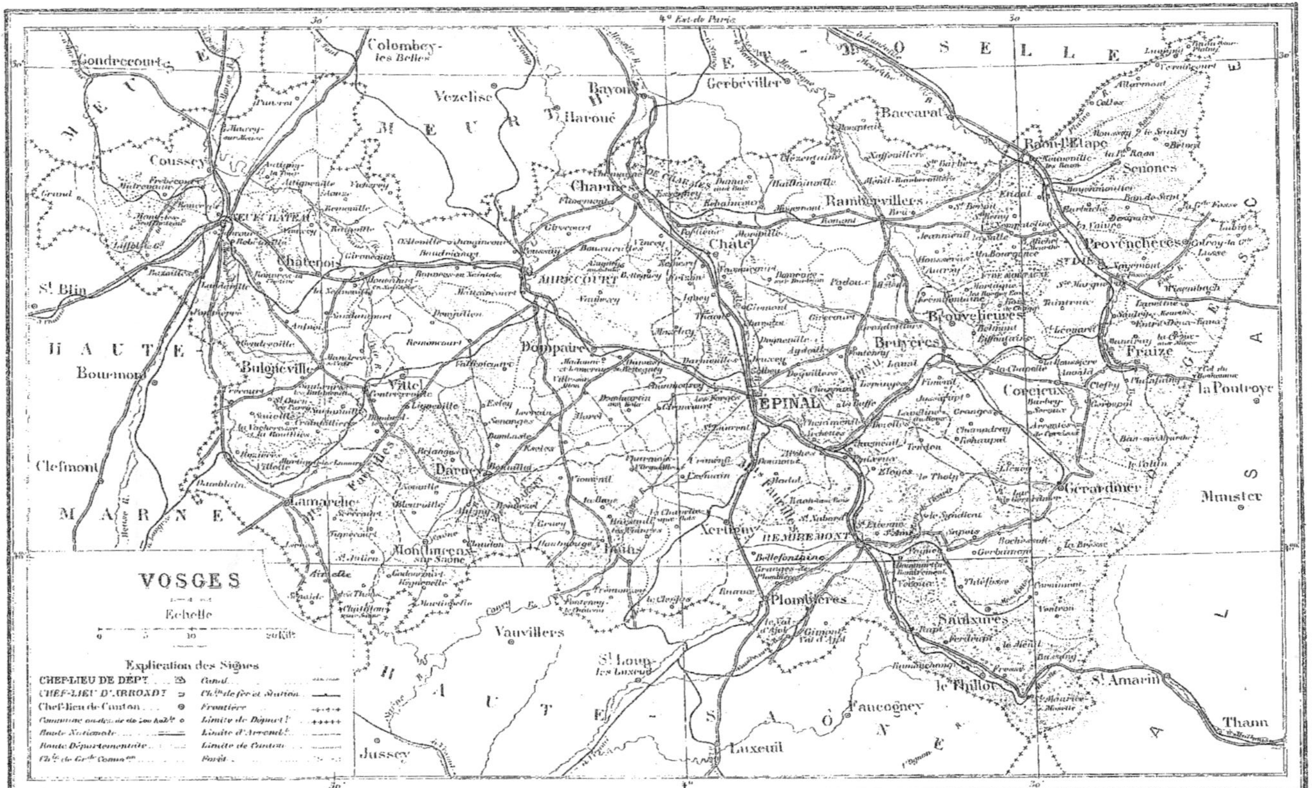

VOSGES

Échelle

Explication des Signes

CHEF-LIEU DE DÉP.T
CHEF-LIEU D'ARROND.T
Chef-lieu de Canton
Commune ou hameau remarquable
Route Nationale
Route Départementale
Ch.in de Gr.de Com.on

Canal
Ch.de fer & stations
Frontière
Limite de Dép.t
Limite d'Arrond.t
Limite de Canton
Forêts

Gravé par M.r Bordin, 48 Rue des Boulangers, Paris

Imp. Lith. Lemercier & Comp.e

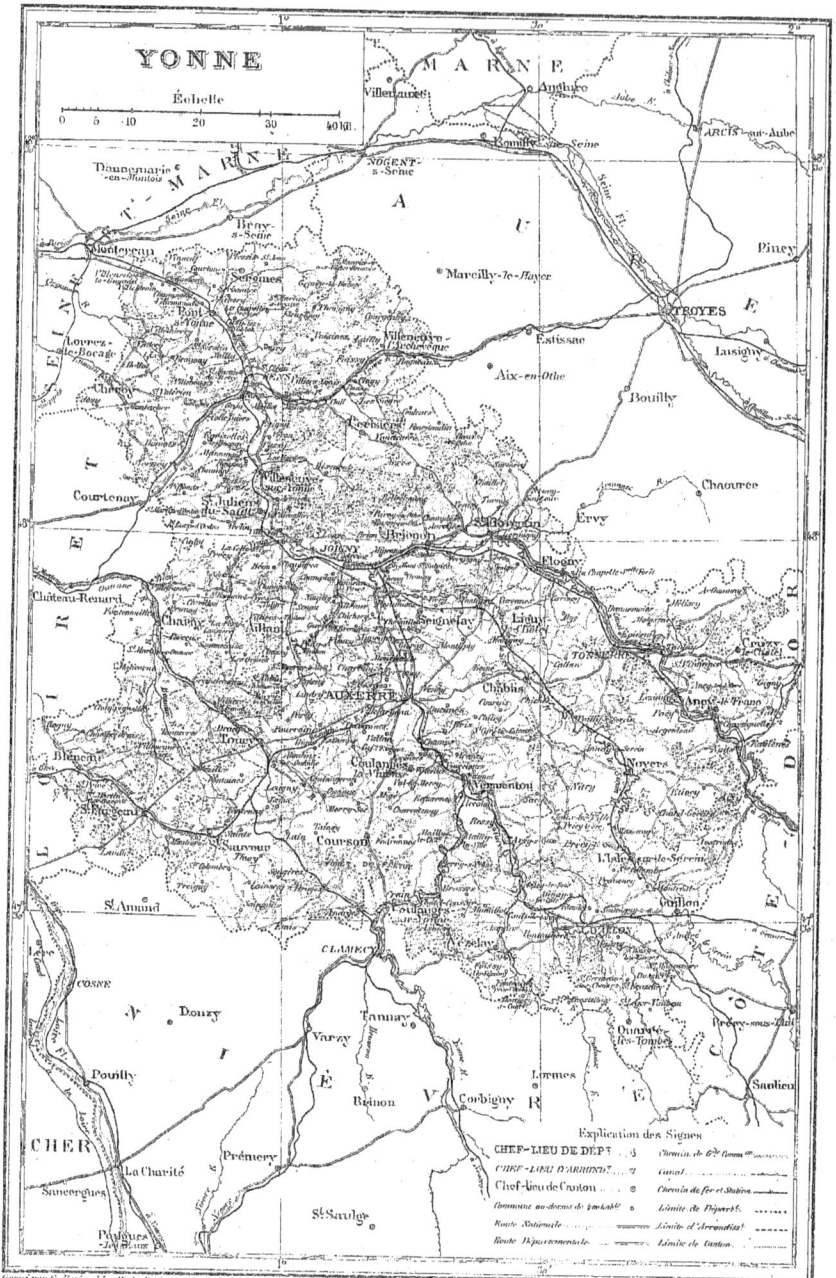

YONNE

Échelle

0   5   10   20   30   40 kil.

M A R N E

Villenauxe · Anglure
Aube R.
Pouilly-s-Seine · ARCIS-sur-Aube
Dannemarie-en-Montois
NOGENT-s-Seine
A U B E
Piney
Bray-s-Seine
Montereau · Marcilly-le-Hayer
Sergeues
TROYES
Pont-s-Yonne · Villeneuve-l'Archevêque · Estissac
Laisigny
Louvres-le-Bocage · Aix-en-Othe
Chéru · Bouilly
Cerisiers
Courtenoy · St Julien-du-Sault · Chaource
Joigny · Brienon · Ervy
Château-Renard · St-Florentin
Chailly · Aillan · Seignelay · Ligny-le-Châtel
TONNERRE · Ancy-le-Franc
AUXERRE · Chablis
Toucy · Noyers
Bléneau · Coulanges-la-Vineuse · Vermenton
St Sauveur · Tannay · L'Isle-sur-Serein
Coursan · Guillon
St Amand · Vézelay · AVALLON
CLAMECY
COSNE · Donzy · Quarré-les-Tombes · Brécy-sous-Chât.
Varzy · Lormes · Saulieu
Pouilly · Tannay
Brinon · Corbigny
CHER · Prémery
La Charité · St Saulge
Sancergues
Pougues

C Ô T E - D'O R
N I È V R E

Explication des Signes

CHEF-LIEU DE DÉP.ᵗ ..... Chemin de Gᵈᵉ Comm.ᵉᵉ
CHEF-LIEU D'ARROND.ᵗ ..... Canal
Chef-lieu de Canton ..... Chemin de fer et Station
Commune au-dessus de ..... hᵃᵇⁱᵗᵃᵇˡᵉ Limite de Départ.ᵗ
Route Nationale ..... Limite d'Arrond.ᵗ
Route Départementale ..... Limite de Canton.

www.ingramcontent.com/pod-product-compliance
Lightning Source LLC
Chambersburg PA
CBHW070757290326
41931CB00011BA/2051